선학재총서 ❹

목재木齋 홍여하洪汝河의 창작공간과 서정

선학재총서 ❹

목재木齋 홍여하洪汝河의 창작공간과 서정

최금자 지음

학자원

‖ 책을 펴내며 ‖

“우리가 한문 고전을 주목하는 이유는 그 안에 우리 전통의 삶이 지혜로 녹아 있기 때문이다.” 지역 고전학 총서 『목재시선木齋詩選』에 나오는 구절이다. 고전을 공부하는 것은 단순히 지적 호기심을 채우기 위해서가 아니다. 지혜가 담긴 전통, 옛 거울에서 오늘의 우리를 비춰보고 현재의 새로운 나를 만들기 위한 것이다. 또한 고전 공부는 한문학을 공부하는 사람으로서 생명을 얻지 못한 텍스트에 생명력을 불어넣고 의미를 부여하여 빛을 얻게 하는 중요한 작업이다.

고전을 공부하는 햇수가 쌓여가면서 그 생명력에 새삼 감탄한다. 고전 안에 살아있는 인간과, 그들이 추구했던 가치와 소통하다 보면 장구한 시간의 장애는 눈 녹듯 사라진다. 그런 가운데 ‘현재의 새로운 나’를 발견하는 성장의 순간을 거듭 경험한다. 이런 즐거움과 놀라움이 있어 오늘도 고전을 펼쳐 든다.

고전과 소통하고 성장하는 가운데 관심을 둔 부분은 한시이다. 문집을 남긴 선인들이라면 분량의 차이는 있지만, 대부분은 한시를 남겼다. 한시는 다른 문학 텍스트보다 분량이 많았으며 자기표현의 중요한 수단으로 한 인물의 삶과 의식을 담고 있다. 그렇게 창작된 한시는 완전한 사적인, 개인의 무대인 듯하지만 그 시기, 그 지역, 그 사회를 살피는 작업이 되는 것이다. '목재 홍여하'라는 인물의 한시에서도 그 시대를 읽을 수 있었고, 그 지역을 읽을 수 있었고, 그의 다양한 삶의 면모를 읽을 수 있다.

홍여하의 가문은 여말선초 상주에 정착한 후 5대조 홍귀달과 그의 아들 대에 이르러 상주 일대를 근거지로 삼아 명문 사족으로 발돋움하였다. 부친 홍호 대에 이르러 가문의 전통을 잇고 홍여하 대에 와서 그 위치가 더욱 공고해졌다. 그는 지역에만 있던 사족들과는 달리 중앙의 문풍을 접하게 된다. 이후 산문작가, 역사학자로 성장하여 영남의 4대 문장가로 일컬어졌으며, 『휘찬여사彙纂麗史』·『동사제강東史提綱』 두 편의 역사서를 편찬했다. 그리고 부친으로부터 학맥의 영향을 받아 퇴계의 문도들에게 직접 가르침을 받았으며, 당시 영남 문인들에게 많은 영향을 미쳤다.

그는 영남 남인의 대표적인 정치가이기도 했다. 그가 살았던 무렵은 예송이 터졌을 때이며, 서인의 영수인 송시열·송준길 등과 직접 맞서는 힘든 삶을 살았다. 그는 정치적 기반이 약한 남인으로, 개인적 역량을 가지고 중앙 조정에서 활약하기에는 극복할 수 없는 한계가 있었다. 그가 두 번의 좌천과 유배로 중앙에서 밀려나 고향으로 돌아와 학문에 매진하며 후진 양성과 저술 활동에 힘썼다. 두 편의 역사서와 『사서발범구결』·『주역구결』·『의례고증』·『용학구의』 등과 문집 『木齋集』 등 많은 글을 남겼다.

필자는 홍여하 한시를 연구 대상으로 삼아 석사 학위 논문을 썼다. 당시에는 홍여하의 시작품들을 제재별로 살펴보며, 지역에서 그의 학맥적 위치를 규명했다. 이후 박사과정을 거치면서 연구에 대한 한계가 느껴졌다. 그러던 중에 서두에도 언급했듯이 옛 거울에 오늘의 우리를 비춰 본 바, 현대사회에서도 과거의 영향이 특정한 영역에서는 남아있음을 알 수 있었다.

예를 들면 현대에 가계의 연원을 이야기할 때 저명한 역사적 인물의 후손에 대해서는 그 프로필의 한 항목으로 넣는 것은 흔히 보이는 현상이다. 이는 양반 신분이 소멸한 현대사회에서 이러한 현상이 지금까지도 나타나는 데는 그들의 삶과 의식에 대한 이해가 필요하다. 즉 그들의 삶과 의식을 이해하는 것이 현재 우리들의 모습을 이해하는 데 중요한 열쇠가 되는 것이다. 이러한 생각에서 조선의 다대한 부분을 차지했던 사족, 그들의 삶과 의식, 문화 등에 관심을 갖게 되었다.

사족은 각각의 지역에서 삶의 터전을 이루고 다양한 이야기들을 만들고 있었다. '지역'의 고전과 인물 등의 연구 진행에서 중앙 중심과 유명한 인물 중심연구 경향에 대한 일련의 반성이 있었고 지역-사족의 삶을 촘촘하게 추적하여 지워진 지역사를 재고하고자 하는 노력이 이루어지고 있었다. 김승룡 지도 교수님께서도 "'지역'은 인간의 삶이 실질적으로 구현된 장소로서 중앙에 의해 주변화된 것이 아니라, 그 자체로 하나의 시간과 공간에 의해 규정된 사람들의 삶 자체를 의미하는 것이다."라고 말씀하셨다. 말씀에 힘입어 박사 논문을 진행할 수 있었고, '지역'의 고전과 인물들을 계속해서 공부할 수 있는 토대를 마련해 주셨다.

이렇게 홍여하의 한시와 '상주'라는 공간을 공부하면서 그의 주변 인물, 관련한 텍스트와의 연구의 접점을 찾아갔다. 그 결과 관련 연구들을 몇 편 나오긴 했지만, 필자의 우둔한 공부가 얼마나 그들의 삶과 인간됨을 제대로 밝혀내었는지, 연구의 길이 제대로 가고 있는지 자신이 없다. 그럼에도 이 책을 내는 것은 앞으로 더욱더 열심히 공부하겠다는 필자 스스로의 채찍질이다.

이번 책은 이제까지 연구를 정리하고 초심을 되살리는 시간을 가진다는 의미가 크다. 박사 학위 논문과 그 외에 발표한 논문들은 본 장과 부록으로 나누어 편성하였다. 총 Ⅶ장에 걸쳐 논지를 펼쳤는데, 우선 제1장에서는 연구가 필요한 목적을 밝히고, 선학들이 성실히 수행해 놓은 연구사 개관을 통해 연구 범위와 방법을 정하였다. 제2장에서는 목재의 시적 배경에 대한 고찰이다. 상주의 지역적 특징 즉 지역 사족들의 동향 속에서 그의 삶을 살피고, 가학과 사승, 주변 인물과의 교유를 확인하고자 한다. 그리고 생애의 중요한 전환점에 자작自作한 재호를 통해 그의 지향점을 확인하고자 한다.

제3장에서는 공간성에 힙입어 작품들을 선별해 시세계를 다루었다. 공간인 상주와 그가 창작한 재호의 사용과 궤를 같이하여 그의 생애에서 중요한 전환점이 된 시기의 일들을 찾아 그것이 시에 끼친 영향 관계를 유기적으로 고찰하려 한다. 제4장에서는 생애 전반에 걸쳐 창작한 홍여하의 시세계의 특징적 국면과 의미를 고찰하고자 한다. 제5장에서는 그의 한시는 17세기 사족의 한 사람으로 성장을 확인할 수 있었으며, 그것이 당대인의 삶을 드러낸 것으로 갈무리했다. 17세기 지역 사족 계층의 삶과 문학의 양상을 살필 수 있는 기반을 마련함으로써 이후 상주지역 한문학의 이해와 연구에도 기여할 것이다.

제6장의 부록에는 홍여하를 공부하면서 여러 자료를 얻어 연구한 것을 실었다. 첫째, '조선시대 시화집 소재 퇴계 시 비평 연구'에서는 시화집을 공부하는 기회를 얻었으며, 홍여하가 퇴계시를 주해했던 흔적을 찾을 수 있었다. 둘째, 상주의 역사적 장소인 경천대를 공부한

결과물 '상주尙州 경천대擎天臺와 시적 공간으로서의 의미'이다. 이 논문은 홍여하가 도남서원을 읊은 시를 1663년부터 1798년까지 135년 동안 대를 이어 차운하여 엮은 『홍판관운』을 확인할 수 있었다. 셋째, 홍여하가 예천의 용궁지역에 거주했던 인연이 있었는데, 『축산승람』에서 다행히 그의 자취를 찾을 수 있었던 연구이다. 제목은 '예천읍지 『축산승람竺山勝覽』에 소재한 한시漢詩와 그 성격'이다. 넷째, 홍여하의 절친인 전익구의 삶과 한시를 공부하였는데, 그를 최초로 학계에 소개하는 기회를 얻었다. 제목은 '가암可庵 전익구全翼耈의 삶과 시세계'이다. 소개한 몇 편의 소논문들뿐만 아니라 박사논문을 마무리할 수 있었던 것은 함께 고민해주시고 단단히 붙들어 주신 지도 교수님 덕분이다. 출간을 앞두고 삼가 숙배를 올린다.

학과의 명예 교수님들과 박사 논문 전체가 모나지 않도록 부드럽게 매만져주신 김남이 교수님, 권정원 선생님, 이준규 선생님께 깊이 고개를 숙인다. 박사 논문 과정을 지켜보시며 부족한 부분을 지적해주시고 보다 넓은 학문의 경지를 일깨워 주신 이규필 교수님과 강정화 교수님께 삼가 고개를 숙인다. 더불어 초심자로서의 부끄러움을 떨쳐내지 못하는 필자의 글을 출간해 주신 학자원 관계자분들께 고마운 말씀을 전한다. 끝으로 늘 지지를 아끼지 않는 가족과 부모님께 깊이 감사드린다. 필자의 박사 논문과 몇 권의 번역책을 유리장 한 켠에 소중하게 보관하시고 틈틈이 읽고 계시는 부모님께 이 책을 올린다.

2024년 12월 따스한 겨울

시우재時羽齋에서 쓰다.

‖ 차례 ‖

제1장

서론 : 문제제기 – 17세기 상주사족의 프리즘, 목재 홍여하

1. 연구 목표와 성과 검토

이 글은 17세기 중후반 경북 상주지역[1] 사족士族인 목재木齋 홍여하洪汝河(1620~1674)의 한시를 중심으로 삶의 공간에 따라 사족으로의 성장을 살펴보는 것을 목적으로 한다. 이를 통해 17세기 혼란기를 살았던 사족들의 삶과 의식세계, 시적인 경향 등을 살피는 데 일조하고자 한다.

목재가 살았던 17세기 조선은 임진왜란이라는 전대미문의 외환을 겪고 난 후, 얼마 지나지 않아 정묘호란, 병자호란, 명・청교체 등을 겪었다. 또 대내적으로는 인조반정과 이괄의 난이 일어났으며 뒤이어 기해・갑인예송까지 일어났다. 이처럼 거듭되는 불안 속에 사족들은

1 목재 가문은 여말선초 洪文永이 상주로 이거하였는데, 손자인 洪得禹의 대에 와서 함창현(현 문경 영순면)에 정착하였다. 15세기 중엽 홍득우의 손자 홍귀달 대에 와서 상주목의 속현인 산양현으로 이거하였다. 목재는 부친인 홍호가 安東府 提督을 자청하여 안동부 春陽縣 老老洞로 이사했는데 이 해에 태어났다. 이러한 연유로 어려서 춘향현에서 보내기도 하였다. 목재의 지역사회 내 활동이 산양현에서 이루어지고 있으므로 본고의 지역 명칭을 상주로 사용하였다.

제도권 중심부에 놓여있든 주변부에 놓여있든 저마다의 처지에 따른 위상 회복 혹은 재정립에 고심했다. 사족으로서의 위신과 개인의 정체성에 대한 고뇌가 어느 시기보다도 심했다.

이러한 혼란한 시기에 영남의 사족은 남인 계열로 중앙 관직에 나가거나, 지방 향촌 사회에서 사족으로서 현실 사회의 문제를 해결하고자 했다. 그러나 영남의 사족들은 계속되는 서인과의 정쟁政爭 때문에 중앙에서 물러나 낙향하는 경우가 많아진다. 이러한 이유로 당대의 특징적 문풍이 영남 사족들에게는 직접적인 영향을 미치지 못하였다.

당시 환로宦路에 몸담고 있던 서인계 학자들과 근기 남인들의 경우에는 그들 다수가 급변하는 시대 상황에 맞추어 다양한 학문을 추구했지만, 영남 남인들은 대부분 향토를 기반으로 하여 퇴계 이래의 학문을 그대로 따르거나 재정리하고 있었다. 그런데 영남이라는 지역적인 열세에도 불구하고 퇴계의 영향으로 추노鄒魯의 고장이라 인식되면서 많은 인물을 남겼다.

목재는 영남 사족의 한 사람으로 중앙에 진출했으나, 여의치 못한 여건들로 인해 경세제민의 뜻을 실천하는 삶은 그리 길지 않았다. 그러나 자신이 추구하는 유가적 이념과 가치의식을 몸소 실행으로 옮기는 생활을 하면서, 세상의 불의에 분개하고 나라의 우환을 근심하는 절의적 기질로 의미 있는 삶을 살고자 한 지방 사족의 한 사람이었다. 그의 시에는 자신이 처해 있는 상황은 물론 삶의 지향 및 생활 현실의 구체적 국면까지 작품에 진술하는 경향이 두드러진다. 즉 17세기 향촌 사족의 시대 체험, 현실 상황, 삶의 지향, 생활의 구체적 국면 등이 고스란히 담겨 있다.

목재는 한시를 자기표현의 중요한 수단으로 인식하는 가운데 작품 창작에 적극적인 태도를 보였다고 하겠다. 이런 점에서 목재의 한시는 17세기 중후반 지역 사족의 삶을 엿볼 수 있는 중요한 자료이다. 그가 살아간 삶의 마디와 변화의 국면들을 한시를 통해 어떻게 늑여내고 형상화하는지 살피는 것은 이 시기, 이 지역의 한시를 살피는 작업이 된다. 그러므로 한시는 완전하게 사적인, 자기 개인의 무대에서 그치지 않는다. 그런 까닭으로 그의 한시 연구가 한 개인의 삶을 이해하는 것뿐만 아니라 17세기 중후반 지역 사족 사회의 다양한 면모를 파악할 수 있을 것이다. 특히 '목재'라는 인물과 그 기록이 시대를 읽는 프리즘 혹은 돋보기로 의미 있을 것인가를 가늠하는 일이 이글의 과제인 셈이다.

지금까지 영남의 인물에 관한 연구는 이황과 그 문도들의 영향이 미친 학파의 구도에 주목하거나, 도학자로서의 학문이나 사상적 경향에 치중되어 이루어지는 경우가 많았다. 하지만 이러한 연구 경향에 대한 일련의 반성이 등장했다.[2] 그것은 지역 고전학에 탐구에 있어서 중앙과 거대 담론 중심의 시각을 걷어내고 전통시대 지역-사족의 삶을 촘촘하게 추적함으로써 지워진 지역사를 재고하고자 하였다.[3] 또한 지역 한문학의 자료에 대해 그 저변에 놓인 인간적 의미를 찾아내어 하나의 학적 체계를 구축하고자 하는 노력으로 이어지고 있었다.[4]

2 허남욱, 「지역학으로서의 한문학의 역할과 방향 모색: 지역학으로서의 한문학, 연구 범위와 전망」, 『한문고전연구』 22, 한국한문고전학회, 2011; 이종묵, 「지방화 시대 한문학연구의 시각과 방향」, 『한민족어문학』 45, 한민족어문학회, 2004, 42~43면.

3 김남이, 「尼山 南廷瓚의 삶과 지향」, 『온지논총』 66, 2021.

4 김승룡, 『이재난고를 통해 본 호남의 역사와 문화』 「지역 고전학과 『이재난고』

특히 지역 출신의 역사적 인물을 연구 대상으로 하고 있으나, 지리적 입지나 불리한 여건으로 역사의 중심에 서지 못한 부분에서 혼란한 시대를 온전히 살아낸 지역 인사에 관한 연구에 주목하며,[5] 한 인물의 배경을 넘어서 사람에 집중하여 논의를 이어가고자 하였다.[6] 이러한 반성은 일상생활에서 문학이 존재하는바, 실재적 삶을 기반으로 과거를 바라보아야 한다는 것이었다. 작가의 일상에 접근하여 어떠한 삶을 살았으며, 그러한 삶의 결과물인 그들의 문학, 그중에서도 한시의 의미를 살피는 연구는 유효할 것이다.

목재의 삶에서 중요한 국면은 재호를 통해 확인할 수 있다. 보통 한 사람이 일평생 품고 살아온 뜻이 무엇인지를 알 수 있는 것 가운데 하나가 서재의 이름이다. 그 사람의 이름은 한번 지으면 그것으로 끝이지만 재호齋號는 이거移居할 때마다 취할 수 있으므로 그 사람의 인생 역정을 따라가며 그 사람이 어떤 생각을 하고 어떤 꿈을 꾸며 무엇을 지향하며 살았는지를 파악할 수 있다.

즉 거처에 걸었던 재호에 담긴 뜻을 파악하면 그 시절에 그 사람이 재호에 자신의 의지와 이상을 담아 늘 그것을 돌이켜 보며 생활의 좌표로 삼고자 한 것을 알 수 있다. 특히 자신이 직접 재호를 짓고 기문을 작성하는 경우 재호에 자신의 정체성을 투영하고 기문을 통해 자신을 삶을 반성하며 인생의 진로를 설정하였다.[7] 목재는 20대의 '계곡

연구」, 이재연구소, 흐름출판사, 2023.

5 강정화, 「洗庵 河班運의 삶과 한시 고찰」, 『남명학연구』 71, 경상국립대학교 경남문화연구원, 2021.

6 이규필, 「恭山 宋浚弼의 학문과 항일활동」, 『嶺南學』 71, 경북대학교 영남문화연구원 2019.

7 강헌규 · 신용호, 『한국인의 字 · 號 연구』, 계명문화사, 1990; 권정원, 「字號를 통

谿谷', 30대의 '목재木齋', 40대의 '산택재山澤齋', 50대의 '존성재尊性齋' 등 재호를 직접 지었다. 본고는 여기에 주목하여 목재 한시를 재호의 공간과 연결하여 살펴보고자 한다.

목재의 가문은 여말선초 상주에 정착한 후 5대조 홍귀달洪貴達과 그의 아들 대에 이르러 상주 일대를 근거지로 삼아 명문 사족으로 발돋움하였다. 부친 홍호洪鎬 대에 이르러 가문의 전통을 잇고 목재 대에 와서 그 위치가 더욱 공고해졌다. 목재는 지역에만 있던 사족들과는 달리 중앙의 문풍을 접하게 된다. 부친 홍호의 영향으로 중앙의 문풍을 주도하던 조경趙絅·이식李植 등에게 가르침을 받아 이후 산문작가, 역사학자로 성장할 수 있었다. 정경세鄭經世의 문인이었던 부친 홍호洪鎬로부터 학맥의 영향을 받았으며, 퇴계의 문도인 이찬李燦·이환李煥·류원지柳元之 등에게 직접 가르침을 받았으며, 당시 영남 문인들에게 많은 영향을 미쳤다.

목재는 당쟁의 전면에 서면서 당시 영남 남인의 대표적인 정치가이기도 했다. 일찍이 연산군 때 5대조 홍귀달과 그의 아들들이 사화에 크게 화를 당한 적이 있었으며, 대사간을 지낸 부친 홍호도 서인과 대립하던 터라 그의 가문은 사화와 당쟁의 겨랑 속에 이어져 왔다고 볼 수 있다. 특히 그가 살았던 무렵은 예송이 터졌을 때이며, 그 또한 서인의 영수인 송시열宋時烈·송준길宋浚吉 등과 직접 맞서는 힘든 삶을 살았다.

당시 목재는 정치적 기반이 약한 남인으로, 개인적 역량을 가지고 중앙 조정에서 활약하기에는 극복할 수 없는 한계가 있었다. 그가 두

해 살펴본 李德懋의 삶의 지향」, 『동양한문학연구』 26, 동양한문학회, 2008.

번의 좌천과 유배로 중앙에서 밀려나 고향으로 돌아와 학문에 매진하며 후진 양성과 저술 활동에 힘썼다. 그는 『휘찬여사彙纂麗史』·『동사제강東史提綱』 등 두편의 역사서와 『사서발범구결四書發凡口訣』·『주역구결周易口訣』·『의례고증儀禮考證』·『용학구의庸學口義』 등과 문집 『목재집木齋集』 등 많은 글을 남겼는데, 그의 작품 속에는 학문과 시대에 대한 고민과 사상이 반영되어 있다.

『목재집』에 수록된 여타 글들은 대부분 내용이 학문적 논의로 이루어져 있어서 이를 통해서 그의 역사적, 사상적 연구가 진행되었으므로 그의 삶과 의식을 면밀히 살펴보기는 제한이 있다. 『목재집』의 한시 작품은 258제題 391수首이다.[8] 다행히 목재는 시작을 통해 자신의 일상을 기록하는 경향이 있었으므로, 미물에 대한 관찰과 사소한 일상 경험에서부터 자신의 내면적 고뇌와 지향, 시대에 대한 개탄에 이르기까지 생활과 의식 전반을 아우르고 있다. 본고에서는 17세기 중후반 대내외적인 격변의 시대를 거치면서 시간의 경과에 따라 삶의 경험이 확장되는 가운데 그 안에서 겪는 일련의 사건들을 통해 시가 어떻게 변화하며 동시에 그때그때 시적 표현과 감성은 어떤 특징을 드러내는지 밝혀보고자 한다.

지금까지 목재에 관한 연구는 역사 분야[9]에서 가장 많은 연구가 진

8 본 연구의 『목재집』 한시는 2013~2015년 3년에 걸쳐 경북대학교 영남문화연구원에서 번역한 것을 적극적으로 수용하되 필요에 따라 약간 수정하였다.

9 김선화, 「홍여하의 역사인식」, 한양대학교 석사학위논문, 1987; 김영택, 「목재 홍여하의 역사의식과 문학관 연구」, 안동대학교 석사학위논문, 2004; 장윤석, 「17세기 영남 남인 오운과 홍여하의 역사인식」, 경북대학교 석사학위논문, 2007; S. O. Kurbanov, 「『木齋家塾彙纂麗史』의 儒學傳」, 『규장각』 32, 규장각한국학연구소, 2008; 우인수, 「목재 홍여하의 현실인식과 대응」, 『한국사상사학』 43, 한국사상사학회, 2013; 도현철, 「목재 홍여하의 역사서 편찬과 고려사 인식」, 『한국

행되었다. 이러한 연구는 그가 남긴 역사서 『휘찬여사』와 『동국통감제강東國通鑑提綱』에 주목하여 그가 보인 역사의식을 고찰하고자 한 것이었다. 거기에 더해 경세론과 관련하여 그의 전제田制의식을 구명한 것이 2편,[10] 경학 분야에서 5편,[11] 문학 방면에도[12] 4편의 연구가 진행되었다.

한시[13]와 관련해서는 2011년부터 연구가 시작되었다. 전재동이 2011

사상사학』 43, 한국사상사학회, 2013; 박인호, 「『동국통감제강』에 나타난 홍여하의 역사인식」, 『퇴계학과 유교문화』 54, 경북대학교 퇴계연구소, 2014; 박인호, 「『휘찬여사』「열전」에 나타난 홍여하의 역사인식」, 『장서각』 31, 한국학중앙연구원, 2014; 김현영,「목재 홍여하의 시대와 그의 역사인식」, 『朝鮮時代史學報』 104, 조선시대사학회, 2023.

10 신항수, 「17세기 중반 洪汝河의 田制認識」, 『韓國思想史學』 8, 한국사상사학회, 1997; 이경동, 「목재 홍여하의 현실인식과 경세론」, 『朝鮮時代史學報』 104, 조선시대사학회, 2023.

11 홍원식, 「목재 홍여하의 생애와 성리설」, 『韓國思想史學』 43, 한국사상사학회 2013; 전재동, 「목재 홍여하의 경학관과 경서 해석」, 『嶺南學』 23, 경북대학교 영남문화연구원, 2013; 추제협, 「17세기 영남 퇴계학파의 등장과 목재 홍여하」, 『동아인문학』 27, 동아인문학회, 2014; 김희영, 「목재 홍여하의 양명학 비판 양상 일고」, 『漢文古典研究』 39, 한국한문고전학회 2019; 김근호, 「목재 홍여하의 경학관에 나타난 성리사상」, 『朝鮮時代史學報』 104, 조선시대사학회, 2023.

12 권태을, 『상주한문학』, 문창사, 2002, 277~281면.; 김영택, 「목재 홍여하의 역사의식과 문학관 연구」, 안동대학교 석사학위논문, 2004.; 양승호, 「木齋 洪汝河의 저술과 문예의식」, 『嶺南學』 82, 경북대학교 영남문화연구원, 2022.; 권진옥, 「木齋 洪汝河의 散文批評 一考」, 『Journal of Korean Culture』 17, 한국어문학국제학술포럼, 2011.

13 전재동, 「讀書詩를 통해 본 洪汝河의 經書 解釋」, 『大東漢文學』 35, 대동한문학회 2011; 전재동, 「洪汝河의 詩世界 研究: 文學論과 作詩 樣相 分析을 중심으로」, 『大東漢文學』 37, 대동한문학회, 2012; 최금자, 「木齋 洪汝河의 漢詩 研究」, 동국대학교 석사논문, 2017; 楊勝皓, 「목재 홍여하의 한시 창작양상」, 『東方漢文學』 83, 동방한문학회, 2020; 최금자, 「목재 홍여하의 「述懷」시에 반영된 사회현실」, 『嶺南學』 73, 경북대학교 영남문화연구원, 2020; 양승호, 「木齋 洪汝河의

년, 2012년 발표한 두 편의 논문이 있다. 그는 논문을 통해 시의 주제별 연구와 시세계 양상에 관해 다루었는데, 하나는 독서시를 통한 그의 경서 해석 검토이며, 다른 하나는 작시作詩 양상을 중심으로 한 시세계의 분석이다. 전자의 연구는 목재의 독서시 중에 특히 사서집주를 읽고 깨달은 점을 문인에게 알려주기 위해 지은 「독사서집주법시김경겸최여안기중讀四書集註法示金景謙崔汝安基重」 11수首에 초점을 맞추어 분석하였다. 목재의 경서 해석 방법과 양상은 자구字句의 쓰임을 중시하는 구법句法을 제시하였고, 기존 경서經書 구결口訣에 대해서는 비판적 태도를 보였으며, 『좌전左傳』과 『사기史記』를 글쓰기의 전범으로 여겨 史書를 익숙히 읽어야 함을 강조했다. 후자의 연구는 시 세계를 '성찰省察과 수양修養을 통한 실천實踐의 강조', '유람遊覽과 교유交遊를 통한 위로慰勞와 안분安分', '동사東史에 대한 관심과 사법史法의 확립', '사설邪說의 배격과 주자 옹호' 등으로 구분한 목재 한시의 전반적 양상에 관한 연구이다. 전재동의 두 편의 연구는 목재 시를 처음으로 학계에 소개하고 시 연구에 단초를 마련하였다고 볼 수 있다.

2013~15년 3년에 걸쳐 경북대학교 영남문화연구원에서 목재의 문집인 『목재집』이 번역되었는데, 이를 계기로 한시 연구가 현저히 늘어났다. 최금자는 한시의 선행연구를 보완・발전시켜 석사 논문으로 목재의 시 세계 전반을 다룬 연구를 진행하였다. 논문에서 '주자학적

田園詩에 나타난 정서지향과 표현양상」, 『국학연구』 46, 한국국학진흥원, 2021; 최금자, 「목재 홍여하의 교유 양상 연구-교유시를 중심으로-」, 동양한문학연구』 59, 동양한문학회 2021; 박종순, 「木齋 洪汝河 詩文學 一考」, 『朝鮮時代史學報 104』, 조선시대사학회, 2023; 양승호, 「木齋 洪汝河의 和次韻詩 연구」, 『大東漢文學』 77, 대동한문학회, 2023; 양승호, 「木齋 洪汝河 한시 연구」, 경북대학교 박사논문, 2023.

세계관의 투영', '처사적 삶의 구현', '동사에 대한 역사 인식'이라는 항목을 설정하여 논하였다. 특히 사우, 가족 간의 관계에 주목하여 류성룡-정경세-홍호를 잇는 목재의 영남 학맥 내에서 학적 위치를 밝힌 것에 의의가 있다.

2020년에는 두 편의 시 관련 논문이 있었다. 양승호는 한시의 창작 양상을 알아보기 위해 목재 생애를 재검토하고, 목재 한시 전체를 형식, 제재, 창작방식에 따라 분류했다. 목재 한시의 형식적 측면에 대한 최초의 검토로 주목할 만하다. 최금자는 목재가 26세에 지은 5언 배율(108운 216구)의 최장 한시에 주목하여, 당시 천연두와 기아가 만연하던 상황, 명말청초明末淸初의 혼란스러운 대외 형세에 대해 시대를 진단하고 있는 지식인의 모습을 고찰했다.

2021년에도 2편의 한시 관련 논문이 발표되었다. 최금자는 교유시를 중심으로 그의 교유 양상을 살폈다. 이를 통해 부친인 홍호의 류성룡-정경세로 이어지는 학파적 사승의 영향을 받아 교유에도 많은 비중을 차지하고 있었음을 밝혀내었다. 목재의 교유 범의는 다채롭다고 할 수 없지만, 교유한 인물들이 정치적·사회적으로 위상이 있는 인물들이며, 당색이나 학파적 사승을 뛰어넘어 교유한 사실 또한 분명하였음을 밝혔다. 이 논문은 그간의 선행연구에서 교유에 대해 부분적으로 언급된 것을 총괄적으로 살폈다는 점에서 그 의의가 있다. 양승호는 목재의 전원시 분석을 통해 시에 흐르는 서정과 내면의식, 표현양상에 대해서 살펴보았다. 이를 통해 '전원생활 속에서의 안분과 자연의 동경을 통한 정서적 해탈'을 밝혔으며, 시의 형식면에서 근체시를 지어 형식적 절제를 추구한 점과 역사에 기반을 둔 고사를 인용했음을 밝혔다.

2023년에는 박종순이 목재 한시의 연원과 몇 가지 특징에 대해 살펴보았다. 그 내용은 목재가 홍귀달, 홍호, 외조부 고경명으로 이어지는 가학의 전통과 스승 이식·조경에게 시인으로서 영향을 받은 부분을 밝히고 있다. 그리고 목재의 시세계에 대해서도 새로운 견해를 제시했다. 목재의 시작은 장편화의 경향이 있으며, 반듯한 유학자의 모습과는 다른 여성적 애상을 담은 한시도 창작했다는 이면도 있다는 특징을 밝혀냈다. 같은 해 양승호는 화차운시의 개별 작품과 화차운한 작품 대상 작품과 인물까지 살펴서 목재의 의식 지향을 살폈다. 이를 통해 '선현에 대한 동경의 마음', '진정 어린 정서적 공감', '도학적 군자의 삶을 확인하고 고취하는 계기', '시적 재능의 과시' 등의 의식을 밝혔다.

이어서 양승호는 목재 한시를 제재별로 분류하여 개별적 연구를 계속해서 진행하고 있었는데 그 결과 가장 먼저 박사 논문을 발표했다. 그는 논문에서 목재 한시를 창작 양상을 중심으로 전체적인 연구를 진행했다. 모두 4장으로 분류하여 '목재 홍여하의 삶과 문예의식', '목재 한시의 창작 양상'. '증답시와 화차운시의 세계', '전원생활의 서정', '유람과 탐방의 감회' 등을 고찰했다. 이 논문은 목재 한시의 창작 양상을 중심으로 선별해서 대표적인 한시의 특징을 밝힌 것이다. 창작 양상에 집중하여 한시를 전반적으로 연구한 것에 의의가 있다. 그러나 목재 시에서 창작 양상의 빈도가 높은 시 위주로 선별한 것에만 집중하고 있다는 것이 아쉽다.

목재 한시를 살펴보면 삶의 중요한 국면들이 잘 드러나 있어 그의 삶과 한시를 병행하여 전체를 조명할 필요가 있다고 생각한다. 이 점을 중점에 두고 기존 연구를 유기적으로 결합하여 목재의 시들이 그의 삶의 과정에서 어떻게 변모하였으며, 각 시기에 어떻게 형상화되었는가를 규명하고자 한다.

2. 연구 대상과 서술 방향

기존의 연구성과를 바탕으로 목재 삶의 궤적과 공간에 따라 한시의 전반과 시세계 특징을 고찰하고자 한다. 앞서 연구의 중요한 텍스트인 『목재집』[14] 소재 한시에 대해 개괄적으로 살펴보고자 한다. 한시는 권1과 권2에 수록되어 있으며 모두 258제題 391수首이다. 전체적으로 한시를 창작한 시기는 1642년 23세 때부터 1674년 55세까지 33년 동안이다. 사환에 있을 시기인 41세가 될 때까지는 36제 48수의 한시를 지었고, 나머지 222제 343수는 낙향한 뒤 지은 시이다. 이는 아마도 젊었을 때는 역사서 저술이나 과거 공부에 몰두해 시를 지을 여력이 없었고, 벼슬살이 동안에는 바쁜 공무와 정쟁의 소용돌이 속에서 시를 지을 형편이 되지 못했기 때문이라 짐작된다. 그의 시는 짧은

14 『목재집』은 현재 3가지 異本이 전하고 있다. 하나는 13권 7책의 규장각 소장본이고, 다른 하나는 13권 7책의 국립중앙도서관 소장본이며, 나머지 하나는 12권 6책의 민족문화추진위원회 간행본(『한국문집총간124』)이다. 이상의 3가지 종류의 『목재집』은 모두 1693년 權愈가 작성한 서문이 권두에 붙어 있고, 문집의 목록이 별도로 마련되어 있지 않으며, 문집의 내용도 대부분 별다른 차이가 발견되지 않는다. 다만, 국립중앙도서관 소장본은 규장각 소장본과 비교하면 똑같은 13권이지만 권11 「讀書箚記」 중에서 『大學』에 관한 차기라고 할 수 있는 「知止解」·「格物解」·「誠意解」·「八條目」·「明明德贊」 등이 모두 누락되어 있는 차이점이 있다. 또, 민족문화추진위원회 간행본이 여타 판본보다 1권이 적은 12권으로 구성되어 있는 이유는 여타 판본의 권4에 수록된 「議禮疏」와 「儀禮經傳喪服考證」이 누락되어 있기 때문이다. 『목재집』의 편집과 간행 등은 고전번역원 해제를 참고해서 서술되어 있다.

벼슬 생활을 정리하고 고향으로 돌아와 지내는 15년 동안 지은 것들이 대부분이라 할 수 있다. 아래 표에 한시작품을 형식, 제재, 창작방식으로 분류하여 정리하였다.

〈표 1〉 한시작품의 분류[15]

분류	형식	현황
형식	五言古詩	2題2首
	七言古詩	5題5首
	五言絶句	51題73首
	七言絶句	83題135首
	五言律詩	42題59首
	七言律詩	70題73首
	五言排律	19題26首
	七言排律	1題1首
	長短句	15題17首
제재	贈答詩	60題73首
	田園詩	45題51首
	遊覽詩	41題72首
	輓詩	34題46首
	讀書詩	25題80首
	述懷詩	18題25首
	詠物詩	14題14首
	祖餞詩	8題9首
	紀俗詩	4題5首
	詠史詩	4題11首
	艶體詩	3題3首
	題畫詩	2題2首
창작방식	連作詩	37題132首
	和次韻詩	28題35首
	擬古詩	2題9首

15 목재 한시의 분류는 양승호의 논문을 참고. 楊勝皓, 앞의 논문, 2020; 2023.

위의 표를 살펴보면, 첫째, 형식면에서 가장 빈도가 높은 것은 절구·율시·배율 등의 순서이다. 시형의 선택은 대체로 오언보다는 칠언이 많으며, 율시보다는 절구의 작품이 많다. 배율시 작품 또한 20제 27수로, 적지 않은 작품이다. 배율시를 전혀 남기지 않았던 문인도 있는 점을 감안하면 목재는 비교적 많은 양의 배율시를 남겼다. 그리고 주목되는 것은 고시, 악부시 작품으로 대부분 장편의 서사한시敍事漢詩로 가행체 작품이 많다는 것이 특징이다.

둘째, 제재면에서 목재 시 가운데 많은 비중을 차지하는 것은 사람 간의 교류를 통해 발생한 제재로 창작을 한 경우가 많다는 것이다. 작품 수는 모두 102제 128수가 되는데, 인물 간의 관계를 중심으로 지어진 시이다. 교유를 통해 쌓은 친분을 바탕으로 가까운 사이에 편지처럼 서로 주고받은 증답시 60제 73수, 새로운 관직에 임명되어 부임지로 떠나거나, 사신의 임무로 가게 되거나, 벌을 받아 유배나 혹 낙향하게 되어 떠나게 되는 지우나 동료 등을 전송하면서 애절한 심정을 써 내려간 조전시 8제 9수, 고인故人과의 특별한 관계가 있는 가족이나 친척, 지우, 제자 등이 죽은 이를 애도하기 위해 지은 만시 34제 46수 등이다.

다음은 전원과 자연의 동경을 읊은 작품이 많다는 것이다. 이 점은 전원시와 유람시를 통해서 확인되는데 전원시는 45제 51수, 유람시 41제 72수 등이다. 유람시는 관직에 있는 동안 부임지 가까이에 있었던 금강산과 낙향 후 지역에 있는 청량산, 고산 등을 유람하고 지은 시이다. 유람시가 창작된 시기는 관직에서 좌천된 시기와 해배된 직후에 지어진 것이 대부분이다. 전원시의 창작은 목재가 벼슬 생활을 했던 5년을 제외하고는 대부분 고향과 인근의 전원에서 생활한 것이 중요하게 작용하였을 것이다.

끝으로 학문 연구에 매진한 결과의 산물로 지은 독서시이다. 독서시는 25제 80수로 적지 않은 분량이다. 독서 뒤에 느낀 감상과 교훈을 읊거나, 독서 대상의 중요함과 필요성을 역설하거나, 공부법에 대한 설명을 시를 통해 읊었다. 이는 유가 경서에 대한 깊은 성찰과 주체적 역사관의 확립을 위한 역사서 공부에 대한 경험에서 비롯된 것이다.

셋째, 창작방식에 따라 연작시聯作詩 37제 132수, 화차운시和次韻詩 28제 35수, 의고시擬古詩 2제 9수로 분류할 수 있다. 특히 한 주제를 두고 여러 편을 이어 쓰는 연작시의 창작 비중이 매우 크다는 것이다. 그의 시 전체 258제 중에 연작시는 37제밖에 되지 않지만, 작품 수는 390수의 1/3을 차지하는 132수나 된다. 이렇게 연작시를 많이 지은 이유는 한 주제를 두고 한 수의 시를 짓는 것보다 한 주제에 여러 편의 시를 짓는 것이 고조된 감정과 전하고자 하는 의미의 중요성을 부각시키는 데 훨씬 용이하다. 대표적으로 상대방을 애도하기 위해 지어 준 만시나 생각을 논리적으로 전개하고자 하는 의도로 많이 창작되었다.

화차운시는 스승과 선배, 주변 인물들의 시를 차운한 것이 대부분이다. 주로 일회성이지만, 퇴계의 시를 차운한 것은 일회에 그치지 않았다. 스승인 조경의 시에 차운한 「차족락원운 봉정용주조선생경次獨樂園韻 奉呈龍洲趙先生絅」, 소식의 시를 차운한 퇴계 시를 다시 차운한 「차퇴도선생화동파운次退陶先生和東坡韻」, 「경차왕고증금사운敬次王考贈琴師韻」, 선배인 장응일의 시에 차운한 「차장대성임은와운次張大成林隱窩韻」 등이 있다. 국외의 인물은 당대唐代의 대표적 시인인 두보杜甫와 송대宋代 문단을 주도했던 소식蘇軾·황정견黃庭堅이었던 것을 확인할 수 있다.

목재의 한시작품은 편차에 출입은 있지만, 시간순대로 편집되어 시 안에 녹아든 그의 삶을 정확하게 포착할 수 있고 그에 따른 시적 정서도 입체적으로 파악해 볼 수 있다. 한시작품을 중심으로 다음과 같이 진행하고자 한다.

제2장에서는 목재의 시적 배경에 대한 고찰이다. 한 사람이 일생을 살아가는 데 있어 어떤 환경 속에서 생활하는가는 매우 중요한 요소이다. 그 사람의 가치관이나 성향 등이 대부분 이러한 요소들로 인해 결정적인 영향을 얻기 때문이다. 이를 위해 첫째, 상주의 지역적 특징 즉 지역 사족들의 동향 속에서 그의 삶을 살필 것이다. 둘째, 가학과 사승을 시를 통해 살피고, 주변 인물과의 교유를 확인하고자 한다. 셋째, 생애의 중요한 전환점에 자작한 재호를 통해 그의 지향점을 확인하고자 한다. 이는 목재 의식의 지향점이 어디에 있으며 삶에 어떻게 표출하였는가를 알 수 있다. 이 논의는 차후 시를 이해하는 중요한 배경이 된다.

제3장에서는 삶의 지향에 따른 그의 시세계 전반을 조망하는 것이다. 목재의 삶은 그리 길지 않지만, 재호를 통한 삶의 분기점들은 비교적 명확하게 드러나 있다. 따라서 삶을 재호의 사용과 궤를 같이하여 몇 단계로 고찰할 수 있는바, 20대 '계곡谿谷'의 시기인 수학기修學期, 30대 '목재木齋'의 시기인 사환기仕宦期, 40대 '산택재山澤齋'의 시기인 낙향 후 활동기, 50대 '존성재尊性齋'의 시기인 한적기閑寂期 등으로 나누어 살피고자 한다. 한시가 삶의 국면에 따라 어떻게 그 세계를 달리 전개하는가를 살피기 위하여, 그의 생애에서 중요한 전환점이 된 시기의 일들을 찾아 그것이 시에 끼친 영향 관계를 유기적으로 고찰하려 한다.

1절, '계곡谿谷의 시기: 지식인으로서의 성장과 세태 비판'에서는 첫째, 지식인으로 성장에 기인한 독서의 내용, 서적, 학문적 신념 등이 한시에 어떻게 투영되어 나타나고 있는지 살필 것이다. 둘째, 1645년(인조23, 26세)에 창작한 108운韻 216구句 장편시 「술회述懷」에 주목하여 당시 천연두와 기아가 만연하던 상황, 명·청 교체 등 혼란스러운 대외 형세에 대해 시대를 진단하고 있는 지식인의 모습을 살피고자 한다.

2절, '목재木齋의 시기: 환로의 참여와 내적 검속의 표출'에서는 첫째, 목재는 서인과의 정쟁으로 인해 입사한 지 2년도 되지 않아 함경도 고산찰방과 경성판관 등 두 번의 좌천을 겪는다. 이때 지방관으로 있으면서 관직 동료에게 보낸 시를 살피고자 한다. 둘째, 두 번의 좌천과 유배라는 좌절을 겪은 후 자신의 심회를 지은 시를 살필 것이다. 이를 통해 사환기 한시 속에 드러난 공간과 인물을 더듬어 보고 그 당시 삶의 모습과 의식세계를 고찰하고자 한다.

3절, '산택재山澤齋의 시기: 고향으로의 회귀와 사람에 대한 관심'에서는 첫째 고향으로 돌아온 후 목재는 사람들에 집중하여 지역의 인사들, 인근 지방관, 친구들 등 다양한 계층의 인물들과 모임을 열고 지은 시를 살펴보고자 한다. 둘째, 낙향 후 지역 사회 활동을 위주로 살펴보고자 한다. 낙향할 당시 영남의 상황은 중앙정계 진출의 기회가 점점 줄어들고, 지역 내부에서도 침체를 겪어 새로운 모색이 절실히 필요한 시기였다. 이러한 지역의 변화를 인지하고 서당이나 서원 활동을 살펴보고자 한다.

4절, '존성재尊性齋의 시기: 전원에서의 한적閑寂과 안분安分'에서는 첫째, 해배 후 고향으로 돌아와 생을 마감할 때까지 보낸 15년 동안 전원에 머물며 많은 시를 남겼다. 한가롭고 편안한 전원성활에서 주변의 사물, 계절, 자연 등을 관찰하며 드러내는 일상을 살피고자 한다. 둘째, 노년의 자신을 관찰하고 생애를 돌아보며 현실에 관한 관심을 거두어 진지하게 성찰하는 일상으로 전환하는 과정을 살필 것이다. 이를 통해 전원에 머물렀던 시기, 그가 가진 다양한 정서를 알아보고자 한다.

제4장에서는 '시세계의 특징적 국면과 의미'를 고찰하고자 한다. 첫째, 목재의 내면을 관통하는 도학적 사유를 살필 수 있는 작품을 선정하여 내적 사유를 시에 표현하는 양상과 그의 의식을 살피고자 한다. 둘째, 산수에 대한 의식과 감성을 살펴볼 수 있는 작품들을 중심으로 하였다. 시 속에서 자연에 대한 그의 정서가 어떻게 드러나고 있는지 고찰한다. 셋째, 목재가 지역에서 공론화되고 있는 사람에 대해 집중한 시를 선정하였다. 시를 통해 시대적 흐름과 목재의 지향을 살피고자 한다. 넷째, 목재가 한시 창작에 있어 장편화 경향이 있는 시를 선정하였다. 장편화 시 창작의 다양한 배경을 살피고 목재의 의식과 그 의미를 파악하고자 한다.

제5장은 결론으로, 이상의 논의 등을 요약 및 정리하고 향후 후속 연구로 이루어져야 할 부분들을 제시하면서 끝맺고자 한다. 본문을 통해 언급한 17세기 중후반 목재의 한시를 통해 지역 사족 계층의 삶과 문학의 양상을 살필 수 있는 기반을 마련함으로써 이후의 상주지역의 한문학을 연구에도 기여할 것이다.

제2장

지역사족으로서의 위상과 지향

시는 다른 장르와는 다르게 한 인물이 평생을 두고 창작하는 경우가 대부분이다. 글을 배운 사람이라면 시를 짓지 않는 경우가 없었고, 일상의 기록 · 느낌 · 감회 · 교유의 수단 등 여러 방면에서 시는 그 인물의 삶과 떼어놓고 생각할 수가 없다. 그러므로 시를 명확하게 이해하기 위해서는 작가의 삶에 관한 연구가 선행되어야 한다. 즉 시를 이해하기 위한 배경으로 그의 주변 환경에서 드러난 삶의 자세와 방향을 이해하는 것은 중요한 작업이다. 이를 위해 '상주尙州의 지역적 특징과 목재', '가학과 사승師承, 그리고 교유交遊', '재호齋號의 전변轉變과 지향志向의 변화' 등으로 나누어 살필 것이다.

1. 상주尙州의 지역적 특징과 목재

상주는[1] 낙동강 중류에 위치하여 영남 서북부지방의 곡창지대이자

1 상주는 고려 현종9년에 8牧의 하나로 정하였는데, 조선에 와서 그대르 따랐다. 조선에는 경주에 있던 監營이 상주에 설치되어 태종 8년부터 경상감사가 상주목

수륙교통의 요충지였다. 영남의 대읍大邑으로 임진왜란 이전까지는 감영의 소재지였으며, 지리적으로는 영남의 서북지역으로 영남과 중앙의 교통을 여는 관문이자 호서와의 접경으로, 낙동강을 통해 남해지역과의 교류도 활발한 지역이었다. 따라서 영남의 다른 지역과는 달리 일찍부터 사족들의 이주나 교류, 혼반의 형성에서 영남 우도는 물론 호서지역과의 교류도 활발한 편이었다.

『택리지擇里志』에서는 '상주의 다른 명칭은 낙양洛陽이며, 조령 밑에 있는 하나의 큰 도회지로서 산이 웅장하고 들이 넓다. 북쪽으로는 조령과 가까워서 충청도, 경기도와 통하고, 동쪽으로는 낙동강에 임하여 김해, 동래와 통한다. 운반하는 말과 짐을 실은 배가 남쪽과 북쪽에서 물길과 육로로 모여드는데, 이것은 무역하기에 편리한 까닭이다.'라고 하여 상주의 위치를 잘 설명하고 있다.[2]

고려 이제현李齊賢이 "동남의 주군州郡에서 경주가 가장 크고 상주가 그 다음이니, 그 도를 경상도라 하는 것은 이 때문이다. 그러나 사신의 명을 받은 이들은 반드시 먼저 상주로 난 길을 거친 후에 경주로 가기 때문에 풍화의 유행은 상주에서 남으로 내려가지, 경주에서 북으로 올라간 적은 없었다."[3]라고 한 것에서도 알 수 있듯, 고려부터 경

사를 겸하게 되었다. 태종 13년에는 전국을 8도 체제로 정비하면서 오랫동안 상주목 관할이었던 옥천 · 황간 · 영동 · 청산 · 보은을 분리하여 충청도로 내속시켰다. 상주는 7개의 속현과 任內의 하나인 部曲이 셋이나 존재하였고, 속현의 하나인 功城縣까지도 平安이란 부곡 1개를 거느리고 있는 대읍이었다.(『新增東國輿地勝覽(1531년)』「慶尙道-尙州牧」) 18세기 제작된 海東地圖의 상주지역을 보면 상주목은 현재의 상주시 전체와 의성군 단밀면과 단북면, 문경시 산양면, 영순면 일부, 산북면 대부분을 포함하는 광범위한 지역이었다.

2 이중환 저 · 이익성 역, 『擇里志』, 을유사, 1993, 67~68면.

3 徐居正 外, 『東文選』 卷85, 李齊賢, 「送謹齋安大夫赴尙州牧序」, "東南州郡, 慶

주뿐 아니라 상주는 지리적으로 우세하였고, 이로 인해 상주 주민의 고향에 대한 자부심은 남달랐던 것으로 보인다. 실제로 경상감영이 1392년 경주에서 이전한 이래 1596년(선조 29) 대구로 다시 옮겨질 때까지 상주에 경상감영이 자리하고 있었으며, 경상도 관찰사가 상주 목사를 겸임한 적도 있었던 만큼 상주목은 조선 초기 경상도의 중심지 역할을 하였다.

또한 고려 이규보가 1196년 6월, 낙강洛江에 배를 띄우고 시회를 가진 이래 1862년 류주목柳疇睦의 시회에 이르기까지 666년간 약 51회의 선유시회船遊詩會가 열렸을 정도로 상주는 영남의 대표적 창작 공간이었다. 상주가 송대의 성리학자 주희의 고향과 동일한 낙양, 진시황의 난리를 피해 네 명의 노인이 은거했다는 상산商山이라고도 불리웠듯, 다양한 별호에서 역시 그들이 지닌 고향에 대한 남다른 애착을 엿볼 수 있다. 목재가 상주의 도남서원을 찾고 지은 시를 1663년(현종 4)부터 1798년(정조22)까지 135년간 대를 이어 차운하여 『홍판관운洪判官韻』[4]을 만들기도 한 사례도 있다.

먼저 상주 사족의 흐름을 살펴보기로 한다. 15세기까지 토성사족土姓士族은 상산商山김씨 일문에 불과하며, 이는 읍격에 비해 상대적으로 열세였다. 상주목은 경주와 함께 경상도의 본영으로 존재하였지만, 토성수에 있어서는 중소군현과 비슷하며, 대체로 읍세에 비하여

爲大而尙次之, 其道之號慶尙者, 以此也. 然而奉使命者, 必先取道于尙而後至慶, 故風化之流行, 由尙而南, 靡嘗由慶而北也."

4 「낙강시회연수- 상주권 낙강동 중심으로」에 『홍판관운』 전문이 수록되어 있다. (권태을 역주, 『역주 낙강범월시』, 아세아문화사, 2007, 21면; 권태을, 「낙강시회연수- 상주권 낙강동 중심으로」, 『상주문화연구』 2, 상주산업대학 상주문화연구소, 1992)

토성세는 따라가지 못하는 실정이었다. 상주토성 가운데 가장 일찍 진출한 상산김씨는 고려말 김득배金得培·김선치金先致 형제부터는 중앙에 크게 진출하게 된다. 이 형제는 공신에 책봉되어 많은 전지田地와 노비奴婢를 하사받았고 특히 김선치의 세 아들은 모두 조선조에 사환하여 명문으로 발전하였다.

그 외에 박씨朴氏·주씨周氏·황씨黃氏 등도 사족으로 성장하였으나 김씨와는 달리 상주에 정착하지 못하거나 활동이 미비하였다. 이와같이 상주는 재지토성사족이 열세에 놓인 반면, 타읍 출신 사족의 이주자가 많았다.[5] 15세기 이후에는 타읍 출신 사족들이 외가 또는 처향을 따라 상주로 많이 이주하였다.[6] 목재의 가문인 부림홍씨, 그의 처가인 장수황씨 등도 이에 속한다.

부림홍씨缶林洪氏는 여말선초 무렵 상주로 이거하였다. 그 배경은 목재의 선조인 홍문영洪文永이 처가인 상산김씨와의 연고로 이주한 것으로 보인다. 손자인 홍득우洪得禹의 대에 와서는 상주에서 함창으로 이주하여 정착한다.[7] 홍문영이 상주에 정착한 이후 아들 순淳과 손자 득우, 손녀까지 모두 상산김씨와 혼인을 하였다. 이는 두 가문 사이의 강한 결속을 보여준다. 부림 홍씨는 15세기 중엽에 와서 홍득우의 손자인 홍귀달이 상산김씨 김선치의 후손과 혼인을 맺으면서 상주

5 李樹健, 『嶺南士林派의 形成』, 영남대학교 출판부, 1979, 92~95면.

6 順天金氏·豊山金氏·豊壤趙氏·東萊鄭氏·長水黃氏·羅州丁氏·南陽洪氏·清州韓氏·晋陽鄭氏·晋陽姜氏·光州盧氏·興陽李氏·永山金氏·礪山宋氏·沃川全氏·信川康氏 등이다. 『商山誌』 卷2 「人物」.

7 洪貴達, 「年譜」, 『虛白亭集續集』 卷5; 『韓國文集叢刊』 14, 210면, "洪氏出自南陽, 麗中葉, 諱鸞以宰相, 移卜嶺南之缶溪, 因貫焉. 其後內侍史公自缶而商, 先生祖父參判公自商而咸, 遂爲縣人."

의 산양지역에도 영향을 끼친 것으로 보인다.

목재의 처가인 장수황씨는 황희의 둘째 아들 황보신黃保身이 남양 홍씨 홍여강洪汝剛과 혼인한 후, 상주의 소지역 중모에 세거하게 된다. 16세기 초반에는 황정黃珽이 산양지역으로, 황윤헌黃允獻이 낙동지역으로 이주하며 상주의 소지역에 각각 세거지를 형성하였다. 이 때문에 장수황씨는 초기 상주 남서쪽에 치우쳐 있음에도 16세기 말부터 상주 사족 사회의 중심으로 활동할 수 있었다.

이외에 17세기 이후에도 창녕조씨, 창녕성씨, 안동권씨 등의 가문이 계속 이주하면서 상주 사족 사회로 유입되었다. 16세기 무렵 상주 사족들은 과거, 유일遺逸 등을 통해 관직에 진출하기는 하지만 일부 예외를 제외하면 관력이 길게 지속되지 않았다. 따라서 서울 생활이나 외직 생활보다는 가문이 정착한 향촌 사회에서의 활동에 적극적으로 참여한 것으로 추정된다.

그런데 상주는 넓은 지역과 다양한 학문적 바탕으로 인해 사족들의 성장과 결집을 지체하여 남촌 사족들은 16세기 중엽부터 계의 결성과 과거를 통하여 성장할 수 있었다. 그 결과 임진왜란 시기의 열악한 상황에서도 의병 활동이 가능하였으며, 전후 상주 사회의 복구과정에서도 상주의 다른 지역에 비해 빨리 대처할 수 있었다. 최초의 사설 의료기구인 존애원 건립과 낙사계의 결성, 도남서원의 건립이 그러한 과정이라고 할 수 있다.

남촌에 비해 늦게 정착한 상주의 소지역 사족들 역시 성장을 계속하여 17세기 중반이 되면 하나의 사족 사회를 구성할 정도로 성장할 수 있었다. 상주 사족들은 남촌·화령·중모·낙동·산양·사벌 등 각 지역을 중심으로 성장하였고, 이것으로 사족 사회가 확대되었음을 알 수 있다. 그리고 지역 사족의 성장과 결집에 따라 그 구심체로서의 서원 건립 논의가 일어나게 되었다. 특히 산양 사족들의 성장이 두드러졌으며 이는 근암서원의 건립으로 이어졌다.

다음은 상주 사족들의 학풍에 대해 살펴보자. 상주는 사족들의 이주와 교류, 혼반의 형성 등에서 다른 지역과 교류가 활발했으며, 이런 이유로 다양한 학문적 바탕이 있었다.[8] 상주로 이거하는 사족 대부분이 혼인을 매개로 하였으며 정착한 이후에는 혼인뿐만 아니라 학문적으로도 상호 연관을 가졌다.

16세기 중반 상주지역의 학문은 탄수灘叟 이연경李延慶 연원의 노수신・강복성 계열, 학풍에 있어 남명・화담학파와 가까웠던 김범金範 계열, 정암연원靜庵淵源의 김옹金顒・김충金冲 계열, 퇴계・남명학파와 두루 소통했던 김언건金彦健・김각金覺 계열 등이 있다.[9] 이 가운데 탄수 계열은 문인들의 혈연성이 강하며 지역적으로도 상주 서북쪽의 화령과 충북 충주에 걸쳐 있었다.

노수신이 당대 학문적으로나 정치적으로나 상주지역을 대표하는 학자로서 지역 사족 사회에 큰 영향을 끼칠 수도 있었다. 하지만 오랜 관직 생활과 유배 생활로 인해 정작 상주에서의 활동은 활발하지 못하였다. 이런 까닭으로 상주지역에 지속적으로 큰 영향력을 끼치기

8 상주지역은 교통상 요지에 위치하여 상업의 중심지이기도 했다. 이에 따라 인구도 경상도 71개 군현 가운데 가장 많았다. 이러한 자연 지리적 환경은 상주권의 회통성이 비교적 이른 시기부터 나타났다.(김성윤, 「영남의 유교문화권과 지역학파의 전개」, 『朝鮮時代史學報』 37, 조선시대사학회, 2006, 153-157면.)

9 金鶴洙, 「17세기 嶺南學派 연구」, 한국학중앙연구원 박사학위논문, 2008, 167~169면; 김성윤, 「영남의 유교문화권과 지역학파의 전개-안동권・상주권・성주권을 통해 본 영남학파 사유체계의 지역적 특징과 그 전승 과정에 나타난 문화 양상을 중심으로-」, 『朝鮮時代史學報』 37, 조선시대사학회, 2006.

어려워 상주지역을 아우르는 하나의 학문적 계통을 이루기에는 부족하였다.

이런 상황에서 16세기 중반 상주 목사로 부임한 신잠申潛은 상주지역에 18개의 서당을 건립하여 학문을 진작시키는 역할을 하였다. 서당은 주요 가문들의 세거지와 인접한 곳에 건립하고 이들이 운영을 담당하였다. 이곳은 향촌 사회의 학풍을 일으킬 뿐만 아니라 사족의 모임 장소로도 기능하며 사족 사회의 성장에 큰 역할을 할 수 있었다.

상주는 16세기 중반[10]까지 학통과 연원이 다양했던 까닭에 그곳은 당시 영남 전역으로 확산되고 있던 퇴계학파와의 직접적인 연관성은 적었다.

상주지역에서 퇴계학파가 본격적으로 성장한 계기는 1580년(선조 13) 류성룡이 상주 목사로 부임해 향교에서 교육한 이후부터이다. 이 일은 상주지역이 퇴계학파의 외곽에서 본류로 편입되는 중요한 계기였다.[11] 류성룡의 문인 중에 상주지역의 중심이 되는 인물이 정경세

10 16세기 이후 영남의 상황은 안동·예안을 중심으로 퇴계학파의 본거지로 인식하고 조목·류성룡이 활동하던 1600년대 초반까지 그대로 유지되었다. 그러나 1606년 조목의 사망에 뒤이어 1607년 류성룡마저 사망하게 되면서 예안·안동권은 학문적 구심점으로서의 입지가 점점 약화되어 갔는데, 이때 영남학계의 주도권을 잡은 인물이 鄭逑였다. 정구는 1607년 안동부사 재임을 기점으로 퇴계학파의 본거지로까지 자신의 학문적 영향력을 증대시키게 되는데, 정구의 이러한 역할은 '寒岡學團'의 외연 확대를 넘어 영남학계의 무게 중심을 안동·예안에서 성주·인동 등 서부 강안 지역으로 선회하기도 했다.(김학수, 「17세기 영남학파연구」, 한국학중앙연구원 박사학위논문, 2007; 김형수, 「17·18세기 상주·선산권 지역사회와 서원·사우의 동향」, 『영남학』 7, 2005; 김호종, 「서애 류성룡과 안동·상주 지역의 퇴계학맥」, 『퇴계학과 유교문화』 28, 경북대학교 퇴계학연구소, 2000; 송석현, 「17세기 상주지역 사족의 동향」, 『영남학』 27, 2015.)

11 류성룡의 『문인록』 중 가장 이른 시기에 편집되었다고 생각되는 「厓門諸子錄」에는 모두 71명이 있는데 상주를 비롯해 함창 문인들이 모두 25명이 수록되어 있다.

이다. 정경세는 18세 되던 1580년 상주 목사로 부임한 류성룡을 사사한 이후 1607년(선조40) 류성룡이 사망하기까지 약 30년 동안 류성룡과 학문적 유대를 지속하여 예학과 경세론에서 사설師說을 계승, 발전시킨 인물이다.[12]

정경세는 류성룡으로부터 이황의 학통을 전수받은 학자로서 이황의 학문과 사상을 발전시켰다. 그는 류성룡으로부터 이황의 『주자서절요』를 전수받아 이를 출간하여 널리 보급하였을 뿐만 아니라, 『주문작해朱文酌海』를 편저하였다. 이황의 『주자서절요』가 『주자대전』 가운데 편지글을 모아 놓은 것이라면, 『주문작해』는 서간 이외에도 훨씬 광범위한 다양한 양식의 글을 모아서 편저한 것이다. 정경세의 『주문작해』는 이황의 『주자서절요』와 함께 주자학 발전에 큰 기여를 했으며, 이 두 책은 이후 송시열에 의해 합본되어 『절작통편節酌通編』으로 편찬되었다.

이와같이 정경세가 퇴계학의 외연을 확대하는 역할을 했음을 알 수 있다. 정경세의 학문을 이은 사람 중에 한 인물이 부친 홍호이다. 홍호는 정경세의 「문인록門人錄」에[13] 류성룡의 아들인 류진柳袗 다음

(김호종, 「서애 류성룡과 안동·상주지역의 퇴계학맥」, 『퇴계학과 유교문화』 28, 경북대학교 퇴계학연구소, 2000.)

12 정경세를 종사로 하여 형성된 우복학단은 『우복문인록』에 확인되는 정경세의 문인은 100여 명에 이르며, 그 분포에 있어서도 주로 상주·함창지역, 안동·예안지역, 예천·용궁·영주·순흥 지역에 집중되어 있다.(유권종, 「愚伏의 禮學思想」, 『愚伏鄭經世先生硏究』, 우복선생기념사업회 편, 태학사, 1996, 65~154면.)

13 정경세의 『문인록』에 오른 상주·함창지역에 사는 사람은 柳袗·洪鎬·黃紐·康喬年·李元圭·曺希仁·全克恒·李大圭·李文圭·黃緬·全以性·李身圭·李德圭·金俊民·盧峻命·全克恬·韓克述·韓克昌·盧景命·金廷堅·金克誠·李光圭·康用侯·金知復·黃紳·申碩蕃·趙又新·李一圭·

두 번째로 기록되어 있다.[14] 이것을 통해 학맥 내에서의 홍호의 위치를 알 수 있다.

목재의 본관인 부림은 지금의 경북 군위군 부계면 대율리 일대다. 시조는 고려 중엽 때 재상을 지낸 홍란洪鸞이고, 1세가 직장直長을 지낸 홍좌洪佐이다. 5세 홍인석洪仁裼[15]과 6세 홍문영洪文永 때 상주로, 다시 8세 홍득우洪得禹 때 함창으로 이거 했는데, 5세 홍인석 이후를 함창파라 부른다. 함창파는 10세인 홍귀달에 와서 가문이 일어나게 되었고, 이후 향내에서 문중의 기반을 갖추게 되었다.

홍귀달은 홍득우의 손자로 10세가 되며 목재의 5대조가 된다. 그는 성종과 연산군 양대 홍문관 대제학, 곧 문형을 지내면서 당시 문풍을

金迦·金遼·金迥·金述·黃德柔·韓克咸·金基·金堅·金堡·金㙉·趙光璧·卞劼·金遠振·孫胤業·康用良·宋以鎭·金好哲·趙光瑩·金百鎰·蔡得海·金克宜·趙承遠 등이다.(김학수, 「17세기 영남학파 연구」, 한국학중앙연구원 한국학대학원 박사논문, 2007, 182면.)

14 『우복문인록』은 발간된 적이 없고 『愚伏先祖別集開刊時文蹟』(한국학중앙연구원 한국고문서자료관) 속에 필사본 형태로 첨부되어 있다. 黃景幹의 서문에 따르면 『우복문인록』은 정경세의 종가에 초본으로 전해지다가 1791년(정조15) 黃啓熙와 황경간 등이 『우복집』의 별집 간행에 즈음하여 이를 수정하여 편차 한 것이다. 柳袗 이하 107명의 문인이 열서되어 있는데, 약정이 매우 소략하고 『도산급문제현록』 이나 『회연급문록』, 『여헌급문제현록』과 같이 체제와 구성이 완비되어 있지 않았다.(김학수, 「상주 진주정씨 우복종택 山水軒 소장 전적류의 내용과 성격」, 『장서각』 5, 한국정신문화연구원, 2001.) 정경세 사후 약 160년이 지나 작성됨으로써 후대적 인식이 적지 않게 반영되어 상당한 가감이 있었을 것으로 짐작되지만 이 문인록이 정경세 문인집단의 구성과 분포를 파악함에 있어서 가장 일차 사료가 됨은 분명하다.(김학수, 「17세기 영남학파 연구」, 한국학중앙연구원 한국학대학원 박사논문, 2007, 173면 재인용.)

15 『缶林洪氏世譜』에는 '仁裼'으로 되어 있는데, 홍재휴는 초간본을 근거로 인석은 '仁裼'의 오기임을 주장하였다. (홍원식, 「목재 홍여하의 성애와 성리설」, 『韓國思想史學』 43, 한국사상사학회, 2013, 4면.)

이끌어 갔던 인물이다. 세조와 성종실록 편찬에 참여했고, 왕명으로 성현成俔·권건權健과 함께 『역대명감歷代明鑑』을, 권건과 함께 『속국조보감續國朝寶鑑』을, 윤필상尹弼商 등과 함께 『구급역해방救急易解方』을 찬술했다. 그의 문장과 사학史學은 후손 목재로 이어졌다고 볼 수 있다.

홍귀달은 언필彦弼[16]·언승彦昇·언방彦邦·언충彦忠·언국彦國 다섯 형제를 두었다. 이 중 홍언필은 일찍 죽었고, 홍언방과 홍언충 형제가 대과 급제를 하여 관직이 각각 성균관 직강과 예조정랑에 이르렀다. 홍언승은 진사로 거창 현감을 지냈고, 홍언국도 진사로 재랑齋郎을 제수받았으나, 나아가지 않았다. 홍언승 등 4형제는 연산군대 부친의 사건에 연루되어 모두 거제도로 유배되는 등 사화의 소용돌이에 휩싸이기도 했다. 또한 홍귀달의 네 아들은 문명文名이 있었다. 그중에서 셋째 언충彦忠이 가장 알려져, 정희량鄭希良·이행李荇·박은朴誾과 함께 '문장사걸文章四傑'로 일컬어졌다.

홍귀달의 가통은 5남 홍언국이 잇게 된다. 홍언국은 홍경삼을 낳고, 홍경삼이 홍덕록과 홍덕희 두 아들을 두어 가통을 이었다. 목재의 조부가 바로 홍덕록이다. 홍덕록은 경사經史에 통달하여 일찍부터 학문에 뛰어났으나, 온 집안이 사화를 겪은 탓으로 벼슬에 나가지 않았다. 그는 자제들에게 학문을 가르치려는 열의가 대단했다. 이러한 열의로 서울에서 15년 동안 머물며 교유의 폭을 넓히고 가문의 전통이나 사회적 지위가 있는 집안과 혼맥을 맺었다. 이에 아들 홍호는 임진왜란 당시 의병장을 지낸 장흥 고씨 고경명의 손녀이자 고종후의 딸을 배

16 洪彦弼은 호가 直卿이며, 기타 생애와 활동 사항에 대해선 자세하지 않다.

필로 맞이한다.

한편 목재의 아버지 홍호는 관직이 대사간에 이르렀고, 류성룡의 직전 제자인 정경세의 문인이다. 목재의 가문은 홍호를 시작으로 광주 출신의 장흥고씨 이외에도 당대 영남의 주요 사족들과 혼인을 맺었다. 홍호의 첫째 아들인 홍여렴의 처부는 풍산김씨 김봉조金奉祖이다. 김봉조는 동생 김영조金榮祖・김응조金應祖 등과 함께 류성룡의 문인으로 당시 남중사류南中士流 가운데 영수로 꼽히던 인물이다.[17] 부림홍씨는 홍호를 시작으로 퇴계학파, 그중에서도 서애 학맥에 편입된 것이다. 목재 또한 부친을 따라 류성룡–정경세로 이어지는 학맥으로 있었다.

목재의 처부는 장수황씨 황덕유黃德柔, 의성김씨 김규金烓 등이다. 장수황씨는 상주지역 출신으로, 황덕유의 부친 황뉴黃紐, 그리고 황덕유 등이 정경세의 문인이다. 목재의 처부인 의성김씨 김규는 김성일의 증손자이다. 김규의 부친 김시추는 류진柳袗을 비롯해 목재의 부친 홍호와 교류하던 인물이다. 의성김씨와의 혼인은 기존 상주지역에 제한된 부림홍씨의 활동 영역이 안동지역으로까지 확대되는 과정이라 볼 수 있다.

이외에도 인동장씨, 광주이씨, 풍산류씨, 진성이씨 등과의 혼맥도 주목된다. 인동장씨의 경우 목재의 차남이지만 출계한 홍상민의 처부가 장옥張鈺이고, 목재의 장남 홍상문의 처부가 장영이다. 장옥과 장영은 장현광의 손자로, 부친은 장응일이다. 인동장씨와의 혼인은 부

17 김학수, 「17세기 嶺南學派 연구」, 한국학중앙연구원 한국학대학원, 2007, 177~178면; 김형수, 「17세기 초 안동지역 사회의 재편과 서애학단의 활동」, 『영남학』 31, 2016, 162면.

림홍씨가 장현광張顯光 학맥과의 접점을 가지게 된 것으로 이해될 수 있다.

목재의 사위 중 한 명인 광주이씨 이세원李世瑗은 이한명李漢命의 아들로, 이원정李元禎의 손자가 된다. 이세원이 속한 칠곡의 광주이씨는 한강寒岡 학맥의 적전인 이윤우를 시작으로, 이후 이도장과 이원정·이담명·이한명 등이 중앙 정치에 참여하면서 영남 남인을 대표하는 가문이 된다.

이 밖에도 목재의 아들 중 한 명인 홍상훈의 처부가 류후광柳後光이고, 또 다른 아들인 홍상진의 처부가 진성이씨 이동표이다. 류후광은 류운용柳雲龍의 현손으로, 서애학맥을 이으면서도 17세기 후반에는 이현일의 문인으로 입록되었다.[18] 진성이씨 이동표는 숙종 연간 출사한 뒤, 세인들로부터 '소퇴계小退溪'라 불렸다. 이상과 같이 부림홍씨는 홍호가 정경세의 문하로 들어가 퇴계학파에 편입되면서 그들과 연결되어 있음이 확인된다.

다음은 목재의 생애를 개괄적으로 살펴보기로 한다. 목재의 자는 백원百源, 호는 산택재山澤齋·대박산인大朴山人이다. 목재는 부친 홍호가 안동부 제독으로 있을 때인 1620년(광해군12) 4월 10일에 안동부의 치소에 있는 집에서 태어났다. 목재는 과거시험에 급제하기 전까지 서울과 고향을 오가며 생활하였고 당대의 석학에게 수학했다. 특히 그는 당대의 문풍에 큰 영향력을 끼치고 있는 조경·이식에게 직접 가르침을 받았다. 이식이 시를 지어 보내기를 "우리 유학의 천고의 표적을 그대가 화살 하나로 꿰뚫기를 기대하네."[19]라고 할 정도로 주

18 김학수, 「한려학맥의 전승」, 『조선후기 낙중학의 전개와 한려학파』, 계명대출판부, 2018.

변 문인들의 기대를 한 몸에 받았다.

또한 부친의 영향으로 지역 학맥의 영향을 받으며 성장하여 퇴계의 저술을 접하였고 류성룡의 생질인 이찬·이환·장손자인 류원지 등에게 직접 가르침을 받기도 했다. 수학기에 유교 경전과 다양한 서적을 두루 학습하고, 당대의 문풍을 주도한 학자들의 가르침의 영향으로 1639년(인조17) 겨우 약관의 나이로 고려사를 정리한 『휘찬여사』의 범례를 만들기 시작했으며, 또 1646년(27세)에 『사서발범구결』을 지었다.

목재가 이후 10여 년이 지나 늦게 과거급제하게 된다. 그 이유는 조부인 홍덕록이 집안 대대로 사화를 겪고[20] 벼슬을 나가지 않은 것을 인식하여 목재의 관직 진출이 늦어진 것이다. 인조 말엽 오랑캐의 흉변이 사라지고 정국이 안정되는 상황을 보고 1646년(27세)에 가을에 별고가 설치되자, 부친 홍호가 목재에게 과거시험을 보도록 권고해[21] 본격적으로 과거 준비를 했다. 하지만 안타깝게도 그해 부친의 상을 치르게 되면서 미뤄지게 되기도 했다.

1654년 35세의 나이로 진사가 되고 이어 명경과에 급제하여 벼슬길에 들어선다. 1655년(효종6) 36세에 예문관의 검열·시교가 되고, 이듬해인 1656년(효종7) 37세에 시강원설서·성균관전적·사헌부감찰·사간원정언을 역임하게 된다. 순조롭게 관직 생활이 시작되었으

19 洪汝河, 「附和澤堂」, 『木齋集』卷1; 『韓國文集叢刊』 124, 332면, "斯文千古的, 期子一矢貫."

20 洪汝河, 「祖考府君家狀」, 앞의 책 卷8; 『韓國文集叢刊』 124, 469면, "通經史, 問學夙成, 屬家世屢經士禍連累, 以名利文詞爲之階也, 由是, 絶意進取."

21 洪汝河, 「先考通政大夫司諫院大司諫府君家狀」, 앞의 책 卷8; 『韓國文集叢刊』 124, 471면, "嘗謂汝河曰; 爲子弟之職, 勤學力田, 持門戶事而已, 餘非所急也. 丙戌秋, 設別科, 先君甚慶國之夷凶也, 令汝河行."

나, 그해 12월에 올린 상소로 임금의 노여움을 받아 1657년(효종8) 38세에 지금의 금강산 부근인 함경도 고산도 찰방의 외직으로 나가게 된다. 목재는 고산찰방으로 부임하는 행차에 사족이라면 누구나 한 번쯤은 유람하고 싶어 하는 금강산을 들른다. 당시 금강산 유람 중에 지은 시가 적지 않게 남아 있다.

1659년(효종10) 40세에 더 피지인 경성 판관으로 체직되었다. 이때 응지상소를 올렸는데, 효종이 승하하여 현종에게 올려졌다. 상소는 북방 군정의 폐단과 함께 이후원에 대한 붕당의 행태가 심함을 지적하였고, 이조판서로 있던 송시열이 이것은 자신을 배척하는 것이라고 여겨 사직하는 사건이 일어났다. 서인으로부터 목재에 대한 공척도 대대적으로 일어나게 된다. 거기에다 감영에서 소금을 빌려주는 일로 병마절도사 권우權堣와 충돌이 있었다.

권우의 행위에 대해 남인 사신은 송시열 일파의 입김이 작용한 결과로 파악하였고,[22] 서인 사신은 서인과의 관련성을 부인하는 상반된 입장을 피력하게 된다.[23] 두 실록이 서인과 남인에게 각자 유리하게 서술되고 있다. 이 일로 주변의 모함을 받아 의금부로 송치되어 심문을 받고 곧바로 충청도 황간黃澗으로 유배되었다.

22 『顯宗實錄』 卷1, 1年(1660) 1月 28日, 2번째 기사, "定配前判官洪汝河于黃澗新豐驛, 以北兵使權堣臚列汝河酗酒之罪, 聞于朝故也. 汝河以疏中言及諮議不擇之弊, 大爲宋時烈所恨怒, 附麗時烈者, 莫不切齒, 故終不免抵罪."

23 『顯宗改修實錄』 卷1, 1年(1660) 1月 28日, 2번째 기사, "定配前鏡城判官洪汝河于黃澗 新豐驛. 汝河嶺南人, 故大司諫鎬之子也. 爲人多氣, 而能文, 由侍從出補邊倅, 鬱鬱不得志, 疏斥李厚源誤國, 蓋意厚源於宋時烈等, 爲助援也, 又斥時烈, 以蔭官爲咨議. 朝廷惡其傾陷而然, 亦不之罪. 至是, 汝河與北兵使權堣相失, 堣馳啓汝河罪狀, 極其狼藉, 坐是編配. 堣亦嘗爲士類擯斥, 轗軻以沒, 其劾汝河, 初非有承望而然也."

이듬해 1660년(현종1) 41세에 유배지에서 풀려나 고향으로 돌아와 서재를 짓고 학문에 정진한다. 이 당시 서재 앞에 못을 파고 "군자가 보고서 분노를 징계하고 욕심을 막는다."[24]는 뜻을 취해 당호를 '산택재山澤齋'라 짓고, 이곳에서 학문 연구와 저술에 매진하였다. 그런데 목재는 중앙에서 떨어져 지역에 있었지만, 지역 사족의 일원으로 정국의 운영에 참여한다. 1666년(현종7) 47세에는 류세철이 소두가 되어 올린 영남 유생들의 「의례소議禮疏」를 직접 작성할 정도로 남인 예론의 일익을 담당하였다.

1670년(현종11) 51세에 예천 북쪽 복천촌으로 이사해 집을 짓고 '존성재尊性齋'라고 편액하고 잠시 머물다가, 1672년(현종13) 53세에 다시 율리로 돌아와 『동사강목』을 편찬했으며, 씨족에 관한 책인 『해동성원』을 지었다. 이와같이 목재는 고향에서 인근 문인들과 교류하며 지역의 학문 발전에 큰 역할을 담당했다.

관직에서 나와 고향으로 돌아온 지 14년 뒤인 1674년(현종15) 55세에 조정에서 산림에 있던 그를 다시 병조좌랑兵曹佐郎으로 불러들이고 곧이어 특지特旨로 사간원司諫院 사간司諫에 임명하였다. 그때 목재는 지병으로 인해 나아가지 못했다. 병석에 누워 있다가 현종의 승하 소식을 들은 목재는 이 일을 탄식하며 다음 날인 12월 14일 향년 55세를 일기로 세상을 떠났다.

그의 죽음에 인근 대유大儒였던 허목은 "가련하다. 반생을 살면서는 배움을 잃었고, 죽음에 이르러서는 또 사우師友를 잃는구나. 이 길은 망망하여 심사가 더욱 외롭구나."[25]라는 말로 애도하였다. 그가 다

24 『周易』, 「損卦」, "象曰; '山下有澤, 損, 君子以懲忿窒慾.'"

스렸던 북쪽의 머나먼 경성 유생들도 그의 부고를 듣고 수십 명이 달려와 애도하였다. 그는 사후 영남 남인들로부터 존경을 받았으며, 1679년(숙종5)에 대사간 권유權愈는 목재의 증직을 요구했다. 그런데 영의정 허적許積 등이 반대하여 실현되지 못했다. 이후 1689년(숙종15)에 있었던 기사환국으로 남인이 다시 집권하게 되자, 이현일의 주장이 받아들여져 마침내 부제학으로 추증되었고 상주 근암서원에 배향되었다.

2. 가학과 사승師承, 그리고 교유交遊

1) 가학

목재의 삶의 태도와 한시작품의 창작에 중요한 요인이 되는 것 중 하나는 가학의 전통이라 할 수 있다. 가학은 가문마다 이루어지는 부분이 다르다. 특별히 자료를 만들어 세세하게 학문을 전승하는 집안이 있는 반면, 그의 집안은 가학의 이론적 자료는 특별히 남기지 않고 있다. 다만 남긴 시문을 통해 보면, 선조 때부터 전해진 가학의 전통이 목재를 비롯한 후손들에게 계승되고 있음을 알 수 있다. 아래 시는 목재가 5대조 홍귀달이 공부하던 모습이 담긴 시구詩句를 떠올리며 시를 지었다.

涵虛負笈朱門歲　함허당이 책 상자 지고 주공의 문하에 들어서던 해에
慣誦魯論珠走盤　『노론魯論』 익숙히 외우니 옥구슬이 쟁반을 굴렀네.

25 洪汝河, 「行狀-洪大龜」, 앞의 책 卷11; 『韓國文集叢刊』 124, 537면, "自悼. 半生失學, 垂死又失師友. 此路茫茫, 心事益孤."

汝讀鄒書今復爾　네가 『추서鄒書』를 읽는데, 오늘 다시 그러하니
學山他日刮眸看　뒷날 산 같은 학문 눈을 비비고 보리다.[26]

「도원道原」이 『맹자』 일곱 편을 외우는데 글자 하나 틀리지 않으니, 숙부가 가상히 여기고 감탄하였다. 이어서 주백손朱白孫이 문광공에게 준 시의 '『노론』은 스무 편이라, 이골 난 듯 외우니 옥구슬이 쟁반을 구르도다.'라는 구절을 외웠다. 내가 느낀 바가 있어 절구 한 수를 짓는다.」라는 긴 제목이다. 시에서 목재는 선조인 홍귀달이 공부하던 모습을 상상하며 몇 세대 뒤 후손이 경전을 공부하는 것을 보고 느낀 점을 적고 있으며, 아울러 도원에 대한 기대감도 드러내고 있다.

제목의 '숙부'는 홍호약洪好約을 가리키며 '도원道原'은 홍호약의 증손자이며 목재의 재종손再從孫이다. 『부림홍씨세보』에 의하면 도원이 목재에게 수학한 사실이 있다. 목재는 도원이 『맹자』를 외우고, 숙부인 홍호약은 주백손이 홍귀달에게 준 시[27]를 외우는 것을 보고 감동하여 시를 지었다. 주백손이 홍귀달에게 준 시에 대한 자세한 내용은 홍귀달의 연보에 보인다. 연보에 의하면, 홍귀달은 평소 경서와 역사서만을 좋아했고, 특히 『논어』를 배울 때 그것에 자신의 몸을 다스릴 뿐만 아니라 다른 사람을 다스리는 법이 있다고 생각해 쉬지 않고 공

26 洪汝河, 「道原誦孟子七篇 不錯一字 叔父嘉歎 仍誦朱氏贈文匡公詩 魯論二十篇 慣誦珠走盤之句 余感而成一絶」, 앞의 책 卷1; 『韓國文集叢刊』 124, 347면.

27 홍귀달은 7세에 남파거사 김온교에게 처음 수학하였고, 10세(1447년)에 주백손에게 『논어』를 배웠다. 주백손은 1444년(세종26) 무년시에 급제하였고, 이 때 尙州 龍宮의 教授로 있었다. (홍귀달 저 · 김남이 외 역, 『虛白亭集』, 부산대학교 점필재연구소, 2013, 254~255면.)

부하니, 주백손이 기뻐하며 시를 지어 준 것이라 기록되어 있다.[28] 가문에 이러한 홍귀달의 학문을 이은 사람으로는 홍귀달의 아들인 홍언충이[29] 있다.

> 우암寓庵 홍선생洪先生 휘 언충彦忠, 자 직경直卿은 연산조에 곧은 절개로 이름난 신하입니다. 선생은 어려서부터 문장과 절행節行으로 당시에 칭송이 자자했으며, 읍취헌挹翠軒 박은朴誾・허암虛庵 정희량鄭希良・용재容齋 이행李荇과 함께 사귀면서 명성을 나란히 해 당시 사람들이 사걸四傑로 칭송했습니다. 일찍이 호당湖堂에 있을 때 박은과 함께 응지應旨 상소를 올려 연산군의 허물을 아뢰었습니다. 연산군이 대노하여 일이 헤아릴 수 없는 지경에 이르러 마침내 갑자년의 화를 입었는데, 헤아려 보니 필시 화를 면하지 못하겠기에 스스로 묘지명을 찬撰하고 떠났습니다.[30]

목재가 홍언충을 추모하기 위해 산양서당에 사당을 세울 때 유생

28 홍귀달 저・김남이 외 역, 『虛白亭集』, 부산대학교 점필재연구소, 2013, 253~254면.

29 홍귀달의 4남으로, 文才가 뛰어나 17세에 이미 病口駒賦를 지었으며, 23세 때인 1495년(연산군1) 문과에 급제하여 승문원부정자에 임명됨으로써 관직 생활을 시작했다. 24세 때 정희량・박은 등 13인과 사가독서를 하였고, 이후 홍문관 정자와 저작・박사・부수찬을 거쳐 수찬에 이르렀으며, 예조정랑 등도 지냈다. 1498년(연산군4) 26세 때에는 서장관으로 명나라 사행을 다녀오기도 했다. 外孫壻인 충청도 관찰사 金宇宏이 발문을 붙여 청주에서 홍언충의 문집인 『寓菴稿』를 발간하였다. 1665년(현종7, 몰후 157년) 近嵒書院에 배향되었으며, 1786년(정조10, 몰후 278년) 양산서원에 배향되었다.

30 洪汝河, 「山陽書堂立祉呈文 代儒生作」 앞의 책 卷5; 『韓國文集叢刊』 124, 417면, "故有寓庵洪先生者, 諱彦忠, 字直卿, 燕山朝直節名臣也. 先生自早歲, 文章節行, 著稱于時, 與朴挹翠誾鄭虛庵希良李容齋荇, 定交齊名, 時人稱爲四傑. 嘗在湖堂, 同朴誾應旨封章, 陳燕山闕失. 燕山主大怒, 幾陷不測, 竟被逮於甲子之禍, 度必不免, 自撰墓銘而行."

을 대표해서 관청에 보낸 일부이다. 글의 내용은 사당을 건립하는데, 관청에 재목材木을 운반하는 정부丁夫를 지원해 주길 요청하는 내용이다.

목재는 홍언충이 '문장사걸'로 일컬어진 사실과[31] 그의 부친 홍귀달과 함께 조정에 있으면서 연산군에 대한 간언을 멈추지 않았음을 강조하고 있다. 당시 연산군은 주색과 사냥에 빠져, 신하들의 직언직간直言直諫이 모두 자기를 비방하는 것이라 여겨 아예 경연마저 폐하려 들었다. 그런데 홍언충은 경연을 폐하지 말 것을 간곡히 간하였고,[32] 이로 인해 홍언충도 화가 닥치게 된다.

홍언충이 화를 당하게 된 것은 손녀딸의 문제로 인한 부친 홍귀달의 불경죄에 연루되어서이다. 이때 그는 진안으로 유배형이 내려졌다. 유배되자마자 바로 승정원 상소 사건에 연루되어 다시 소환되었으며, 갖은 고초를 겪은 끝에 더 멀리 거제도로 유배를 가게 된다. 그는 1506년(연산군12) 34세에 중종반정으로 유배에서 풀려난 뒤 성균직강에 제수되었으나 병으로 나아가지 않았다. 1508년(중종3) 36세를 일기로 세상을 떠났다. 목재는 이러한 홍언충의 절조節操와 비타협적인 행동에 영향을 받았다. 이러한 선조들의 가풍은 조부 홍덕록으로 이어진다. 아래 시는 홍덕록이 남긴 시편을 읽고 지은 작품이다.

王考詩篇擲地聲　왕고의 시편은 땅에 던지면 소리가 나기에

31 김보경, 「寓菴 洪彦忠의 시에 나타난 巨濟島의 표상과 유배체험의 형상화」, 『한국고전연구』 26, 한국고전연구학회, 2012, 5~6면; 홍원식 역편, 『양산서원지』, 예문서원, 2016, 82~89면.

32 『燕山君日記』 卷33, 5年(1499) 4月 21日, 1번째 기사.

珍藏傳世荷深情　대대로 보배 삼아 전하니 깊은 정을 느끼네.
琴徽已斷看遺墨　거문고 소리 이미 끊기고 유묵을 펼쳐 보니
泣硯兒孫感且驚　아손들, 울며 먹 갈며 느꺼워하면서 놀라네.[33]

조부 홍덕록이 거문고 악사 권상權常에게 지어 준 시를 차운한 것이다. 당시에 후손들이 선조의 훌륭한 시편이 있다는 사실을 모른 채 있다가 뜻하지 않게 전해진 것과 집안에 가보로 보관하게 된 일을 밝히고 있다. 끝으로 직접 선조의 유묵을 읽고 북받쳐 오르는 감정을 격양된 어조로 말하고 있다.

홍덕록의 시편이 전해진 경로를 살펴보자. 목재의 부친 홍호가 58세이던 1643년(인조21)에 우부승지가 되어 승정원에 있을 때 한 사람이 찾아왔다. 그는 거문고 연주자인 권상의 아들 권경상權敬生이었다. 권경생이 봉서封書 하나를 가져왔고, 그것을 열어보니 홍호의 부친 홍덕록의 친필이었다.

글의 내용은 이길李佶의 수연壽宴에 이길의 모친 쪽 친족인 권상이 와서 거문고를 연주했다. 이때 이길의 회갑연에 참석한 홍덕록이 권상에게 시를 한 수 지어 주었던 것이다. 권상이 간직해 오다가 임종 무렵에 아들인 권경생에게 주어 홍덕록의 후손에게 전해주라고 유언했다. 40여 년 만에 이 봉서를 받든 홍호의 감격은 특별할 수밖에 없었다. 특히 집안에 홍덕록이 남긴 글이나 글씨가 거의 없던 형편이었기 때문에 그 감회는 특별했다.[34] 홍호는 부친의 시경詩境에 자신의

33 洪汝河, 「敬次王考贈琴師韻」 앞의 책 卷2; 『韓國文集叢刊』 124, 353면.

34 洪鎬, 「敬次先考贈琴師權常韻幷序」, 『無住先生逸稿』 卷1; 『韓國文集叢刊』 22, 442~443면, "右乃先考手筆也. 含淚而思之, 余年纔過成童, 先考見邀于李直夫佶之壽席, 扶醉而來. 卽召余曰: '今日李之家, 有渠之母黨權姓人者善彈琴,

감정을 덧붙여 시 한 편을 완성하였다.[35] 이어서 목재뿐만 아니라 목재의 아들 홍상민 역시 차운[36]하여 작품을 남기고 있다. 선조의 작품에 대해 3대가 차운시를 지었으니, 이는 가문의 문한文翰이 계승되고 있음을 여실히 보여주는 작품이라 하겠다. 다음은 외증조 고경명에 관한 작품이다.

大節乾坤仰斗杓　하늘과 땅 같은 큰 절조로 북두를 우러렀고
更將詩卷汗牛腰　아울러 시권을 소가 땀 흘리며 끌 정도로 지었지.
妙臻六馬蹄餘地　신묘하기는 육마의 발굽으로 남은 땅을 달리 듯하고
壯比三軍氣欲朝　웅장하기는 삼군이 조회하는 듯한 기운일세.
瑞石山高秋日白　서석산 높은 곳에 가을 해는 환하고
南溟雲盡碧天遙　남명에 구름 걷히자 푸른 하늘 아스라하네.
遺風愧欠袁公額　외증조 남기신 풍모만 못함이 부끄러워
握管空令萬景驕　만경의 교만함으로 붓을 쥐니 부질없네.[37]

五絃妙曲, 亂後初聞. 喜不自勝, 贈以七言絶句.'云. 李於先考族姪也. 似是壬寅癸卯甲辰年間事, 而時移歲遷, 茫然昧然, 依俙若聞于夢寐中也. 歲癸未五月, 以春曹右侍郎, 行到忠原, 聞遆付西銓, 曳疾抵京. 卽鎖銀臺, 濕熱交侵, 水火互攻, 疲倚西壁, 困子午睡, 若不能堪者. 忽一夕有院吏傳言門外有一人來呈一封書, 坼看之則先考手筆也. 跪而奉讀則悲喜之至, 若墜于淵, 若登于天, 爽然若沈痾之去體, 瞿然精神之慌惚而不自定也. 卽令引入而問之, 則果是彈琴者之子, 而權其姓敬生其名, 渠之父名則常字云. 渠之父平日堅藏之, 臨歿遺囑, 使傳于余云. 噫如余之不肖無狀, 自抱風樹之痛, 不能保片言隻字, 而權也得小序絶句于四十載之前, 使其子傳之于四十載之後, 非父與子之秉心敦實能之乎, 余之負罪不淺, 撫躬慚恧, 無以爲顔於覆載間也, 手筆元本則謹留之, 謄書別紙而歸之, 又伏次而略記顚末, 低行而書于左."

35 洪鎬, 「敬次先考贈琴師權常韻幷序」, 앞의 책; 『韓國文集叢刊』 22, 443면, "三復如聞謦欬聲, 羊生孤露可堪情. 陽春妙和誰投者, 高義能今薄俗驚."

36 洪鎬, 「敬次先考贈琴師權常韻幷序」, 앞의 책; 『韓國文集叢刊』 22, 443면, "詩筆堪調樂府聲, 雲仍連次倚傷情. 百年遺墨看如昨, 十襲家藏世世驚."

고경명의 문집인『제봉집』뒤에 시를 쓴 것이다. 고경명이 임진왜란 때 나라를 위해 목숨을 바친 충절과 문인으로서 자질을 칭송하고 있다. 제2구의 '우요牛腰'는 권축卷軸한 시의 수량이 소의 허리와 같음을 비유한 말로 시문의 수량이 많음을 뜻한다. 고경명이 남긴 작품의 양이 많았으며, 시의 내용 또한 신묘하고 웅장한 기운을 담고 있음을 표현하고 있다. '우요'는 이백李白의 "글씨는 천 마리 토끼털 붓을 다 닳게 하고, 시는 두 마리 소의 허리까지 채웠네."[38]라는 시에서 유래했다.

제5구의 '서석산'은 고경명의 고향에 있는 전라도 광주 무등산의 별칭이다. 경련의 '서석산의 가을 해'와 '남명의 푸른 하늘'은 고경명의 고원한 자취를 형상화하고 있으며, 미련에서 후손으로서 선조의 성취에 미치지 못한 점을 부끄러워하며 마무리하고 있다. 제7구의 '원공액袁公額'은 남조 송나라의 충신 원찬袁粲의 외손인 왕균王筠을 본 심약沈約이 이마가 원공袁公을 닮았다고 한 고사에서 유래하여 외손을 일컫는다. 목재는 선조가 남긴 자취를 그리워하며 학문 계승하기 위해 끊임없이 학문적 수련을 생활화한다. 다음은 목재에게 많은 영향을 준 부친 홍호이다.

> 선군은 겨우 10살이 넘어서 여러 경서를 훤히 통해 은미한 말과 넓은 뜻을 꿰뚫어 이해했다. 병오년(1606, 선조39)에 명경과에 입격하여 승문원에 선보選補되었다. 기유년(1609, 광해군1)에 부친상을 당했다. 임자년(1612, 광해군4)에 권지權知에 제수되었다. 선군은 우곡愚谷 선생의

37 洪汝河,「敬題外曾祖霽峯集後」앞의 책 卷1;『韓國文集叢刊』124, 339면.
38 李白,「醉後贈王歷陽」,『李太白文集』卷9, "書禿千兎筆, 詩裁兩牛腰."

> 문하에 책 상자를 짊어지고 갔으며, 나이 20살에는 사헌부에서 서애선생을 알현하니, 선생은 우곡에게 자주 칭송하며 큰 인물이 될 것이라 했다. …(중략)… 전후로 올린 소장疏章은 모두 직분이 미치는 범의를 따라서 말한 것이다. 나머지 모든 응지應旨도 일찍이 '신하가 군주에게 바쳐야 되는 말이지만, 불행하게도 믿음을 얻지 못한다고 해서 문득 했던 말을 버리고 다른 것을 말한다면 믿음을 주기에 부족하거니와 오히려 앞에 했던 말이 무슨 이익이 되겠는가라고 생각했기 때문에 앞에서 한 말을 가지고 다시 말하였으며, 다행히 믿음을 얻게 된다면 내가 말하고 싶은 것은 장차 이것보다 큰 것이 있다.'라고 여겼다. 대저 이와 같았기 때문에 서남쪽의 여러 가지 일을 말함에 모두 반복하여 거듭 말하면서 간곡히 하였으니, 유독 박승종朴承宗의 일만 그런 것이 아니었다.[39]

위의 글은 부친 홍호의 가장家狀 일부이다. 부친인 홍호의 학문은 경서에 뿌리를 두고 있음을 말하고 있다. 그리고 그가 정경세의 문하에서 학문을 익혔으며, 퇴계의 고제인 류성룡을 만난 일이 있었음을 강조하고 있다. 끝으로 홍호가 자신이 옳다고 생각하는 부분에서는 그 뜻을 굽히지 않는 모습을 묘사하고 있다.

홍호는 1606년(선조39) 승문원에 들어간 뒤 1645년(인조23) 사간원 대사간에 이를 때까지 2번의 부모상이 있을 때를 제외하고는 나머지

39 洪汝河, 「先考通政大夫司諫院大司諫府君家狀 戊子」 앞의 책 卷8; 『韓國文集叢刊』 124, 471면, 477면. "先君甫踰十歲, 悉通群經, 奧辭鴻義, 融貫曉析. 登丙午明經第, 選補承文院. 己酉, 丁外艱. 壬子, 除權知, 先君負笈於愚谷先生之門, 年二十, 謁西厓先生於中臺, 先生亟稱於愚谷. …(중략)… 其前後章疏 皆隨其職事所及而言之. 餘皆應旨, 嘗以爲人臣之獻言於其君也, 不幸而不見信, 遽捨而他言, 則不足以取信, 猶夫前言也, 而何益乎, 故將取其前言而申之, 幸而信焉, 吾所欲言者, 將有大於是者矣. 夫如是, 故所言西南諸事, 皆反覆重言而丁寧之, 不獨於承宗事爲然也."

33년간 내·외직을 두루 역임하였다. 홍호는 관직에 있으면서 자신이 옳다고 생각하는 것은 거리낌 없이 행동하는 사람이었다. 1612년(광해군4)에 척신戚臣이었던 이이첨李爾瞻의 아들 이대엽李大燁을 승문원에 등용하자는 의론이 있었으나, 홍호는 이를 극구 반대했다. 광해군대에는 척신들이 정치적 주도권을 잡고 있었고, 잦은 옥사와 과거 부정 등 많은 문제가 발생하고 있었다.[40] 이로 인해 이이첨의 무리와 승문원과의 갈등이 생기게 되었으며, 이이첨의 무리가 장악하고 있던 사헌부가 승문원 관원을 탄핵하기까지 했다.[41]

홍호는 다른 사건에서도 자신의 뜻한 바를 거침없이 주장했다. 1624년(인조2) 인조반정 때 자결한 박승종[42]의 적몰한 재산을 다시 돌려줄 것을 청한 상소를 올렸다가 영변 판관으로 좇겨난 적이 있다.[43] 이때 조익趙翼·이윤우李潤雨·이식 등이 그를 도왔지만, 서인 세력들은 이 문제를 빌미 삼아 그를 두고두고 신랄하게 비판했다. 이는 홍호가

40 정우택, 「광해군대 정치론의 분화와 개혁 정책」, 경희대학교 사학과 박사학위논문, 2009; 권은나, 「광해군대 척신의 세력화와 상호갈등」, 『대구사학』 141, 대구사학회, 2020.

41 『光海君日記(중초본)』 卷61, 4年(1612) 12月 21日, 5번째 기사, "司憲府啓曰: '承文院官員循私之罪, 臣昨日已陳於避嫌啓辭矣, 今不必更瀆天聽. 但其揀擇之際, 承文院官員不問人物之當否, 不恤一時之公議, 恣行胸臆, 少無忌憚, 至使有才望之士, 表表顯著者, 終不得參於揀擇之中, 此輿情之所以共憤, 而公議之所以日激者也. 此而不治, 則其末流之弊, 庸有極哉? 請承文院行首掌務官, 亟命罷職不敍, 以懲他日蔑公之輩.' 答曰: '推考.'"

42 박승종(1562~1623)은 광해군 때 관직이 영의정에 올라 밀창부원군에 봉해졌으며, 이이첨의 난에 인목대비를 적극적으로 보호하였다. 인조반정이 일어나자, 박승종의 손녀딸이 광해군의 세자빈으로서 그 일족이 권세를 누린 사실을 자책하여, 아들과 같이 한낮에 목매어 자결하였다.

43 『仁祖實錄』 卷6, 2年(1624) 7月 8日, 1번째 기사.

자신의 직분에 관계된 것에 대해서는 반복적으로 간곡하게 말하거니와 자신이 할 수 있는 범위에서 몸소 실천하였음을 보여주고 있다.

이러한 행보에 대해서 『인조실록』에는 "술 마시기를 좋아하여 술이 거나하면 번번이 발광하였다. 그러나 성격이 본래 소탈하고 청렴하여 영예와 치욕, 이해를 따지지 않았으므로 사람들이 혹 인정해 주는 자가 있었다."[44]라고 평가하고 있다. 그리고 친구인 조경은 홍호가 강직하여 자신이 옳다고 생각하는 것을 말하는 데에 거리낌이 없었으며 남의 비난을 두려워하지 않았다고 평가했다.[45] 이를 통해 보면 목재는 부친 홍호의 강직한 성품을 이어받았을 것이다.

이상에서 알 수 있듯이 목재의 가문에는 두 차례 문형을 지낸 홍귀달과 '문장사걸'로 일컬어지던 홍언충, 문재文才가 뛰어나고 임진왜란에 의병장으로 활동하다 순절한 외조부 고경명이 있었다. 그리고 평생 출사하지 않고 청렴한 선비로 살면서 학문에 조예가 깊었던 조부 홍덕록과 강직한 성품을 지녔던 부친 홍호 등 문인 지식인 및 강직한 지조를 지닌 인물이 끊이지 않았다.

2) 사승師承

목재가 성장하는 데에 가문의 영향뿐만 아니라 스승의 가르침 또한

44 『仁祖實錄』 卷47, 24年(1646) 8月 18日, 1번째 기사, "辛卯/前大司諫洪鎬卒鎬, 慶尙道 咸昌人也. 喜飮酒, 酒酣輒發狂, 然性本淸踈, 不以榮辱利害, 計較於心, 人或有取之者."

45 趙絅, 「墓碣 右承旨洪公墓碣銘并序」, 『龍洲遺稿』 卷15; 『韓國文集叢刊』 90, 301면, "叔京自釋褐四十餘年, 歷官內外十有三四, 亡論大小顯慢, 隨所職而當其可言, 則必刳瀝肝血, 不避忌諱, 不畏人口, 雖驅世笑之, 不少恤. 以是進途闒而塞, 恩顧渥而返, 務實之心轉篤, 勇往之氣不挫."

크게 작용했다. 주지하듯이 상주지역에서 퇴계학파가 본격적으로 성장한 계기는 1580년(선조13) 류성룡이 상주 목사로 부임해 향교에서 교육한 이후부터이다. 이 일은 상주지역이 퇴계학파의 외곽에서 본류로 편입되는 중요한 계기가 된다.[46] 류성룡의 문인 중에 상주지역의 중심이 되는 인물이 정경세이다.

정경세의 학문을 이은 사람 중에 한 인물이 부친 홍호이다. 홍호의 학문적 사승은 목재에게 많은 영향을 주었다. 부친에게서 직접적인 학문 전승에 대한 기록은 보이지 않지만, 부친 홍호가 류성룡–정경세로 이어지는 학파적 위치에 있다는 사실은 그를 성장시키는 데 중요한 요인이었다.

문집의 서문에 의하면 "평소 높이고 계승한 것은 주자와 퇴계였는데, 그 글을 일관되게 연구하여 환히 이해하는 데 더욱 마음을 극진히 하였다."[47]라고 했으니, 그의 학문은 주희와 이황을 계승하고 있음을 알 수 있다. 이황을 찬贊한 글에서 '옛 성인을 잇고 후학을 열어주니, 시대를 거슬러 주자와 짝이 될 만하네.'[48]라고 했는데 이황이 성인의 학문을 조선에 구현시킨 것으로 인식하고, 주희와 짝할 만하다는 극찬을 하고 있다.

46 류성룡의 『문인록』 중 가장 이른 시기에 편집되었다고 생각되는 「厓門諸子錄」에는 모두 71명이 있는데 상주를 비롯해 함창 문인들이 모두 25명이 수록되어 있다. (김호종, 「서애 류성룡과 안동·상주 지역의 퇴계학맥」, 『퇴계학과 유교문화』 28, 경북대학교 퇴계학연구소, 2000.)

47 洪汝河, 「木齋集序-權愈」 앞의 책 卷1; 『韓國文集叢刊』 124, 329면, "平生所尊述, 晦庵陶山所, 於其書, 貫究之, 解會之, 尤盡心焉."

48 洪汝河, 「退陶先生贊」 앞의 책 卷6; 『韓國文集叢刊』 124, 447면, "紹往迪來, 追配考亭."

목재는 이황의 고제자인 류성룡과 김성일에게도 경모심을 드러내고 있다. 류성룡이 퇴계학을 잇는 중계자로 인식하고, '도문정맥陶門正脈'이라 하여 류성룡을 퇴계 문하의 정맥으로 간주했다.[49] 이것은 영남 사족의 일원으로서 퇴계의 학문 계승이 자신의 역할임을 인식한 것이라 할 수 있다. 한편 류성룡과 더불어 퇴계학파를 대표하는 인물인 김성일 계열과도 특별한 인연을 가지고 있었다. 바로 김성일의 증손서이다.

이러한 목재의 학파적 사승은 부친 홍호의 영향이 컸다. 목재가 어렸을 때 부친의 스승인 정경세를 만난 적이 있었다. 이때 정경세에게 『중용』 첫 장을 질문받고 그 대답이 뛰어나 "이 아이는 이미 이기理氣의 선후를 이해하였구나! 후일 반드시 대유大儒가 될 것이다."[50]라고 칭찬받은 인연이 있었다. 정경세를 '애우지문厓愚之門'이라 표현하며 류성룡의 학문적 적전嫡傳으로 인식했다. 그는 류성룡의 학맥에 있는 인물들에게 직접 가르침을 받았는데, 대표적인 인물이 이찬李燦과 이환李煥이다. 두 사람에게 수학한 사실은 제문[51]과 이환의 묘지명에 자

49 洪汝河, 「西厓先生贊」, 앞의 책 卷6; 『韓國文集叢刊』 124, 447면.

50 洪汝河, 「行狀-洪大龜」, 앞의 책 卷11; 『韓國文集叢刊』 124, 537면, "府君以萬曆庚申四月十日丁巳巳時, 生于安東府城東里第. 幼有異質, 穎悟非凡. …(중략)… 嘗隨曾王考, 謁愚伏鄭先生於漢陽. 愚伏問中庸首章集註義, 府君對曰, 氣以成形, 而理亦賦焉, 似氣先而理後也, 以本具字代亦賦, 則義較著矣. 愚伏曰, 此兒已解理氣先後, 異日必成大儒矣 …(중략)… 曾王考學於愚伏, 得聞爲學之方, 府君濡染家庭, 夙聞緖言, 天才卓越, 見到超高, 以爲聖學路脈, 在於四書, 朱子工程, 在於集註, 自是尤用力於四書集註."

51 洪汝河, 「祭菊窓李公 燦 文 甲午」 앞의 책 卷7; 『韓國文集叢刊』 124, 450면, "昔我先子, 夙遊厓門. 從公伯仲, 襟契莫逆. 施及小子, 情偏誼篤. 灌心甘露, 幾承提掖."; 「祭湖憂李公 煥 文 癸卯」 앞의 책 卷7 『韓國文集叢刊』 124, 451면, "昔我先子, 友端莫逆. 遊公伯仲, 契誼最篤. 施及于走, 幾荷提撕. 師門旨訣,

세히 기록되어 있다.

> "선대부(홍호)께서 교유하신 분들은 모두 일시의 명사들이었으며, 깊이 교유한 이는 수암修巖 류공柳公·국창菊窓 이공李公과 공公이었다. 수암은 서애西厓 선생의 아들이며, 공과 국창 선생은 서애 선생의 생질甥姪이다. 내가 관례를 올리기 전에 선대부께서 수암에게 예를 받도록 명하여서 장차 거행하려고 할 때 수암이 죽었다. 장성해서는 국창과 호우 공에게 수학하여 학문의 연원淵源에 대한 말을 들었다."[52]

목재의 아버지 홍호가 류성룡의 셋째 아들인 류진과 류성룡의 생질인 이찬·이환 형제와 깊이 교유한 사실, 자신이 직접 이찬·이환 형제에게 수학한 사실을 밝히고 있다. 류진은 류성룡의 가학을 이은 인물이고, 이찬·이환은 류성룡의 문하에서 수학하며 외사촌 류진과 긴밀히 교류하면서 퇴계학파를 발전시킨 인물이다.

상주지역에 퇴계학파가 확대된 데에는 정경세뿐 아니라 류성룡의 셋째 아들 류진의 영향력도 컸다. 류진은 정경세와 학문적 교류의 편의성을 꾀해, 1620년(광해군12) 37세에 상주로 옮겨 살았다. 그리고 안동과 상주의 벗들과 왕래하며 학문 교류를 돈독히 하는 한편, 퇴계학풍을 진작시키고자 했다. 그는 1662년(현종3) 병산서원에 종향되었다. 이때 목재가 류진을 봉안하는 글을 짓기도 했다.[53] 이런 흐름 속에 류

微露緖餘."

52 洪汝河, 「湖憂李公墓誌 甲辰」 앞의 책 卷7; 『韓國文集叢刊』 124, 457면, "余唯先大夫論交, 盡一時勝流, 而其深契者, 有修巖柳公菊窓李公及公. 修巖者, 西厓先生胤子, 而公及菊窓先生, 甥也. 余未勝冠, 先大夫詔受禮于修巖. 將行, 修巖卒, 及長, 執贄于菊窓及公, 得聞淵源之論. 不幸邇來, 先執諸公, 相繼淪謝, 所恃以慰此心者, 獨公在爾, 恨不得日從容陪侍也."

성룡 가학은 류진의 조카 류원지柳元之에게 전수되어 학문적 깊이를 더해가게 된다.

書齋晴罷秋天暮　비 갠 서재에 가을날이 저물고
月華澄涵虛室素　맑은 달빛 머금어 빈방이 훤하네.
解教心地遣纖塵　마음 바탕을 더없이 맑게 할 줄 알아
贏得氷壺貯寒露　얼음 병에 찬 이슬을 넉넉히 쌓았네.[54]

이 시는 류원지가 거처하던 졸재拙齋를 읊은 작품으로 「졸재팔영拙齋八詠」 가운데 세 번째 「추재대월秋齋對月」이다. 목재는 류원지의 인품과 학문적 성취를 스승의 반열에 올려 높이고 있다. 제2구의 '허실虛室'은 도심을 얻은 것을 말한다. 『장자』에서 "저 뚫린 벽을 보면 빈 방 안에 흰빛이 있고, 거기에는 길한 징조가 깃들어 있다."[55]라는 구절에 사마표司馬彪가 사람의 정신이 맑아 욕심이 없으면 도심道心이 절로 생긴다는 뜻이라고 주석한 부분이다.

또 제4구의 '빙호氷壺'는 얼음으로 만든 호리병에 밝은 가을 달이 비친 것처럼 티 없이 고결한 정신을 말한다. 등적鄧迪이 주자의 스승인 이통李侗의 고귀한 인품을 말하면서 "이통은 마치 빙호추월氷壺秋月과 같아 티 없이 맑고 깨끗하니 우리가 미칠 수 없다."[56]라고 한 말에서 유래했다. 목재는 류원지를 지역 내에서 순유醇儒의 모습을 지닌 인물로 인지하고 그의 행적과 학문적 성취에 대해 존경의 마음을

53 洪汝河, 「屛山書院修巖奉安文」, 앞의 책 卷7; 『韓國文集叢刊』 124, 452면.
54 洪汝河, 「拙齋八詠」, 앞의 책 卷1; 『韓國文集叢刊』 124, 346면.
55 『莊子』, 「人間世」, "瞻彼闋者 虛室生白 吉祥止止."
56 『宋史』 卷428, 「李侗列傳」, "愿中如氷壺秋月, 瑩徹無瑕, 非吾曹所及."

드러내고 있다.

류원지는 류성룡의 장손자이다. 류원지는 1636년(인조12) 병자호란이 일어났을 때 의병장으로 활동했다. 1637~1638년(인조13~14)에 관직에 나갔으나 이후로는 낙향하여 지역 내에서 활동한 인물이다. 그는 1666년(현종7) 송시열의 예론에 반대하여 영남 유림 1천여 명의 의례소를 기초하였다.[57] 의례소를 작성할 때 목재와 긴밀하게 교유했다. 아래 시는 스승인 이찬에게 보낸 작품이다.

夙慕厓門心法正	일찍이 서애 문하의 바른 심법을 사모했더니
當年承受想丁寧	그 해의 가르침을 생각하니, 간절했지요.
先生莫吝從頭說	선생께서 아낌없이 처음부터 다 말해주시니
小子如今洗耳聽	소자가 이제부터 귀를 씻고 경청하노이다.[58]

1642년(인조20) 23살 때 쓴 작품이다. 이찬은 류성룡의 매제妹弟인 이윤수李潤壽의 아들로 류성룡의 문하에서 공부했다.[59] 그는 어려서 병약한 탓에 의학에 관심을 가졌고, 독학으로 의학을 공부하여 의학으로 일가를 이루었다. 인조가 병에 걸렸을 때 어의들도 고치지 못했는데 이찬이 궁궐로 들어가 인조의 병을 진단하고 쾌유시켰다. 이 덕

57 류세철의 문집에 남아 있는 「의례소」는 류원지의 「도내의례소」를 조금 수정한 것으로 그의 저술은 아니었다. 실제로 소청에 이른 소문은 류원지의 「도내의례소」였다. 목재의 「의례소」는 특정 판본에만 존재하며 소청에 제출되었는지 알 수 없다. 갈암의 「擬論大王大妃服制疏」 또한 소청에 제출되지 않았다. (정명수, 「기해예송과 1666년 영남남인의 상소-류원지·홍여하·류세철·이현일의 상소문을 중심으로-」, 『퇴계학논집』 21, 영남퇴계학연구원, 2017, 395~396면.)

58 洪汝河, 「呈李菊窓 燦 壬午」 앞의 책 卷1; 『韓國文集叢刊』 124, 331면.

59 연세대학교 서애학술연구단, 『서애학맥의 역사와 공간』, 선인, 2017, 44~46면.

분에 당대 최고의 명의로 공인받게 되었고, 왕의 특명으로 태자의 건강을 보필하는 동궁익위사사어東宮翊衛司司御에 등용될 수 있었다. 그 뒤에 여러 관직을 역임하다 관직을 사양하고서 귀향하게 된다.

목재는 작품에서 스승인 이찬에게 류성룡의 심법에 대해 가르침을 받았던 때를 회상하고 있다. 심법은 이황 학문의 핵심이다. 주지하듯이 퇴계학파의 가장 큰 특징은 심학心學을 공유하는 것으로[60] 이 사실은 류성룡도 심학에 대한 관심이 있었음을 의미한다.[61] 실제로 이황은 『성학십도』에서 정민정鄭敏政의 『심경부주』를 매우 중시하고 있음을 분명히 밝혔다. 심지어 이황은 "나는 『심경』을 얻은 뒤로 비로소 심학의 근원과 심법의 정밀하고 미묘함을 알았다."라고 천명했다.[62] 그리고 고제 김성일에 따르면 매일 아침 『심경』을 마치 경전처럼 독송했다고 한다. 이 때문에 진덕수眞德秀의 『심경』이나 정민정의 『심경부주』는, 이황의 고제자들인 조목趙穆이나 류성룡은 물론, 조선 후기의 류치명이나 이진상에 이르기까지 이황의 거의 모든 제자에게 사서에 버금가는 책으로 존중받았다.[63] 목재는 이찬에게 배운 심법에

60 금장태, 『한국유학의 心說』, 서울대학교출판부, 2001.

61 홍원식은 류성룡이 분명 심학적 경향을 지니고 있었으며, 그것은 스승 이황의 심학을 계승한 측면이 있다고 강조하였다.(홍원식, 「서애 류성룡의 양명학에 대한 관심과 퇴계 심학의 번개」, 『양명학』 31, 한국양면학회, 2012, 143~168면; 김혁, 「서애 류성룡의 성리설에 관한 연구」, 계명대학교 철학과 석사논문, 2012) 문석원은 퇴계의 심학이 '경'을 중심으로 한 주자학적 전통 위의 이학에 바탕을 둔 것이었던 반면, 류성룡에게서 그러한 이학적 성격은 잘 발견되지 않는다고 했다. 류성룡에게는 실천 의지와 주체적 책임의식 즉, 시대적 위기 속에서 국난 극복의 시대적 요청에 맞는 지식인의 책임 의식을 강조한 것이라 하였다.(문석윤, 「西厓 柳成龍의 學問과 繼承 ; 西厓 柳成龍의 「主宰說」에 대하여」, 『퇴계학과 유교문화』 55, 경북대학교 퇴계연구소, 2014.)

62 이황 저 · 이광호 역, 『퇴계의 사람공부』, 홍익출판사, 2019 재인용.

기초해서 인물의 행위와 마음의 정사를 위주로 한 역사를 강조했다.[64] 이는 역사서 찬술로 심법을 넓혀 나갔음을 알 수 있다. 다음으로 류성룡의 제자이자 이찬의 동생인 이환에게 수학한 일을 살펴보자.

公在厓門　공은 서애 문하에 있으면서
人道酷似　사람의 도리가 아주 스승과 흡사했지.
穎異之資　영특한 자질과
高邁之氣　고매한 기상을 지녔네.
…(중략)…
一丘一壑　언덕과 구렁에서
永矢勿諼　영원토록 변치 않기를 다짐했네.
龐耒輟耕　방덕공의 쟁기는 밭 갈기를 그만두고
陶琴不絃　도연명의 금에는 현이 없다네.
浮名榮利　영화와 이익 같은 헛된 이름을
等視雲煙　구름 안개와 같이 보았네.
旌招不屈　조정의 부름에 뜻을 굽히지 않고
白駒空谷　흰 망아지가 빈 골짜기에 있는 듯 하였네.
反璞歸眞　박옥을 돌이키듯 본질로 귀의하였기에
終身不辱　종신토록 욕되지 않았네.
嗚呼哀哉　아 애통하구나!
昔我先子　예전에 저의 아버지와
友端莫逆　단아하게 벗하여 막역한 사이었네.
遊公伯仲　공과 형제처럼 사귀어

63 이황 저·이익·안정복 엮·이광호 옮김, 『李子粹語』, 예문서원, 2010; 김세정, 「한국 성리학 속의 심학」, 예문서원, 2015.

64 洪汝河, 「評易詩史法 寄睦來之 來善 李士徵 元禎 二學士」 앞의 책 卷1; 『韓國文集叢刊』 124, 339면, "祇有史家門路錯, 發揮心法正須渠."

契誼最篤　계의가 가장 돈독했네.
施及于走　은혜가 나에게까지 미쳐서
幾荷提撕　인도하고 일깨워주심이 얼마였던가.
師門旨訣　사문師門의 지결로
微露緖餘　실마리를 은미하게 드러내어 주셨네.

이환은 1616년(광해8) 사마시에 입격했지만, 광해조의 어지러운 정국을 보고는 결국 벼슬에 나가려는 마음을 버렸다. 처음에는 관직에 제수되어도 부임하지 않다가, 후에 목릉 참봉에 제수되자 잠시 나갔다가 곧바로 돌아왔다.[65]

작품에서 이환이 뛰어난 자질을 지닌 인물로서 류성룡의 가르침을 성심껏 받들었으며 류성룡 또한 이환을 매우 아끼는 제자였음을 밝히고 있다. 그리고 이환이 평생 관직에 나가지 않고 은거한 사실을 후한의 방덕공龐德公과 동진의 도잠陶潛의 일을 인용하여 드러내고 있다. 후한 때의 방덕공은 일찍부터 세상에 나가기를 단념하여, 당시 형주자사 유표劉表가 수차례 벼슬길에 나오도록 그를 종용했다. 그러나 거절하고서 처자와 함께 농사를 짓다가 나중에는 녹문산鹿門山으로 처자와 함께 약을 캐러 들어가 다시 돌아오지 않았던 인물이다.

그리고 동진의 처사 도잠은 본디 음률을 잘 알지 못했지만, 줄도 없는 금琴 하나를 가지고 있으면서 술이 거나할 때마다 어루만졌다고 한다. 두 인물 모두 은사隱士이다. 목재는 이환 역시 벼슬에 나가지

65 洪汝河, 「湖憂李公墓誌 甲辰」, 앞의 책 卷7; 『韓國文集叢刊』 124, 457면, "及中丙辰司馬, 見時事大謬, 遂絶意進取. 自放於山水間, 杜門却掃, 左右圖史, 不與塵事接, 晩益韜晦, 而聲聞彌彰, 中外學士大夫, 皆雅重之. 始授官不就, 後除穆陵參奉, 纔赴旋歸."

않고 세상의 영화와 이익을 뒤로하고 자신을 검속하는 삶을 실천했음을 강조하고 있다. 이런 이환의 모습과 함께 그가 사문斯文의 지결을 전승해 준 사실을 회상하면서 시를 마무리하고 있다.

목재의 다른 수학기 스승은 바로 문풍의 중심에 있던 이식과 조경이다. 부친 홍호가 이식 · 조경 등과 교유한 인연이 있어 이들의 가르침을 받을 수 있었다. 아래는 스승인 조경[66]을 위해 쓴 제문이다.

若余無似　불초한 나 같은 이를
視同彌懿　평등이 보시고 더욱 칭찬하셨네.
謂於我館　내 집에 머물라 하시고
教誨飲食　가르쳐주시고 먹여주셨네.
評論百家　백가들을 논평하고
商訂麟史　역사를 상정하며
啓我以文　글로서 나를 계발시키고
牖我以理　이치로 나를 인도하셨네.
先生昔游　선생께선 옛날 종유하기를
愚伏之門　우복의 문하에서 하셨네.
尙厓隆陶　서애를 거쳐 퇴계를 높이셨으니
溯厥淵源　그 연원을 거슬러 올라감이 있네.
先生執友　선생은 아버지의 벗이며
先公同庚　선공과 동갑이었기에
先公之墓　선공의 묘에

66 조경의 문학관에 대해 참고. 정경훈, 「龍洲 趙絅의 文學觀에 관한 연구」, 『한국한문학연구』 34, 한국한문학회, 2004; 신승훈, 「龍洲 趙絅 散文論 一考-문학관의 재검토를 겸하여」, 『고전과 해석』 9, 고전문학한문학연구학회, 2010; 신승훈, 「龍洲 趙絅 散文의 美學」, 『인문학논총』 25, 경성대학교 인문과학연구소, 2011.

先生寔銘 선생이 명문을 지으셨지.
發其幽光 그윽한 빛을 드러내
庇我後裔 우리 후손들에게 드리웠으니
恩則深矣 은혜 매우 깊도다.[67]

조경에게 부친 홍호와의 인연으로 자신이 가르침을 받았던 사실과 부친의 묘지명을 지어 준 일에 대한 감사와 존경의 뜻을 표했다. 그리고 제자서諸子書, 역사서와 같은 학습서를 가지고 조경에게 배웠던 때를 회상하며, 스승을 퇴계 학맥에 위치 짓고 있다.

조경은 스승인 윤근수를 통해 『사기』를 읽을 것을 추천받았다. 그는 『사찬』의 목록을 받고[68] 체계적으로 진한 고문을 배우게 되었다.[69] 이때부터 『사기』가 조경의 손에서 평생 떠나지 않았다고 한다.[70] 목재는 이러한 조경의 영향으로 『사기』뿐만 아니라 『좌전』·『국어』·

67 洪汝河, 「祭龍洲趙先生文」 앞의 책 卷7; 『韓國文集叢刊』 124, 455면.

68 1612년, 조선전기 중앙의 거점 인쇄 기구였던 교서관을 대신하여 인쇄 업무를 담당했던 훈련도감에서, 이항복·조위한·이덕형·윤근수 등 정치·학문과 문화 분야에서 뛰어난 역량을 발휘했던 인물들이 모여, 중국본 『사기찬』과 『사기평림』을 참조하여 독자적 체계와 주석으로 제작되었다. 당대 중국의 학술과 사상을 반영하고 있는 중국본 서적의 탐독과 자기화 과정을 거쳐 조선식으로 탈바꿈한 『사찬』을 간행했다. (김소희, 「17세기 『史纂』 출판의 문화사적 의미- 중국본의 유입과 변용을 중심으로」, 『서지학연구』 81, 한국서지학회, 2020, 204~205면.)

69 趙絅, 『龍洲遺稿』 卷3; 『韓國文集叢刊』 90, 39면, "絅始弱冠, 以文爲贄, 拜月汀先生于新門里第. 時先生以大耋爲朝廷.蓍龜緗篋之所遺亡, 宗祝之所醉心. 咸質其門. 暨學士大夫執經考疑者麇至. 先生左右讎酢之暇, 過視鞮絅曰: '孺子可讀 史記' 遂授以史纂目錄, 且開爲學之方."

70 조석주·조위봉, 「용주연보」, 용주연구회, 2014. 기유년(1669, 현종10, 84세) 2월 5일. "병세가 점차 신중해졌다. 그런데도 오히려 자제들에게 말하기를 '사마천의 『사기』열전 몇 편과 西厓의 글 몇 편을 아이들에게 읽게 해야 한다.'라고 하였다" (정성운, 「목재 홍여하의 문장론 연구」, 경북대학교 석사논문, 2016, 11면 재인용.)

『한서』 등 진한고문을 학습의 기회로 가질 수 있었다.

앞에서 보았듯이 목재가 13세에 『상서』, 17세 때에는 사서와 오경을 두루 읽고 『좌전』·『국어』·『한서』·『사기』까지도 통달했다는 기록은 어렸을 때부터 스승 조경으로부터 가르침을 받은 것에 기인한 것이다.

조경은 인조·효종·현종 연간에 걸쳐 관인으로 활동하였으며, 효종 조에는 문형을 잡은 문인이었다. 사마시에 입격하여 성균관에 들어갔다. 이듬해 4월 부친상을 당하여 거상居喪을 한 뒤 광해군 조의 혼정을 피해 거창으로 내려가 학문에 전념했다. 거창에서 조경은 부친을 따라 인사를 드린 바 있는 문위의 문하에 허목과 함께 나아가 경학을 배웠다. 문위는 정구의 문하에서 공부한 인물로 이 때문에 조경은 정구로부터 문위로 이어지는 남인계 학맥에 위치하게 된다.[71]

목재는 조경을 류성룡-정경세로 이어지는 학맥에 놓았다. 실제로 조경은 정경세·이준李埈·이전李㙉·전식全湜·김응조金應祖 등과 같은 류성룡의 제자들과도 활발하게 교유한다. 또한 류성룡의 아들 류진은 조경과 함께 인조반정 직후 학행이 있는 유생으로 천거되어 함께 6품직을 받기도 했다. 인조반정 이후 조경이 조정에 진출했을 때, 정경세는 이조판서로 있으면서 조경을 발탁하고, 이조 좌랑으로 삼을 정도로 그에 대한 신임이 두터웠다. 조경은 정경세를 스승처럼 따랐으며,[72] 정경세의 신도비를 찬술하기도 했다.

71 정해출, 「龍洲 趙絅 詩文學 硏究」, 高麗大學校 大學院 박사 논문, 2014, 42면.
72 허권수, 「용주 조경과 영남 남인과의 교류에 관한 연구」, 『韓國의 經學과 漢文學』, 1996, 53면.

東國學中州 우리나라가 중원을 배워서
文章相上下 문장은 서로 어금버금하구나.
齊氣固應有 제나라 기색은 본래 갖고 있는 것이오
夷音僻而野 동이의 소리는 후미지고 촌스럽네.
崔子觀周樂 최자는 주나라 음악을 살피고
淸廟列琖斝 맑은 묘당에 술그릇을 진열했지.
益齋及陶牧 익재와 도은, 목은이
相繼變用夏 서로 이어가며 중하로 바꾸었지.
直到先生降 곧바로 선생께서 태어나셔서
舂容振大雅 조용하게 대아를 떨쳤지.
晩節遯丘園 만년에는 구원으로 숨어
風流傾白社 풍류는 백사를 기울였네.
未許俗士遊 속사가 따르길 허여하지 않고
獨與造物者 홀로 조물주와 어울렸지.
淸名播益遐 맑은 이름이 더욱 멀리 퍼졌지만
白雪和彌寡 백설가에 화답할 이 더욱 적었네.
蒼生勤悵望 백성을 부지런히 가엽게 보았고
物色賴陶冶 물색을 도야하는 데는 게을렀지.
芳潤漱姚姒 아름다운 향기는 순·우를 배워서요
頹波建揚馬 무너진 세파에 양웅과 사마상여의 기풍을 세웠네.
餘事何足道 남은 일이야 말해 무엇하랴
靜裏驗操舍 고요한 가운데 도심을 징험했네.
執役今幾年 선생을 좇은 지 지금 몇 년이런가
僵走顔發赭 넘어지며 달리느라 얼굴이 붉어지네.
知音自難逢 지음은 본래 만나기 어려우니
萬古黃鐘啞 만고의 황종은 아무 말이 없네.[73]

이 시는 소식의 「독락원」시에 차운하여 조경에게 올린 것이다. 「독락원」은 소식이 사마광이 거처하는 독락원을 빌어 사마광의 사람됨과 백성들의 경앙敬仰을 찬미한 시이다. 목재는 중국의 문학이 조선에 넘어왔으나 차츰 두 나라의 문학이 대등한 반열에 올랐음을 역설하고 있다. 특히 중국의 문풍을 고려의 익재益齋・도은陶隱・목은牧隱이 수용하였기 때문에 중화가 조선에 그대로 구현되었음을 강조하고 있다.

그리고 그러한 문풍을 이은 인물을 조경으로 보고 있었다. 목재는 제16구의 '백설가白雪歌'를 통해 당시의 문풍을 비판하며, 조경의 문장에 대한 찬사와 존경의 뜻을 표한다. 그 내용을 보면, '백설가'는 「양춘백설가陽春百雪歌」로, 너무도 고상해서 따라 부르기 힘든 노래이다. 어떤 사람이 영중郢中에서 처음 「하리파인下里巴人」이란 노래를 부르자 그 소리를 알아듣고 화답하는 사람이 수천 명이었고, 「양아해로陽阿薤露」를 부르자 화답하는 사람이 수백 명으로 줄었고, 「양춘백설가」를 부르자 화답하는 사람이 수십 명으로 줄었다는 내용이다.

'속사가 따르길 허여하지 않고, 홀로 조물주와 어울렸지.'라는 구절에서 조경을 도학자의 모습으로 표현하고 있다. 목재는 스승인 조경을 도학적 이미지와 함께 문장에 대한 성취도 인정하고 있다. 그는 스승을 오랜 세월 뒤쫓아갔으나, 일정한 성취가 없음을 스스로 부끄러워하며, 마지막으로 조경과 같은 스승을 만나기란 쉽지 않다는 아쉬움을 토로하고 있다.

다음으로 목재에게 영향을 준 인물로 이식을 들 수 있다. 이식은 이정귀・신흠・장유와 함께 한문 4대 문장가의 한 사람으로 당시 문풍

73 洪汝河, 「次獨樂園韻 奉呈龍洲趙先生 絅」, 앞의 책 卷1; 『韓國文集叢刊』 124, 333면.

을 주도한 인물이다. 아래는 이식에게 보낸 시이다.

讀書了萬卷　책은 만 권을 독파하여
人物閱千載　천 년에 인물을 열람하네.
平生澤風子　평소 택당 선생께서는
使我興感慨　나에게 감개를 일으켜 주었지.
風靜古澗冷　바람 고요해지자 옛 개울은 차갑고
葉盡梅檀在　이파리 다 지자 전단나무 있어라
曾將一瓣香　일찍이 심향 하나 사르며
朝暮受淸誨　아침저녁으로 맑은 가르침 받았네.
敢道便有得　감히 문득 깨우쳐 말하리오만
歸來遣疑晦　돌아온 뒤 의심을 떨쳤어라.
山川莽寥闊　산천이 아득하여 드넓거니
幾日登門再　어느 날 다시 찾아뵐런지요.[74]

목재가 1645년(인조23) 26세 때 지은 시이다. 이 시가 지어진 무렵, 이식은 문형의 자리에 있었다. 목재는 이식의 가르침을 받던 때를 회상하며, 덕분에 그동안 고민하고 의심스러웠던 부분이 말끔히 해소되었음을 밝히고 있다. 그리고 다시 기회가 된다면 그의 문하에서 공부하고 싶다는 염원을 가득 담아 스승에게 전한다.

美人一封札　미인이 한 통 편지를 보냈으니
珍比青玉案　보배롭기가 청옥안에 비기네.
屬我掩郊扉　나로 하여금 교외 사립문 닫게 하고

74 洪汝河, 「奉呈李澤堂 植 乙酉」, 앞의 책 卷1; 『韓國文集叢刊』 124, 332면.

披讀再三歎 펼쳐 읽으매 여러 번 감탄한다.
斯文千古的 우리 유학은 천고의 표적이니
期子一矢貫 그대 한 화살로 꿰뚫기를 기대하네.
老夫等朽株 늙은 나는 이제 썩은 나무 같은 몸
丹飾焉能煥 울긋불긋 장식한들 어찌 빛이 나랴.
深知情素重 평소 정이 두터운 줄 깊이 알지만
謬推顔更汗 추켜 세워주니 얼굴에 땀이 나네.
歲晏霜雪濛 한 해가 저문 때에 눈서리 자욱한데
江嶺杳涯畔 산 넘고 물 건너 그대 있는 곳 아득하네.
無由展良晤 기쁘게 만나 회포 펼 길 없으니
安得生羽翰 어찌하면 날개 돋게 하겠는가.[75]

이식이 목재에게 화답한 시로, 목재와 비슷한 시기에 지은 것으로 보인다. 이식은 젊은 제자의 성장에 기대감을 나타내고 있다. 특히 '우리 유학은 천고의 표적이니, 그대 한 화살로 꿰뚫기를 기대하네.'라고 하여 유학이 자신과 목재가 함께 지향해야 할 목표임을 강조하고 있다.

이식은 유가적 근간을 바탕으로 진한고문의 유가에서의 일탈을 걱정하며, 당송고문을 전범으로 삼고자 한 인물이다. 그의 지향은 여기서 더 나아서 당송고문을 넘어 유가의 경전을 학습해야 한다는 데 이른다. 그는 의리의 본원으로 『시경』·『서경』의 육경과 사서를 필수로 학습할 것을 요구한다.[76] 목재가 "모름지기 『좌전』·『사기』를 읽어

75 洪汝河, 「奉呈李澤堂 植 乙酉- 附和澤堂」, 앞의 책 卷1; 『韓國文集叢刊』 124, 332면.

76 李植, 「作文模範」, 『澤堂別集』 卷14; 『韓國文集叢刊』 88, 518면, "古今風俗事

회암의 글을 이해하도록 해야 하며, 회암의 글을 읽어 육경六經의 뜻을 이해하도록 해야 결단코 서로를 잘못 이해하지 않을 것입니다."[77] 라고 한 내용을 보면 그의 독서 또한 이식과 같이 육경을 제대로 이해하는 것이 목표였음을 알 수 있다.

목재는 『좌전』·『한서』·『사기』 등 선진양한의 전범이 되는 역사서를 열독하게 된다. 뿐만 아니라 평소 역사서이지만 문학 텍스트로 이해를 강조했다. 이러한 생각은 '신라 시대부터 『좌전』은 과거제도에 포함되어 문인 학자들이 학습하였고, 세종 때에도 모두 읽었는데 요즈음은 역사서로 간주하여 학습하는 이가 없어짐'[78]을 한탄한 부분에서 드러난다.

이를 볼 때, 『사기』·『좌전』 등을 역사서뿐만 아니라 문학서로 관심 가지고 있었으며, 자연스럽게 역사서 저술에 이어지게 된 것이다. 목재는 영남지역의 학파 내 인물들과 접촉하여 주자학자로 성장하였지만, 문학적으로는 당시 문풍인 의고문파의 영향을 받았다. 의고문파의 영향으로 관련 텍스트들을 깊이 공부하다 보니 역사에 관심이 깊어져 한국사를 정리하는 역사가로 성장하게 된 것이라 볼 수 있다.

이상에서 살펴본바, 목재의 사승은 지역적으로는 영남 퇴계학파의 영향에 있었다. 이황을 비롯한 지역의 명유名儒들을 사사하였고, 퇴계

情懸殊, 而文章詞令通於其間. 雖使古人生於今世必爲今之文. 此與詩學不同, 當以唐宋以下爲法, 惟其本源來歷不可不遡求而知之也. 詩書正文孟子正文論語庸學幷傳註爲先熟讀, 終身溫習, 此義理本源不可一日塞也."

77 洪汝河, 「答李九成 允諧」 앞의 책 卷4; 『韓國文集叢刊』 124, 392면, "須讀左馬, 以求晦庵, 讀晦庵, 以求六經, 斷不相誤, 千萬努力."

78 洪汝河, 「策題」, 앞의 책 卷5; 『韓國文集叢刊』 124, 418면. "新羅時, 官人之制, 左傳爲第一, 世宗朝令文臣儒士, 皆習左傳, 而至今視爲史學, 絶無學習者."

학파의 문도들에게 직접 가르침을 받으며 주자학자로 성장했다. 그리고 지역 사족임에도 불구하고 일찍부터 중앙의 문풍을 접할 수 있었다. 특히 진한고문파 가운데 한 사람인 조경과 당송고문에 관심이 많았던 이식의 영향을 받았음을 알 수 있었다. 이러한 영향으로 일찍부터 『사기』와 『좌전』을 접하면서 역사에 관한 관심을 가졌으며, 역사서 저술로 이어지게 되었다.

3) 교유交遊[79]

목재의 가학, 사승뿐만 아니라 교유관계를 살펴보는 일은 목재에게 문학적 영향을 끼친 요인 중 하나를 파악한다는 측면에서 의미가 있다. 『목재집』에는 만시, 차운시, 송별시 등 타인과의 관계가 전제된 형태의 시들이 대다수를 차지하고 있다. 문집 내 등장하는 인물들만 해도 총 94명에 달한다. 이들 중 지방으로의 부임으로 인한 송별시나 만시 등 일회성의 관계를 제외한다면, 지속적으로 교유했던 인물들의 수는 줄어든다. 문인들 간의 지속적인 시문 교류는 어떤 형태로든 직·간접적인 영향을 주고받았음에는 틀림없다.

교유관계에 대해 몇 가지 사항을 살펴보기로 한다. 첫째, 시기상으로 출사 전인 35세 이전까지와 35세 이후부터 41세까지 사환기, 41세 이후 낙향한 시기로 삼분三分하여 나눠볼 수 있다. 이와 같이 세 시기로 나눠 살필 수 있는 것은 『목재집』에 실린 작품이 대부분 창작년도

79 전체 교유시의 작품 수는 111수이며, 교유 인물은 모두 94명이다. 그 가운데 73명은 인물에 대한 정보를 확인할 수 있었으며 확인할 수 없는 경우가 21명이다. 교유시는 차운시(18), 화답시(4), 감사시(4), 송별시(8), 증시(38), 만시(31題), 宴會詩(5) 등으로 분류할 수 있다. (최금자, 「목재 홍여하의 교유 양상 연구-교유시를 중심으로-」, 동양한문학연구』 59, 동양한문학회 2021를 보완 정리했다.)

순서로 배열되어 있어 가능하다.

교유 인물 수는 출사 전 6명, 사환기 19명, 낙향 후 69명으로 관직을 그만두고 고향으로 돌아온 뒤에 집중되어 있다. 이는 시의 창작시기와 관련되어 있는데, 목재는 23세부터 시를 짓기 시작해 관직에서 물러나 낙향하기 전까지 남긴 작품은 40여 수에 불과하다. 그의 본격적인 시작詩作은 41세 되던 해 고향으로 돌아온 뒤에 이루어졌기 때문이다. 시기별 교유 인물을 분류하면 다음과 같이 정리할 수 있다.

· 35세 이전(출사 전) : 李燦, 崔倜, 李植, 李渠, 李大圭, 黃霦 등 6명

· 35세~41세(사환기) : 趙絅, 尹鏶, 蔡裕後, 李溟翼, 徐必遠, 趙威鳳, 趙威明, 許肅川, 李元圭, 睦行善, 睦兼善, 張應一, 李元禎, 李亨復, 金萬元, 金善鳴, 張槼, 郭後昌, 黃遠甫 등 19명

· 41세 이후(낙향 후) : 權鼈, 權山立, 權濡, 權標, 權堦, 金啓光, 金賓, 金時忱, 金是榲, 金應祖, 金千鎰, 金廈樑, 金學培, 南亶, 柳元之, 柳稷, 柳千之, 柳世哲, 睦來善, 閔點, 朴成敏, 朴廷著, 朴廷葎, 徐時立, 成後禼, 申適道, 安道徵, 兪杝, 李尙彦, 李世標, 李崇彦, 李英甲, 李爾松, 李晉哲, 李燦, 李馥, 李玄逸, 李煥, 李徽逸, 張璶, 全克恬, 全翼耉, 鄭道應, 丁昌燾, 鄭世規, 趙鳴漢, 趙汝松, 趙又新, 趙元亂, 黃德柔, 黃緬, 洪柱三, 洪克己, 洪相民, 黃德承, 安誠甫, 李錫成, 李光洽, 權以說, 安瑞徵, 金履祥, 金士一, 沈弘弼, 權東老, 文得耉, 權仲說, 李光鎭, 崔基重, 金善鳴, 승려 2명 등 69명

둘째, 지역별로 영남지역과 그 밖의 지역으로 나누어 볼 수 있다. 영남지역이 압도적으로 많으며 그 외 지역 인물은 모두 18명이다. 영남지역을 제외한 다른 지역의 인물들과의 교유는 목재가 서울에서 생

활하며 인연을 맺은 인물과 관직 진출 당시 교분을 맺은 인물들이다.

셋째, 교유의 빈도수로 정도응(6) · 조경(4) · 장응일(4) · 김계광(4) · 민점(3)[80] · 전익구(3) · 이구(2) · 조위봉(2) · 황덕승(2) · 황면(2)[81] · 류원지(2)[82] · 권중설(2) · 이휘일(2) · 이영갑(2)[83] · 김학배(2)[84] 등이 2회 이상으로 나타나고 있다. 특징적인 것은 조경과 조경의 아들인 조위봉, 민점 등을 제외하면 대부분 영남지역 사족들이다. 2회 이상의 인물 가운데 교유 빈도수가 가장 많은 인물은 정도응이다. 다음으로 목재의 스승인 조경과 장현광의 아들 장응일과 교유의 빈도가 높았다.

80 민점은 목재가 사환 초기에 사관으로 천거한 인물인 이원정의 고모부다. 민점은 김시양의 사위이며 광주이씨 이도장과는 동서 사이이다. 민점의 생부는 대사헌을 역임한 閔應協이고 양부는 승지를 역임한 閔應恢이다. 민점은 숙종대 남인 정권에서 좌의정을 역임한 閔熙와 우의정을 역임한 閔黯과는 형제간이다. 민점을 비롯해 민희 등은 당대 남인 세력의 영수인 許積의 후원을 받던 인물이다. 민점의 아들 민종도와 이원정은 숙종조 남인 정권의 핵심적인 위치에서 활동하던 인물로 이들은 이종지간이 된다. 목재가 여흥민씨 가문과의 교유에는 이원정의 영향이라 짐작된다.

81 황덕승과 황면의 본관은 장수황씨로 목재와는 인척관계의 인물이다.

82 류원지는 류성룡의 손자이다. 1636년(인조12) 병자호란이 일어났을 때 의병장으로 활동하였고 인조 13~14년에 관직에 나갔으나 이후로는 낙향하여 지역내에서 활동한 인물로 1666년(현종7년) 송시열의 예론에 반대하여 영남 유림 천백 명의 의례소를 기초한 인물이다.

83 이영갑은 고려 때 이제현의 후손으로, 1640년(인조18) 경북 함창(현 상주)에 도계정사를 건립하고 도사의 직임을 맡았던 인물이다. 이영갑의 『야옹선생실기』에 목재가 보낸 작품을 살펴보면 「挽洪應圖 汝河」, 「次李善鳴韻」 「贈李善鳴」, 「與李善鳴時有愚伏堂會未赴寄詩」, 「贈李善鳴西行 二首」, 「問李善鳴病」등이 있다.

84 김학배는 1663년(현종4) 과거에 급제하여 관직이 병조좌랑까지 올랐고 이단하 · 김만중 · 홍기와 함께 경서교정관에 제수되었다. 그는 잠시 벼슬살이를 한 일 외에는 줄곧 문중의 三從祖인 김시온에게 수학하였고 이현일 · 이휘일과 교유했다. 1667년(현종8) 목재는 이현일 · 김학배 등과 함께 안동 鏡光書齋에 모여서 학문을 강론하기도 했다.

수십 명의 교유 인물 중 친소관계에 대한 여타의 기록들과 문집 내 등장 빈도수를 근거로 대표적인 몇 명을 살펴보기로 한다 아래는 향리의 선배인 이구李榘와의 교유를 살펴보자.

〈표 2〉 이구와의 교유작품

인물	문체	내용		출전
李榘 (1613~1654)	詩	漫吟戲呈李大方 榘		木齋集
	書	答李大方-榘	李榘에게 답한 편지이다. 四書集註의 句法을 작문의 핵심으로 가르치는 것, 高麗시대를 대상으로 史家의 필법이 담긴 역사를 찬술하는 것에 관해 상의하는 내용이다.	木齋集
	書	與李大方-乙酉	1645. 李榘에게 준 편지이다. 李榘가 작성하여 보낸 〈圖說註解〉를 읽고 논평하는 내용이다	木齋集
	書	與李大方	李榘에게 준 편지이다. 文體의 正統에 대한 자기견해를 피력하는 내용이다.	木齋集
	書	與李大方	李榘에게 준 편지이다. 李榘가 선호하는 眞德秀의 문체를 비평하고 아울러 權近의 문체를 비판하는 내용이다.	木齋集
	書	答李大方-己丑	1649. 李榘에게 준 편지이다. 자신의 근황을 알리며 '崇寧' 중에 일어난 사건에 대해 자문을 구하는 내용이다	木齋集
	書	與李大方	李榘에게 준 편지이다. 法例를 경시하는 李榘의 문체론을 비판하고 法門의 중요성을 강조하는 내용이다.	木齋集
	書	答洪伯源別紙	四書와 東史에 대하여 인식을 새롭게 한 木齋의 견해를 존중	活齋集

			하면서 약간의 의견을 제시한 것이다.	
	書	答洪伯源別紙	문체에 대한 견해로서 홍木齋가 논한 것은 法例와 門戶이고 자신이 말한 것은 精神과 氣力으므로 상보적인 입장에 있다는 점을 밝혔다.	活齋集
	書	答洪伯源別紙	卜宅과 관련한 의문을 제 기한 내용이다	活齋集
	輓詞		목재가 쓴 이구에 대한 만사	活齋集

이구는 효령대군의 8세손이며 그의 외조부는 황희의 7세손 황시간으로, 류성룡의 문하에서 수학하였다. 병자호란을 계기로 과거를 포기한 채 그의 외가가 있는 상주 산양山陽에 정착하여 42세의 나이로 사망할 때까지 처사로 살았다. 이구는 상주에 있으면서 권구權坵・정도응・류직 등과 절친이었다. 이들은 영남지역 학문의 중심축이 된 인물들로 이구가 상주에 자리 잡으면서 형성된 교유관계이다.

인조 23년 그가 작성한 「응구언십조소應求言十條疏」에서 인조에게 반정 이후의 고질화된 병폐를 지적하기도 했다. 또 1650년(효종원년) 류직柳稷이 소두가 된 영남유림 9백여 명의 성혼・이이의 문묘종사 반대상소의 제소자製疏者였다.[85] 목재보다 7살 연상으로 목재가 지식인으로 성장하는 데 많은 도움을 준 향리의 선배이다. 지역 내에서도 1786년에 이만부李萬敷・권상일權相一과 함께 문경의 근암서원에 제향되었다. 그의 학문적 성취뿐만 아니라 지역에서의 위상을 알 수 있다.

85 설석규, 「활재 이구의 이기심성론 변설과 정치적 입장 : 17세기 근계학파 이기심성론의 정치적 변용」, 『朝鮮時代史學報』 4, 조선시대사학회, 1998. 40~41면.

이구의 문집인 『활재집』에는 목재와 나눈 편지가 3편에 불과하나 목재의 문집인 『목재집』에는 7편이 실려 있다. 이구와 목재는 막역하게 지내면서 학문에 대해 질정하고 수양에 힘쓰며 절친으로 지냈다.[86] 목재가 역사서를 서술하는 과정에서 이구에게 자문을 구하자[87] 이구는 목재에게 역사서 편찬에 전력을 기울이라 권고했다.[88] 다음은 장응일張應一과의 교유이다.

〈표 3〉 장응일과의 교유작품

인물	문체	내용	출전
張應一 (1599~1676)	詩3수	呈張大成, 次張大成林隱窩韻, 奉贈張大成	木齋集
	詩	和贈洪木齋 汝河	聽天堂集

장응일은 구미 출신으로 종숙부 장현광張顯光에게 입양되어 가학을 이은 사람으로, 목재의 두 아들 모두 장응일의 사위가 되는 특별한

86 李榘, 「序」, 『活齋集』 卷1; 『韓國文集叢刊』 32, 406면, "然公居與木齋洪公近, 有斷金之契麗澤之益. 公之歿也, 洪公在史館, 特書之曰, 山陽處士李某卒, 且立其傳."

87 洪汝河, 「答李大方榘」, 앞의 책 卷4; 『韓國文集叢刊』 124, 382면, "大國史記, 小國事往往致詳, 而東史反不載天下事, 文體豈宜爾耶. 且東人恥不知中國事, 不恥不知自家國事. 漢陰白沙諸公, 尙然他何望. 譬慣誦別人譜牒, 問以渠家事, 則不知也."

88 李榘, 「答洪白源汝河別紙」, 『活齋集』 卷2; 『韓國文集叢刊』 32, 433면, "示諭二事, 今日吾東方何嘗有此見識, 亦何嘗有此議論. 令人不覺歎服. …(중략)… 至於東史, 雖以弟之管見, 而亦未嘗不陋其文薄其規模也. 若有大眼孔大手段, 必且擔當此事而整頓之, 必不但使之泯泯已也. 以故尋常期待於吾人爲不淺, 今兄所論眞箇痛快直截, 古之良史之法之意, 固已獨得之矣. 此計若成, 誠東方千古之幸, 不特爲一人之能事也. 兄須硬著脊梁, 百分勉旃, 如何如何.'

인연이 있다. 장응일은 1629년(인조7) 문과에 급제해 벼슬길에 올라 요직을 두루 거쳤는데 1660년(현종1)에 김산 군수로 나갔다가 1년 만에 돌아왔다.[89] 이후로 12년을 집에서 보냈는데 사실상 관직에서 물러난 것이다. 다시 1673년(현종14)에 공조 참의로 있을 때 효종의 능인 영릉寧陵에 변고가 생겨 진상을 밝히려다 무고를 당해 황간으로 유배되기도 했다.

장응일의 종숙부 장현광은 퇴계의 고제인 정구를 이은 인물이다. 장현광 이후 인동 장씨 문중은 그의 업적을 정리하면서 학파로서의 모습을 부지하려고 노력했다. 가학을 계승한 인물 중 장응일과 장내범張乃範－장경우張慶遇－장학張㷁으로 이어지는 3대가 주도적으로 나섰는다. 목재는 비슷한 연배의 장학과 많은 교유가 있었다. 장학은 영남지역 사족들이 서울 삼천동에서 열었던 계회를 주도한 인물이기도 하다.[90] 1660년(현종1)에 장학은 충청도 삼산(현 보은), 목재는 충청도 황간으로 유배되어 배소에서 자주 만났으며,[91] 1661년(현종2)에 장학은 해배된 목재를 상주에서 만나 시회를 열기도 했다. 아래에서 가장 많은 교유를 한 정도응을 살펴보자.

89 현종 즉위년에 장응일은 효종이 승하한 뒤, 분곡하지 않은 일로 파직되어야 한다는 의론이 있었다. 『顯宗實錄』 卷36, 卽位年(1659) 7月 27日, 2번째 기사.

90 「三淸洞道會圖帖」은 현재 계명대학교 동산도서관에 소장되어 있다.

91 張㷁, 『南坡集』, 「白華山頭陀寺與洪伯源汝河會話時公謫報恩洪公謫黃澗」·「頭陀寺歸路贈洪伯源」·「頭陀寺吟贈洪伯源七言律詩」·「洪木齋自黃澗謫所先歸贈別」·「洪木齋汝河書在謫所時」: 장학이 쓴 시와 편지는 모두 유배 중에 쓴 작품이다 (장학 저·장재한 역, 『국역 남파선생문집』, 대보사, 2011.)

〈표 4〉 정도응과의 교유작품

<table>
<tr><th>인물</th><th>문체</th><th colspan="2">내용</th><th>출전</th></tr>
<tr><td rowspan="7">鄭道應
(1618
~1667)</td><td>詩5수</td><td colspan="2">與黃遠甫柳子强 千之 鄭鳳輝李善鳴 英甲 全明老諸人 約會于愚伏堂 余病未赴 黃丈寄詩 謹次,
初度日 黃以坤 德承 鄭鳳輝 道應 全明叟 翼耉 諸公 不期而會 各賦一詩 仍及去年孤寂之意 四月一日 卽初度也,
寄丹城倅鄭鳳輝, 愚伏堂,
家山北距四十里有仙巖窟其深不測産異石焉戊戌秋送人斲取得十一枚來皆詭巧崷崒其最大者宛若皆骨之穴望國望東坡蓄蓬萊石數百枚然其孔穴達背則以仇池石一顆爲甲動輒相隨今此十一石箇箇類仇池而高大或過之余所得富於坡翁者以近山而易致也坡翁與王晉鄕錢穆父王仲至蔣潁叔賦詩詠仇池今次其韻求和於丁道元-昌壽-鄭鳳輝李勉余諸公以足東坡故事仇池石安於高麗盆此石盆不能容故知其差大也</td><td>木齋集</td></tr>
<tr><td>輓詞</td><td>輓鄭鳳輝
丁未八月</td><td>정봉휘에 대한 만사</td><td>木齋集</td></tr>
<tr><td>書</td><td>答鄭鳳輝 己丑</td><td>1649. 鄭鳳輝에게 답한 편지이다. 召命을 받은 鄭鳳輝에게 出仕를 권하는 내용이다.</td><td>木齋集</td></tr>
<tr><td>書</td><td>與鄭鳳輝</td><td>鄭鳳輝에게 준 편지이다. 出仕를 조소하는 분위기에 개의치 말라고 격려하는 내용이다.</td><td>木齋集</td></tr>
<tr><td>書</td><td>與鄭鳳輝</td><td>鄭鳳輝에게 준 편지이다. 부친 洪鎬를 위해 鄭經世가 草廬, 南軒, 潛室의 세 說을 지었음을 밝힌 글이다.</td><td>木齋集</td></tr>
<tr><td>書</td><td>與鄭鳳輝</td><td>鄭鳳輝에게 준 편지이다. 麗史의 편사 작업을 잠시 중단하고 本朝의 名公 言行錄 편찬에 매진할 것을 제언하는 내용이다.</td><td>木齋集</td></tr>
<tr><td>書</td><td>與鄭鳳輝</td><td>鄭鳳輝에게 준 편지이다. 名臣錄에 대한 평가와 王相의 定婚에 관한 내용이다.</td><td>木齋集</td></tr>
</table>

	書	與鄭鳳輝	鄭鳳輝에게 답한 편지이다. 鄭經世의 묘비를 건립하는 것에 대하여 충고하는 내용이다.	木齋集
	書	與鄭鳳輝	鄭鳳輝에게 답한 편지이다. 鄭經世의 謚禮에 참석하지 못한다는 내용이다.	木齋集
	書	與鄭鳳輝	1659. 鄭鳳輝에게 답한 편지이다. 숙모의 별세, 기해년 상소, 麗史의 완성 등을 전하는 내용이다.	木齋集
	說	鄭是僑字說	1662. 친구 鄭鳳輝의 아들 鄭是僑에게 希直의 字를 지어주며 '直'에 관해 해설한 字說이다.	木齋集
	祭文	祭鄭鳳輝文-丁未	1667. 친구 鄭鳳輝에 대한 제문이다.	無忝齋集 木齋集
	序	送鄭諮議鳳輝序	세자시강원 관원으로 천거되어 떠나는 鄭鳳輝에게 鄭經世의 손자로서 醇儒의 道를 다하라고 당부하는 내용의 送序이다.	無忝齋集 木齋集
	詩 3	次洪伯源贈韻, 黃宜寧不換亭次洪伯源韻, 九月望携安太和洪伯源崔汝安向仙遊洞		無忝齋集
	輓詩	無住洪公鎬挽	무주공 洪鎬(洪汝河의 父)를 애도하는 만시	無忝齋集
	祭文	祭無住洪公文	무주공 洪鎬(洪汝河의 父)를 애도하는 祭文	無忝齋集

정도응은 류성룡의 셋째 아들 류진의 사위이며, 이언적의 외증손, 송준길의 조카이다. 목재의 아버지 홍호가 정경세를 스승으로 삼았고 목재는 어렸을 적 정경세로부터 칭찬을 들은 인연이 있었다. 이와같이 정경세의 집안과는 대를 이어 학문적 인연이 이어졌다. 이러한 인연은 목재가 지은 정도응에 대한 제문祭文에 실려 있다. 제문의 "나의

선공先公은 우복愚伏을 스승으로 섬기고 내한공內翰公은 선공先公을 종학從學하였다."[92]라고 한 부분에 잘 나타난다. 여기에서 선공은 목재의 부친 홍호를, 우복愚伏은 정도응의 조부 정경세를, 내한공內翰公은 정도응의 부친 정심鄭杺을 가리킨다. 특히 정도응의 아들이 목재의 딸과 혼인하며 사돈의 인연까지 맺었다. 두 사람은 대대로 학연과 혼인으로 맺어진 관계로 특별할 점이 있을 수밖에 없었다.

정도응은 과시에 응시하지 않고 1648년(인조26)에 유일로 천거되어 내시부 교관·대군사부·세자시강원설서 등 여러 차례 내·외직에 천거되었지만, 실제로 환로에 나아간 적은 몇 해에 지나지 않는다. 환로에 나아갈 기회가 있을 때마다 사직소를 올려 세상에 나아가기보다 대부분 은자적 삶을 택한 인물이다.

목재는 정도응이 세자시강원설서로 임명되어 한양으로 갈 때, 글을 지어 주며 출처를 신중히 하라는 조언을 보태기도 했다. 또한 정도응의 조부인 정경세의 시호가 결정되는 것에 대해 축하의 메시지를 전하고 참석하지 못하는 안타까운 마음을 써서 보내기도 했다. 역사에 관한 내용을 조언하는 등 두 사람은 막역한 사이였다. 이외에도 정경세가 목재의 5대조 홍귀달의 『허백정집』의 서문을 쓰고, 뒷날 정경세의 6세손인 정종로가 홍귀달의 행장을 썼으며, 목재의 『휘찬여사』를 교정하고 서문을 지었다. 다음은 교유가 잦았던 인물 중 한 사람인 전익구를 살펴보자.

92 洪汝河, 「祭鄭鳳輝文 丁未」, 앞의 책 卷7; 『韓國文集叢刊』 124, 454면, "昔我先公, 師事愚伏, 維內翰公, 從先公學."

〈표 5〉 전익구와의 교유작품

<table>
<tr><th>인물</th><th>문체</th><th colspan="2">내용</th><th>출전</th></tr>
<tr><td rowspan="6">全翼耉
(1615~
1683)</td><td>詩3수</td><td colspan="2">初度日 黃以坤 德承 鄭鳳輝 道應 全明叟 翼耉 諸公 不期而會 各賦一詩 仍及去年孤寂之意 四月十日 卽初度也, 可庵八景(釋迦曉鐘, 貞峯落霞, 馬山晴烟, 箕谷暮雲, 遠川晩松, 舞峴翠嵐, 大跟積雪, 圓通霽月)
與黃遠甫柳子强 千之 鄭鳳輝李善鳴 英甲 全明老諸人 約會于愚伏堂 余病未赴 黃丈寄詩 謹次</td><td>木齋集</td></tr>
<tr><td>書</td><td>與全明老</td><td>全明老에게 준 편지이다. 『周易本義』를 독서하였다는 내용이다.</td><td>木齋集</td></tr>
<tr><td>詩8수</td><td colspan="2">寄贈洪木齋伯源, 次洪木齋韻題寄石堂黃上舍, 敬次愚伏先生韻求和木齋無忝二首, 次洪伯源韻贈李學官, 敬次退陶李先生和東坡韻, 却贈木齋無忝, 寄贈洪木齋, 贈木齋</td><td>可庵集</td></tr>
<tr><td>書</td><td>與洪木齋伯源</td><td>1670. 洪汝河에게 보낸 편지. 외조부가 돌아간 것에 대해 위로하는 내용이다.</td><td>可庵集</td></tr>
<tr><td>書</td><td>送洪木齋之任鏡城序</td><td>경성으로 부임해 가는 홍여하를 전송</td><td>可庵集</td></tr>
<tr><td>祭文</td><td>祭洪木齋文</td><td>全翼耉가 지은 홍여하의 제문</td><td>可庵集</td></tr>
</table>

전익구는 부친 전이성全以性이 정경세의 문하에서 수학하였으며, 정경세는 전익구의 처외조부가 되기도 한다. 그는 만년에 정경세가 거처하던 상주로 이주하여 가암을 건립하였고, 정경세의 유풍을 사모하여 봉산서원을 중건하기도 했다. 목재가 전익구에게 학문에 대해 질정하는 대목이 자주 보이는 것으로 보아 학문적으로도 상당히 신뢰하고 있었던 듯하다. 전익구는 시 8편을 목재시木齋詩를 차운次韻하여 짓고 경성 판관으로 부임해 가는 목재에게 안타까운 심정을 담아

전송하기도 했다. 그는 목재가 참석한 계회에 거의 빠짐없이 등장하는 인물이다.[93] 아래 시도 목재와 긴밀하게 교유한 인물 가운데 한 사람인 안도징에게 보낸 작품이다.

〈표 6〉 안도징과의 교유작품

인물	문체	내용		출전
安道徵 (1616~1678)	詩	和安泰和三江韻 道徵	安泰和의 삼강 운에 화답하다.	木齋集
	銘文	點离窩銘 幷序 ○安泰和齋號	安泰和가 龍宮縣에 세운 點离窩에 부친 銘文이다.	木齋集
	書	答洪應圖	陽剛陰柔의 中에 관한 洪汝河의 물음에 安道徵이 洪汝河에게 보내는 答書이다.	點离窩集
	祭文	洪木齋應圖	安道徵이 洪汝河의 죽음을 애도하며 지은 제문이다.	點离窩集
	銘	點离窩銘	洪汝河가 安道徵의 호인 點离窩에 대해 쓴 銘이다.	點离窩集
	詩7	用洪徵世韻贈洪應圖－汝河, 述懷贈洪應圖, 次洪應圖韻, 贈洪應圖, 又贈洪應圖, 復用前韻贈洪應圖, 次洪應圖		點离窩集
	輓詞	輓洪木齋應圖	安道徵이 쓴 홍여하에 대한 만사	點离窩集

안도징은 정경세의 문인인 안직安溭과 광주 김씨 사이에서 태어났다. 그는 약관이 지나 과거에 뜻을 버리고 성리학과 경사經史 연구에 전념하였다. 그는 1666년(현종7)에는 영남의 선비들을 이끌고 송시열宋時烈 등 서인들의 기년설朞年說을 비판하는 이른바 '병오예소丙午禮疏'를 임금에게 올렸다. 이듬해인 1667년(현종8)에는 홍천리興泉里로

93 최금자, 「可庵 全翼耈의 삶과 시세계」, 『大東漢文學』 70, 대동한문학회(구.교남한문학회), 2022.

이거하여 작은 집을 짓고 『주역』 이괘离卦의 뜻을 경계로 삼아 '점리와點离窩'라 이름한 뒤, 두문불출하며 학문에 전념하였다. 또 그의 가문은 예천에서 당시 6형제가 문학으로 유명하였기 때문에 당시 사람들이 육룡六龍이라 불렀다.

안도징은 목재의 아들이 스승으로 추대한 인물이기도 하다.[94] 안도징은 기해예송 때 목재와 함께 예에 대한 고증을 수집하였고, 또한 목재가 퇴계시를 주註하는데 함께 의론을 주고받기도 했다.[95] 그리고 안도징의 형인 안몽징은 부친 안직安溭과 친교親交가 있던 목재의 부친 홍호를 종학從學했으며, 송파松坡에 소정小亭을 짓고 목재와 함께 도의를 강론하기로 계획하기도 하였다.[96] 다음은 세교로 맺은 친구인 김계광이다.

〈표 7〉 김계광과의 교유작품

인물	문체	내용		출전
金啓光 (1621~1675)	碣銘	慵齋李公墓石陰記	豐基군수 金啓光이 1671년 李宗準(?-1499)의 墓道를 세우자 작성한 墓陰記이다.	木齋集
	詩4	謝李醴泉-光鎭-金豐基-啓光-並轡來訪, 金景謙兒子哀詞, 贈金景謙-啓光,, 讀四書集註法示金景謙崔汝安-基重○十一絶		木齋集
	詩7	丹砂次洪伯源汝河韻, 次洪伯源溪上吟, 金溪次洪伯源贈別韻, 文殊寺次洪伯源韻, 孤山次洪伯源送心師韻, 聞李大柔訃感懷寄木齋, 送洪伯源赴高山」		鳩齋集

94 安道徵, 「墓碣銘」, 『點离窩集』 卷2, "洪鳳巖相民, 祭公文, 許以禮學, 推以師席."

95 安道徵, 「墓碣銘」, 『點离窩集』 卷2, "所與交一時名流, 惟洪木齋先生汝河最厚. 己亥禮訟, 朝野紛紜, 公搜集考證與木齋, 先倡有丙午叫閽 …중략… 註退詩, 多與公往復, 有書與詩."

96 安夢徵, 「墓碣銘」, 『松坡遺稿』 卷2, "洪木齋汝河, 南國之巨擘, 聞先君文詞, 甚富求與之同業. 甲午秋, 偕計就講, 忽遘毒痘急, 還鄉醫餌."

김계광은 부친이 정경세에게 수학했으며, 그는 1661년(현종2) 관직을 시작하여 주로 내직을 역임하다 1673년(현종13) 풍기군수로 물러났다가 이듬해 사망했다. 문과에 급제하기 전인 39세 때 삼계서원三溪書院에 대한 사액을 주청하는 경상도 유생의 상소에서 소수疏首를 맡았다. 풍기군수로 재직할 때는 백운서원白雲書院에 사람들을 모아 유풍을 진작시키기도 하였다. 당시 사림에서 목재와 더불어 '구노양노鳩老兩老'로 병칭되었다. 두 사람의 사후에 후인들이 구재鳩齋와 목재木齋 두 선생의 죽음이 일시에 일어나니 심히 우리 사림의 횡액이라고 말했는데, 두 사람이 후대에 끼친 영향력을 짐작할 수 있다.

목재와 김계광의 선조들이 나란히 생원 진사시에 급제하였다. 바로 뒤를 이어 김계광과 목재도 1654년(효종5)에 모두 생원 진사시에 합격한 사실이 있다. 연방蓮榜으로 맺어진 교의는 아마도 상정常情을 벗어나는 특별한 점이 있었을 것이다. 아래는 이휘일李徽逸과 이현일李玄逸 형제와의 교유를 살펴보자.

〈표 8〉 이휘일·이현일 형제과의 교유작품

인물	문체	내용		출전
李徽逸 (1619~ 1672)	書	與李翼文-丁未	1667. 李翼文에게 준 편지이다. 우리 나라 역사에 관한 참고서적을 부탁하는 내용이다	木齋集
	書	答李翼文-戊申	1668. 李翼文에게 답한 편지이다. 節·句·韻·章의 법도를 터득하기 위하여 「壙石歌」 및 「求放心銘」과 「尊德性銘」의 공부를 권하는 내용이다.	木齋集
	書	與李翼文-辛亥	1671. 李翼文에게 준 편지이다. 張興孝의 묘지를 고쳐 써서 보낸다는 내용이다.	木齋集

	詩	謝李參奉中季-翼文翼升-來訪		木齋集
	輓詞	輓李參奉翼文	참봉 李翼文에 대한 만사	木齋集
	碣銘	存齋李公墓誌銘	李翼文에 대한 묘지문	木齋集
李玄逸 (1627~ 1704)	書	答洪百源-汝河-丁未	1667. 鏡光書院에서 洪汝河와 며칠을 함께 지낸 뒤에 편지까지 보내자, 그에 대한 고마움을 전하고자 쓴 편지이다.	葛庵集
	書	與洪百源-己酉	1669. 홍여하가 葛巖 외조부의 銘文을 지어주자, 그에 대한 감사의 편지를 보낸 것이다.	葛庵集
	書	與洪百源	홍여하에게 讀壙石歌를 지어 보내면서 안부를 묻는 편지이다.	葛庵集
	書	與洪百源-壬子	1672. 1월 28일에 仲兄인 李徽逸이 사망하자, 홍여하에게 誌文을 요청한 편지다.	葛庵集
	書	答洪百源	임자년에 홍여하가 중형의 喪을 당한 사실을 위로하는 편지를 보내자, 그에 대한 감사의 말과 아울러 부인 박씨가 사망하였다는 소식을 전하고자 쓴 편지다.	葛庵集
	行狀	通訓大夫司諫院司諫木齋先生洪公行狀	1677. 3. 24. 洪汝河의 행장이다	葛庵集
	詩2	次洪百源陶山青藜杖歌韻, 次洪百源示韻		葛庵集
	詩	謝李參奉中季-翼文翼升-來訪		木齋集
	祭文	祭洪百源汝河文	홍백원에게 올리는 제문	葛庵集 木齋集

이현일은 외조부 장흥효의 학문을 이은 영남학파의 거두로, 그의 학문은 아들 이재李栽를 거쳐 외증손인 이상정李象靖에게 이어졌다. 이현일은 목재에게 형 이휘일의 묘지문을 요청하는 편지글 등 여러 편의 편지를 보낸 적이 있다.[97] 목재의 아들 홍상문洪相文·홍상민洪

相民은 이현일에게 김우태金宇泰가 편집한 목재의 언행록을 바탕으로 행장을 지어주기를 부탁하기도 했다.[98] 한편 목재는 이현일의 형과도 긴밀하게 교유하여 이휘일에게 역사서에 관한 참고서적을 부탁하는 편지를 쓰기도 하고 자신의 조언도 아끼지 않았다. 그리고 이현일의 외조 장흥효의 묘지명을 지어주기도 했다.[99]

이상으로 교유를 살펴본 결과, 목재는 인근 지역 유력 가문의 인물들과 교유의 중심이 되고 있었다. 이러한 인맥은 목재 스스로 만들 수 있었던 것은 아니었다. 그가 문과에 급제한 인물이며, 선대로부터 내려온 교유가 큰 영향을 주었을 것이다. 그의 교유관계는 당시 류성룡-정경세로 이어지는 상주지역의 학맥적 영향에 있었다. 이는 당시 상주지역이 서애계열의 문도들로 중심이 되어 지역 사회를 주도하고 있음을 방증한다. 목재는 여러 벗과 함께 학문적인 질정을 하거나 지역의 학문적인 도야를 위해 강론을 계획하고 지역 사회의 의론을 모으는 등 학파적 결속을 위해 지역 사족들의 구심점이 되어 활동하고 있었다.

3. 재호齋號의 전변轉變과 지향의 변화

전술하였듯이 한 사람이 일평생 품고 살아온 뜻이 무엇인지를 알 수 있는 것 가운데 하나가 서재의 이름(이하 '재호齋號'로 통칭)이다. 그 사람의 이름은 한번 지으면 그것으로 끝이지만 재호齋號는 이거移居

97 洪汝河, 「存齋李公墓誌銘」, 앞의 책 卷7; 『韓國文集叢刊』 124, 464면.
98 李玄逸, 「與洪眞卿相文天卿相民昆季」, 앞의 책 卷11; 『韓國文集叢刊』 128, 33면.
99 洪汝河, 「敬堂張公墓誌」, 앞의 책 卷7; 『韓國文集叢刊』 124, 461면.

할 때마다 취할 수 있으므로 그 사람의 인생 역정을 따라가며 그 사람이 어떤 생각을 하고 어떤 꿈을 꾸며 무엇을 지향하며 살았는지를 파악할 수 있다. 즉 거처에 걸었던 재호에 담긴 뜻을 파악하면 그 시절에 그 사람이 재호에 자신의 의지와 이상을 담아 늘 그것을 돌이켜보며 생활의 좌표로 삼고자 한 것을 알 수 있는 것이다.

재호를 짓고 기문을 작성하는 방식은 대개 세 가지이다.[100] 자신이 직접 재호를 짓고 기문을 작성하는 경우, 재호는 자신이 짓되 기문은 지인에게 부탁하는 경우, 재호와 기문을 전부 지인에게 일임하는 경우이다. 특히 첫 번째 경우, 재호에 자신의 정체성을 투영하고 기문을 통해 자신을 삶을 반성하며 인생의 진로를 설정하였다. 목재는 직접 자신의 재호를 지었는데, 연령대별로 '계곡谿谷'·'목재木齋'·'산택재山澤齋'·'존성재尊性齋' 등이다. 특히 「목재기木齋記」·「존성재기尊性齋記」 두 기문을 작품으로 남기고 있다. 이러한 재호는 목재 삶의 지향 및 처세관과 깊은 연관을 맺고 있다. 재호를 통해 자신의 정체성과 인생 지향을 드러낼 수 있기 때문이다. 아래 작품에서 20대 때 삶의 지향을 읽을 수 있다.

> 나는 어렸을 때 초약후焦弱侯의 『노자익老子翼』을 읽고, "암컷의 연약한 성질을 지키면 계谿가 되고, 욕됨을 지키면 곡谷이 되리라."라는 말을 매우 좋아해 사는 집의 편액으로 삼았다. 다른 날 객이 보고 웃으며 말하기를, "심하구나. 그대의 부족한 식견이여. 이는 지금 태학사 장張 선생先生(장유張維)의 자호自號이다."라고 했다. 나는 알지도 못한 채 편액

100 강헌규·신용호, 『한국인의 字·號 연구』, 계명문화사, 1990; 권정원, 「字號를 통해 살펴본 李德懋의 삶의 지향」, 『동양한문학연구』 26, 동양한문학회, 2008.

> 을 함부로 한 것을 사죄했다.
>
> 무자년(1648, 인조25)에 율리栗里 유허遺墟에 집터를 정했을 때 마침 『논어』를 읽다가, "공자가 말하기를 '강하고 굳세고 질박하고 어눌한 것이 인에 가깝다.[剛毅木訥 近仁]'하였다."라는 대목을 주자가 "목木은 질박함[質樸]이다."라고 풀이한 데에 이르러, 나는 문득 소리 높여 외우고 마음을 쏟아 탐구하였다. 이에 때마침 내 집이 완성되어 편액으로 걸었다. 다른 날 객이 찾아와 웃으며 말하기를 "촌스럽구나. 그대의 배움이 적음이여. 이것은 바로 홍치弘治 연간에 활동한 정산定山 장공莊公의 호이다."라고 했다.
>
> 나는 알지 못함을 사죄하고, 또 말하기를 "나는 참으로 동방 사람인데도 장 선생의 호를 알지 못했는데, 어찌 중국에 장공이 있는 줄 알겠는가. 비록 그렇지만 나는 앞 사람들을 그대로 답습하는 사람은 아니며, 마침 책을 보다가 마음에 맞아떨어지는 점이 있었을 뿐이다. 단지 내가 늦게 태어났기에 지난번에 이미 장 선생에게 빼앗겼는데, 또 장공莊公에게 빼앗긴다면, 내 집은 결국 호가 없어도 되는가."[101]

목재는 객을 설정하여 문답형으로 자신의 재호를 피력하고 있다. 목재가 처음 재호로 사용한 것은 '계곡谿谷'이었다. 그러나 목재는 그 이름이 장유張維가 사용하는 것임을 미처 알지 못했다. 뒤에 '계곡'을

101 洪汝河, 「木齋記 庚寅」, 앞의 책 卷6, 『韓國文集叢刊』 124, 429~430면, "余少閱焦弱侯老子翼, 愛其守雌爲谿, 守辱爲谷之語, 取以扁所居. 他日客見之, 笑曰: '甚哉. 子之謏聞也, 此今太學士張先生之自號也.' 余爲謝不知漫其扁. 歲戊子, 卜居于栗里遺墟, 方讀魯論, 至子曰: '剛毅木訥近仁.' 考亭釋之曰: '木質樸.' 余輒莊誦而潛玩焉. 是時也, 吾廬適成, 取以揭齋顔, 他日客過之. 笑曰: '野哉. 子之寡學也, 此乃弘治朝定山莊公之號也.' 余又爲謝不知, 且曰: '吾誠東人也, 而不知有張先生之號, 安知中國有莊公者乎. 雖然, 余非蹈襲前人者, 適觀書而有會于心爾, 第吾生也晩, 向旣見攘于張先生, 而今又被欿于莊公, 則吾齋遂無號也而可乎.'"

장유가 사용한 것을 알고 다시 고치게 된 사실을 밝히고 있다. 목재가 '계곡'의 재호를 사용한 시기는 1648년 29세가 되어 새로운 재호를 사용하기 전이다. 즉 '계곡'은 20대 때 의지를 담은 재호라고 할 수 있다.

'계곡'은 현묘한 『노자』의 담론을 음미한다는 말이다. 노자가 "수컷처럼 강한 것을 알면서도 암컷처럼 유순한 겸허를 지킨다면 모든 물이 저절로 모여드는 계곡처럼 천하 사람이 모여들 것이고, 결백함을 알면서도 굴욕의 위치를 지킨다면 천하의 물이 고이는 골짜기처럼 천하 사람이 귀의한다."[102]라고 한 데서 온 말이다. 목재는 『노자』의 이 구절에 대하여 초횡焦竑이 지은 『노자익老子翼』에 "암컷의 연약한 성질을 지키면 골짜기가 되고, 욕됨을 지키면 계곡이 되리라."[103]라고 한 부분을 좋아하여 재호로 삼은 것이다.

'수자守雌'와 '수욕守辱'은 자신을 낮추어 겸손한 태도로 처신하는 것을 말한다. 낮은 자리에서 낮게 살기도 쉽지 않은 세상이다. 그러나 높은 자리에 앉아서 낮게 살기는 더욱 어렵다. 영화로운 것을 알면서 '욕'의 자리를 지킨다는 것은 아무나 할 수 없다. 목재는 이러한 어려운 점을 잘 알기에 재호로 삼아 자신을 경계한 것이다. 아래 작품은 '계곡'을 재호로 사용하던 시기에 지은 한시작품이다.

萬物各性命　만물이 제각각 성명을 타고나
皆以我爲可　모두들 자신이 옳다고 하네.
借問變化初　묻노니 변화 생성 처음에는
那箇是眞我　그 무엇이 참된 나였던가.[104]

102 老子, 『老子』, "知其雄, 守其雌, 爲天下谿. 知其白, 守其辱, 爲天下谷."
103 焦竑, 『老子翼』, "守雌爲谿, 守辱爲谷."

목재가 23세쯤 지은 것으로 추정되며, 문집에 가장 먼저 수록된 작품이다. 마지막 구절의 '진아眞我'를 통해 진정한 자신을 찾고자 하는 의지를 드러내고 있다.

재호 '계곡'은 목재가 29세(1648, 인조26)가 되던 해에 바뀌게 된다. 이때 '목재木齋'라는 재호를 짓고 이 재호를 자신의 대표적인 자호自號로 삼기도 했다. 또한, 재호를 적은 편액뿐만 아니라 이듬해 기문까지 써서 게시하였다. 이렇게 함으로써 재호에 부합하는 실질을 갖추기 위해 끊임없이 자기반성을 하는 한편, 자신의 처지와 의도를 보다 명확하게 해명하고자 한 것이다. 아래에 자세하다.

> "보는 사람들은 집의 졸拙함을 비웃겠지만, 나는 나무가 본성을 온전히 보전함을 사랑한다. 식자識者들은 박樸함을 좋아하겠지만, 나는 사치함이 선인들의 검소한 덕에 누가 될까 근심스럽다. 저 주인이 자호自好하는 것은 성품대로 살며 하늘에 맡기고 겉치레를 힘쓰지 않음이니, 작은 청렴과 근신으로 구차스럽게 시대의 좋아하는 것을 좇지 않았다.
>
> 또 힘써 배우고 절차탁마切磋琢磨하여 기품氣稟의 편벽됨을 바로잡게 할 수도 없었고, 오로지 타고난 자질대로 할 따름이었다. 강하고 굳셈[剛毅]에는 매우 가깝지 못하지만 질박하고 어눌함[木訥]은 혹 힘쓸 수 있으니, 구구하게 이 한 가지 절개를 죽을 때까지 지켜 성인의 가르침을 저버리지 않기를 바랐다. 물건으로 비유하자면, 청황靑黃의 문사文事로 꾸밈이 없이 단지 한결같이 올연하게 시들 따름이었다. 이 사람 때문에 이 집에 살고, 이 집 때문에 이런 명칭이 있으니, 참으로 또한 지당하면서도 부합하여 바꿀 수 없었다. 게다가 계곡谿谷이란 말이 도가道家의 책에서 나왔기에 서로 어긋나면서 어울리지 못함에랴.

104 洪汝河, 「偶吟 二首」, 앞의 책 卷1, 『韓國文集叢刊』 124, 331면.

장 선생은 비록 나에게 양보하지 않겠지만, 나는 진실로 병이 있으면 묵히지 않기에 이와 같이 일컫노라. 나는 일찍이 이런 뜻을 공자와 주부자에게 들었기에 장차 애써 실천하면서 잃지 않으려고 노력했다. 장공이 비록 나의 재호齋號를 빼앗아 가려고 하겠지만, 내가 어째서 꼭 구슬을 되돌려 주어야만 하는가."라고 하니, 객은 빙그레 웃으며 일어나 나가버렸다. 결국 붓을 끌어당겨 이 말을 기록하고 재齋의 기문으로 삼는다.

경인년(1650) 3월에 주인 소산거사小山居士 쓰다.[105]

새로운 재호인 '목재'에 담긴 의미와 자신의 인생 지향을 자세히 서술하고 있다. 먼저 재호를 '목재'로 확정하는 과정을 자세히 설명하였다. 어릴 때, 『노자익』에 나오는 구절을 보고, 재호를 '계곡谿谷'이라 하였다. 그런데 '계곡'은 장유張維의 재호였다. 그래서 '계곡'이라는 재호는 포기했다.

목재는 그 뒤, 28세(1648, 인조25)에 『논어』를 읽다가 공자가 말한 "강하고 굳세고 질박하고 어눌한 것이 인에 가깝다.[剛毅木訥, 近仁]"라는 구절에 감명을 받아, '목재木齋'라는 재호를 지었다. 그런데 '목재'

105 洪汝河,「木齋記 庚寅」, 앞의 책 卷6,『韓國文集叢刊』124, 429~430면, "'見者笑其拙, 而余愛木之全其天也. 識者好其樸。而余方憂其侈, 有累於先人之儉德也. 若夫主人之自好也. 坦率任眞, 闊於邊幅, 不能爲小廉曲謹以苟趨時好. 又不能力學磨琢, 矯治其氣稟之偏, 惟其生質而已矣. 於剛毅則太不近, 於木訥則或能勉, 庶幾區區守此一節以終身, 毋負聖人之訓, 方之於物, 無靑黃文藻之飾, 特一兀然槁耳. 以斯人而居是室, 以是室而受斯稱, 實亦至當允協而不可易也. 而況谿谷之說. 出於道家之書, 相詘而不相謀. 張先生雖不余攘, 吾固有如病不宿矣, 若斯稱也. 吾嘗聞斯義也於夫子及朱夫子, 蓋將服膺而勿失焉. 莊公雖欲我取, 吾何必璧還也哉,' 客哂然起出. 遂援筆而書其言, 以爲齋記云. 庚寅臘暮, 主人小山居士, 書."

라는 재호 역시 중국의 문인 장창莊昶과 겹쳤다. 또다시 '독재'라는 재호를 포기해야 하는 상황이었다.

그렇지만 '목재'라는 재호를 결코 포기할 수 없었다. '질박함[木]'은 목재가 자호自好하는 것이며, 자신의 성품과 인생 지향에 적합하였기 때문이다. 그래서 그는 "이 사람 때문에 이 집에 살고, 이 집 때문에 이런 호칭이 있으니, 참으로 지당하면서도 부합하여 바꿀 수 없었다." 라고 말한다. 자신과 이 집이 일치하며, 이 집과 '목재'라는 재호가 일치한다. 이는 곧 서재와 주인이 일체가 되는 것이며, 재호가 서재 주인의 정체성을 대변하는 것이 된다.

결과적으로 목재는 선비들의 보편적 교양으로 『노자』를 읽었을 것이라 짐작된다. 재호를 '계곡'에서 '목재'로 고친 것은 다양한 공부를 접한 뒤, 당시 주자학에 더 매료되어 가는 과정의 산물이라 할 수 있다. 그리고 '목재'라는 재호는 앞으로 살아갈 미래의 삶을 표상하는 것이다. 이 때문에 그는 '목재'라는 재호를 결코 포기할 수 없었으며, 「목재기」를 지어 그 이유를 해명하는 동시에 자신의 정체성을 알리고자 한 것이다.

新詩題罷寄情朋　새로 시 지어 정든 벗에게 부치자니
春雨蕭蕭撲曉燈　봄비가 쓸쓸하게 새벽 등불을 치네.
萬里梅花消息斷　만 리에 있는 벗의 소식 끊기고
江南唯有一歸僧　강남에는 돌아가는 승려만 있구나.[106]

'목재'를 사용하던 시기 그의 생각을 읽을 수 있는 작품으로 36세

106 洪汝河, 「寄黃玉相 霦」, 앞의 책 卷1, 『韓國文集叢刊』 124, 335면.

(1654, 효종5)에 지은 것으로 추정된다. 과거에 합격했으나 아직 관직에 나가기 전 시기로 보인다. 서울에 있으면서 고향에 있는 황빈에게 부친 시이다. 목재는 타향에서 고향의 벗을 생각하게 된다. 고향과 벗을 생각하면서 소식을 전하는 마음이 마냥 기쁜 것만은 아니었다. 과거에 합격해 아직 발령이 나지 않은 상태에서 많은 갈등이 일어난 듯하다.

공자의 '인'의 모습에 경도되어 '목재'라는 재호를 지었다. 하지만 그가 지향하는 삶을 실천할 수 있을지에 대한 걱정이 앞서 세상에 나가는 마음이 불편했을 것이다. 「목재기」의 인용문에서 "저 주인이 자호自好하는 것은 성품대로 살며 하늘에 맡기고 겉치레를 힘쓰지 않음이니, 작은 청렴과 근신으로 구차스럽게 시대의 좋아하는 것을 좇지 않았다.", "성인의 가르침을 져버리지 않기를 바랐다."라고 했듯이 세상은 성현의 가르침대로 성품대로 살기란 쉽지 않다는 것을 잘 알고 있었기 때문이다.

이러한 갈등을 안고 그의 관직 생활이 시작되었다. 전술하였듯이 목재는 1654년 35세의 나이로 관직을 시작해 순조로운 출발을 했으나 1656년(효종7) 37세, 12월에 올린 상소가 임금의 노여움을 받아 1657년(효종8) 38세에 함경도 고산도 찰방의 외직으로 나가게 되는데 직언을 한 목재는 서인의 견제를 받은 것이다.[107]

이후 1659년(효종10) 40세에 더 피지인 경성 판관으로 체직되었다.

107 『承政院日記』 卷144, 8年(1657) 2月 13日, 6번째 기사, ."洪汝河爲兼高山察訪"; 洪汝河, 「碣銘-權愈」 앞의 책 卷11; 『韓國文集叢刊』 124, 547면, "然當路者, 恐公在朝則謫主便私難, 斥補高山察訪."; 李玄逸, 「通訓大夫司諫院司諫木齋先生洪公行狀」, 『葛庵集』 卷26, 『韓國文集叢刊』 128, 305면, "上嘉納焉, 公感激眷注, 知無不言, 正色立朝, 無所屈撓, 時輩甚之. 丁酉春, 出爲高山道察訪."

이때 응지상소를 올렸는데 이조판서로 있던 송시열을 배척하는 것이라고 여겨 서인으로부터 목재에 대한 공척도 대대적으로 일어나게 된다. 목재는 서인의 영수인 송시열과 송준길과 맞서 자신의 바른 생각을 굽히지 않았다. 관직에 있으면서 현실과 타협하지 않고 충심을 다해 두 번이나 임금에게 상소를 올릴만큼 적극적인 삶을 지향하였다. 해배 된 뒤에 고향으로 돌아와 지은 재호가 바로 아래의 '산택재'이다.

> 경자년(1660, 현종1)에 사면령이 내려 율리栗里로 돌아왔다. 산에 집을 짓고 집 앞에 연못을 파 산택재山澤齋로 명명하니, 징분질욕懲忿窒慾의 뜻을 취한 것이다. 또 이 집을 목재木齋라 명명하니, 목눌木訥의 뜻을 취한 것이다. 부군은 도를 따라 힘을 기르고 때로 감추었으며 경서에 침잠하여 날마다 배우는 자들과 함께 지결을 강론하였고, 자신에게 돌이켜 삼가고 조심하였다. 아침에 일찍 일어나고 저녁 늦게 잠들었으며, 몸은 한쪽 발로 서거나 기대지 않았고, 입으론 농담을 하지 않으니. 대개 경계하고 삼가며 자신을 성찰하는 도에 있어서 더욱 정성을 다한 것이었다.[108]

'산택재'는 '징분질욕懲忿窒慾'에서 취한 것으로 내용은 내 몸을 수신修身하는 데 방해되는 것은 모두 덜어낸다는 뜻이다. 출처는 『주역』「대상전大象傳」에 "산 아래에 연못이 있는 것이 손괘이니, 군자는 손괘의 상을 본받아 써서 분노를 그치게 하고 사사로운 욕망을 막는다."[109]

108 洪汝河, 「行狀-洪大龜」, 앞의 책 卷1, 『韓國文集叢刊』 124, 540~541면. "庚子, 蒙宥歸栗里. 依山築齋, 齋前鑿池, 名之曰山澤齋, 蓋取懲忿窒慾之義也. 又名之曰木齋, 取木訥之義也. 府君遵養時晦, 沈潛經書, 日與學者, 講論旨訣, 而反躬兢惕. 夙興夜寐, 身無跛倚, 口絶戲談, 蓋於戒謹修省之道, 尤致意焉."

109 『周易』, 「損卦」 "象曰: '山下有澤, 損, 君子以懲忿窒欲."

고 한 구절이다. 산 아래에 연못이 있다는 것은, 산이 연못을 누르고 있다는 뜻이고, 분노와 욕망이 지나치지 못하도록 멈추어 있는 산이 위에서 눌러 막고 있는 형국이다.

'산택재'는 관직에서 돌아와 지은 것이지만, 이 재호를 정한 것에는 관직 생활에서 다양한 경험이 크게 작용하였을 것이다. 특히 정쟁으로 인한 상실감과 부당함 등 많은 부정적인 감정이 일어났을 것이고 그러한 부정적인 감정을 추스르는 시간이 필요했던 것이다. 그래서 재호 '산택재'를 선정하여 부정적인 감정을 누르고 수신을 생각한 것이다. 아래의 작품은 재호 '산택재'와 비슷한 시기 지은 「천군天君」 8수 중 일부이다.

天君眞富貴　천군은 참으로 넉넉하고 귀하니
持盈愼終始　지키고 채워서 시종 삼가야 하네.
莫敎頻出狩　자주 밖으로 사냥 가게 하지 말고
端坐明堂裏　명당 안에 단정히 앉아 있게 해야지.[110]

위의 작품은 유배를 당하고 지은 작품이다. 그는 치세의 의지를 지니고 과거시험을 준비하여 벼슬길에 나아갔으나 마주한 현실은 험난하였다. 특히 유배로 인한 충격은 쉽게 가시지 않았을 것이다. 그러나 그는 자신의 처지에 대해 부정적인 생각보다는 끊임없이 자신을 검속하는 자세를 유지하려 하였다. 그것이 가능했던 이유는 평소에 유학 경전을 기본으로 심성 수양의 자세를 유지하려고 했기 때문이다.

목재는 관직에서 물러난 지 10여 년이 지나 새로운 재호를 짓는다.

110 洪汝河, 「天君 八首 己亥」, 앞의 책 卷1, 『韓國文集叢刊』 124, 336면.

바로 50대를 대표하는 재호 '존성재尊性齋'이다. 고향에 있으면서 경북 상주에서 예천으로 거처를 옮긴 1670년(51세, 현종11)에 지은 것이다. 비슷한 시기에 절친인 류원지가 1672년(현종13)에 「진북계성리자의설후변陳北溪性理字義說後辨」[111]을 저술하였던 사실과 「존성재기尊性齋記」를 통해 목재가 말년까지 주자학에 관한 공부를 끊임없이 지속하였음을 확인할 수 있다.

> 내가 복천福泉 촌서村墅에 우거한 뒤로 집의 동북 모퉁이에 폐옥敝屋 두 칸을 짓고 기거하면서 존성재尊性齋로 편액을 걸었다. 객이 보고서 놀라면서 말하기를, "이상하군요, 그대가 건 편액은, 저 존성尊性이란 바로 육씨陸氏의 학문입니다. 나는 들으니, 중국의 학문은 혹 육씨를 배우는 자가 있지만, 우리 동방은 대개 주희를 순정하게 배웠습니다. 어째서 그대는 날마다 주씨의 책에 몰두하면서 도리어 저것을 취했습니까? 가정嘉靖에서 융경隆慶 이래로 육씨가 더욱 성대해졌지만 육씨는 천하의 학문이 되기엔 진실로 불가한데, 그대는 또 우리나라의 학자들에게 육씨를 따르게 하려는 것인지요? 이상하군요. 그대가 건 편액은." 이라고 했다.
>
> 나는 한숨 쉬며 탄식하기를 "아닙니다. 그렇지 않습니다. 송나라 말에 '주희는 도문학道問學'으로, '육구연은 존덕성存德性'으로 잘못 이해한 것입니다. 원元・명明의 사람들이 여전히 이 설을 답습하였기에 주희의 도문학이 바로 존덕성이며, 육구연이 존숭한 것은 참된 덕성[眞德性]이 아닌, 바로 기질氣質의 성性임을 알지 못한 것입니다. 나는 일찍이 논하는 이들의 잘못이라 생각하고 웃은 적이 있었는데, 생각지 않게 그대의 논의가 또한 이와 같군요. …(중략)… 그러므로 군자는 배움을 구하게

111 柳元之, 「陳北溪性理字義說後辨【壬子】」, 『拙齋集』卷10, 『韓國文集叢刊』 28, 140면.

> 여깁니다. 배우고 묻고 생각하며 분변하여, 성찰하고 사욕을 다스려 자기를 이겨서 감히 조금도 그 공부를 게으르게 하지 않는 것은 무릇 기품의 어그러지고 편벽된 것을 제거하여 천지의 덕성이 온전하기를 구하기 위해서입니다. 그러므로 공자・자사子思・맹자・주씨周氏・장씨張氏・정씨程氏가 다른 사람을 가르친 까닭과 주씨朱氏가 도문학道問學에 힘쓴 이유가 모두 이러한 일입니다.[112]

목재가 '존성재'라는 편액을 걸어놓은 것을 보고 어떤 사람이 '존덕성'을 왜 편액으로 걸어 놓았냐고 질문한 것에 대하여 '존덕성'이 육구연의 학문에만 해당하는 것이 아니라고 답변한다. 송나라 말의 학자들이 '주희의 학문을 도문학, 육구연의 학문을 존덕성'으로 잘못 이해하였지만, 그 후 원・명 시기에도 그대로 답습하여 생긴 오해라고 설명하였다. 그는 공자로부터 맹자・정자를 거쳐 주희까지 '도문학'에 힘썼다는 것을 강조하고 있다. 그리고 군자가 배움을 귀하게 여겨서 사색하고 생각하며 분변하고 성찰하여 결국 덕성이 온전해지는 '존덕성'으로 완성되어 가야 함을 역설하고 있다. 도문학과 존덕성은 별개

112 洪汝河, 「尊性齋記」, 앞의 책 卷6, 『韓國文集叢刊』 124, 438~439면, "余既寓居福泉村墅, 於室之東北隅, 葺敝屋二間而棲息焉, 扁以尊性之齋. 客有見之, 愕然曰: '異哉. 子之揭夫齋也, 彼尊性者, 乃陸氏之學也. 吾聞中國之學, 或有陸者矣, 吾東蓋純乎朱者也. 何吾子日從事於朱氏之書, 而反有取於彼也. 嘉隆以來, 陸益盛, 陸於天下固不可, 而吾子又欲令東國而陸者乎. 異哉. 子之揭夫齋也.' 余爲喟然歎曰: '否, 不然也. 宋之季, 謬以朱爲道問學, 而陸爲尊德性, 元明之人, 猶襲是說, 不知朱子之道問學, 乃所以眞尊德性也, 而陸氏之所尊, 非眞德性也, 而乃其氣質之性也. 吾嘗笑之以爲論者之過, 不意吾子之論, 亦似之也. …(중략)… 故君子貴夫學也. 學問思辨, 省察克治, 不敢少懈其功者, 凡以祛其氣稟虧欠之偏, 而求全夫天地之德性者也. 故孔氏思孟氏周張程氏之所以教人詔後, 朱氏之所以致力於道問學者, 皆是物也."

의 것이 아니며, '도문학'에서 궁극적으로 '존덕성'으로 나아가는 것임을 주장한다.

> 저 육구연이 남을 위하는 것[爲人]과 학문을 하는 것[爲學]은 영특하면서도 뛰어나 높이 천고千古를 보지만, 덕성의 본체는 이지러짐이 없을 수 없습니다. …(중략)… 무릇 육구연은 매우 빼어난 자질을 지녔습니다. 그러니 그가 능히 마음을 비워 천하의 이치를 넓히고 기품의 치우침을 구하여 함양하면서 그것을 바로 잡았더라면, 그 성취됨을 어찌 헤아릴 수 있었겠습니까? 그러나 애석하게도 그렇게 하지 못했습니다. 우리 주자와 같은 분은 그렇지 않아 품부 받은 자질의 훌륭함이 인의예지仁義禮智의 덕성의 본체를 온전히 갖추고, 천지의 중정中正을 얻었지만, 오히려 스스로 품부 받은 기질이 굳셈[剛]에 치우쳤다고 여겨 힘써 학문하여 그것을 바로잡고 미흡하고 부족한 부분을 구하였습니다. 학문이 이미 성인의 경지에 들어갔으면서도 스스로 성인의 성대한 덕[盛德]을 자처하지 않았으니, 이것이 주자가 된 까닭입니다. 그러므로 '주자의 도문학道問學이 바로 참된 존덕성[眞尊德性]이며, 육구연이 존숭한 것은 덕성德性이라 할 수 없고 바로 기질氣質의 성性이다.'라고 할 수 있습니다.[113]

위의 인용문에서 참된 도문학의 경지에 오른 주희와 육구연을 비교

113 洪汝河, 「尊性齋記」, 앞의 책 卷6, 『韓國文集叢刊』 124, 438~439면, "彼陸氏之爲人與爲學, 穎悟超詣, 高視千古, 而德性之體, 不能無虧欠焉. 蓋天資太高, 挾以好勝, 見人議其學, 輒東出西沒以閃避, 私意分數較多, 則於仁之德之性, 爲有虧欠矣. …(중략)… 夫以陸氏絶倫之資. 能虛心以博天下之理, 而求其氣稟之偏, 涵而揉之, 其所就豈可量乎! 而惜乎其不能也. 若吾朱夫子則不然, 生稟之美, 具仁義禮智之性之全體, 得天地之中正, 猶自以稟氣之偏於剛, 力學以矯之, 以求其所未至. 斯乃學已入聖, 而不自聖之盛德也, 所以爲朱子也. 故曰朱子之道問學, 乃所以眞尊德性也, 陸氏之所尊, 非所謂德性, 而乃其氣質之性也."

하였다. 육구연이 비록 자질은 훌륭하였으나, 그가 받들고 견지한 것은 바로 품부 받은 재주와 사의私意를 합쳐 하나로 만든 기질지성氣質之性일 뿐이라는 것이다. 이것은 참된 덕성 본체가 아닌데 그것을 깨닫지 못하였다고 혹평하였다. 또한, 육구연이 비록 품부 받은 자질이 훌륭한 자라고 하더라도 바르게 수양하여 덕성을 잘 갖추어야 한다고 강조하면서, 주희마저도 자신의 부족함을 채우기 위하여 학문을 수양하여 그것을 바로 잡고자 하였음을 제시한다. 그런데 육구연은 그러한 덕성이 부족함을 언급하면서 비판하였다.

이 두 가지는 이상적인 도덕 인격의 실현을 목표로 하는 유학의 이념에서 볼 때 중요한 주제이다. 즉 사람은 내면적인 도덕의 수양과 외연적인 학문이라는 두 가지 경로를 통하여 인간의 이상적인 인격에 이를 수 있다는 것이다. 유가의 궁극적 목표는 인간완성에 있다. 목재 역시 삶의 목적을 참된 인간으로 살아가고자 하는 데 두었는데, 그가 바라는 참된 인간은 하늘로부터 부여받은 본성 그대로의 순수한 성품을 온전히 보존·유지하고 있는 인간이었다. 그러기 위해서는 끊임없이 인격을 수양하고 그 수양된 인격을 다른 사람들과의 관계 속에서 실천할 것을 노력하였다. 어릴 때부터 수양 공부에 깊이 관심을 가졌던 목재는 평생 이욕利慾을 경계하고 바른 몸가짐을 유지하려 한 것이다. 아래 시에 이러한 삶을 실천하는 공간인 존성재를 짓고서 감회를 적고 있다.

岸上置廬眞鵠卵	언덕 위에 집은 참으로 고니알 같고
溪頭設罿取魚兒	계곡 언저리에 그물 놓아 물고기 잡네.
如今活計風流甚	지금처럼 살아감이 풍류 넉넉하니

可是平生得意時　평생의 뜻을 얻었다고 할 만하도다.[114]

학문하는 공간이 비록 고니알처럼 작은 집일지라도 만족해하며, 집은 비록 작아도 풍류가 넉넉하니 평생의 뜻을 얻었다고 말하고 있다. 존성재에서 생활은 특별한 것이 아니라 이욕과 멀리하는 작은 공간에 만족하는 삶의 모습이다. 이런 모습은 그가 평생 가야 할 길임을 밝힌 것이다.

이상을 살펴본 결과, 목재 활동 당시 학계는 여러 학설이 난무하고 교차되는 상황에서 유가 정통에 어긋나는 여타의 이견을 배척하였다. 목재 역시 그러한 흐름에서 20대 『노자』에서 사용한 '계곡'을 회피했을 것이라 짐작된다. 이후 유학의 경전에서 '목재'와 '산택재' 등을 발췌해서 재호를 정하고 삶의 중요한 좌표로 삼았다. 그는 경전을 모범삼아 심성 수양에 대한 의지를 강하게 드러내고 있었다. 만년에는 주자학을 깊이 받아들여 인간의 선천적 덕성을 보존하자는 '존성재'를 재호로 선정하기도 했다. 재호에서 본 그의 삶은 심성 수양의 자세를 견지하고 유학에 대한 정통을 계승하는 의도를 담고 있음을 알 수 있다. 이는 가학과 사승, 지역의 학문적 영향이 기인한 것이다.

114 洪汝河, 「福泉僑居」, 앞의 책 卷2; 『韓國文集叢刊』 124, 347면.

제3장

삶의 지향에 따른 시세계 추이

본 장에서는 시에서 생애의 중요한 국면과 작품들을 연계하여 목재의 행로와 가치관, 정서 등을 고찰하고자 한다. 시의 변모양상은 인생의 궤적에 따라 다양하게 나타나고 있다. 따라서 그의 인생 과정에서 나타나는 재호와 생애의 중요한 국면을 사안별로 묶어 기술하고자 한다.

20대 — 계곡谿谷 — 학문
30대 — 목재木齋 — 관직 — 29세부터 사용, 31세 「목재기」 창작, 35세(1654)~41세(1660) 사환기
40대 — 산택재山澤齋 — 낙향 후 활동 — 41세부터 사용
50대 — 존성재尊性齋 — 전원 — 51세부터 사용, 예천으로 옮겨 존성재를 지음

그의 인생 궤적을 첫째, 학문 수학기, 둘째, 관직 생활기, 셋째 낙향 후 활동기, 넷째, 만년 한적기로 나눌 수 있다. 이를 다시 구체적으로 정리하면 다음과 같다. 첫째는 그의 출생 및 성장과 환로를 위한 과거

준비의 시기로서 출생하던 1620년에서 과거에 합격하기 전, 1653년 35세까지다. 이 시기는 학문적 영향 관계가 가장 잘 드러나는 부분이라 할 수 있다. 전술한 가학, 사승, 지역적인 특징 등을 통한 수학기 성장에서 이후 드러난 나름의 학문적 성취나 신념 등을 고찰하고자 한다.

둘째는 과거에 합격하던 해인 1654년 35세부터 1660년 41세 귀양에서 풀려난 시기까지이다. 이 시기는 관직이라는 새로운 세상으로 나가 겪게 되는 다양한 경험과 이때 마음을 시를 통해 드러내고 있다. 사환기의 다양한 면모과 사유를 읽고자 한다. 셋째는 관직에서 물러나 고향인 상주에서 산택재를 짓고 지역에서의 삶에 충실했던 1660년 41세부터 1669년 50세까지 시기이다. 낙향 후 지역 사회 활동에 주목하여 시를 살피고자 한다. 넷째는 예천으로 이거하여 존성재를 짓고 지내던 1670년(현종11) 51세부터 1674년(현종15) 55세 사망할 때까지다. 전원의 평범한 삶 속에서 '안분安分'하며, 세상의 명리를 뒤로하고 질박하게 살아갈 것을 추구한 삶을 살펴보고자 한다.

이와 같이 그가 살다간 삶의 마디와 변화의 국면들을 한시를 통해 어떻게 녹여내고 형상화하는지 살필 것이다. 시기별로 균등하게 작품이 이루어지지 않아 서술하기에 부족한 부분이 있다. 가능한 작품의 편차에 맞춰 서술하되 필요에 따라서는 각각의 시기에 작품의 출입이 있을 것이다.

1. 계곡谿谷의 시기: 지식인으로의 성장과 세태 비판

목재는 17세기 중후반을 살았던 지식인이다. 임병양난壬丙兩亂이란 미증유의 역사적 격변기를 겪은 목재는 어떤 과정을 거쳐서 성장하였을까? 그것은 아마도 성장기의 지적 열망과 지식의 형성과정, 지역성과 개인적 특수성이 작용했을 것이다. 즉 어려서부터 접하는 가학, 수학기의 학문적 환경, 지역 학파의 영향, 서적 등이 그를 지식인으로 만드는 중요한 근거가 되었을 것이다.

본 절에서는 관직에 나가기 전의 시기에 집중해서, 지식인으로 성장에 기인한 독서의 내용, 서적, 학문적 신념 등이 한시에 어떻게 투영되어 나타나고 있는지 살필 것이다. 그리고 그가 20대에 경험한 명·청 교체, 전염병, 기아, 관리들의 부패 등 당면한 사회현실에 대한 의식이 시에 어떻게 반영되는지 논의하려 한다.

1) 다독多讀, 적독積讀과 학문에 대한 의지

목재의 시에는 독서와 관련한 흔적이 많이 드러난다. 이는 공부할 때의 고민과 삶이 그대로 녹아든 것이다. 목재가 독서하는 모습을 이현일은 "됨됨이가 근면하고 민첩하며 배우기를 좋아해 병이 깊을 때도 손에서 책을 놓지 않았고, 의심나는 곳이 있으면 반드시 눈을 감고 정밀히 생각하여 자득自得하기를 구하였다."[1]라고 기록하고 있다. 아래 작품은 이황의 중요한 학문적 업적인 『주자서절요』를 읽은 후 지

1 李玄逸, 「通訓大夫司諫院司諫木齋先生洪公行狀」, 앞의 책 卷26; 『韓國文集叢刊』 128, 305면, "爲人勤敏好學, 平居談說, 不出經史子集之外. 疾病, 猶不釋卷, 遇有疑晦處, 必合眼精思, 以求其自得."

은 것이다.

日把朱書課作程 날마다 『주자서절요』를 잡고 일과 정해 공부하니
空山晝永愜幽情 공산에 해가 길어도 그윽한 정회 흡족하여라.
炎蒸已向吟邊失 찌는 무더위라도 이미 읊조리자 물러나고
爽籟還從靜裏生 시원한 바람은 다시 고요한 가운데 불어오네.
經卷玩時疑亦豁 경서를 완미하는 그때 의심 또한 풀리고
蒲團坐處興彌淸 부들방석 앉은 그곳, 흥취 더욱 맑도다.
晦翁趣味今方會 회옹晦翁의 취미를 오늘에야 비로소 깨우치나니
休怕年來病眼盲 요사이 눈병으로 눈이 멀까 걱정하지는 말지니.[2]

평소 눈병이 있어도 『주자서절요』 5~6장을 읽을 정도로 자신의 공부를 독실하게 이어갔다.[3] 공부에 대한 열의로 어느새 경서 속의 의문점이 해소되고 주희가 즐긴 바를 알게 된 사실을 밝히고 있다. 구체적인 자신의 공부법을 '포단蒲團'과 같이 좌선하고 참선하듯 이어갔음을 드러내고 있다. '포단'은 불교에서 공부를 말하는데, 목재와 같은 성리학자들의 공부인 '반일 정좌, 반일 독서'이다. 이것은 조선시대 성리학자들의 공부 방식 중 하나이다. 목재 역시 이러한 공부 과정을 통해 주희가 남긴 학문의 취미를 깨닫게 된다. 목재는 늘 눈병 때문에 공부를 지속하는 것에 대한 어려움을 안고 있었음에도 주희의 글을 이해하며 진정한 학문의 과정에서 오는 희열을 느낀 것이다.

2 洪汝河, 「讀朱子節要有感」 앞의 책 卷2; 『韓國文集叢刊』 124, 360면.
3 洪汝河, 「與權仲車 大載」 앞의 책 卷4; 『韓國文集叢刊』 124, 390면, "鄙生閒居十年, 眞是學人好機會, 而用力散漫, 不入腔窠, 今年目力全昏, 恐有盲廢之患, 但以合眼靜坐爲事. 時或開眼, 只看節要六七張."

『주자서절요』는 이황이 『주자대전』을 연구한 지 13년 만인 56세 때 완성된 책이다. 『주자서절요』는 1561년(명종16) 성주목사星州牧使로 있던 황준량黃俊良이 경상도 영천 임고서원에서 활자로 처음 간행하였다. 처음에는 책 제목이 『회암서절요晦庵書節要』였고, 이황이 필사할 당시는 15권 7책이었다가 인쇄할 때 16권 8책으로 권질卷帙이 바뀌어 편집되었다.

그 후 1567년(명종22) 류중영柳仲郢이 정주목사定州牧使로 있을 때 이황이 만든 주해와 목록을 첨가하여 오늘날 볼 수 있는 20권 10책의 『주자서절요』를 간행했다. 이후 『주자서절요』는 전국적으로 간행되어 주자학으로 들어가는 단초가 되었다. 특히 이황을 비롯한 류성룡 등 영남학파에서는 『주자서절요』를 통해 사서를 이해했으니, 이 책은 16~7세기 영남 학자들에게 학문의 지남이 되었다고 봐도 과언이 아니다.

목재는 『주자서절요』뿐만 아니라 이황의 학문 자체를 높게 평가했다. 성리학이 우리나라에 수입되어 사족 사회에 정착하게 된 중요한 계기로 이황의 『주자서절요』라는 학문적 업적이 있은 뒤였다. 이후에 이황과 같이 주자학적 세계관을 온전히 체득한 인물들이 나오게 되었고 관련 서적 또한 쏟아졌다. 목재는 바로 이러한 흐름에 있던 인물이라 할 수 있다.

이러한 학문적인 영향 때문에 목재는 주희의 시와 퇴계의 시를 주해하고,[4] 주희의 편지에서 중요한 곳을 별도로 만들어 책을 만드는 데

4 洪汝河, 「行狀-洪大龜」 앞의 책 卷11; 『韓國文集叢刊』 124, 541면, "朱子詩, 讀者以爲多疑晦, 乃取以註解, 幷考日月, 以記行蹟, 又嘆退陶文體, 時有與西山相近處, 以爲詩意簡奧, 又有法度, 亦爲之註解."

이르게 되었다.[5] 그는 퇴계시를 주해할 때 친구인 안도징에게 도움을 요청하기도 했다. 이때 안도징은 주해가 번잡스럽고 단천短淺함을 충고하기도 했다.[6] 이를 볼 때 퇴계의 학문적인 업적에 누가 되지 않도록 상당히 심혈을 기울였던 것이다.

이익李瀷의 『성호사설星湖僿說』에 "근세에 와서 사간司諫 홍여하洪汝河가 퇴계의 시를 주해했는데, 역시 대단히 좋다고 한다."[7]라고 비평한 것이나, 100년 뒤 류도원柳道源이 『퇴계선생문집고증退溪先生文集考證』은 편집할 때 시 부분은 목재의 훈해를 참고했다고 한 것을 미루어 보면,[8] 목재가 주해한 자료는 오랫동안 많은 문인에게 읽혔음을 알 수 있다. 아래 시에서 독서의 주요 서적인 사서四書를 읽는 방법을 구체적으로 제시하고 있다.

5 洪汝河, 「行狀-洪大龜」 앞의 책 卷11; 『韓國文集叢刊』 124, 537면, "府君平生耽看朱書節要, 嘗貽書權尙書大載曰, 閑居十年, 眞是學人好機會, 用力散漫, 不入腔窠, 但以合眼靜坐爲事. 時或開眼, 看朱子書, 至與呂子約林擇之等書, 偶有意會處, 輒欣然忘食, 不知飢渴之爲苦也. 又就其書言句要切處, 刪節作句, 以備家庭子弟便覽."

6 安道徵, 「復用前韻贈洪應圖」, 『點离窩集』: "溪上詩篇語意圓, 欲揍其妙若登天. 君今爲喚迷塗夢, 十分須無一分偏."

7 李瀷, 「詩文門」 『星湖僿說』 卷30; 『韓國文集叢刊』 11, 76면, "卽無論理義眞境, 不煩繩削, 鏗鏘可誦, 輕颸度水生瀾, 羚羊掛角無痕, 置之於藝苑雌黃, 又何所歉, 近世洪司諫汝河註解退詩, 亦深好云"(최금자, 「조선시대 시화집 소재 퇴계시 비평 연구」, 『韓國漢文學硏究』 74, 한국한문학회, 2019, 264면.)

8 『退溪先生文集考證』은 유도원의 玄孫 建鎬가 1891년 木板으로 간행한 것이다. 목재가 詩卷에 수필한 훈해, 金江漢이 서간 부분을 주석한 『溪集考證』을 합하여 유도원 자신의 주해를 수록하여 함께 1788년 정리하였다. 卷頭에 李萬運의 序, 유도원의 凡例, 金興洛의 識가 실려 있다. 저자 유도원은 安東의 水谷一帶에 世居하던 퇴계의 학통을 이은 李象靖, 金聖鐸 등의 문하에 從遊하며 많은 저술을 남겼다.

分門語孟學庸同 분문한 논어, 맹자, 대학, 중용이 합쳐져
三十六篇血脈通 서른여섯 편의 혈맥이 관통하네.
理會章章相發處 장마다 서로 밝혀 주는 곳을 이해했다면
許君親見紫陽翁 그대가 자양옹 친견했다고 인정하겠네.

中州曉得發蒙初 중국에서는 깨달아 초학 시절에 얻으니
此法相傳口授餘 이 법은 입으로 서로 전수하였다네.
堪愧東韓孤陋甚 참으로 부끄럽다. 우리나라는 고루함이 심하여
窮經白首歎紛如 백발 되도록 경전을 궁구해도 분잡함을 한탄하누나.[9]

사서집주 독서법을 지어 김경겸金景謙・최여안崔汝安에게 보낸 11수의 작품 가운데에 제1~2수이다. 작품에서 36편은『논어』20편・『맹자』14편・『대학』・『중용』각 1편씩 총 36편을 합한 것을 의미한다. 사서를 읽을 때 따로 떼어서 읽을 것이 아니라 서로 관통되는 점을 알아서 전체적인 입장에서 이해함을 강조했다. 그런 뒤에야 친히 주희를 만난 것으로 인정하겠다고 말했다. 그는 주희가 서로 다른 경전인 사서를 묶어서 의미를 관통하게 했다는 점을 강조하고 있다. 이것은 그만큼 주희의 주석을 신뢰하고 있다는 것이다.

그런데 목재는 사서의 독법에 있어 사승으로 구전하는 중국과 달리, 조선은 그렇지 않다고 보았다. 이러한 생각을 이구에게 보낸 편지에 "사서집주四書集註를 읽을 때는 반드시 구법句法을 먼저 알아야 한다는 것입니다. 중국의 진신搢紳 선생들이 몽학蒙學을 가르칠 때는 번번이 이 구법을 입으로 전수하기에 어릴 때부터 모두 이미 잘 압니

9 洪汝河,「讀四書集註法 示金景謙崔汝安 基重 十一絶」앞의 책 卷1;『韓國文集叢刊』124, 356면.

다."[10]라고 드러냈다. 그리고 "우리나라의 글이 비록 해외에선 으뜸으로 대우받지만, 중국에서 중시되지 못함은 구법으로 아이들에게 전수하지 않기 때문입니다. 지식이 무르익지 않은 자를 길러 성인聖人을 만들어 감에 있어서 어릴 때는 익히지 않고, 어른이 되어서는 마음 씀이 전일하지 않아, 공부가 투철한 데 이르지 못합니다."[11]라며, 어려서부터 구법이 전해지지 않은 안타까움을 드러냈다. 이 때문에 그는 경전의 독서법으로 구결의 중요성을 아래 시에 제시하고 있다.

紛紛口沫謾生珠　분분히 거품 물고 함부로 설을 내어
闇室茫然譬燭無　망연함이 촛불 없는 어두운 방인 듯.
壞了聖經全句法　무너뜨려진 경문의 온전한 구법을
令人却恨薛弘儒　사람들로 하여금 도리어 설총을 탓하게 하네.[12]

목재는 사람들이 경전을 읽고 외우고 있지만, 제대로 뜻을 파악하지 못하고 있다고 보았다. 그 이유는 경전의 구법 때문이다.[13] 사람들이 구법을 잘못 알아 경서의 참 의미를 오해한 것을 구결 탓으로 돌린다는 것이다. 이러한 생각을 「함녕서원입약문咸寧書院立約文」에 구체

10 洪汝河, 「答李大方棨」 앞의 책 卷4; 『韓國文集叢刊』 124, 382면, "讀四書集註, 先須理會句法. 中國搢紳先生, 訓蒙學時, 輒口授此法, 自童子時, 皆已曉得."

11 洪汝河, 「答李大方棨」 앞의 책 卷4; 『韓國文集叢刊』 124, 382면, "我國文字, 雖見遇以冠於海外, 不得取重於天下, 坐不以句法授童蒙故也. 蒙以養作聖, 童時所不習, 旣長, 心力不專, 不得做工夫到透徹處."

12 洪汝河, 「經書句讀俚諺多破碎有感」 앞의 책 卷2; 『韓國文集叢刊』 124, 357면.

13 洪汝河, 「讀四書集註法 示金景謙崔汝安 基重 十一絶」 앞의 책 卷1; 『韓國文集叢刊』 124, 356면, "誰將俚語贅經旨, 大義微言日就蕪. 一句分作兩句讀, 令人却恨薛弘儒."

적으로 드러내고 있다.

> "'성현의 책을 강송함은 장차 뜻을 훤히 통달하고 이치를 이해하기 위해서입니다. 이취理趣를 알려고 하면 먼저 문의를 깨달아야 하며, 문의를 깨달으려고 하면 먼저 구법을 배워야 합니다. 경의經義가 밝혀지지 않음은 구법의 어긋남에서 말미암으며, 구법의 어긋남은 설홍유薛弘儒의 잘못입니다. 경문의 구두는 홍유후가 이언俚諺으로 달면서 한 구를 두 구로 나누었기에, 파쇄破碎되어 구가 되지도 못하고 문의도 거칠게 통하여 구법을 완전히 잃었습니다. 선배들이 이른바 '고인古人이 지은 것은 보전하기만 하고 산삭하지 말아야 한다.'라고 했기에, 후학들은 당연하게 여기면서 잘못을 깨닫지 못합니다. 구법을 이미 잃었기에 장법章法과 편법篇法은 차례대로 어긋났습니다. 주자의 집주가 동쪽으로 전래되어 법식이 한漢·당唐 제가들보다 명백히 좋아졌습니다만, 우리나라는 본래 구법을 이해하지 못하기에 주자의 법식이 전해져도 전혀 맥락을 깨닫지 못합니다."[14]

구법에 대해서 목재는 심지어 설총까지 소환해서 비판하고 있다. 설총의 구결로 인해 주희의 구법을 제대로 이해하지 못하고, 구법을 이해하지 못했기 때문에 장법이나 편법은 도무지 깨닫지 못하고 있다고 생각했다. 그러므로 성장하면 사서를 포기해 버리고, 거칠고 서투

14 洪汝河, 「咸寧書院立約文」 앞의 책 卷5; 『韓國文集叢刊』 124, 412면, "'講誦聖賢之書, 將以達其義而會其理也. 欲識理趣, 先要達文義, 欲達文義, 先要學句法. 經義之不明, 由句法錯了, 句法之錯, 薛弘儒誤之也. 經文句讀, 弘儒以俚諺足之, 一句分作兩句, 破碎不成句, 文義粗通, 而句法頓失. 前輩謂古人所作, 存而不刪.' 後學則諉諸當然, 而不覺其非. 句法旣失, 則章法篇法, 次第錯了. 及朱子集註, 東來法門, 明白頓勝漢唐諸家, 而我國本不曉句法. 以致朱子法門,全然不曉路脈."

름으로 인해 멋대로 문리를 만들며, 그 때문에 우리나라의 문자는 법식이 없다고 밝히기도 했다.[15]

우리나라에 전래 된 경서를 우리식으로 소화하려는 노력은 일찍부터 시도되었으며, 그 최초의 시도가 바로 구결이다. 『삼국사기』에 기록된 "설총이방언독구경薛聰以方言讀九經"이란 말의 '방언'을 구결로 보아 신라 시대 설총이 처음으로 시도했다. 이어 고려조에서 시작된 유가 경서의 구결이 조선에 전수되었는데, 정몽주・권근 등이 이에 정통했다. 세조 조에는 정인지・신숙주 등에게 사서와 오경의 구결을 정비케 했으나, 이 시기는 원문에 구결을 붙이는 일차원적인 언해 수준에 머물렀다.

훈민정음의 창제는 언해에 새로운 전환점을 마련했지만, 경서 언해란 학문적 성숙이 요구되는 만큼 완전한 언해가 전면적으로 이루어지기까지는 시간이 아직 더 필요했다. 대체로 세조 조의 국가적인 구결 사업 이후부터 선조 연간 경서 언해서가 완성되기 이전까지는 이황의 사서삼경석의四書三經釋義[16]처럼 경문이나 주석의 일부를 발췌하여

15 洪汝河, 「答李大方 椝」 앞의 책 卷4; 『韓國文集叢刊』 124, 382면, "所謂二事, 讀四書集註, 先須理會句法. 中國搢紳先生, 訓蒙學時, 輒口授此法, 自童子時, 皆已曉得. 今觀其所著文字, 才分有淺深, 路脈則如出一手."

16 朴世采, 「隨筆錄」, 『南溪集』 卷54: 『韓國文集叢刊』 140, 106면, "我國經書口訣釋義, 中朝所未有, 始發於薛聰, 成於鄭圃隱・權陽村, 至世宗朝, 分命諸臣著口訣, 而然猶人各有書, 紛紜穿鑿. 又至宣廟朝, 設局命官, 參互去取, 著定諺解, 遂爲一代之典, 可謂盛矣." 구결의 완성을 특정 개인 한 사람의 작업으로 보기는 어려우며, 여러 학자들의 공동 작업을 설총이 집대성했다고 보는 견해가 보다 설득력이 있다고 여겨진다. (최석기, 「조선 전기의 경서 해석과 퇴계의 「詩釋義」」 『퇴계학보』 92, 퇴계학연구원, 1996.) 신라시대 설총이 方言으로 九經을 풀이한 것을 필두로, 조선시대 퇴계와 율곡을 거쳐 경서의 언해 작업이 이룬 성과를 갈무리하고 있다는 등 諺解의 來歷을 간명하게 소개한 내용은 李圭景, 『五洲衍

언해하고 설명하는 석의가 개별적으로 이루어졌다. 이른바 구결과 석의의 시대를 거치고 나서 비로소 이이李珥의 사서언해四書諺解나 선조 18~21년 『소학언해小學諺解』와 사서삼경언해四書三經諺解와 같이 경문 전체에 음音·독토讀吐·석의釋文을 갖춘 언해가 이루어질 수 있었다.[17] 선행연구에서 목재의 구결은 당시 이황과 그 직전 제자들 이후 점차 사라져 가던 음주를 찾아볼 수 있다는 점을 밝혔다.[18]

목재는 1646년(인조24) 자신이 터득한 주자집주의 독서 방법을 총정리해 놓은 『사서발범구결四書發凡口訣』을 만들게 된다.[19] 그는 사서집주가 형식적인 면에서 조리와 맥락이 분명하고, 내용 면에서도 어휘사용 및 뜻풀이 등 주석 방법에도 문장의 한 글자 한 구절도 놓치지 않고 정성 들여 뜻을 밝혀 놓은 책이라 보았다.

이렇듯 중요한 사서집주를 제대로 읽을 수 있도록 구결을 정리하는 것이 급선무라고 생각했다. 자신이 만든 구결을 잘 이해할 수 있으면

文長箋散稿』 卷34, 「經傳雜說- 經書口訣本國正韻辨證說」와 李裕元, 『林下筆記』 卷17, 文獻指掌編 , 「方言解九經」 등에 자세하다. 최식, 「「句讀解法」, 漢文의 句讀와 懸吐, 口訣」, 『민족문화』 32, 한국고전번역원, 2008, 2~4면; 최식, 「漢文讀法의 韓國的 特殊性-句讀, 懸吐, 口訣-」, 『한자한문교육』 27, 2011, 373면 참조. 퇴계의 釋義와 音註 방식에 대해 심경호, 「퇴계와 다산」, 『퇴계학과 한국문화』 32, 경북대퇴계학연구소, 2003.

17 유영옥, 「校正廳本 四書諺解의 經學的 硏究」, 부산대학교 박사논문, 2010, 2~4면.

18 전재동, 「독서시를 통해 본 홍여하의 경서 해석」, 『대동한문학』 35, 대동한문학회, 2011, 224~225면.

19 洪汝河, 「行狀-洪大龜」, 앞의 책 卷11, 『韓國文集叢刊』 124, 538면, "丙戌, 作四書發凡口訣, 蓋發其凡例, 口授旨訣之意也, 以爲朱子文章用意妙處, 非韓歐諸公見得到, 直將四書說得, 渾然無迹, 自有條理脈絡, 一字不可換得. 如章有大旨, 語有來歷, 經中照應, 註中收結, 莫不各盡推究, 以明其例. 要使學者, 求其例, 以窮其義, 窮其義則可以知聖賢立言之本意也."

당송팔대가를 거치지 않고도 경서의 가르침뿐만 아니라 중국의 모든 책을 쉽게 깨달을 수 있으며, 성현의 가르침의 본뜻을 분명하게 이해하는 방법을 얻게 되었음을 강조하고 있다.

목재는 구결 작업을 위해 류원지에게 도움을 청하기도 했다. 그는 이후 사서 중에 『중용장구』와 『대학장구』의 구두로 전해지는 문장의 맥락을 설명하여 『용학구의庸學口義』를 만들었다. 『용학구의』는 원의 제유들이 초학자를 위해 만든 『사서구의四書口義』를 모방하여 『용학구의』, 『대학구의』를 만들어 아이들의 공부에 도움을 주고자 했다.[20] 이를 통해 사서 독서 방법에 대한 열의와 후학에 대한 노력을 확인할 수 있다. 아래 작품에서는 후학들을 위해 구체적인 책 읽기와 글 짓는 방법을 제시하고 있다.

讀聖賢書旣竭才　성현의 책을 읽는 데에 있는 재능 다 쏟고는
須敎爛熟誦千回　모름지기 난숙하게 천 번을 외워야 하느니라.
都將眼界平鋪後　온통 시야가 평평하게 트인 뒤라야
直自胸襟瀉出來　곧장 가슴 속에서 쏟아져 나온다네.
力轉滄溟堪倒注　힘은 깊은 바다를 뒤집어서 거꾸로 쏟을 만하고
氣凌嵩岱欲崩摧　기는 숭산과 태산을 능가하여 무너뜨릴 듯하네.
却嫌小技眞無用　되레 자잘한 재주가 참으로 쓸데없다 혐의해도

20 洪汝河, 「答柳拙齋元之」, 앞의 책 卷4; 『韓國文集叢刊』 124, 393면, "下敎庸學口義. 竊見中庸孟子等書註法, 皆以初大文爲綱領, 而下文節節相應, 關鍵甚密, 盛水不漏. 朱先生喫緊精力都在此處而家間兒輩雖屢指敎, 旋卽忘失, 故未免就其照應切要處, 略加提綴,. 且聞元初諸儒, 亦爲四書口義, 以授初學, 而未見其書. 玆敢倣而爲之, 以爲兒輩習誦之資. 不意誤徹長者之聽, 有此俯索. 重違敎意, 姑將中庸口義付呈. 伏望下覽後, 其中謬誤處, 一一指敎, 勿令他人窺破, 以惹外間嗤謗, 如何. 大學口義, 則方在全翼耉氏所, 玆未付上耳."

遮莫留心故紙堆　마음에 두지 말고 짐짓 종이에나 쌓으려무나.[21]

목재는 성현의 책을 읽을 때는 재주를 다해 난숙하게 천 번쯤 암송하라고 말한다. 여기의 성현서는 사서육경 즉, 유가의 경전이다. 유가의 경전을 난숙하게 무르익는 단계까지 익히는 것이다. 그 단계까지 익히기 위해서는 적어도 천 번 이상을 반복적으로 읽어야 한다. 반복적인 독서를 통해서 경전의 의미를 익히는 것이다.

다음 단계에 가면 시야가 트이게 되고 완전히 이해가 된다. 그러면 자기 생각이 생겨나서 경전의 뜻을 운용할 수 있는 능력이 생기는 단계가 된다. 경전을 읽고 그로부터 축적된 힘은 큰 바다와 같은 것을 뒤엎어서 물을 쏟아내게 할 정도로 높아지고, 기운은 숭산과 태산과 같이 큰 산도 무너뜨릴 정도로 역량이 올라가게 된다고 과장해서 표현하고 있다.

그러면서 당시 문인들이 시와 문을 짓는 행위에 대해 자잘한 기술이라 한 것에 꼬집어 비판하고 있다. '문이재도文以載道'의 도학자적 생각에서 자칫하면 작문을 도외시하는 경우를 경계한 것이다. 곧 학문을 통해 작문의 힘이 길러지기를 바라고 있었다. 목재는 작문의 효용성을 강조하여 적극적으로 자기의 생각을 표현하고 있다.[22] 그리고 관심을 보인 것은 이단이다.

異端荒幻談天外　이단은 황당하고 허황되게 천도天道 밖을 말하나니

21 洪汝河,「讀書作文法示兒曹」앞의 책 卷2;『韓國文集叢刊』124, 365면.

22 산문 창작론 참조. 권진옥,「목재 홍여하의 산문비평 일고」,『Journal of Korean Culture』17, 한국어문학국제학술포럼, 2011, 47~58면.

多少迷人溺不回　그 얼마나 사람들 미혹 당해 빠져 돌아오지 못했던가.
那似自家門內事　어찌하면 자기 집 문안의 일과 같이
穩承諄誨父兄來　부형의 살뜰한 가르침을 평온히 이어받으리오.[23]

이단異端은 허황되고 기발한 말을 해서 사람들의 마음을 흐려지도록 하는 일이 많다고 생각했다. 그래서 경전에 담긴 성현의 곡진한 가르침에서 멀어질까 염려하고 있다. '이단'이란 용어는 공자가 "이단을 전공하면 해가 될 뿐이다."[24]라고 한데서 유래한다. 한나라 이전의 전통적인 해석에서는 전국시대에 활동했던 양주와 묵적 등이 이단에 해당되었다. 그러나 송나라에 이르러 주희는 정자의 해석을 받아들여 이단의 범위를 불교까지 확장했다. 조선에 들어와서 이황은 불교를 이단으로 간주했던 주희의 설을 확장하여 양명의 설까지 이단으로 여겨 배척하고자 했다. 이황의 이 같은 주장은 17세기 후반에 이르러 서인계와 근기 남인계의 예송논쟁이 결국 학문의 순정 문제로 비화되어 상대방을 '사문난적斯文亂賊'으로 몰아가는 결과를 낳기도 했다.

근기 남인계의 학자 윤휴尹鑴은 효경으로부터 사서, 육경에 이르기까지 유가의 여러 경서에 대한 주석 작업을 추진했다. 그 해석 체계가 주희와는 사뭇 다른 점이 있었다.[25] 송시열은 윤휴의 이와 같은 해석 태도를 매우 불순한 것으로 생각했다.[26] 심지어 사적 윤휴가 사설을

23 洪汝河, 「觀相民讀論語」 앞의 책 卷2; 『韓國文集叢刊』 124, 360면.
24 『論語』, 「爲政」, "攻乎異端, 斯害也已."
25 박주열, 「17世紀 朝鮮의 脫朱子學的 文藝批評意識 研究 : 許穆, 尹鑴, 朴世堂을 中心으로」, 성균관대학교 박사논문, 2017, 59~86면.
26 宋時烈, 「語錄」3, 『宋子大全』 附錄 卷16; 『韓國文集叢刊』 14, 44면, "先生曰, 當初尹鑴頗聰敏. 故吾果深惑. 而第其人也常喜言退溪栗谷牛溪諸賢之短處.

주창함으로부터 주희를 업신여기고 경의 뜻을 훼손시켰다고 신랄하게 공박했다.[27] 서인과 남인을 막론하고 17세기 학술사에서 학자들의 공통적 관심이 사설을 물리치는 것이었다는 사실이 그만큼 횡행했음을 알 수 있다. 목재에게 있어 사설은 곧 양명학을 뜻한다. 아래 시는 『양명집』 뒤에 쓴 작품이다.

文王周公演羲畫　문왕 주공이 복희 팔괘를 풀이했는데
宣聖何緣著工夫　공자는 무슨 연유로 공부를 붙였는가.
若道晦庵添註脚　회암이 주석을 더한다고 말한다면야
十翼可有亦可無　십익은 있어도 되고 없어도 되리라.

學問工程有階梯　학문의 과정은 오르는 차례가 있으니
莫須辛苦說良知　모름지기 애써 양지를 말하지 마라.
倘教上乘人人曉　혹 상승의 경지를 사람마다 깨치게 해주려면
一貫先將語樊遲　일관의 도를 먼저 번지에게 말해야 하리.[28]

첫 번째 작품에서는 『주역』의 편찬과정과 비유해서 학문 차제의 중요성을 밝힌 것이다. 『주역』은 복희씨가 괘획을 그었고, 문왕이 괘사를, 주공은 효사를, 공자는 10편의 주역 주석서, 즉 십익十翼을 지었다. 또한, 주희는 역의 본모습을 회복하는 것에 중심을 두고서 『고역

故吾嘗深憂之, 其後更加一層, 攻斥朱子, 無所忌憚, 是果斯文之亂賊, 而異端之甚者也. 彼楊墨則本是學仁義而差者, 故其害不速, 惟尹鑴則孔子所謂侮聖賢之言者, 其害將有不可勝言者."

27 權尙夏, 「寒水齋權先生行狀」 『寒水齋集』 부록: "自賊鑴, 始唱邪說, 慢侮朱子, 毁破經."

28 洪汝河, 「題陽明集後」 앞의 책 卷1; 『韓國文集叢刊』 124, 339면.

古易』에로의 회귀를 주장하면서 『주역본의周易本義』를 편찬했다. 목재는 『주역』이 집대성 되는 과정을 제시하여 학문의 과정에는 차례가 있음을 강조했다. 만약 학문의 차제가 없다면 공자의 십익은 크게 중요한 것이 아님을 강한 어투로 비판하고 있다.

두 번째 작품에서 '일관一貫'과 '번지樊遲'를 들어 사람의 수준에 맞는 가르침을 제시하고 있다. '일관'은 공자 제자 중에서 유독 증자 한 사람만이 공자로부터 '일관'에 대한 말을 알아들었다는 부분이다. '번지'는 공자가 번지의 지향이 낮음을 비판한 사건을 말한다. 목재는 사람마다 학문의 차제가 있는데, 학문의 지향이 낮은 번지에게 제자 중에서 유독 증자만이 이해한 '일관'을 가르치는 것은 있을 수 없다고 피력한다. 결과적으로 그는 학문의 차제가 있는데 양명학은 이를 무시하고 양지를 주장하는 것은 잘못이라고 생각했다. 곧 '양지론良知論'을 주장한 왕수인을 정면으로 반박하여 유가에서 세운 학문의 공정工程이 정당함을 주장하였다.

'일관'의 출처는 『논어』「이인里仁」에 보인다. 공자가 증자에게 "나의 도는 하나로 꿰뚫는다."라고 하니, 증자는 그저 "예."라고 대답하였다. 문인이 증자에게 그 말이 무슨 말인지에 대해 묻자, 증자는 "선생님의 도는 충忠과 서恕일 뿐이다."[29]라고 한 대목이다. 이는 증자만이 공자의 말을 알아들은 것을 말한다. '번지'는 「자로子路」에, 번지가 공자에게 농사일을 배우고 싶어 하자 공자가 "나는 노련한 농사꾼보다 못하다."[30]라고 사양하였다. 공자는 번지가 밖으로 나가자 그를 일

29 『論語』, 「里仁」, "吾道一以貫之, 唯, 夫子之道 忠恕而已矣."
30 『論語』, 「子路」, "請學稼, 吾不如老農."

컬어 소인小人이라고 하면서, 윗사람이 예의와 의리와 신의를 좋아하면 아랫사람이 공경하고 따를 터인데 농사는 배워 어디에다 쓰겠느냐고 가르친 것을 말한다. 공자가 번지의 지향이 낮음을 비판한 것을 말한다.

주지하듯이 '양지'란 태어나면서부터 가진 고유한 지능을 가리키는 것으로 양명은 양지를 극대화하는 것을 주장하여 주희의 '즉물궁리卽物窮理'를 반박하였다. 왕양명王陽明의 『전습록傳習錄』이 1520년(중종15)을 전후한 시기 조선에 유입되었다. 이후 1566년(명종21)에 이황이 「전습록논변傳習錄論辯」을 저술하였다. 이황의 「전습록논변」 저술 이후 조선에서는 상산학과 양명학을 주도적으로 배척하기 시작하였다.[31]

목재는 중국의 양명학 비판 책인 명나라 진건陳建의 『학부통변學蔀通辨』을[32] 읽고 양명학에 관한 생각을 정리했던 것으로 보인다.[33] 목재는 우선 학문의 계보를 이은 공부를 하여 익숙하게 한 뒤에 다양한 책을 보아야 한다는 견해이다. 그는 전통 주자학의 입장을 명확히 밝히고 이를 통해 당시의 학풍을 진작시키려 했다. 아래 시에서 바른 학문의 방법을 제시하고 있다.

六藝崇深鑽仰彌　육예는 높고 깊어 숭앙할수록 더욱 견고하니

31 김시내, 「조선시대 양명학 관련 문헌의 유입과 확산에 대한 연구」, 부산대학교 석사논문, 2012, 19-27면.

32 이 책은 1535년(중종30)에 완성되었고 1548년(명종3)에 전·후·속·종 4편 12권으로 편집 간행되었다. 명나라에서 간행된 지 25년 되던 해인 1573(선조6)에 전래되었다.(김시내, 앞의 논문, 2012, 38~39면; 정덕희, 「양명학의 성격과 조선적 전개」, 『대동한문학』 40, 대동한문학회, 2001, 13~14면.)

33 洪汝河, 「老溪書堂, 次退陶先生陶山南洞韻, 示諸生」, 앞의 책 卷2; 『韓國文集叢刊』 124, 383면, "近始得學蔀通辨, 略曉朱陸路脈."

須教誦玩十年遲 모름지기 외우고 완미하되 십 년을 지속하리라.
也應咬嚼生滋味 정녕 씹어 먹어야 참다운 맛이 나리니
九鼎寧容一嘬知 구정을 어찌 겉만 핥아 알 수 있으리오.
論下學 하학을 논했다.

高尋聖域易成蹉 드높이 성인의 경지 찾아도 쉽게 어긋나 버리나니
峻步翩翩不歷階 험한 길 편편히 걷는데 계단을 차례로 넘지 않는구나.
閒處從容渾自在 한가로운 곳에서 조용히 온통 자재롭지만
用時急滾費安排 활용하는 때엔 다급해 허랑히 안배하노라.[34]
南軒亦有此病 남헌도 이런 병통이 있었다.
論上達 상달을 논했다.

목재가 생각하는 독서의 본령은 평이하고 구체적인 하학下學 탐구에서 시작되어 점차 높은 진리의 탐구인 상달上達로 가는 것이다. 독서의 본령을 찾기 위해서 먼저 해야 할 일은 하夏·은殷·주周 삼대에 걸쳐 온 성인의 학문, 즉 육경의 반복적인 독서이다. 그런 뒤에 천리를 통달하게 된다는 것이다. 즉 공부란 초학의 공부 단계로부터 시작해서 심오한 이치에 대한 이해를 얻는 단계에 이르러야 하는데 하학의 기초 없이 높은 것만을 추구하는 세태를 비판하고 있다.

이러한 내용은 『논어』에서 찾을 수 있다. "하늘을 원망하지 않고, 다른 사람을 탓하지 않으며, 아래로 인사人事를 배워서 위로 천리天理를 통달하노니, 나를 알아주는 것은 아마도 하늘일 것이다."[35]라고 한 대목이다. 이 구절에 정자는 "배우는 자들은 모름지기 하학상달下學上

34 洪汝河, 「題陽明集後」 앞의 책 卷2; 『韓國文集叢刊』 124, 360면.
35 『論語』, 「憲問」, "子曰: '不怨天, 不尤人, 下學而上達, 知我者, 其天乎.'"

達의 말씀을 지켜야 할 것이니, 이것이 바로 학문의 요체이다. 대개 아래로 인간의 일을 배우면 곧 위로 천리를 통달하게 된다. 그러나 익히기만 하고 살피지 않으면 또한 위로 통달할 수 없는 것이다."[36]라고 하였다. 이는 하학상달이 학문의 요체이며, 인간이 실천해야 할 도리를 배우고 익히는 과정이 있지 않으면 상달이 있을 수 없음을 말하고 있다는 것이다. 목재는 하학상달을 실천하지 못한 사례로 장식張栻의 예를 들고 있다. 장식은 정자程子의 뜻을 좇아 공자와 맹자가 인仁을 말한 부분을 한데 모으려 했다. 이에 대해 주희는 속히 이루고자 하여 지름길을 좋아하는 마음을 조장한다고 비판했다.

이상으로 지식인으로의 성장에 기인한 독서에 내용, 서적, 학문적인 신념 등을 살펴보았다. 목재는 독서에 있어서 경서뿐만 아니라 역사서를 비롯해 양명학 등의 서책까지 그 범위가 상당히 높았다. 양명학을 이단으로 간주하였으며, 주희의 주석이 있는 『사서집주』에 대해 독서의 중요성을 밝히고 학문을 하여 진리를 탐구하는데 필요한 기본서임을 강조했다. 또한, 육경六經과 사서四書를 비롯한 성리학 관련 서적을 올바르게 읽는 방법을 제시하고 있었다. 다 나아가 1646년(인조24) 자신이 터득한 주자집주의 독서 방법을 총정리해 놓은 『사서발범구결』을 만들었다. 그리고 주희의 시와 퇴계의 시를 주해하고, 주희의 편지에서 중요한 곳을 별도로 만들어 책을 만드는 등 학문적인 행보를 이어갔다. 이는 그가 주자학을 깊이 따르고 이해한 결과이다.

36 『論語』, 「憲問」, "程子曰: '學者須守下學上達之語, 乃學之要, 蓋凡下學人事, 便是上達天理, 然習而不察, 則亦不能以上達矣.'"

2) 세태 비판과 지식인으로의 자세

목재는 1636년(인조14) 병자호란과 1645년(인조23) 명·청이 교체되는 혼란을 경험했으며, 전염병과 기아 때문에 참혹해진 국가 상황을 직접 목도하게 된다. 목도한 것을 108운 216구의 분량인 「술회」[37]라는 장편 시에 남기고 있다.

「술회」의 내용은 다음과 같이 정리할 수 있다. 첫째, 천연두가 유행하면서 피접 나와 있는 자신의 행적과 은둔하고 있는 곳의 풍경을 서술하고 있다. 둘째, 가뭄과 질병 때문에 백성들이 겪고 있는 참혹한 생활, 위정자들의 현실에 맞지 않는 정치 등 국내적으로 불안한 형세를 묘사하고 있다. 아울러 이때 느꼈던 비분강개한 심정을 거침없이 드러내고 있다. 셋째, 명·청 교체가 이루어진 국제적 형세에 대해 지식인으로서 고민을 드러내고 역사가로서 시대를 정확히 인지하고 기록할 것을 밝히고 있다. 넷째, 국내·외 조선의 현실을 직시하고 역사 속 인물들의 삶을 통해 지식인으로서 자신의 지향점을 찾고 있다.

「술회」는 목재가 천연두를 피해 피접 가 있으면서 지은 것이다. 1645년(인조23년) 당시 천연두가 얼마나 위협적이며 빈번했는지 살펴보자. 천연두[38]는 조선시대에 유행했던 갖가지 질병 가운데 가장 무

37 최금자, 「목재 홍여하의 「述懷」시에 반영된 사회현실」, 『嶺南學』 73, 경북대학교 영남문화연구원, 2020을 보완하였다.

38 천연두의 기원은 중국 주나라 말엽, 진나라 초기에 발생하였다. 천연두는 大疫, 痘瘡, 痘疹, 痘疫, 豌豆瘡, 疱瘡, 戶疫 등으로 불린다. 민간에서는 마마, 마마손님, 百世瘡, 戶疫 등으로 불린다. (박동욱, 「천연두, 그 아픔과 상실의 기억-張混의 「記慽」을 중심으로-」, 『우리어문연구』 52, 우리어문학회, 2015, 263면.) 우리나라 천연두의 공식 명칭은 1884년 「한성순보」에 처음으로 보인다. (金澔, 「朝鮮後期 痘疹 研究- 麻科會通을 중심으로」, 『한국문화』 17, 1996, 143면.) 본고에서는 여러 명칭 가운데 '천연두'라고 표기한다. 천연두는 중국을 통해 들어온 것으로

서운 질병으로,[39] 조선시대 기록에 의하면 통상 20년을 주기로 크게 유행하였다.[40] 또 조선시대에는 소빙기의 징후로 나타난 천재지변과 이로 인한 기근과 전염병이 크게 창궐한 것으로 확인된다.[41] 특히 전쟁이 일어났던 시기는 그것과 관련한 기근의 발생과 전염병의 창궐이 있었다.

임진왜란과 정유재란 등 두 번의 왜란을 겪었던 16세기 후반의 상황은 더욱 심각했다. 전국적인 기근과 질병이 발생하고 이로 인한 백성들의 유리걸식과 사망이 해를 거듭해서 나타났다.[42] 여러 차례 돌림병이 거듭되었는데, 16세기에 발생한 역병이 특히 많은 피해를 낳았다. 그중에서 피해가 가장 컸던 경우는 1524년(중종19)에서 20년 8

짐작되며 삼국시대에 천연두가 있었다.(신동원 『조선사람의 생로병사』, 한겨레신문사, 1999, 239면; 송미영, 「한국인의 주요 전염병과 그 명칭에 대한 통시적 고찰 –'장티푸스, 말라리아, 한센병' 등을 중심으로」, 『어문논집』, 중앙어문학회, 2020, 10~11면.)

39 조선시대의 역병 가운데 중요한 질병 셋으로 천연두, 콜레라, 나병을 꼽았다.(신동원 『조선사람의 생로병사』, 한겨레신문사, 1999, 235-239면.) 1392년부터 1917년까지 조선왕조 525년의 기간 동안 조선왕조실록에 수록된 전염병은 햇수로 총 320년이며, 연평균 2.73회 발생하였다. 총 1,455건 수록되어 있다.(이준호, 「조선시대 기후변동이 전염병 발생에 미친 영향」, 『한국지역지리학회지』 102, 한국지역지리학회, 2019, 427면.); 두창에 관해서는 1392년부터 1910년까지 493년 동안 50여 회에 이른다고 한다. 두창의 발생 주기는 15~16세기에는 약 18년마다 한 번씩, 17세기에서 19세기까지는 대략 11~12년에 한 번씩 추정한다. 치명률은 15%~40%이며, 왕가에 걸린 두창의 치명률은 18.18%에 이른다.(김옥주, 「조선 말기 두창의 유행과 민간의 대응」, 『醫史學』 2, 대한의사학회, 1993, 39면.)

40 金澔, 「朝鮮後期 痘疹 硏究-麻科會通을 중심으로」, 『한국문화』 17, 1996, 173면.

41 이준호, 「조선시대 기후변동이 전염병 발생에 미친 영향」, 『한국지역지리학회지』 102, 한국지역지리학회, 2019, 434~435면.

42 김호, 「16세기 말 17세기 초 '疫病' 발생의 추이와 대책」, 『韓國學報』 71, 일지사, 1991, 122~125면.

월 1일까지 대략 1년 반 동안 평안도에 22,349명의 사상자를 낼 정도였다.[43] 이후 1612년(광해4), 1614년(광해6), 1626~27년(인조4~7)의 시기에도 전염병이 크게 유행했다.

「술회」의 창작 해인 1645년(인조23)과 비슷한 시기 전염병의 창궐을 살펴보자. 1644년(인조22) 1월 올린 장계에서 "현재 전염병이 돌아 날이 갈수록 창궐함은 팔도가 모두 마찬가지이지만, 관동과 영남은 특히 심하여 열 집에 아홉 집이 병을 앓아 서로 감염되었으며, 신음은 끊이지 않고 죽은 자는 장사 지내지 못하고 있습니다."[44]라고 하니 당시의 상황을 짐작할 수 있다. 특히 인조 재위 초기부터 계속된 병화와 기근이 거의 없는 해가 없었고, 병자호란(1636)이 있던 해에도 재해가 계속되고 있었다.[45]

대략 당시의 전염병 피해를 살펴보면, 1638년(인조16)에는 흉년과 함께 전염병이 유행하여 죽은 사람이 3백여 명이나 되었다.[46] 9월에

43 중종대 인구가 400만 명 내외로 기록되었으므로, 전 인구의 0.5% 이상이 사망한 것이다. 호적이 제대로 정리되지 못하고 있었기 때문에, 사상자로 기록된 숫자가 호적에 등재되어 있는 사람들만을 지칭하였다면 사상자는 훨씬 많을 것이다. 반면에 전염병이 발생하였을 때 기아에 허덕이다 죽는 경우도 많았는데, 餓死인 경우 지방관이 처벌받는다는 점 때문에 아사자를 전염병으로 사망하였다고 보고하는 경우도 꽤 되었다. 이 경우 실제 전염병으로 죽은 사람은 줄어들 것이다. 현재로서는 그러한 사정을 모두 감안하여 수치화할 수 없기에 우선 기록을 그대로 따른다고 할 때, 2만 명의 사상자는 절대로 적은 수는 아니다. (이경록, 「조선 중종 19~20년의 전염병 창궐과 그 대응」, 『중앙사론』 39, 중앙대학교 중앙사학연구소, 2014, 5~6면.)

44 『承政院日記』 卷87, 22年(1644) 1月 23日, 3번째 기사, "目今天行癘疾, 日益熾盛, 八路同然, 而關東·嶺南尤甚, 十室九痛, 傳相薰染, 呻吟未絶, 死者未葬."

45 『仁祖實錄』 卷50, 附錄, 「仁祖 大王 行狀」.

46 『仁祖實錄』 卷36, 16年(1638) 4月 22日, 3번째 기사, "咸鏡道饑民疫死者, 三百四十餘人."

는 함경도에서 4천300여 명이 죽었으며,[47] 1643년(인조21) 12월에는 전라도에만 1만여 명의 사망자가 보고되었다.[48] 1644년(인조22) 2월에 팔도에 전염병이 크게 번져 1645년(인조23) 평안도에서 1천4백여 명이 죽었다.[49] 인조 당시인 1648년(인조26) 서울의 인구수는 95,569명으로 채 10만이 넘기지 못하는 사정을 감안하면, 앞의 사망자 수는 결코 적은 수가 아님을 짐작할 수 있다.[50]

천연두같이 감염률이 높고 치사율이 높은 전염병이 유행하면 사실상 마땅한 대책이 없었다. 이에 따른 대처 방법으로 국가적인 차원의 종교적 제례와 부역 동원 면제, 의원 파견 및 약제 보급, 환자 격리 등이 있었다. 민간에서는 제사 지내기, 금기 지키기, 전염병이 발생한 지역에서 멀리 이동하는 피접 등을 행했다.[51]

주로 직접 접촉에 의해 전파되며 부분적으로 공기로 전파되는 천연두는 연령, 성, 사회적 지위 고하를 막론하고 침범했다. 일반 평민은 말할 것도 없고 왕이나 왕족들도 이 병에 많이 걸렸고 때로는 죽기도 했다. 현종 때에는 장녀 명선明善공주가 병을 앓다가 열흘 만에 죽었

47 『仁祖實錄』 卷37, 6年(1638) 9月 1日, 1번째 기사, "庚申朔/咸鏡道飢饉癘疫, 人民死亡者四千三百餘口."

48 『仁祖實錄』 卷44, 21年(1643) 12月 25日, 1번째 기사, "乙酉/全羅道癘疫大熾, 死亡者萬餘人."

49 『仁祖實錄』 卷46, 23年(1645) 4月 9日, 1번째 기사; 4月 16日, 2번째 기사.

50 한국통계발전사에 의하면 중종14년(1519) 우리나라 인구는 3,745,481명인데 인조17년(1639)에는 1,521,165명으로 기록하고 있다. 전쟁 직후에 인구조사가 얼마나 신빙성을 가지고 있는지 알 수 없지만 1645년에도 1,738,888명으로 기록하고 있다.(『한국통계발전사』, 통계청, 1992.)

51 송미영, 「한국인의 주요 전염병과 그 명칭에 대한 통시적 고찰- '장티푸스, 달라리아, 한센병' 등을 중심으로」, 『어문논집』, 중앙어문학회, 2020, 10~11쪽.

다.[52] 이런 위험한 상황에서 목재 역시 산막으로 들어가 있었다.

東海有布衣　동해에 포의布衣의 선비 있으니
生苦晚好古　삶이 고달파 옛것을 좋아함이 늦었네.
所懷業回軻　품은 뜻은 안회, 맹가를 공부하여
魂夢繞鄒魯　꿈속에도 추로에서 노닐었지.
撥棄戰藝具　과거시험 공부는 접어두고
日夜諷訓誥　밤낮으로 경서를 읊조리네.
擧世不我與　온 세상이 나를 받아주지 않으니
嘐嘐復踽踽　큰 뜻을 품고 또 외롭게 하네.
豈無君民志　어찌 임금과 백성 위할 뜻 없으랴만
櫝玉羞衒賣　함 속의 옥 팔기를 부끄러워했네.
況復遭陽九　하물며 다시 하늘의 재앙을 만났으니
寧期佩圭組　어찌 벼슬에 나아가기를 기대하랴!
澆風扇天行　경박한 풍조가 천행을 부추기나
濁穢浸寰宇　혼탁한 기운은 천하를 뒤덮었네.
轉丹慙伯陽　단약을 만든 백양을 부끄러워하고
愼疾欽尼父　질병을 조심한 공자를 흠모하네.
鬼神泣李白　귀신은 이백의 시를 보고 울었고
隙地潛杜甫　텅 빈 땅에 두보가 몸을 감추었네.
猜訝類杯蛇　의심은 잔에 비친 뱀같이 하고
怖畏甚蜀虎　두렵기는 촉땅 호랑이보다 심하네.
…(중략)…
始到逼餘寒　처음 왔을 때는 추위가 남았더니
倏已送春煦　홀연히 이미 봄기운 보내네.

52 『顯宗實錄』 卷21, 14年(1673) 7月 23日, 3번째 기사; 8月 2日, 1번째 기사.

黃鳥囀北岡　꾀꼬리는 북쪽 등성에서 지저귀고
白鷗飛南浦　백구는 남쪽 물가로 나는구나!
倩蔬時訪僧　채소 빌리려 때로 스님 방문하고
談數偶要瞽　운수 살피려 점쟁이를 불러 본다.(1~34)[53]

목재는 전염병이 유행하기 전 유가 경전을 읽으면서 자신을 경계하며 지낸 일상이었다. 치세의 뜻을 품고 학문에 정진했지만, 세상은 자신을 받아주지 않고 있다고 토로한다. 이에 더해 전염병까지 만났으니, 치세의 뜻은 생각조차 할 수 없게 되었음을 밝히고 있다.

이런 상황에서 그는 병 때문에 두려운 마음을 두보・악광・의백양・공자 등의 선인들이 병을 피할 수 있었던 사례를 인용하여 극복하고자 한다. 위백양은 연단술을 구하였는데, 자신은 아직도 구체적인 천연두 극복 방법을 구하지 못한 것에 대해 부끄럽게 여기는 한편, 질병이 자신의 생사와 존망에 관계된다고 항상 조심한 공자[54]를 흠모할 수밖에 없다고 말하기도 한다. 또한 '귀신은 이백의 시를 보고 울었고' 구절은 두보가 이백의 시를 평하여 지은 시에서 "붓을 들고 글을 지으면 풍우를 놀라게 하고, 시가 이루어지면 귀신을 울렸네."[55]라고 한 부분으로 귀신을 감복하게 할 정도로 뛰어난 시 짓는 실력을 말한 것이다. 목재는 이렇게 뛰어난 시작詩作 실력이라도 가져 병을 물리치고 싶은 간절한 심정을 우회적으로 표현한다.

'의심은 잔에 비친 뱀같이 하고'는 진晉나라의 악광樂廣이 친구와

53 洪汝河, 「述懷-乙酉避痘在山幕」, 앞의 책 卷1; 『韓國文集叢刊』 124, 331면.
54 『論語』, 「述而」, "子之所愼, 齊戰疾."
55 杜甫, 『古文眞寶前集』 3, 「寄李十二白二十韻」, "筆落驚風雨, 詩成泣鬼神."

술을 먹을 때, 친구가 잔 속에 비친 뱀의 그림자를 보고 마음이 섬뜩하여 병들었다가 나중에 그 뱀의 그림자가 벽에 걸린 활의 그림자인 것을 알고 병이 저절로 나았다는 대목이다. 실제로 걸리지 않은 병이지만 병에 대한 위협을 받으면서 생활하는 모습을 은유적으로 드러내고 있다. 각각 인용한 사례는 당시 질병에 대한 두려움이 얼마나 위협적인가를 알 수 있다.

1664년(현종5)에 종조숙부인 홍호약洪好約[56]이 숨을 거둔 지 열두 달이 지나서 장례를 치렀다고 기록하고 있다. 홍호약이 역병으로 숨진 것은 아니었지만, 그가 숨을 거둘 당시 역병이 돌아 누구 하나 모이질 않으니 어쩔 도리가 없었기 때문이다. 향리의 선배인 김응조金應祖의 장례에도 전염병 때문에 참석하지 못하였다.[57] 이를 통해 당시 역병이 얼마나 공포스러웠는지 알 수 있다. 아래 인용문에는 이와 같은 공포가 온전히 드러난다.

聞道擧國人　듣자 하니 온 나라 사람들이
一半吟疾瘉　반이나 질병으로 신음한다하네.
致此豈人事　사람 일이 어찌 이 지경 되었는가
抑恐天難怙　또한 하늘조차 믿기 어려울 듯하네.
園葵驗世故　원규에서 세상일을 징험하며
憂時腸欲腐　시대 근심에 창자가 썩으려 하네.

56 洪汝河,「祭從祖叔父宣務郎文」, 앞의 책 卷7;『韓國文集叢刊』124, 452면, "嗚呼哀哉. 叔父之亡, 今十二朔矣而葬, 姪承訃亦十二朔矣而來哭. 蓋以叔父自示病時, 村閭大疫, 姪與諸孤, 皆有所忌, 旣殯之後, 諸孤亦奔避. 故葬如此其緩, 而來哭如此其晩也."

57 洪汝河,「答李翼文」, 앞의 책 卷4;『韓國文集叢刊』124, 398면, "重以痘火, 四圍無開眼處, 閉戶龜縮, 玆未趨鶴沙丈葬所, 悲歎益難堪也."

仁皇捲至和　인황은 지극히 화합에 힘썼고
懿文悲率土　의문을 온 나라가 비통해하네.
國步漸迍邅　국가의 운명 점점 비틀거리게 되니
蒼生命絲縷　백성의 목숨이 실오라기 같구나.
燮理徵皐夔　고요와 기를 불러 다스림 맡기고
辛勤荷湯禹　탕과 우에게 맡겨 부지런히 애쓰게 하였네.
殷史書七年　은나라 역사에 칠 년의 가뭄이 적혀 있고
春秋錄不雨　춘추에 비 내리지 않은 일 기록했네.
雷師久曠職　뇌사가 오랫동안 직분에 소홀하니
旱魃更跋扈　가뭄이 더욱더 기승을 부리네.(53~68)[58]

목재는 질병과 굶주림에 처한 사람들의 모습을 보며 비통한 심정을 절절하게 드러내고 있다. '원규園葵'을 통해 국가의 재앙이 닥칠 조선의 현실을 염려하고 있다. '원규'의 고사는 다음과 같다. 노나라 칠실읍漆室邑에 사는 여자가 자신의 밭으로 진晉나라 손님의 말이 달아나 채소밭을 밟아 한 해 동안 채소를 먹지 못한 것을 보았다. 이를 통해 노나라가 환란으로 인해 국가에 재앙이 생길 징조를 알고 나라를 근심한 것을 말한다.[59]

실제로 노나라 목공 때에 임금은 늙고 태자는 어려서 국사가 매우

58 洪汝河, 「述懷-乙酉避痘在山幕」, 앞의 책 卷1; 『韓國文集叢刊』 124, 331면.

59 『列女傳』 卷3, 「仁智傳 · 魯漆室女」, "漆室女曰 : '吾憂魯君老, 太子幼.' 鄰婦笑曰: '此迺魯大伕之憂, 婦人何與焉.' 漆室女曰 : '不然, 非子所知也. 昔晉客舍吾家, 繫馬園中. 馬佚馳走, 踐吾葵, 使我終歲不食葵.' …(중략)… 今魯君老悖, 太子少愚, 愚僞日起. 伕魯國有患者, 君臣父子皆被其辱, 禍及衆庶, 婦人獨安所避乎. 吾甚憂之. 鄰婦謝曰: '子之所慮, 非妾所及. 三年, 魯果亂, 齊楚攻之. 魯連有寇.'"

위태로운 지경에 있었는데, 칠실漆室의 여자가 나라를 근심했다. 그러나 여자의 근심대로 3년이 지나자, 노나라는 제나라와 초나라의 공격을 받아 화를 당했다고 한다. 목재는 당시 비분한 심정을 '시대 근심에 창자가 썩으려 하네.'라고 격양되게 밝히고 있다.

제7~8구의 '인황은 지극히 화합에 힘썼고, 의문을 온 나라가 비통해 하네.'[60]에서는 중국의 사례를 인용하여 질병으로 힘든 조선의 현실을 걱정하고 있다. '인황仁皇'은 중국 명나라의 제4대 황제로 61년의 재위 동안 치세와 선정을 베풀었고, '의문懿文'은 명나라 태조의 장자로 태자에 오른 주표朱標를 의미한다. 주표는 갑자기 병으로 죽어 제위에 오르지 못한 사람으로 명나라 인황의 치세에도 불구하고 태자 주표가 질병으로 죽은 것과 같이 조선 또한 질병의 위험에 있음을 말한 것이다. 목재는 전염병으로 나라가 위태롭고 백성들의 목숨마저 보장할 수 없는 어지러운 정국이 끝나기도 전에 가뭄으로 인해 백성들이 이중고에 힘들어하고 있는 상황을 이야기한다.

보통 가뭄과 홍수의 발생에 따른 기근의 발생은 같은 해, 또는 이듬해에 전염병이 발생하고 창궐하도록 만든 주된 원인이었다. 특히 가뭄은 장기간에 걸쳐 서서히 도래하며 상당히 오랜 기간 지속되어 광범위한 지역에 걸쳐 영향을 미쳤다. 이러한 가뭄 등의 발생에 따른 기근과 전염병의 발생은 높은 상관관계가 있다.[61] 목재 역시 직면한 현

60 '仁皇'은 중국 명나라의 제4대 황제로 1년의 짧은 재위 동안 치세와 선정을 베풀었고, '懿文'은 명나라 태조의 장자로 태자에 오른 朱標인데 주표는 태조보다 앞서 죽었기 때문에 황제에 오르지 못하였고 시호를 의문 태자라고 하였다. 「술회」 창작 연도와 소현세자의 죽음은 같은 해이다. 목재가 직접적인 소현세자의 죽음을 언급하지는 않았지만, 명나라 인황, 의문 태자의 재위 기간이나 사망 시기를 비교해 보면 소현세자의 죽음을 알고 시를 지은 것으로 추정할 수 있다.

실은 전염병뿐만 아니라 가뭄으로 인한 흉작, 기근, 굶주림이 연쇄적으로 이어지는 상황이었다. 더해서 조정의 무능, 관리들의 심한 착취로 인해 나라가 위험한 지경에 이른 상황을 아래에 밝히고 있다.

謾哂暴尩羸	굶주려 병든 자를 비웃고 함부로 하니
誰復催農扈	누가 다시 농사를 서두르랴.
穎栗欠來牟	밀과 보리는 잘 여물지 못하고
萌芽斷秔稻	벼는 싹조차 끊어져서
十室九餓莩	열 집에 아홉은 굶주려 죽고
坊市總襤褸	동네마다 모두 누더기 옷 입었네.
朱門任傾奪	귀족은 다투어 빼앗고
白日喧歌舞	밝은 대낮에도 가무소리 시끄럽네.
黃鍾混瓦缶	좋은 악기가 오지장군에 뒤섞이고
美玉謝玞珷	아름다운 옥이 거친 옥에게 내쳐지네.
吏胥性猰貐	서리는 성질이 짐승처럼 사납고
搢紳口鸚鵡	관리의 말이 앵무새와 다름없네.
算略眞捉影	나라의 정책은 참으로 허황하여
慰諭飜童羖	백성 위로함에 실없는 말만 넘치네.
難瞻鶴鳴皐	언덕에서 우는 학 보기 어렵고
愁聞鴇集栩	근심스레 떡갈나무 너새소리 듣네.
豈復思賑濟	어찌 다시 진휼하기를 생각 않고
但增催歲估	다만 세금만 더욱 재촉하는지.(69~86)[62]

61 이준호, 「조선시대 기후변동이 전염병 발생에 미친 영향」, 『한국지역지리학회지』 102, 한국지역지리학회, 2019, 431~434면.

62 洪汝河, 「述懷-乙酉避痘在山幕」, 앞의 책 卷1; 『韓國文集叢刊』 124, 331권.

목재가 목도한 것은 백성들의 비참한 생활이다. 고관들은 굶주림과 전염병에 고생하는 백성들의 참혹한 상황에도 백성을 돌보기보다는 약탈과 향락에 빠져 있다. 그리고 조정에서는 군자가 배척당하고 소인이 득세하여 제대로 된 인재들이 등용되지 못하고 있다. 임무를 수행하는 관리들 역시 앵무새처럼 조정이나 고관들의 비유만 맞추려 하고 서리들 또한 권세를 빌려 위세를 부리면서 백성들을 가혹하게 하는 현실을 목재는 강력하게 비판하고 있다. 목재가 뒤에 "국가의 패망은 관리가 사악邪惡하고 사사로운 총애와 수뢰受賂가 드러남으로 말미암는다. 뇌물이 행해지면 관리들이 덕을 잃어 겉으로 드러나게 되면, 그 해로움은 이루 다 헤아릴 수 없다."[63]라고 했는데, 「술회」 창작 당시의 생각을 그대로 견지하고 있음을 알 수 있다.

또한, 목재는 시경의 고사 '학명고鶴鳴皐', '보집허鸨集栩'를 인용해서 당시의 상황을 구체적으로 비판하고 있다. 시어 '학명고'는 『시경』의 "학이 깊숙한 물가에서 울면 소리가 하늘까지 들린다. 물고기는 연못에 숨어 있으나 간혹 못가에도 있다."[64]라고 한 구절로, 현명한 사람은 어느 곳에 있어도 반드시 세상 밖으로 드러나게 되어 있다는 의미이다. 그런데 목재가 목도한 조선은 현자를 찾아보기 어려우며, 그들이 뜻을 펼 수 있는 시대가 아니라는 것이다.

당시의 정치 상황을 살펴보자. 인조반정에 성공한 반정공신들은 대북세력을 제거하고 새로운 정권에 참여할 인물을 선정하였다. 대부분 광해군 때 폐모론에 반대하다가 축출당했거나 혹은 스스로 물러나 은

63 洪汝河, 「策題-國家敗因」, 앞의 책 卷5, 『韓國文集叢刊』 124, 418면: "問國家之敗, 由官邪而寵賂章也. 貨賂之行, 官以失德, 而至於章, 則其害有不可勝言者."

64 『詩經』, 「鶴鳴」, "鶴鳴于九皐, 聲聞于天. 魚潛在淵, 或在于渚."

거하였던 인사들이었고, 당색으로는 서인이 가장 많았다.

인조대 후반에는 주로 김상헌, 이경석에 의해 인사가 이루어졌는데, 그들은 김자점의 친정세력에 맞서기 위해 산림세력을 적극 조정에 포진시키려 했다. 당시 인조 초반 산림계인 김장생, 장현광, 박지계 등이 죽고 없는 상태에서 산림으로 중망을 모으고 있던 사람은 김장생의 아들이자 그의 학통의 적전인 김집이었다. 그리고 김장생의 문도이면서 김장생이 사망한 뒤 김집의 문하에서 학업을 닦던 송준길과 송시열 등이 주된 제수의 대상이었다.

1639년(인조17) 이조판서에 오른 이경석은 최온崔蘊, 선우협鮮于浹을 천거한 바 있으며,[65] 1645년(인조23년)에는 우의정에 보임되면서 세자를 보도하기 위한 명분을 앞세워 김집, 송준길, 송시열의 제수를 청하는[66] 한편 최온과 허후許厚에게는 언관직을 맡길 것을 청하기도 했다.[67] 영남을 대표하던 남인이 점점 세력을 잃고 서인인 송시열, 김집, 송준길 등이 거론되는 상황이었다. 목재는 지방에 있어도 중앙의 상황을 주시하면서 지식인으로서 부조리한 현실을 강하게 비판하고 있다.

이어서 '보집허鴇集栩'를 통해 지금 조선의 현실이 최소한의 일인 부모와 가족조차도 봉양할 수 없게 만들고 있다는 것이다. '보집허'는 『시경』에 "푸드덕푸드덕 나는 너새의 깃이여, 우북한 상수리나무에 모이도다. 왕의 정사가 견고하지 못한지라 능히 피와 기장을 심지 못하니 부모가 무엇을 믿을꼬? 아득한 푸른 하늘아! 언제나 그 살 곳이 있

65 『仁祖實錄』 卷38, 仁祖17年(1639) 1月 29日, 2번째 기사; 『仁祖實錄』 卷38, 仁祖17年(1639) 4月 18日, 1번째 기사.

66 『仁祖實錄』 卷44, 仁祖21年(1643) 12月 25日, 2번째 기사.

67 『仁祖實錄』 卷46, 仁祖23年(1645) 10月 9日, 2번째 기사

을꼬."[68]라는 구절로, 너새의 성질은 나무에 서 있지 못하는데 지금 수북한 상수리나무에 내려앉은 모습은 부자연스러운 현상을 말한다.

목재는 이를 마치 백성이 어쩔 수 없이 부역을 떠나는 바람에 부모를 봉양하는 자리에 있지 못한 상황에 빗대었다. 목재가 전염병뿐만 아니라 흉작, 기근, 착취 등으로 인해 백성들이 겪는 어려움을 거침없이 드러내는 것은 현실을 직시하고 시대를 고발하려는 그의 지식인으로서의 자세를 보여주었다.

목재가 피병避病하던 1645년(인조23)은 대외적으로도 혼란한 시기였다. 1644년(인조22) 5월 2일에 청의 도르곤 부대와 함께 북경에 입성하면서 청이 건국된 것이다. 중국에서 명・청 교체가 일어난 직후이다. 명・청 교체에 대한 그의 시대 인식을 아래 인용문에서 볼 수 있다.

一統山河在　일통된 산하가 있으매
萬國風雲聚　만국이 풍운처럼 모여드니
青田謀子房　청전의 계책은 자방이었고
中山勛尙父　중산의 공훈은 상보였었네.
英雄漢唐上　영웅은 한나라와 당나라 이상이고
禮樂虞周伍　예악은 순임금과 주나라를 본받았네.
九廟格神人　제왕의 종묘에 신인이 이르니
千春陳簋簠　천년에 이어갈 제기를 진설하네.
嘉靖屬河淸　가정 연간은 태평성대에 속하고
萬曆承祖武　만력 연간은 선대의 자취를 이어받았네.
玉燭揚光明　옥 같은 등불은 밝은 빛을 드날리고

68 『詩經』, 「鴇羽」, "肅肅鴇羽 集於苞栩 王事靡盬 不能蓺稷黍."

金甌不苦窳　굳건한 영토는 허약하지 않았네.
鴻恩我國偏　큰 은혜가 우리나라에 두루 미치고
至治天下普　지극한 다스림은 온 천하를 보살폈네.
六載勞王師　육 년간 왕의 군사를 수고롭게 하여
三韓再安堵　삼한이 다시 안도하게 되었네.
朔方悉稽首　북쪽이 모두 머리를 조아리고
扶桑頓慄股　동쪽은 다리를 떨며 조아렸네.
飜覆遽至此　뒤바뀌어 별안간 이 지경에 이르렀으니
成敗寧逆覩　성패를 어떻게 미리 짐작하랴!(113~132)[69]

시의 전반부에서는 명나라가 옛 제도를 본받아 법도를 세워 건국하게 된 사실을 밝히고 있다. 명나라의 개국에 공헌한 인물로 '청전青田'과 '탕화湯和' 같은 이들이 있었으며, 이들의 노력으로 과거의 원대했던 중국을 회복할 수 있었다는 것이다. '청전'은 명나라 태조 때의 학자 유기劉基를 가리키며 원나라 말엽에 여러 번 승진하여 총관 부판이 되었으나, 관직을 버리고 청원 산중으로 들어갔다. 뒤에 청전에서 의병을 일으켜 태조를 도와 왕조를 창건하는 데 공을 세워 개국 원훈이 되었고, 1370년 성의백誠意伯에 봉해졌다.[70] 명 태조가 그를 노선생이라 칭하면서 이름을 부르지 않으며 '나의 자방이다.'[71]라고 한 인물이다. '탕화'는 명 태조가 곽자흥 아래에 있으면서 의사義士들을 규합하자, 향리의 장사 수십 명이 모여들었는데, 그 가운데 한 사람으로 명나라의 개국 공신 중 한 명이다.

69 洪汝河, 「述懷-乙酉避痘在山幕」, 앞의 책 卷1; 『韓國文集叢刊』 124, 331면.
70 『중국역대인명사전』, 이회문화사, 2010.
71 『明史』 卷128, 「劉基列傳」, "帝常呼爲老先生而不名曰: 吾子房也."

목재는 명의 화려했던 전성기를 회상하며, 임진왜란에 명의 은혜를 입어 조선이 국난을 극복한 사실을 말한다. 일본의 조선 침략으로 시작된 임진왜란은 1592년(선조25) 7월 이후 명나라 군대의 참전을 불러왔고 조선・명・일본이 뒤얽혀 전개되었다. 명나라는 수세에 몰린 조선의 원병 파견 요청을 받아들여 참전했다.[72] 명나라 군대는 1593년(선조23) 1월, 평양전투에서 승리함으로써 전쟁 초반 일본군에게 일방적으로 몰리던 전세를 뒤집어 반격의 실마리를 마련하고, 나아가 임진왜란 전체의 전황을 바꿔놓았다.

이에 따라, 조선은 명의 원조에 '나라를 다시 세워준 은혜'로서 인식하게 된다. 이러한 '재조지은再造之恩'은 임진왜란이 끝난 이후에도 조선의 지식인 사회에 커다란 영향을 주었다. 조선이 존망의 기로에 몰렸던 임진왜란 상황에서 명나라의 도움은 양국 관계가 실질적인 혈맹으로 발전하도록 했다.

이후 조선 정부와 지식인들의 존명적 태도는 명분적으로나 실질적으로 확고한 정당성을 갖게 되었다.[73] 나아가 1644년(인조22) 명이 청

72 이들의 참전은 위기에 처한 조선을 원조한다는 목적보다는 조선이 일본 수중에 떨어질 경우, 요동이 위험해지고, 궁극에는 자국의 심장부인 천진과 북경이 일본군의 위협에 노출될 것을 우려하여 단행한 자위적 차원의 조처였다.(崔韶子, 「壬辰亂時 明의 派兵에 대한 論考」, 『東洋史學硏究』 11, 1997; 「壬辰倭禍와 明朝」, 『아시아문화』 8, 한림대 아시아문화연구소, 1992; 趙湲來, 「明軍의 出兵과 壬辰戰局의 推移」, 『韓國史論』 22, 국사편찬위원회, 1992: 한명기, 「임진왜란 시기 '재조지은'의 형성과 그 의미」, 『東洋學』 29, 단국대학교 동양학연구원, 1999.) 명군의 조선 참전과 장기 주둔은 정치적으로 조선에 대한 내정 간섭을 불러오는 등 주권을 침해하였고, 사회적으로는 조선 민중에게 극심한 민폐를 끼침으로써 적지 않은 부정적인 영향을 남겼다.(한명기, 「壬辰倭亂 시기 明君 참전의 社會・文化的 영향」, 『軍史』 35, 국방군사연구소, 1998.)

73 유봉학, 「燕巖一派 北學思想 硏究」, 一志社. 1995, 56~58면.

에 멸망 당한 이후에도 조선 지식인들은 명에 의리를 지켜야 한다고 주장을 했다. 그 배경에도 역시 임진왜란 당시 조선이 입었던 재조지은과 밀접하게 연결되어 있다.[74]

이러한 시대적 상황에서 목재 역시 명나라에 대해 긍정적인 자세를 유지하고 있으며, '재조지은'에 따라 청을 배척한다는 명분을 인정하고 있다. 한때 여진족이 명나라를 두려워했고 일본 또한 그러했는데 현실은 뒤바뀌게 되어 국제질서의 중심인 명이 망하고 청의 건국이 이루어진 사실은 그에게는 믿기 어려운 일이었다. 따라서 목재는 이러한 시대에 무엇을 해야 하는가 고민하고 있다.

마지막 구절 '국가의 성패를 어떻게 미리 짐작하랴.'라고 하며 명나라가 망하고 청나라가 들어설 줄 꿈에도 몰랐다고 토로한다. 명과 청의 교체는 조선의 지식인으로서는 천고의 기변奇變이었을 것이다. 목재는 당시 조선의 국내외적 상황을 혼돈의 상태로 보고 있으며 이러한 위기 속에서 이후 지식인으로서 자신의 역할에 고민하게 된다.

魯直文章古　황노직은 문장이 예스럽고
谷口風節俁　정곡구는 기풍과 절개가 대단했네.
胸襟燦星斗　가슴속에는 북두성이 찬연하고
令聞被文黼　아름다운 명성은 문장으로 드러났네.
汩汩詞源涌　사의 원천을 거침없이 쏟아내고
灑落英音吐　아름다운 소리 시원하게 표출했네.
元亮採菊華　원량은 국화를 따고
靈均攬宿莽　영균은 숙낭을 캤다네.

74 정옥자, 「조선후기 조선중화사상연구」, 일지사, 1998, 100~103면.

報國思效軀　나라에 보답함은 몸 바치길 생각하고
承家法幹蠱　가업 이어 간고를 본받았네.
渠輩摠瑚璉　그들은 모두 호련이니
異日堪宰輔　다른 날 보필의 신하 될 만 했네.
資品雖不同　타고난 바탕은 비록 다르지만
一般此辛苦　고통을 겪은 것은 같았네.
洞廬苔上扉　골짜기 집에는 사립문에 이끼 나고
書齋花滿塢　서재 담장 언덕에는 꽃이 만발했네.(195~210)[75]

인용문에서 목재는 송나라 황정견, 후한의 장자진 등의 역사 속의 인물을 통해 자신의 지향점을 밝히고 있다. 황정견은 스승인 소식과 병칭될 만큼 문장에 뛰어났으며 강서시파를 열었던 인물이다. 목재는 황정견의 뛰어난 문장을 본받고, 조정의 부름에도 곡구에서 은거한 정자진의 절개를 닮고자 했다. 반면, 도잠과 굴원의 물러남을 자신에게 반추시켜 치세에 대한 의지를 드러내기도 한다. 이를 통해 보면 목재는 '출'과 '처'에 대해 상당히 고민하고 있으며, 여러 인물의 처세를 통해 자신이 가야 할 길을 모색하고 있었다. 특히 그가 역사가로서 당시 겪었던 현실을 증언하고 기록하는 것에 대한 소명의식을 갖는 중요한 계기가 되었다.

이상으로 1645년(인조23) 국내외의 참혹한 상황을 보여 준 「술회」를 살펴보았다. 당시 전염병, 기후변화 등으로 백성들은 의식주 기본생활조차 영위하기에 힘든 상황이었다. 더구나 조정에서는 고관들이 약탈과 향락에 빠져 있으며, 소인이 득세하여 인재의 등용이 어려운 현

75 洪汝河, 「述懷-乙酉避痘在山幕」, 앞의 책 卷1; 『韓國文集叢刊』 124, 331면.

실이었다. 관리들도 실질적인 대책을 세우기보다는 조정이나 고관의 비유만을 맞추고 백성을 힘들게 하고 있었다.

대외적으로는 명·청 교체라는 믿기 힘든 국제정세를 겪으면서 독재는 이러한 혼란의 시대를 어떻게 살 것인가 끊임없이 고민하고 자신의 역할을 찾아가고 있었다. 그 해결책으로 과거 역사 속 선현들에서 찾고자 하였다. 「술회」는 정치·사회적 관점, 철학적 관점 등 다양한 시각을 통해서 문제를 진단하고자 하는 목재의 모습이 담겨 있으며, 거시적으로 시대를 바라보고자 하는 지식인의 정신이 녹아 있다고 할 수 있다.

2. 목재木齋의 시기: 환로의 참여와 내적 검속의 표출

목재는 다양한 학문적 배경을 통해 성장할 수 있었다. 그런 뒤 커다란 포부와 희망을 품고 관직에 진출해 새로운 세계로 진입하게 된다. 그의 관료 생활은 1654년(효종5) 과거에 합격하면서부터 시작되어 1660년(현종1) 해배될 때까지의 5~6여 년 동안이다. 이 시기는 지방관으로 좌천되어 있을 당시 동료들과 교유, 좌천과 유배로 인한 자신의 심회를 지은 시 등이다. 그가 관료기에 남긴 작품을 통해 한시 속에 드러난 공간과 인물을 더듬어 보고, 관료기 삶의 정서를 고찰하고자 한다.

1) 동료에 대한 그리움과 참여의 의지[76]

목재 활동 당시 정국을 살펴보자. 목재가 입사했던 효종 대는 인조 대까지 지속된 서인 정권이 그대로 이어지면서 새로운 정치 질서가 모색되던 시기였다. 효종 초에 효종의 정통성 시비문제가 야기되었다. 이렇게 정통성 논란 속에서 불안하게 왕위에 오른 효종은 그를 지지해 줄 세력이 아직 결집되어 있지 못한 상황에서 산림山林을 조정으로 불러들여 정국을 개편시키려 했다. 그런데 정치집단으로 부상하게 된 산당山黨[77]은 오히려 효종에게 소현세자의 아들 중 유일한 생존자였던 셋째 아들 이석견李石堅의 방면 문제와 강빈姜嬪 옥사獄事의 재조사 등을 요청하면서 지속적으로 긴장 관계를 형성했다.[78]

효종은 자신의 종통 문제는 물론이고 청으로부터의 간섭과 전쟁 및 각종 재난으로 피폐해진 민생의 안정 등도 고려하여, 산당을 물리치고 한당漢黨[79]의 영수인 김육金堉과 제휴했다. 그리고 1651년(효종2)

76 최금자, 「목재 홍여하의 교유 양상 연구-교유시를 중심으로-」, 『동양한문학연구』 59, 동양한문학회 2021 일부이며 보완하였다.

77 산당은 인조 초의 金長生에서부터 비롯되어, 尊明事大의 명분론을 내세워 斥和를 주장하다 城下之盟 후 물러났다. 김장생의 아들 金集을 領袖로 宋浚吉·宋時烈·李惟泰·尹宣擧 등의 학자를 앞세워 사승관계에 의한 인적조직을 갖추었고, 金益熙·兪棨·趙錫胤 등을 조정에 포진시켜 의견을 대변하게 하였다. 이로써, 인조 말년에 공신세력과 대항할 수 있는 가장 유력한 정치집단으로 성장하였다. (정만조, 「17세기 중반 한당의 정치활동과 국정운영론」, 『한국문화』 23, 서울대학교 규장각한국학연구원, 1999, 112면.)

78 산당이 조정으로 부임하려고 할 때, 신면은 그들에게 장차 나와서 무슨 일을 할 것인지 물은 적이 있었다. 이때, 송시열은 '원수에게 복수하여 치욕을 씻는 일'과 '강빈이 원통하게 죽은 것을 푸는 일', 이 두 가지를 먼저 할 일이라고 대답하였다. (李建昌, 『黨議通略』, 「仁祖朝至孝宗朝」; 윤혜민, 「17세기 후반 국왕의 정국운영과 척신의 역할-효종·현종·숙종을 중심으로」, 건국대학교 대학원 박사논문, 2020, 198~199면.)

에 그의 손녀[明聖王后]를 세자빈으로 간택해 인척 관계를 맺었다. 당시 김육의 가문은 산당과 종친 및 남인과도 연혼 관계를 맺고 있어 다양한 세력을 아우르고 있었다.

이후, 효종은 김좌명金佐明과 허적許積 등의 척신과 남인들을 등용하는 유화책을 펼쳤으나, 효종의 정통성을 흔드는 신하들의 발언은 계속되었다. 효종이 추진한 군사 정책의 잇따른 실패와 거듭되는 재이災異로 인한 왕의 실덕失德 논란이 계속되어 결국 효종은 정국 타개책으로 다시 산당을 진출시킨다. 이에 송시열과 송준길은 각각 이조판서와 병조판서에 제수되어 영향력을 행사하고 있었다.[80] 목재는 이러한 흐름 가운데 있었다.

목재는 1656(효종7)년 12월 사간원의 정언으로 재직 시에 시사時事를 논하는 응지상소를 처음으로 올렸다.[81] 이 상소는 대신들에게 분노를 거칠게 드러낸 효종의 성정을 지적하면서 마음 수양하기를 곡진하게 아뢴 것이었다. 이는 앞서 효종이 영돈녕 부사 김육이 올린 차자로 인해 대신들을 인견한 자리에서 "오늘날에는 임금 노릇하기 어렵다"라고 한다든지 "나의 행동이 모두 사람들에게 비난을 당하니 이 뒤

79 한당에 대한 기록은 李建昌의 『黨議通略』에서 "山黨은 김집이 영수였는데 송준길과 송시열 등이 보좌했으며, 모두 충청도 連山·懷德의 산림 속 사람들이므로 '산당'이라고 일렀다. 漢黨은 金堉과 申冕이 영수였는데, 도두 漢江 위에 살고 있었으므로 '한당'이라고 이름하였다."라고 하였다. 한당은 한양을 터전으로 활동하는 세력을 한당으로 소개하고 있다. 실록에서 산당이 '송시열, 송준길에 붙좇는 시류의 무리들'이라(『顯宗實錄』 卷16, 10年(1669) 1月 8日 3번째 기사) 정의하지만 한당에 대한 표현은 보이지 않기 때문에, 한당은 상대적으로 크게 결집된 세력을 이루지 못했다고 추정해 볼 수 있다. (윤혜민, 앞의 논문, 2020, 24면.)

80 윤혜민, 앞의 논문, 198~199면.

81 『孝宗實錄』 卷17, 7年(1656) 12月 4日, 3번째 기사.

로 어떻게 감히 다시 대궐문 밖에 한 걸음이라도 나가겠는가."[82]라고 하면서 쌓인 불만을 거침없이 드러낸 데에 기인한 것이다.

효종이 북벌을 위한 목적으로 추진한 일련의 정책들로 인해 곳곳에서 물의가 일어나고 있던 차에 마침 천재지변과 사고들이 겹쳐 일어났다. 이에 효종은 자신의 정책이 잘 시행되지 않던 차에 재해뿐만 아니라 자신이 추진한 정책에 주변의 반발이 일어나 심기가 몹시 불편했다. 그래서 효종은 김육의 상소에 대해서도 평상심으로 대하지 않은 것이다.

목재가 올린 상소는 효종의 마음 수양을 청한 것으로 효종에 대해서 불손한 언사가 있었던 것도 아니고, 서인을 배척하는 내용도 아니었다. 따라서 효종도 진언한 정성을 가상하게 생각한다는 정도의 상투적인 비답을 내렸으며, 서인도 이에 대해 직접적인 반응을 보이지는 않았다. 하지만 직언을 한 목재는 서인의 견제를 받아 외직인 함경도 고산찰방으로 좌천되었다.[83] 벼슬길에 들어선 지 얼마 되지 않은 신입 관리에게 닥친 첫 시련이었다. 그는 부임지에서 중앙에 있는 동료에게 시를 보낸다.

天祿纔敲太乙藜　태을신선 청려장 짚고 천록각을 찾더니
旋擎寶典路從西　보배로운 전적 받들고 서로부터 오셨네.
方持文柄眞司馬　이에 문병을 잡았으니 참 사마온공이요
却到名山似會稽　곧 명산에 도착하니 회계산 같으리.
江左風流成邂逅　강좌의 풍류객이 우연히 서로 만나

82 『孝宗實錄』 卷17, 7年(1656) 9月 24日, 2번째 기사.
83 『承政院日記』 卷144, 8年(1657) 2月 13日, 6번째 기사, ."洪汝河爲兼高山察訪"

罇前雪落記分携　한잔 술로 눈 내릴 때의 이별을 기억하네.
龍鍾曾忝陪靑瑣　못난 이 몸 외람되이 임금을 모셨더니
瑞日觚稜夢裏迷　상서로운 날 고릉에서의 일 꿈속 같구나.[84]

이 시는 1657년(효종8)에 사고를 봉안하러 가는[85] 채유후蔡裕後와 이명익李溟翼에게 보낸 것이다. 채유후는 인조반정, 이괄의 난, 정묘호란, 병자호란 등이 이어지던 혼란한 정국 속에서 생애의 절반이 넘는 37년을 관직에 있었다. 그는 『인조실록』, 『선조 개수실록』, 『효종실록』 3대의 실록 편수에 참여하였으며, 누차 대제학을 지내며 문형을 쥐고 당시 문풍의 변화를 선도한 인물이다.

다른 인물인 이명익은 5대조가 이황의 숙부가 되며, 관직 초기에는 조경에게 천거를 받기도 했다.[86] 숙종 초에 승지, 대사간에까지 올랐던 인물이다. 1657(효종8)년 실록을 봉안하는 직무를 수행하게 되었으나, 이듬해 다시 사관 천거에 관한 일로 좌천되기도 했다.[87] 당시 영남지역 출신의 관료들이 점점 줄어들고 있는 상황에 목재와 이명익은 동향 출신으로 긴밀한 교유를 이어갔다.

작품의 전반부는 채유후가 문형에 올랐던 사실과 실록 편찬에 참여하여 사고를 봉안하는 일을 극찬하고 있다. 제1구에서 목재는 실록 편찬에 참여한 채유후를 천제天帝가 인정한 박학한 유향에 비유하고

84 洪汝河, 「贈蔡大提學 裕後 李奉敎 溟翼 藏史之行 丁酉」, 앞의 책 卷1; 『韓國文集叢刊』 124, 334면.

85 『宣祖實錄』 봉안: 『孝宗實錄』 卷19, 8年(1657) 9月 30日, 3번째 기사; 11月 22日, 2번째 기사.

86 채재공 외 편 · 강주진 외 역, 『영남인물고』, 탐구당, 1967, 304~305면.

87 『孝宗實錄』 卷20, 9年(1658) 5月 25日, 1번째 기사; 5月 27日 1번째 기사.

있다. 유향은 한성제漢成帝 때 인물로, 그가 천록각에서 서책을 교정하고 있을 적에 한 번은 밤에 황의黃衣를 입은 노인이 청려장을 짚고 찾아와서는 청려장 끝에 불을 일으켜 유향을 비춰 주고, 글을 유향에게 전해주었다. 이때 유향이 그 노인의 성명을 묻자, 그 노인은 "나는 태을太乙의 정기인데, 천제께서 유씨의 자식 중에 박학한 자가 있다는 말을 듣고 내려가서 살펴보게 하였다."[88]라고 한 부분이다. 제3구는 채유후가 문형을 맡은 사실을 사마광과 비유하고 있다. 사마광은 황제의 칙명으로 『자치통감資治通鑑』을 저술하고 죽은 뒤에 태사온국공太師溫國公으로 추증된 인물이다.

작품의 후반부는 목재가 중앙에 있는 동료들과 함께하지 못한 안타까운 심정과 중앙에 대한 그리움을 드러낸다. 그는 중앙에 있던 동료에게 시를 보내면서 현실 속의 자신의 모습을 실감하게 되었고, 그가 중앙에서 보낸 생활은 꿈속의 일처럼 멀게 느껴진 것이다.

위의 시는 목재에게 동료와 안부를 주고받는 것 이상의 의미가 있다. 사고를 봉안하는 행사가 흔치 않은 국가의 중대한 일인 데다 행사를 주관하는 곳이 관직 초기에 근무하던 곳과 관련이 있기 때문이다. 무엇보다도 일찍부터 가졌던 역사에 관한 관심도 시를 보내는 데 기인했을 것이다. 다음은 충청도 관찰사로 떠나는 서필원에게도 시를 보낸다.

杖節南來是舊遊　부절 가지고 남으로 오니 고향땅이요
名都形勝控湖州　이름난 도시 아름다운 호주로 떠나가네.
相如入蜀榮堪比　상여가 촉 땅에 갔던 영광에 비길 만하고

88 『三輔黃圖』, "我是太乙之精, 天帝聞卯金之子有博學者, 下而觀焉."

翁子還吳事罕儔　옹자가 오 땅으로 돌아온 일 비할 데 없네.
山驛亂蟬紅樹晚　산 역참 단풍나무에 매미소리 어지러운 저녁
海門歸鴈碧雲秋　바다 입구 구름에 기러기 돌아가는 가을
龍鍾偏覺離懷苦　못난 이 사람은 이별의 괴로움이 남다르니
莫惜詩筒數遞郵　시를 담아 자주 배달함을 아끼지 마세요.[89]

실록에 따르면 목재가 정언으로[90] 발탁되기 2개월 전 서필원徐必遠이 1656년(효종8)에 충청도 관찰사로 임명된다.[91] 따라서 이 작품은 서필원이 1656년(효종8) 충청도 관찰사로 임명되었고, 작품의 제5~6구에서 목재 자신이 역에 있다고 밝힌 것으로 보아 1657년(효종9) 고산찰방에 있을 때 지은 것으로 보인다.

서필원은 증조부 서익徐益의 영향으로 서인 계열 가문에서 태어났다. 그는 양녕대군의 후손인 이찬우李贊于의 딸과 혼인하였고, 김집金集과 정홍명鄭弘溟에게 학문을 배웠다는 점에서 서인 출신과 관련이 많은 인물이다. 서필원의 종숙부가 청주한씨 한준겸韓浚謙이며, 한준겸의 딸은 인조의 비 인열왕후이니, 왕실과도 친분을 맺고 있었던 인물이다. 김육이 서필원을 전라도 해읍海邑 대동법 시행의 실무자로 추천하기도 하였고, 서인계 내부에서는 송시열과 대립하기도 하였다. 목재와의 교유는 시 이외에 직접적으로 보이지 않지만, 관직 생활 동안 관계가 형성되었을 것이다.

작품에서 목재는 서필원을 '사마상여'와 '주매신' 두 인물과 비유하

89 洪汝河, 「送徐監司載邇 必遠 赴湖西」, 앞의 책 卷1; 『韓國文集叢刊』 124, 334면.
90 『孝宗實錄』 卷17, 7年(1656) 9月 18日, 1번째 기사.
91 『孝宗實錄』 卷17, 7年(1656) 7月 18日, 1번째 기사.

고 있다. 사마상여와 주매신은 금의환향하는 대표적인 인물이다. 사마상여는 촉땅 사람으로 촉을 떠나 장안으로 가는 길에 기필코 공명을 이루고 촉에 돌아올 것이라는 말을 하고 뒤에 그의 뛰어난 문장 실력을 한 무제에게 인정받고 출세한 인물이다. 주매신은 집안이 매우 가난했으나, 공부에 매진해 마침내 벼슬길에 올라 회계 태수가 되었다는 고사의 주인공이다. 목재는 두 인물이 환로에서 높은 지위에 오를 수 있었던 점을 인용해서 서필원을 높이고 있다.

마지막으로 자신이 있는 역참의 풍경을 전하며 좌천된 자신의 우울한 심정을 밝힌다. 목재는 치세의 포부를 펼치기 위해 관직에 나갔으나, 얼마 되지 않아 외직으로 오게 되었으니, 자신의 처지를 받아들이기 쉽지 않았다. 그는 좌천된 힘든 상황을 동료들과 교유를 통해 극복하고자 한 것이다. 비슷한 시기에 계속해서 동료에게 시를 보낸다.

夢裏三刀亦偶然	꿈같이 부임한 일 또한 우연이니
歸期那待及瓜年	돌아올 기약 어찌 임기 차길 기다리랴.
都將東閣探梅興	동각에서 매화 찾는 흥취 얻어서
却泛西湖載鶴船	문득 서호에 학 실은 배 띄우리라.
別態欲摹詩欠巧	이별의 정 쓰자니 시 짓는 솜씨 모자라고
春愁難破酒無權	봄 수심 떨치기 어려우니 술도 한량이 없네.
丁寧寄語山陰叟	간곡히 산음의 어른에게 당부하노니
爲送劉侯莫袖錢	유후를 전송하기 위해 전별금 주지 마오.

1657년(효종8), 상주로 부임해 가는 목행선睦行善을[92] 전송하면서

92 목행선이 좌전된 정황은 다음과 같다. 목행선이 상주로 부임하기 1년 전 조정에서 물의를 일으킨다. 그 시작은 1655년(효종6)에 청나라 땅에서 불법 벌채한 사건

지은 것이다. 목행선의 본관은 사천, 예조참판을 지낸 목서흠의 조카이며 좌의정을 지낸 목내선의 종형으로 1633년(인조11) 문과에 급제하여 내・외직을 두루 역임했다. 1659년(효종10) 1차 예송논쟁 당시에는 허목・윤휴・윤선도 등과 함께 남인에 속하여 활동했다. 이때 서인의 주장이 받아들여지자 병을 핑계 대고 사임했으며, 이후 관직에 나가지 않다가 55세의 일기로 생을 마감했다.

목재는 목행선과 형제인 목겸선, 목내선 등과 교유했으며, 목겸선과는 금강산을(1657) 유람하면서 만나기도 했다. 뒤에 목재는 이때를 회상하면서 목겸선에게 시를 지어 주기도 했다.[93] 다른 형제인 목내선과는 학문에 대해 질정을 하기도 했다.[94] 이들 집안과는 상당히 긴밀하게 관계를 맺은 것으로 짐작된다.

작품에서 목재는 목행선에게 임기가 차기를 기다리지 않아도 곧 돌아올 것이라 위로하고 있다. 그리고 '하손何遜'과 '임포林逋'의 고사를 인용해 목행선이 부임지에서 청아한 생활을 표현하고 있다. '하손'은

때문이다. 청나라 사신이 사건 경위를 조사하러 왔을 때 鄭維城이 형조 판서로 있으면서 조사 대상에 포함되었고, 이후 사건과 관련하여 정유성은 광주에 정배되었다. 1656년(효종7)에 방면되었다가 얼마 후 敍用하라는 전지가 내려졌지만 얼마 뒤에 정유성이 사직상소를 올렸다. 이때 효종은 서용된 정유성이 恩典을 사양하는 일을 두고 당시 이조참의 목행선에게 의논하게 했다. 목행선이 조정의 뜻을 따르지 않고 정유성이 사양하는 뜻을 그대로 받아들이자는 계를 올리자, 효종이 진노하며 목행선을 국문하라고 명령한 일이 있었다. 이때 서인계 인물인 閔鼎重의 도움으로 가까스로 국문은 면했지만 얼마 되지 않아 상주로 부임하게 된다. 목행선의 종형인 목겸선이 여흥 민씨 민형남의 딸과 결혼하여 인척 관계에 있었기 때문에 도움을 받을 수 있었다. 목행선이 지방직으로 내쳐진 것을 보면 당시 경쟁이 얼마나 심했는가를 알 수 있다.

93 洪汝河, 「寄贈睦達夫兼善」, 앞의 책 卷1; 『韓國文集叢刊』 124, 337면.

94 洪汝河, 「評易詩史法 寄睦來之 來善 李士徵 元禎 二學士」, 앞의 책 卷1; 『韓國文集叢刊』 124, 383면.

양주고을의 매화를 잊지 못한 나머지 다시 자청해서 그곳으로 부임한 뒤 마침 만개한 매화꽃을 보며 종일 그 곁을 떠나지 못했던 고사를 말한다. '임포'는 서호의 고산孤山에 은거하면서 학 두 마리를 길렀는데, 임포의 처소에 손님이 찾아오면 학이 나는 것을 보고 자기 집에 손님이 온 것을 알았다는 고사를 말한다.

목재는 '봄 수심 떨치기 어려우니 술도 한량이 없네.'에서 자신의 처지에 대해 깊이 탄식하고 있다. 이는 목행선이 지방으로 좌천되어 가는 것뿐만 아니라 자신 또한 중앙에서 내쳐진 당시 상황에서 오는 복잡한 마음을 밝힌 것이다. 마지막으로 목재는 이별의 아쉬움을 전하고 마지막으로 전별금을 주지 말라고 강한 어조로 말한다. 곧 조정으로 돌아갈 것이니 전별금이 필요하지 않다고 위로한 것이다. 미련의 고사는 후한의 유총劉寵이 회계 태수로 선정을 베풀고 조정으로 옮겨갈 즈음에, 산음현의 노인들이 유총의 선정을 칭송하면서 각각 100전을 송별금으로 주었는데, 유총이 성의를 무시하기 어려워서 단지 1전씩 받아서 가지고 간 것에 유래한 것이다.

목재는 고산찰방에서 충실히 직무를 수행하고 있었으나, 조정은 그를 불러주지 않고 1658년(효종9) 39세에는 더 벽지僻地인 함경도 경성판관에 제수되었다. 그는 경성 판관으로 있으면서 그동안 관직에서 펼치려 했던 치세의 생각을 하나씩 진행해 나간다.[95]

95 洪汝河, 「行狀-洪大龜」, 앞의 책 卷11; 『韓國文集叢刊』 124, 383면, "戊戌七月, 拜鏡城判官, 爲政一以輕賦興學褒善爲本. 鏡府一年一夫出布十疋, 府君乃計支供上納容入, 令一夫出布三疋. 民慮其太約, 有加備以待者, 府君省費節用, 不復斂, 民大悅. 城壕頹覆, 器械毀缺, 率皆營繕修造, 而一新之. 且地僻, 不被文教, 乃聚鄕里儁秀者, 建齋以處之, 授經史而親課之. 府有儒生李鵬壽, 當壬辰之亂, 倡義旅討叛賊, 復九鎭後戰死, 府君爲銘題墓, 以彰其烈. 又有一女早

먼저 백성의 세금 부담을 줄이는 방법을 찾아서 시행했다. 그 일례로 기존에 한 집에서 일 년에 베 10필을 세금으로 내던 것을 줄여서 세 필의 베를 내게 한다. 백성들은 처음에 너무 적은 것을 의심하여 세금을 더 거둘 때를 대비해 비축해 두기도 한다. 그러나 그는 비용을 줄이고 절약하며 수입을 헤아려 지출을 시행하고, 한 해가 다 지나도록 다시 세금을 거두지 않았다. 이는 그가 법을 만드는 것보다 현실에 맞게 적용하고 백성들의 삶을 편안하게 하는 것이 중요하다는 평소 생각을 치세에 적용했던 부분이다.

목재는 함경도 지역이 도성에서 멀어 배우는 혜택을 받지 못하는 자제들을 위해 재사를 만들어 직접 경사經史를 가르쳤다. 또 임진왜란에 의병 활동을 한 이붕수李鵬壽의 충렬을 기리고, 과부가 되어 시부모를 지극히 모시고 상을 마친 여인을 장려하기도 했다. 그리고 변방에 관한 일을 추진하였다. 그 사례로 성곽과 해자 및 망루, 병기 등을 수선하고 새로 정비시켜 변방의 위세를 강화했다. 그는 이와 같은 변방에서의 경험을 훗날 「성지설城池說」을 지어 남기기도 했다.[96]

그는 외직에 있는 동안 직무를 수행하면서도 꾸준히 중앙의 상황을 놓치지 않고 주시하고 있었다. 그러던 중 1659년(효종10) 4월 효종의 구언에 응하는 상소를 올렸고, 응지상소는 절차를 밟아 서울에 도착했을 때는 이미 효종이 위독한 상태였기 때문에 전달되지 못했다. 그 상소가 얼마 뒤 즉위한 현종에게 전달되자[97] 조정에 엄청난 파란을 일으켰다.

寡, 事姑至孝, 姑歿, 居墓側泣血終喪. 府君捐俸存問, 又至其家, 設宴以奬之."

96 洪汝河, 「城池說」, 앞의 책 卷5; 『韓國文集叢刊』 124, 404면.

97 『顯宗實錄』 卷1, 卽位年(1659) 6月 2日, 5번째 기사.

목재는 상소에서 크게 네 가지 시급하게 해결해야 할 폐단을 들었다. 변방 문제 해결이나 정책 수립과 관련한 기강의 해이, 상과 벌이 바르게 행해지지 않는 것, 정직한 언로가 막힌 것, 시비가 명확하게 분별 되지 않는 것 등이 그가 지적한 바이다. 그리고 이러한 폐단에 대한 해결 방안을 제시했다. 바로 현명한 인재와 공도公道의 회복으로 요약된다. 그 내용은 누구나 수긍할 수 있는 요목들이다.

> 신은 시골에서 나고 자랐으며 벼슬한 지도 오래되지 않아 서울의 물정에 참으로 어둡습니다. 하지만 사람을 등용하는 방법을 대략 살펴보니, 명망 있는 사대부들의 진퇴엔 정해진 법식이 있는 듯합니다. 높은 관직은 이미 정해져 있고 이력의 엄체도 자신의 신분에서 나오기에, 후보를 추천할 즈음에는 이조에서도 또한 순리대로 따르기 어렵습니다. 서관庶官 음직蔭職을 뽑을 때는 태반이 넘게 사사로움을 따르고 공도公道는 거의 없어, 후원자가 없으면 천거되지 않고 촉탁이 아니면 시행되지 않습니다. 관리의 기강이 무너짐은 오로지 이 때문입니다. 대저 하늘이 인재를 낼 때 귀천으로 제한하지 않는데, 우리나라의 제도는 가문으로 제한합니다. 그중에서 만분의 일을 가려도 채용이 넓지 않은데, 당론黨論이 있은 뒤 서너 당파로 나뉘어 그 한쪽에 있는 이를 등용하면 차지할 자리는 더욱 좁아집니다. 가장자리 한 곳에 있는 사람을 등용해도 또한 형세가 두루 미치기 어려워 반드시 친하면서도 오래 아는 사람을 추천하니, 어느 겨를에 재주가 맞지 않다고 정직停職시키겠으며, 마땅한 사람에게 직분을 맡기겠습니까. 인재 선발의 혼란은 여기서 극에 달했지만, 지금은 전형銓衡하여 발탁하기에 해묵은 폐단이 점점 바로잡히리라 기대합니다.[98]

98 洪汝河, 「應求言敎疏」 앞의 책 卷3; 『韓國文集叢刊』 124, 370면, “臣生長鄕曲, 筮仕未久, 京國物情, 實所未諳. 然略窺用人之法, 淸流進退, 似有定式. 顯擢旣

목재가 특별히 논척한 것은 인사 문제였다. 그는 관리를 등용할 때, 가문과 당파 및 친소親疏 등을 위주로 평가하는 폐단이 자행되고 있다고 보았다. 이는 효종 말부터 송시열이 이조판서로 재임하면서 인사권을 장악하고 세력을 끌어들이고 있던 상황을 언급한 것이었다.[99] 목재에 의해 정관政官의 잘못이 지적되자, 이튿날 송시열은 사직을 청했고, 이조참판 이일상과 이조참의 조복양도 책임을 지고 물러나려 했다.[100]

이러한 와중에도 대사헌 송준길은 널리 현준賢俊을 초빙할 것을 건의하며,[101] 계속해서 자신들의 세력을 확장시키려 했다. 현종은 이를 수락하여, 전前 찬선贊善 권시權諰, 전前 진선進善 윤선거尹宣擧 등을 불러들였다.[102] 송시열이 재차 사직을 청하자, 현종은 영의정 정태화와 상의하여 송시열의 사직을 받아들였다. 그러나 승지 김수항 등이 반대하여, 현종은 수정한 비답을 내려야 했다. 이 일로 인해 정태화를

緣, 履歷淹滯, 固出自取, 當其注擬之際, 吏部亦難徇意. 至於庶官蔭職之選, 徇私過半, 公道絶少, 無援不擧, 非囑不行. 官方殽亂, 職競由此. 夫天之降才, 不限貴賤, 而我國之制, 以門地爲限. 揀其萬分之一, 則所採不廣, 黨論之後, 分爲三四, 而用其一邊, 則所占尤狹. 就其一邊之中, 度亦勢難遍及, 必須尤親且舊, 得以擬望, 奚暇稱停其才否, 而使之人當其職乎. 名器之混, 於是極矣, 今幸擢授銓衡, 佇見漸釐宿弊."

99 『顯宗實錄』 卷1, 卽位年(1659) 11月 4日, 3번째 기사, "宋時烈之秉銓也, 不問賢愚, 惟黨與是崇是長, 至以貪鄙無義, 如宋基厚李翔等濫擬諸議, 旋登臺閣, 駑駘錦幪, 未足以喩其僭也."

100 『顯宗實錄』 卷1, 卽位年(1659) 6月 4日, 4번째 기사, "吏曹參判李一相, 參議趙復陽, 亦上疏辭職, 略曰: '臣等聞洪汝河疏中, 論斥政官用人之失, 判書宋時烈旣以此陳章乞免, 臣等亦何敢仍蹲銓衡進退之地乎? 乞賜遞免,以謝人言.'"

101 『顯宗實錄』 卷1, 卽位年(1659) 6月 5日, 2번째 기사, "且請廣招賢俊, 以裨新化."

102 『顯宗改修實錄』卷1, 卽位年(1659) 6月 7日, 1번째 기사, "前贊善權諰, 前進善尹宣擧, 宜先徵召, 而此外在野之人, 亦當退而訪問, 一體徵起矣."

질책하는 여론이 일어났다.[103]

이에 두려워진 정태화는 태세를 전환하여 목재를 강력하게 공박하는 데 앞장섰다. 좌의정 심지원은 "밖에서는 여하를 모두 괴상망측하다고 합니다."[104]라고 폄하했다. 우의정 정유성은 "여하가 응지應旨를 핑계 삼아 간사한 말을 올리면서 대신을 모함했는데, 그의 내심은 은근히 양송兩宋을 침범하고 핍박하여 조정에서 불안을 느끼게 하려는 것이었습니다."[105]라고 비난했다.

송준길은 목재의 말이 사특하다며 분명히 시비를 가릴 것을 주장하였고, 동부승지 이은상李殷相은 송시열을 교체하면 목재의 간사한 술책에 말려드는 것이라고 했다.[106] 이처럼 목재에 대한 공척이 대대적으로 이루어졌다.[107] 현종이 목재의 배척 때문이 아니라 스스로 사직을 원하는 송시열의 마음을 편안히 해주기 위해 체직을 허락한다고 하자, 비변사에서는 송시열을 비변사 제조로 임명할 것을 청했다.[108]

103 『顯宗實錄』 卷1, 卽位年(1659) 6月 11日, 1번째 기사, ".上初以本職勉副答之, 承旨金壽恒等啓以不可遞, 故改下此批. 時上密問時烈遞否於領相鄭太和, 太和對以勉副爲可, 時論譁然咎太和. 太和懼, 於前席, 攻汝河甚力."

104 『顯宗實錄』 卷1, 卽位年(1659) 6月 12日, 4번째 기사, "之源曰: '外間皆以汝河爲怪妄矣.'"

105 『顯宗實錄』 卷1, 卽位年(1659) 6月 12日, 4번째 기사, "維城曰: '汝河假托應旨, 輒進邪說, 以構誣大臣, 而其心隱然侵逼兩宋, 使不安於朝廷也.'"

106 『顯宗實錄』 卷1, 卽位年(1659) 6月 11日, 4번째 기사, "殷相曰: '今若遞改吏判, 正中汝河之奸計, 後弊不可勝言.'"

107 持平 姜裕後・正言 呂聖齊・副應教 鄭萬和・校理 李時術・副校理 金萬基・修撰 金萬均・延陽府院君 李時白 등도 목재를 공격하였다.(『顯宗實錄』 卷1, 卽位年(1659) 6月 12日, 3번째 기사; 6月 13日, 4번째 기사; 6月 15日, 2번째 기사; 6月 16日, 2번째 기사.)

108 『顯宗實錄』 卷1, 卽位年(1659) 6月 12日, 7번째 기사, "備邊司請以宋時烈差本司提調."

이후, 대신들이 서로 번갈아 가며 송시열을 구제하고, 현종이 특별히 양송兩宋에게 "내가 믿는 것은 두 찬선 뿐이니, 각기 마음을 다하여 나의 부족한 점을 도와 달라."[109]라고 언급했던 것에서도 당시 송시열의 영향력을 확인할 수 있다.

결국 목재는 유배가 결정되지만, 응지상소로 인해 처벌을 받은 것이 아니라 상관인 북병사 권우의 장계로 인해 처벌을 받게 된다. 권우는 목재가 술주정한 실상을 낱낱이 열거하여 조정에 알렸다. 실록에서 당시 목재의 기록을 살펴보면 다음과 같다.

> 【1】전 판관 홍여하를 황간 신풍역에다 정배하였는데, 이유는 북병사 권우가 여하의 술주정한 죄를 낱낱이 열거하여 조정에 알려왔기 때문이었다. 여하가 상소문에서, 자의를 고르지도 않고 추천하는 폐단에 대하여 언급했다가 송시열로부터 크게 노여움을 사고 있었는데, 시열에게 빌붙은 자들이면 모두 이를 갈고 있었으므로 결국 죄를 당하고 말았던 것이다.[110]

> 【2】전 경성판관 홍여하를 황간 신풍역으로 정배하였다. 여하는 영남 사람으로 고 대사간 홍호의 아들인데, 성격이 다혈질이었으며 글을 잘했다. 시종侍從을 거쳐 변방 수령으로 보임되자 뜻을 얻지 못해 울적한 심정으로 있다가 상소하여 이후원李厚源이 나라를 그르쳤다고 배척하였는데, 이는 대체로 후원이 송시열 등에 대해 원조하고 있다고 생각했

109 『顯宗實錄』 卷1, 卽位年(1659) 6月 16日, 3번째 기사, "上特命時烈, 浚吉近前曰: '孤之所恃者, 兩贊善, 其各悉心, 輔予不逮.'"

110 『顯宗實錄』 卷1, 1年(1660) 1月 28日, 2번째 기사, "定配前判官洪汝河于黃澗新豐驛, 以北兵使權堣臚列汝河酗酒之罪, 聞于朝故也. 汝河以疏中言及諮議不擇之弊, 大爲宋時烈所恨怒, 附麗時烈者, 莫不切齒, 故終不免抵罪."

기 때문이었다. 또 음관으로 자의諮議를 삼았다고 송시열을 배척하였는데, 그가 모함하는 것에 대해 조정이 미워하면서도 죄는 주지 않았다. 그런데 이 때에 이르러 여하가 북방사 권우와 사이가 나빠졌는데, 권우가 여하의 죄상을 극히 낭자하게 치계馳啓하자 이에 걸려 편배編配된 것이다. 권우도 일찍이 사류士類의 빈척擯斥을 받고 불우한 생활을 하다 죽은 자인데, 그가 여하를 탄핵한 것은 당초 사류의 기대를 받고자 해서 그런 것은 아니었다.[111]

【1】은 남인의 당론이 반영된 『현종실록』, 【2】는 서인의 당론이 반영된 『현종개수실록』이다. 내용에서 보이듯이 편찬 주도 세력의 정치적 입장이 반영되어 있다. 숙종 초에 허적·권대운·민점 등 남인들이 중심이 되어 편찬한 『현종실록』에 서인들의 불만이 많았다. 1680년(숙종6)에 경신환국이 일어나 남인이 축출되고 서인이 정권을 잡자 『현종실록』의 내용을 문제 삼아 개수 실곡을 편찬하게 된다.

남인과 서인의 당론에 관련된 인물 비평 혹은 사론에서 현격한 차이를 가지고 있는데 두 실록이 서인과 남인에게 각자 유리하게 서술되고 있다. 권우의 행위에 대해 남인 사신은 송시열 일파의 입김이 작용한 결과로 파악하였고, 서인 사신은 서인과의 관련성을 부인하는 상반된 입장을 피력하게 된다. 이후 목재는 유배가 결정되어 충청도 황간으로 가게 되는데, 귀양지에서 동료에게 시를 보낸다.

111 『顯宗改修實錄』 卷1, 1年(1660) 1月 28日, 2번째 기사, "定配前鏡城判官洪汝河于黃澗 新豊驛. 汝河嶺南人, 故大司諫鎬之子也. 爲人多氣, 而能文, 由侍從出補邊倅, 鬱鬱不得志, 疏斥李厚源誤國, 蓋意厚源於宋時烈等, 爲助援也, 又斥時烈, 以蔭官爲咨議. 朝廷惡其傾陷而然, 亦不之罪. 至是, 汝河與北兵使權堣相失, 堣馳啓汝河罪狀, 極其狼藉, 坐是編配. 堣亦嘗爲士類擯斥, 轗軻以沒, 其劾汝河, 初非有承望而然也."

詞客逢秋感慨多　시인은 가을이 되자 느낌이 많으니
遷流那用怨長沙　장사로 좌천됨을 원망할 게 있으랴.
鏡中白髮緣憂國　거울 속의 백발은 나라 근심 때문이고
罇畔黃花正憶家　술통 곁의 국화는 집 생각나게 하네.
瘴海絶遙看月共　귀양 온 곳 멀지만 달을 함께 보고
鄕山雖近望雲賖　고향 산 가까워 부형 생각 많을지라.
偶然來就陶彭澤　우연히 도팽택처럼 지방관으로 왔으니
一任風前醉帽斜　취하여 모자 삐딱해도 바람에 맡겨 두오.[112]

위의 작품은 김산(현 김천)군수로 부임하는 장응일[113]에게 보낸 것이다. 목재는 외직으로 부임한 장응일의 처지를 도잠에 비유하고 있다. 도잠은 젊어서 관직에 올랐으나 미관말직이나 한직에 있다가 낙향하였다. 이때 「귀거래사」를 지어 고향으로 가는 소회를 적게 된다. 이후 도잠의 삶을 동경하며 세속적인 영달이나 높은 자리를 버리고 자연인으로 돌아가는 처지를 대변하는 인물이다. 목재는 장응일에게 중앙에서 내쳐진 불편한 상황이지만, 잠시 복잡한 현실에서 벗어나 자연에 순응하는 삶을 이야기해 주고 있다. 이는 유배를 겪은 자신에 대한 위로이기도 하다.

목재는 당시 유배된 상황에 있었기 때문에 많은 갈등이 일어났다. 그는 가문의 기대를 받고 환로에 나가 자신이 가진 포부를 드러내고

112 洪汝河, 「奉呈張大成 應一 號聽天 時守金山」, 앞의 책 卷1; 『韓國文集叢刊』 124, 340면.

113 홍여하의 두 아들이 모두 장응일의 사위가 되며, 장응일의 문집에 두 사위에게 지어 준 작품이 있다. 張應一, 「示洪相文, 相民兄弟」, 『聽天堂集』 권1, 『韓國文集叢刊』 28, 318면; 「贈二壻洪相文, 相民序」 『聽天堂集』 卷3, 『한국문집총간』 28, 349면.

자 하였지만, 그리 쉽지 않았다. 그러나 힘든 상황에서도 꾸준히 동료들과 연락을 주고받으며 객관적인 시각을 유지하려 했다. 그는 다행히 얼마 되지 않아 유배지에서 풀려나 고향으로 돌아와 서재를 짓고 학문에 정진한다. 그는 1672년(현종13)의 영남 사풍에 대해 다음과 같이 논하고 있다.

> 우리 영남은 수십 년 전부터 유풍이 쇠퇴하고 사류士類들의 추향趨向이 날로 비루해져 나아가는 일에 뜻을 다하는 자가 드물다. 사기가 순순하여 학인을 닮은 자나 걸음을 빨리하여 규거를 따르는 자를 보면 떼를 지어 일어나서 비웃는다.[114]

그가 파악한 17세기 중반 영남의 사습士習은 유풍이 쇠퇴하고 사류가 비루하다고 보았다. 이러한 견해는 17세기 전반 영남 사족들이 영남이 국가의 근본, 인재의 부고府庫, 공론재소公論在所라고[115] 자부했던 것과는 큰 대조를 보인다. 이러한 정황은 17세기 중반 영남이 정치적인 침체를 겪었을 뿐 아니라 그 내부에서도 학문적인 침체를 겪고 있다는 것이다.

17세기 중반 영남을 대표하던 김응조는 1651년(효종2) 외직으로 좌천되어 사실상 정치활동을 마감했다.[116] 천거 문제로 갈등을 빚은 목재

114 洪汝河, 「存齋李公墓誌銘」, 앞의 책 卷7, 『韓國文集叢刊』 124, 464면, "吾嶺中自數十年來, 儒風寖衰, 士趨日卑, 鮮克志于向上事者. 見有辭氣恂恂類學人, 步趨蹈規矩, 則曹起而笑之."

115 李埈, 「擬嶺南伸冤疏」, 『蒼石集』 卷5; 『韓國文集叢刊』 64 293면, "以此而稱國家根本者, 必曰嶺南, 稱人才府庫者, 必曰嶺南"; 全湜, 「答趙汝完 光璧」, 『沙西集』 卷4; 『韓國文集叢刊』 67, 72면: "吾嶺素稱公論所在, 而吾州又吾嶺之根柢也."

와 이명익은 편당으로 지목되어 외직으로 좌천되기도 했다.[117] 또 효·현종 대 산림직을 보더라도 영남 남인계 인사는 정도응이 있을 뿐, 남인계의 산림직 진출은 사실상 봉쇄되어 있었다는 것을 알 수 있다.

또한, 서인계 내에서도 정경세와 장현광 이후 조정에 등용된 인물이 없다고 인식한 것을 통해[118] 사실상 영남의 중용은 어려워지고 있다는 것을 알 수 있다. 서인과의 대립이 계속되는 상황 속에 남인계의 인사들은 대부분 외직으로 나가는 경우가 많았으며, 그는 그들과 꾸준히 관계를 맺으며 일정한 역할을 하고 있었다.

지금까지 목재가 사환 시기 관직 동료들에게 증정한 시를 살펴보았다. 목재가 입사한 효종 대는 인조 대까지 지속된 서인 정권이 그대로 이어지고, 송시열과 송준길이 각각 이조판서와 병조판서로 제수되어 영향력을 행사하던 상황이었다. 남인계의 인사들은 서인과의 대립이 계속되는 상황 속에 대부분 외직으로 나가는 경우가 많았다. 목재 역시 관직 초기에는 순조로운 출발이었으나, 얼마 되지 않아 함경도 고산 찰방과 경성 판관 등 두 번의 좌천을 겪는다.

목재는 중앙과 멀리 떨어진 곳에 있음에도 불구하고 중앙의 동료나 지방으로 부임해 가는 동료들에게 시를 보냈다. 대표적인 인물로는 사고 봉안을 맡은 채유후와 이명익, 서인계이지만 송시열과 대립에

116 金應祖, 「年譜」, 『鶴沙集』; 『韓國文集叢刊』 91, 217면.

117 『孝宗實錄』 卷20, 9年(1658), 5月 25日, 2번째 기사, "奉敎李溟翼, 史官新薦之時, 欲引進其黨, 同僚不許, 遂投疏告訐, 同僚亦皆引嫌出去. 史局遂空." ; 5月 27日 1번째 기사.

118 『顯宗改修實錄』 卷37, 8年(1667) 9月 5日, 1번째 기사, "致和曰 '鄭經世, 李埈之後, 遺風善俗, 無有存者. 銓曹用人, 採取一時人才, 故嶺南之人, 罕見收用. 而渠輩則以爲: '召命不踰鳥嶺, 將至三十年.' 以是稱冤云, 一道人情, 槪可見矣."

있었던 충청도 관찰사로 부임한 서필원, 상주로 부임한 목행선, 김산 군수로 부임한 장응일 등이다. 그 내용은 좌천과 유배에 대한 힘든 심정을 토로하거나 지방관으로 떠나는 동료를 향한 그리움, 위로 등이다. 하지만 목재는 좌천된 힘든 상황에도 동료들과 꾸준히 연락을 주고받으며 정국의 변화를 주시하고 있었다. 이는 그가 17세기 중반 영남이 정치적인 침체를 겪는 상황에서 동료들과 꾸준히 관계를 맺으며 일정한 역할을 찾고자 하였음을 알 수 있다.

2) 환로의 좌절과 내적 검속의 표출

목재는 5~6년의 짧은 관료 생활 동안, 1~2여 년 중앙직을 제외하고 대부분 지방으로 나가 있거나 마지막으로 유배라는 좌절을 경험했다. 따라서 작품에는 좌천과 유배라는 좌절을 형상화한 것이 적지 않다. 관료기의 삶과 의식을 살피는데 이러한 좌절을 형상화한 작품들은 그를 온전히 이해하는 데 도움이 된다.

秋風撼長白　가을바람은 장백산을 흔들고
衰鬢颯如蓬　쇠한 귀밑머리 쑥솜처럼 날리네.
思鄉轉悄悄　고향 생각 할수록 근심스러우며
雲海隔萬重　부모님과는 만 겹으로 사이했네.
歲晏道無成　해가 다가도록 이룬 도가 없으니
中夜涕橫縱　한밤중에 눈물만 홍건하여라.
忽夢陶山子　홀연 꿈에 퇴계 선생을 뵈오니
函丈接從容　선생께서 조용히 맞아주셨네.
微言雖未了　은미한 말씀 알아듣지 못했지만
光景挹昭融　그 모습에 마음이 환하게 풀리네.

俄然夢蘧蘧 이윽고 꿈에서 놀라 깨니
身在碧海東 몸은 푸른 바다 동쪽에 있구나.
此理誰復解 이 이치 누가 다시 이해하랴
感歎正由中 마음 속에서 감탄이 우러나네.
千載會心人 천재일우 마음이 꼭 맞는 분이라
朝暮得相逢 아침저녁 사이에 만날 수 있어라.
歸歟理遺篇 돌아가 선생이 남긴 글공부하려니
蚊蝱視千鍾 모기와 등애가 천 종을 보는 듯.[119]

목재는 부임지에서 고향과 부모님에 대한 그리움, 그리고 도道에서 점점 멀어진 자신의 모습을 생각하며 우울한 심경을 밝히고 있다. 목재는 좌천에서 오는 상실감과 소외감 등으로 힘들어하고 있다. 그런데 이렇게 힘들고 흔들리는 자신을 바로 잡아주는 것은 퇴계였음을 밝히고 있다.

전술하였듯이 목재는 퇴계의 학문을 접하면서 성장하였던 한 사람으로 퇴계를 평생 스승으로 존숭하면서 자신을 검속하는 것은 당연한 일이다. 존경하는 스승을 꿈속에서 만났으니, 천재일우의 기회를 만난 것과 같다는 과장된 표현을 하고 있다. 이것은 힘든 상황에서 오는 우울함을 퇴계의 가르침을 상기하며 이겨 나가려 한 것이다.

그런데 그는 퇴계의 가르침을 자신이 감당하기에 부족함을 마지막 구절의 '모기와 등애가 천 종을 보는 듯'에서 밝히고 있다. 이 구절은 『장자』의 모기에게 산을 지게 한다는 말에서 힘은 적고 책임이 중한 것을 비유한 말이다. 바로 아래 시에 좌천 상황에서 오는 안타까움과

119 洪汝河, 「記夢 在北關時」 앞의 책 卷1; 『韓國文集叢刊』 124, 335면.

원망 등의 마음을 드러낸다.

黃州團練正坐詩 황주단련에 좌천된 일 바로 시 때문이었는데
我今無詩作湘纍 나는 지금 지은 시도 없이 죄인이 되었네.
鸚鵡階亂鴈嘿烹 앵무새 어지럽고 기러기 말없이 삶기어
禍福悠悠寧可期 화와 복은 아득하니 어찌 기약할 수 있으랴.
今年捨琴苦不早 금년에 거문고 버리고 독서해도 늦은데
棄詩何年方入道 시를 버리고 어느 해에 도에 들어가랴.
曾坑寸芽莫浪誇 증갱의 차 싹을 부질없이 자랑 마오
醉眼誰復認眞茶 취한 눈으로 누가 다시 좋은 차를 알겠는가.[120]

제1~2구에서는 좌천에 대한 억울한 심경을 말하고 있다. 소식은 시 때문에 좌천되었지만, 자신은 소식같이 시를 지은 일도 없는데 내쳐지는 처지가 되었다고 표현한다. 제3~4구는 불확실한 앞날에 대한 불안한 마음을 말하고 있다. 그리고 지금 조정의 상황은 실질적인 정사가 베풀어지지 않고 있으며, 더구나 재주 없는 사람이 먼저 버림을 당하고 있으니 화복을 가늠하기 어려운 세태를 강하게 비판하고 있다. 이는 시어 '앵무鸚鵡'와 '안묵팽鴈嘿烹'에 드러난다. '앵무'는 실질적인 정사를 베풀지 않고 말 만 늘어놓는 관리를, '안묵팽[121]'은 재주가 없는 사람이 먼저 버림을 당하는 일을 말한다.

목재는 이러한 힘든 현실을 겪은 후 내면으로 시선을 전환하여 언제 진정한 도의 문으로 들어갈 것인가 자문한다. 이것은 마음을 추스

120 洪汝河, 「自歎」 앞의 책 卷1; 『韓國文集叢刊』 124, 338면.

121 莊周, 『莊子』, 「山木」, "夫子出於山, 舍於故人之家, 故人喜, 命豎子殺雁而烹之. 豎子請曰: 其一能鳴, 其一不能鳴, 請奚殺. 主人曰: 殺不能鳴者."

르는 장면인 동시에, 혼란한 세상에서 자신이 가야 할 삶의 방향을 찾은 장면이다. 하지만 '세상이 술에 취한 듯 혼란스러운데 어떻게 훌륭한 인재를 알아보겠는가.'라는 반문으로 마무리된다. 이는 좌천에서 오는 답답한 마음이 여전히 사라지지 않고 있음을 알 수 있다.

목재는 좌천을 겪고 얼마 되지 않아 더 가혹한 유배를 당하게 된다. 이때 「천군天君」[122] 이란 작품을 쓴다. 아래 「천군」 8수 가운데 몇 수를 살펴보기로 하자.

明見萬里外　만리 밖을 밝게 보니
天君乃聖神　천군은 곧 성신일세.
都將不欺義　장수는 의를 속이지 않고
盡瘁作忠臣　심신을 다해 충신이 되네.(제1수)
…(중략)…
臣妾不相治　신첩이 서로 연마하지 않으면
何以事天君　무엇으로 천군을 섬기겠는가.
盡禮唯在敬　예를 다함은 오직 경에 있으니
閑邪要策勳　사특함을 막아 공을 세우련다.(제2수)
…(중략)…

122 '천군'이란 작품이 창작된 배경은 사족들이 성리학적 심성론에 대한 논의를 심화, 확장장해 간 것이 이러한 문학적 현상에 주요한 영향을 미친 것으로 보았다. 김수영, 「『天君紀』硏究」, 서울대학교 대학원 박사학위, 2011, 21면; 조선 중기 '천군'에 영향을 미친 것으로 『심경부주』를 들 수 있다. 『심경부주』는 명대 성리학자 정민정이 『심경』에 관련학설을 보완하고 주를 단 것으로, 1492년 간행되었다. 1519년 이전에 조선에서 『심경부주』가 간행된 사실이 확인되는 점으로 보아, 『심경부주』가 조선에 들어온 것은 16세기 초반으로 추정된다. 16세기 이래 조선 사대부들은 『심경부주』를 조선 성리학의 기본서로 인식하였다. (강혜규, 「천군계 작품의 史的 고찰」, 『한국학』 31, 한국학중앙연구원, 2008.)

王道在愼獨 왕도는 신독을 하는 데 있으니
戒懼不覩聞 보고 듣지 않는 곳에서 두려워해야 하네.
中和天地位 중화를 이루면 천지가 자리를 잡으니
然後得君君 그런 뒤에 임금다운 임금이 될 수 있다네. (제3수)
…(중략)…
克己卽匪躬 극기는 곧 일신을 위함이 아니요
省察是諫諍 성찰해야 할 것은 간쟁의 말일세.
若論帶礪功 만약 힘써 공부하길 논하려면
第一曰唯敬 첫째는 오직 경 공부라 하리라.(제5수)
…(중략)…
天君眞富貴 천군은 참으로 넉넉하고 귀하니
持盈愼終始 지키고 채워서 시종 삼가야 하네.
莫敎頻出狩 자주 밖으로 사냥가게 하지 말고
端坐明堂裏 명당 안에 단정히 앉아 있게 해야지.(제6수) [123]

제1~2수는 천군을 섬기는 신하의 자세를 밝히고 있다. 신하는 임금을 섬기기 위해서는 '의'와 '충'의 마음을 가지고 섬겨야 한다. 그런데 마음이란 외물에 의해 본래 가지고 있던 '의'와 '충'이 사라지게 되므로 늘 연마해야 한다는 것이다. 그리고 '의'와 '충'이 사라져 사특한 생각이 일어나는 것을 막는 방법이 바로 '경'에 있음을 강조하고 있다.

제1수의 마지막 구절에 사특함을 막아 공을 세운다는 것은 무엇을 말하는 것인가? 그가 말한 사특한 신하는 이후원과 송시열이다. 목재는 서인의 실세인 이후원에 대해서는 나라를 망친 죄로 공격하였고,[124] 송시열에 대해서는 전형銓衡을 맡아 인재를 잘못 등용한 것으

123 洪汝河, 「天君 八首 己亥」, 앞의 책 卷1; 『韓國文集叢刊』 124, 336면.

로 논박하였다. 그는 정국을 주도하는 관리들이 신하로서 직분을 제대로 하고 있지 않다고 보았다. 그리고 이들을 '측력崱屶'이란 두 글자를 통해 이후원, 송시열, 송준길 등 서인의 여러 인사의 편당 짓기를 공척하였다.[125] 목재는 당시 정국을 빗대어 왕을 보필하는 신하의 중요성을 밝힌 것이다.

제3수는 왕도의 중요한 덕목이 '신독愼獨'에 있음을 밝힌다. '신독'은 『중용』에서 자사가 "'도'라는 것은 잠시도 떠날 수 없으니, 떠날 수 있으면 도가 아니다. 이 때문에 군자는 보지 않을 때도 경계하고 삼가며 듣지 않을 때도 두려워한다. 어두운 곳보다 더 드러나는 곳이 없으며 작은 일보다 더 나타나는 일이 없으니, 그러므로 군자는 그 홀로를 삼간다."[126]라고 말한 구절이다. '신독'은 남이 알지 못하고 자신만 아는 생각의 기미를 살펴 내면을 성찰하는 것이다. 목재는 왕이 내면적 성찰을 통해 중화를 이루면 태평성대를 이룰 수 있으며, 그런 뒤에 임금다운 임금이 될 수 있다는 것이다. 아래 시에서 왕도 정치를 위해 왕이 갖추어야 할 것과 그 방법을 제시하고 있다.

제5수에서는 수양을 위해서 '극기'와 '성찰' 같은 구체적인 방법을

124 洪汝河, 「應求言敎疏」, 앞의 책 卷3; 『韓國文集叢刊』 124, 370면, "至於士夫之中, 强愎自用, 知非必遂者, 完南府院君李厚源最其尤也. 論議以偏險爲主, 處事以崱屶爲尙, 當其固執己見, 唯以必遂爲心, 未嘗虛心以求至當之所在, 則幾何不至於誤國乎."

125 宋時烈, 「연보」2, 『宋子大全』 부록 卷3; 『韓國文集叢刊』 115, 235면, "鏡城判官洪汝河託以應旨, 投進一疏, 專攻完南李公厚源爲誤國. 其中有崱屶二字, 崱屶本山連貌, 其意謂李公與先生及同春諸公, 朋比如山連, 而又斥先生月人之非."

126 『中庸』 1장, "道也者, 不可須臾離也, 可離非道也. 是故, 君子戒愼乎其所不睹, 恐懼乎其所不聞."

제시하고 있으며 특히 '경'을 강조하고 있다. '극기'는 안연이 인에 대해 물었을 때, 공자가 "자기 사욕을 이겨 예로 돌아감이 인을 구하는 방법이다"라고 대답한 데서 비롯된 말로, 극기복례는 '인'의 체현을 위해 공자가 제시한 구체적인 실천방법이다. 공자는 극기의 방법을 통해 시청언동視聽言動을 예에 부합하도록 끊임없이 노력하여 천리의 덕을 내 몸에 온전히 하고자 한 것이다. 목재는 왕이 극기를 통해 인을 구하여 천하에 미치게 할 것을 강조한 것이다.

특히 목재는 나라를 다스리는 데 있어서 '경'이 밑바탕이 되어야 함을 강조하고 있다. '경'의 구체적인 내용[127]에 대해서 정이는 '한 가지 일에 전념하여 다른 데로 가지 않는 것'과 '반듯하고 가지런하며 엄숙한 것'을 내세웠고, 그의 제자 사량좌는 '마음이 항상 깨어 있는 자각의 상태'를 내세웠다. 윤돈은 '마음을 수렴하여 하나의 사욕을 허용하지 않는 것'을 말한다. 이 네 가지 경 공부 대한 입장의 차이는 다소간 있으나 그 의미와 지향하는 목표는 유사한 것이다.

주희는 네 가지 경 공부를 비유하기를 '사방에 들어올 수 있는 방과 같아서 들어오는 문은 각기 다르나 들어왔을 때 방안인 것은 마찬가지'[128]라는 것이다. 이를 통해 경을 정리하면 의관을 바루고 생각을 전

127 진덕수는 『심경부주』에서 敬工夫의 四條를 伊川의 '主一無適'과 '整齊嚴肅' 謝良佐의 '常惺惺法', 尹焞의 '其心收斂, 不容一物.'라고 제시하였다. 경을 지키는 도는 이 네 가지의 말을 모두 합해서 노력해야 안과 밖을 아울러 기르는 공부가 비로소 완성된다고 보았다. 程敏政, 『心經附註』 권1, 「敬以直內章」 동양고전종합DB, "西山眞氏曰: '持敬之道, 當合三先生之言而用力焉, 然後內外交相養之功, 始備.'" 320~322면.

128 程敏政, 『心經附註』 卷1, 「敬以直內章」 동양고전종합DB, "朱子曰: '觀程子謝氏尹氏數說, 足以知其用力之方矣. 或問三先生言敬之異曰: 譬如此室, 四方皆入得, 若從一方, 入至此, 則三方處 皆在其中矣.

일하게 하여 사람이 자신의 마음을 잠시라도 깨어 있게 하지 않으면 바로 사욕이 끼어들기 때문에 하나의 사욕도 허용하지 않는 것이다. 그래서 끊임없이 자신을 성찰하는 것이다. 제6수에서 마음을 검속해야 할 것을 거듭해서 강조하고 있다.

「천군」은 바른 군주의 모습을 제시하고 있는 반면에 자신의 마음을 바로잡고자 하는 뜻이 동시에 있었다. 목재는 벼슬길에 나아갔으나 그가 처한 현실은 고단하였으며, 추구하고자 한 이상에서 점점 멀어져 갔다. 특히 유배로 인한 충격은 쉽게 가시지 않았다. 극도의 좌절 속에서 자신의 처지에 대해 부정적인 생각보다는 현실적인 방안과 자신의 흩어진 마음을 다잡는 자세를 유지하려 하였다. 이것을 역으로 말하면 현재 겪고 있는 유배가 얼마나 힘들었는지 보여 준다.

그럼에도 그는 현실에 대해 정확히 파악하여 스스로 태도를 변화시키는 적극적인 자세를 보였다. 목재의 강개한 성품도 관계가 깊겠으나 집안의 전통이라든가 학문적 훈습, 그리고 그가 젊은 나이에 국가의 혼란과 재건의 과정을 목도 해 온 체험이 많은 영향을 미쳤다고 할 수 있다. 아래 시는 유배 이후 관직 생활을 정리하면서 지은 것이다.

嶠南曾別臘梅村　선달에 교남의 매화 피는 마을을 떠나
四年悵望空銷魂　사 년을 슬피 바라보며 공연히 애끓였네.
關山萬里誰折寄　관산 만 리로 누가 매화 꺾어 보내랴
天寒驛路風塵昏　차가운 날씨의 역로에 풍진만 자욱했네.
夢中疎影傍水竹　꿈속에서 매화는 수죽 곁에 피었고
春深逐客歸田園　봄이 깊어 축객은 전원으로 돌아왔네.
相逢一笑宛如昨　서로 만나 한번 웃으니 어제 일 같고
冷艶蕭蕭含玉溫　맑은 모습 말쑥하게 옥을 품은 듯하네.

月軒凝坐聞暗香 월헌에 지긋이 앉아 그윽한 향 맡다가
曉窓忙拓看初暾 새벽 창 바삐 여니 아침 해가 떠오르네.
憶在蓬山共仙賞 생각하니 봉산에서 함께 선경 감상하다
却隨桃李薦金門 문득 도리를 따라 금문에 천거되었네.
試把淸興辨眞妄 맑은 흥취 가져다 진망을 분변하려는데
我已醉睡花無言 나는 이미 취해 잠들고 꽃은 말이 없네.
但願從此謝簪笏 다만 원하노니 지금부터 관직을 사양하고
年年花下倒芳罇 해마다 꽃 아래서 향기로운 술잔 기울이길.[129]

이 작품은 이황이 소식의 시에 차운한 것을 다시 차운한 작품이다. 이황이 1544년 3월 19일 동호東湖의 독서당에 있으면서 지은 것으로 소동파의 운을 따라 지은 2수[130]이다. 이 시는 이황이 관직에서 물러날 뜻을 두었지만,[131] 할 수 없이 조정의 부름에 나아간 직후에[132] 지은 것이다. 선행연구에서 이황의 작품은 '혼탁한 세상을 초월하여 청진淸眞, 고결한 세계를 지향하려는 그의 강렬한 욕구가 맑고 깨끗한 이미지를 바탕으로 몹시 화려하게 표현'되어 있으며, 창작 배경 및 시

129 洪汝河, 「次退陶先生和東坡韻」 앞의 책 卷1; 『韓國文集叢刊』 124, 341면.

130 李滉, 「湖堂梅花, 暮春始開, 用東坡韻. 二首. 春赴召後」, 『退溪集』 卷1; 『韓國文集叢刊』 29, 58면.

131 이황의 門人 鄭惟一은 "이때 선생의 年數 대개 43세였다. 이로부터 뒤로는 한결같이 물러나 돌아감에 뜻을 두어, 비록 누차 소환을 당했으나 항상 조정에 오래 머무르지 아니하셨다.[是時, 先生年盖四十三矣. 自是以後, 一意退歸, 雖屢被召還, 常不久於朝]"라고 하여 43세를 '물러나 돌아감[退歸]'의 분수령으로 삼았다고 하였다.(李在鎰, 「梅花詩에 나타난 李滉의 意識指向」, 『동양한문학연구』 27, 동양한문학회, 2008, 319면.)

132 이황은 그 前 해인 1543년 10월 휴가를 얻어 귀향했다가 1544년 2월 弘文館 校理로 조정에 돌아오게 되었다.

의 전반적 기운은 자유를 지향한 것으로 평가된다.[133]

목재는 처음 고향을 떠나 4년여의 관직 생활 동안 외직에 있을 때 느꼈던 쓸쓸한 정취를 밝히는 동시에, 해배되어 따뜻한 봄과 함께 고향으로 돌아오니 한결 가벼워지는 마음을 드러낸다. 지난날 좌천이라는 상황에서도 금강산을 유람했던 일과 중앙에 천거되었던 일도 회상하고 있다. 그러던 중 과거 자신의 진망眞妄을 따져보고자 했지만, 끝내 관직을 버리고 고향으로 돌아가고자 하는 뜻을 밝히며 시를 마무리한다. 그는 지난 5~6여 년의 관직 생활을 회상하면서 여러 감정이 교차했다. 그러나 그는 이황이 출사에 대해 물러남을 생각했듯이 자신도 선인의 모습을 따르고자 한 것이다. 이 시와 비슷한 시기에 창작한 작품에서 그의 내면세계를 살펴보자.

長山海北白江東　장백산 바다 북쪽, 백강 동쪽에서
身世飄飄若轉蓬　신세는 바람에 날리는 쑥 같아라.
未了百年長作客　백년 인생 나그네 삶을 마치지 못했지만
同來萬里主人翁　만 리를 주인옹과 함께 왔네.
工程後面都要實　공부를 한 뒤에는 다 진실하지만
名利前頭看破空　명리의 앞길은 부질없음을 간파하네.
領取孔顔眞樂在　공자와 안연의 참 즐거움을 얻음에
眼中無日不春風　안중에 봄바람 불지 않는 날 없으리.[134]

133 정석태, 『퇴계선생연표월일조록 1』, 퇴계학연구원, 2001, 331면; 李在鎰, 「梅花詩에 나타난 李滉의 意識指向」, 『동양한문학연구』 27, 동양한문학회, 2008, 320~321면.

134 洪汝河, 「眼疾廢書 日事惺惺法」 앞의 책 卷1; 『韓國文集叢刊』 124, 337면.

이 작품은 앞의 「차퇴도선생화동파운次退陶先生和東坡韻」과 비슷한 시기에 창작한 것으로 보이며, 관료기에 좌천과 유배를 경험한 뒤 심회를 적은 것이다. 작품의 제목을 「안질로 책을 보지 못하고 날마다 성성법을 일삼다.」라고 한 것을 보면, 그가 눈병 때문에 책을 볼 수 없는 상황에서 '성성법惺惺法'으로 일상을 보내고 있었음을 알 수 있다.

제1~4구는 목재가 북관으로 좌천된 상황과 충청도 황간으로 유배된 사실을 밝히고 있다. 이 때문에 마음을 깨우고 항상 경계하고자 성성법을 실천하며 마음을 다스리는 것에 집중하고자 했다. 눈병뿐만 아니라 좌천과 유배를 겪고 난 뒤 편치 않은 마음 상태를 읽을 수 있다.

'성성惺惺'이란 잠들거나 혼매하지 않고 늘 또렷하게 깨어 있는 마음 상태이다. '성성'에 대해 송나라 사량좌謝良佐가 말하기를 "경敬은 항상 성성惺惺하게 하는 법이다."[135]라고 하여 성성법은 '경'을 지키는 것이라 주장한다. 사량좌의 말에 주자가 이르길 "서암의 중은 매일 항상 스스로 '주인옹은 성성한가?'라고 묻고는 '성성하다.'라고 스스로 대답하곤 했다."[136]라고 하여 주인옹을 인용했다. 위의 시에 '주인옹', '성성'은 마음을 다스렸다는 데서 유래했다. 사람이 자신의 마음을 잠시라도 깨어 있게 하지 않으면 바로 사욕이 끼어들기 때문에 하나의 사욕도 허용하지 않는 것이다.

목재는 좌천과 유배라는 좌절에서 '성성법'으로 자신의 마음을 다잡았으며, 명리의 부질없음을 깨닫게 되었다고 말하고 있다. 끝으로 공

135 程敏政, 「敬以直內章」, 『심경부주』 卷1, "上蔡謝氏曰, 敬是常惺惺法."
136 程敏政, 「敬以直內章」, 『심경부주』 卷1, "瑞巖僧, 每日間, 常自問主人翁惺惺否, 自答曰惺惺."

자와 안연의 '즐거움'을 인용하여 마음이 자연히 가벼워질 것이라 언급하며, 자신 역시 명리에 얽매여 자신의 즐거움을 바꾸지 않으리라 결심한다.

지금까지 두 번의 좌천과 유배라는 좌절을 경험하면서 지은 작품을 살펴보았다. 목재는 가문의 기대를 한 몸에 받으며, 치세의 포부를 가지고 관직에 들어섰지만 쉽지 않았다. 좌천 초기에는 그로 인한 울적하고 답답한 심정을 토로하고 있었다. 그러나 더 힘든 유배의 상황에서는 현실적인 방안을 생각하는 냉철함과 자신의 검속하려는 의지를 읽을 수 있었다.

시에는 평소 흠모하던 인물인 퇴계의 행적을 좇기도 하고, 우사한 처지에 있던 소식과 동일시하기도 하는 등 역사 속 인물을 통해 자신을 위로하고 있었다. 동시에 그들의 삶의 태도를 닮고자 하였다. 특히 충격적인 유배를 겪은 직후에 「천군」이라는 시를 지어 유배의 상황을 부정적인 생각을 늘어놓기보다는 현실을 직시하고 바른 군주와 신하의 모습을 제시하고 있었다. 즉 우울한 감정을 드러내기보다는 긍정적이며 적극적인 태도를 보였다.

3. 산택재山澤齋의 시기: 고향으로의 회귀와 사람에 대한 관심

목재의 환로는 예문관에서 순조롭게 출발했으나, 중앙의 벼슬보다는 외직을 전전했다. 서인이 권력을 장악한 상황에서 그는 끝내 유배를 경험하고 고향에 돌아오게 된다. 당시 영남의 상황은 중앙정계 진출의 기회가 점점 줄어들고, 지역 내부에서도 침체를 겪고 있어 새로운 모색이 절실히 필요했다. 지역 내에서는 학파적 결속을 강화하고 확장이 요구되던 때였다.

목재는 좌천과 유배를 겪으며 중앙에서 내쳐진 상황이 용납하지 못할 만큼 무척 힘든 시기였다. 재호를 '산택재'라 바꿀 만큼 내면의 다스림이 필요하던 시기이다. 그는 고향으로 돌아와 지역에서 바쁘게 활동하면서 관직에서 좌절과 아픔을 잊고자 했다. 바로 지역에서 서당이나 서원 활동을 통해 지역 선현들의 학덕을 기리고 교육을 활성화를 위해 노력하였다. 그리고 지역 내에 다양한 장소에서 친목을 도모하면서 시회를 열기도 하고, 계회를 조직하여 지방 사족의 결속력을 높이고자 다양한 활동을 하였다. 본절에서는 이러한 그의 활동에 주목하여 살펴보고자 한다.

1) 교우交友와의 소통과 결속 의식

목재가 중앙정계와 멀어진 상황은 결과적으로 사람과의 교유는 더욱 확대되는 계기가 되었다. 특히 해배 초기와 낙향한 뒤 1~2년 동안 계회를 조직하거나 시회를 열어 주변의 인물들과 소통하고자 한 것을 볼 수 있다. 모임은 주로 지역의 서원, 사찰이나 명승지에서 이루어졌다. 아래 목재가 지은 계첩문을 살펴보자.

> 【1】같은 도 안에서 나고 자랐어도 모든 종유가 반드시 좋지는 않으니, 평소의 정의情義는 참으로 막연하다. 고향을 떠나 서울로 간 뒤 객관에서 해후한다면 악수를 하고 옛정을 펼치면서 기쁨이 마치 평소 같으며, 궁달窮達과 친소親疎로 사이를 갈라놓지 못한다. …(중략)… 이에 평소의 모임을 기록하고 그림으로 그려서 후세에 전함은 그럴만한 까닭이 있다. 갑오년(1654, 효종4) 겨울에 영남의 여러 군자가 삼청동에서 도회를

열었는데, 벼슬아치 15인과 유관儒冠을 쓴 사람 11인이었다. …(중략)… 이듬해를 지나 병신년(1656, 효종7) 봄에 벼슬살이를 끝내고 고향으로 돌아왔다. 상사 안경추安景樞·상사 이선명李善鳴이 그 도첩을 소매에 넣어와 보여 주었다.[137]

【2】감천甘泉의 수락대는 자연경관의 빼어남이 영남에서 제일이지만 세상에는 아는 자가 드물다. 신축년 가을 9월에 학사공鶴沙公이 여러 사우士友들과 대 위에서 모여 놀기로 약속하여서 나 또한 그곳에 달려갔다. …(중략)… 이곳은 관청과 촌락이 서로 닿아 있고 초부와 늙은이들이 가깝게 여기면서 노닐기에 지나가는 이들은 비루하게 여기며 돌아보지 않았습니다. 그러다가 하루아침에 대인 선생이 알아주었으니, 청운의 선비를 만나 후세에 전하게 됨은 그 사이에 마치 천지의 운수가 존재하는 것 같았습니다. 게다가 학사공은 만년을 자연에서 속세를 벗어나 여유롭게 노닐면서 동지들을 불러 모았습니다. 돌아보니 이 명구名區는 몇 고을 벼슬아치들을 모이게 하고, 옛 현인들이 남긴 감상을 추억하게 하니, 또한 유림의 성대한 일입니다.[138]

137 洪汝河, 「嶺南道會契帖圖序」 앞의 책 卷5; 『韓國文集叢刊』 124, 428면. "生長於一道之內, 不必皆從遊之雅, 則平居情義, 固漠然也. 及其離鄕井適京國, 邂逅於逆旅之中, 則握手敍舊, 懽然如平生, 不以窮達親疏而有間. …(중략)… 於是乎燕集而記之, 圖繪而傳之, 其有以也. 夫甲午冬, 嶺南諸君子設道會於三淸洞, 圭組十五, 儒冠十一. …(중략)… 越翌年丙申春, 罷官還鄕, 安上舍景樞, 李上舍善鳴甫, 袖其圖帖來示."

138 洪汝河, 「水落臺契帖文 辛丑」 앞의 책 卷5; 『韓國文集叢刊』 124, 419면, "甘泉之水落臺, 水石之勝, 甲於南中, 而世罕有聞者. 辛丑秋九月, 鶴沙公約諸士友, 遊集臺上, 余亦馳赴焉. …(중략)… 然其與縣廨村墅相接, 樵夫野老所狎處而遊也, 過者鄙之而不顧. 及一朝受知於大人先生, 附靑雲而施後世, 似若有數存焉於其間. 而鶴沙公晩節林泉, 優游塵表, 招携同志. 眷玆名區, 傾數郡之纓弁, 追昔賢之餘賞, 則亦儒林之盛事也."

위의 인용문은 계회를 조직하고 기록을 남긴 계첩에 붙인 글이다. 【1】은 영남도회 계첩도의 서문으로 1654년 영남의 사족들이 서울에서 도회를 열었을 당시 상황이 담긴 계첩도이다. 낙향 후에 안도징安道徵과 이영갑李英甲이 찾아와 그에게 서문을 부탁한 것이다. 영남 지방 사족으로서 중앙에 진출한 이들은 낯선 타향에서 서로 의지하며 계회를 조직해서 결속력을 강화하고 연대감을 유지하였다. 목재는 후인들이 지역의 사족으로 자부심을 느끼고 이러한 전통이 계승되길 바라며 기록을 남기게 된다.[139]

【2】는 수락대 계첩문이다. 수락대는 지금의 예천에 있는 곳으로 류성룡이 고향을 왕래할 때, 지팡이와 행장을 풀고 바위에 걸터앉아 자연을 감상하며 쉰 곳이다. 1602년(선조35) 지역 사족들이 이를 추모하여 '서애선생장구지소西厓先生杖屨之所'라는 명문을 새겼고, 1661년(효종11) 김응조와 목재 등 25현이 '선유계회'를 만들어 소요하였다.

수락대 관련 일화에서 서애의 위상은 충분히 짐작되는 바이고, 목재뿐 아니라 후학들에게 그의 역량을 발휘하기에 충분한 장소였다. 이곳은 스승을 경모하고 사족의 유대관계를 공고하게 하여 동류의식을 함양하기 위한 장소였다. 아래 시는 1661년(효종11) 김응조가[140] 수

139 1664년 이황과 이덕홍이 유상한 신암 폭포를 찾아 선현을 추앙하기 위해 계회를 조직하기도 했다. (권석환,「조선시대 안동지역 계의 존재 양상과 역할」, 안동대학교 석사논문, 2014, 17면.)

140 김응조는 류성룡과 장현광의 문인으로 류성룡의 제자인 정경세와는 10여 년에 걸친 학문의 교류가 있었으며, 류진과도 절친한 관계였다. 그는 인조 1년(1623) 문과에 급제한 이래 중앙에서 활동하였으나 효종 2년(1651) 지방관으로 좌천된 후에 낙향하였다. 김응조의 증조 金義貞은 李重慶, 李滉, 金麟厚 등 당대의 명현들과 교유하였던 인물이다. 형 金榮祖는 김성일의 문인이며 사위였고, 자신은 김성일의 손서이기도 했다. 목재는 물계서원에 김응조를 봉안하는 제문을 짓기도

락대에서 계회를 갖기 위해 여러 사족을 모았을 때 참석하여 지었다.

渡水穿雲路幾回　물 건너고 구름 지나 길을 몇 번 굽어 도니
滿襟淸興浩難裁　가슴 가득히 맑은 흥취는 호연할 사 감당할 수 없어라.
風煙正屬重陽節　바람결에 안개는 바로 중양절에 속하니
罇酒相逢水落臺　동이 술로 서로 수락대에서 만났네.
天末賓鴻看漸沒　나그네 된 기러기 하늘 끝에 보였다가 차츰 사라지고
峯頭駕鶴豈曾來　멍에 진 학은 산봉우리에 어이 일찍이 왔었던가.
因同仙伯溪齋宿　그예 선백仙伯들과 계재溪齋에서 묵으며
爲說千秋勝會開　말하노니, 천추千秋에 멋진 모임 열였다오. [141]

수락대의 상징성에 걸맞게 가슴 가득한 '청흥淸興'과 호탕한 정취를 가감 없이 묘사하고 있다. 목재의 환로는 순탄하지 않았으며, 당대의 정치적, 사회적 상황은 자신이 꿈꾸던 이상과는 거리가 멀었다. 이로 인해 그의 마음속에는 맑은[淸]공간을 찾아 세속을 벗어나고픈 마음이 절로 일어났다. 이 시에는 모처럼 여유를 가지면서 가슴속의 먼지를 씻어내고 선인의 자취를 지금 모인 이들과 함께 찾으려는 그의 정서가 잘 드러나 있다.

류성룡을 추숭하기 위해 지역의 사족들이 세운 병산서원을[142] 중심으로 '병산회屛山會'가 조직되었다. 병산회는 지역 내의 여러 활동과

했으며, 김응조는 목재의 부친 홍호의 제문을 지어주기도 했다.

141 洪汝河, 「水落臺」 앞의 책 1권; 『韓國文集叢刊』 124, 345면.

142 병산서원의 전신은 풍악서당으로 고려 때 사림의 교육기관이다. 1572년 류성룡이 지금의 병산으로 옮겼다. 1607년 류성룡이 타계하자, 정경세 등 지방 유림의 공의로 류성룡의 학문과 덕행을 추모하기 위해 1613년에 존덕사를 창건하고 위패를 봉안하여 1614년 병산서원으로 개칭하였다.

밀접한 관련이 있었던 것으로 보인다. 목재의 작품에서는 직접적인 자료가 보이지 않지만, 목재가 이 계회에서 일정한 역할을 했으리라 추측할 수 있다. 이 계회는 류세철柳世哲을 소두로 목재와 이현일에 의해 기해예송 때에 상소를 주도했던 것으로 보인다.[143] 이 상소는 영남 23개 읍에서 천여 명 이상이 참여한 지방 사족의 의견표출이었다.

기해예송 때 지역에서 일의 진행 상황을 보자. 1659년(효종10) 5월 5일 자의대비의 복제가 기년복으로 결정되었다. 남・서인의 경계를 넘어 상대측의 복제를 지지하기도 했다 하지만 삼년복의 복제 개정을 주도했던 이는 윤선도尹善道와 허목許穆이다. 다만 윤선도가 송시열宋時烈의 주장을 비판하며 '신하됨'까지 거론함으로써 정치적 빌미를 제공했다. 이로 인해 삼년복 측은 수세에 몰리게 되었다. 윤선도는 상소문이 불태워지고 삼수로 유배되는 한편, 허목 또한 삼척 부사로 좌천되었다. 이 과정을 통해 복제 논쟁 또한 자연스럽게 침묵기에 접어들게 되었다.

그런데 1665년(현종6) 12월 23일 안동 유생들이 다음 해 1월 7일에 병산서원에서 모임을 갖는다는 통문을 도내에 보내면서 논의가 다시 시작된다.[144] 목재는 이들과 밀접하게 추진하였으나, 정치적 상황과 기년복 측의 반발에 가로막혀 성과를 거두지는 못했다. 이런 종류의 연명 상소는 조정이나 지역의 중요한 문제에 대해 지역의 목소리를

143 실제로 소청에 이른 소문은 류원지의 「도내의례소」였다. 류세철의 문집에 남아 있는 「의례소」는 류원지의 「도내의례소」를 조금 수정한 것으로 그의 저술은 아니었다. 목재의 「의례소」는 특정 판본에만 존재하며 소청에 제출되었는지 알 수 없다. 갈암의 「擬論大王大妃服制疏」 또한 소청에 제출되지 않았다. 정명수, 앞의 논문, 395-396면.

144 정명수, 앞의 논문, 2017, 374~376면.

직접적으로 표출하는 방법으로 활용되었다.

특히 지역 사족들은 국정에 직접 참여할 수 없는 입장이다 보니 중앙 혹은 지역의 주요한 일들에 자신들의 의견을 관철하려는 강한 집단행동으로 지역 사족들에게는 매우 중요한 현실 참여 방법이었다. 목재는 당시에 영남 유생들의 의견을 모아 상소했던 일에 주도적인 역할을 했다.[145] 아래 시는 함경도 외지에서 고향으로 돌아와 새로운 직책을 기다리면서 지은 작품이다.

去歲遊關東　지난해에 관동에서 노닐며
一望群山綠　뭇 푸른 산을 바라보았네.
歸來淸夢斷　돌아오니 맑은 꿈이 끊어져
勝賞嫌未足　승경 감상 실컷 못해 아쉬웠네.
衆峯入我堂　뭇 봉우리 내 집에 들이니
孔竅通背腹　큰 구멍이 앞뒤로 통하였네.
恍再躡仙境　황홀함이 다시 선경을 밟는 듯
正恐楓嶽蹙　바로 풍악산을 축소하였나 했네.
牛嗜太湖輸　우홍이 즐기던 태호석을 옮겨 놓은 듯
羊叱金華牧　금화산에서 목동이 양을 치는 듯
陶盎貯沆瀣　질동이에 이슬이 고여 있는 듯
竹籬環四瀆　대 울타리 사방 도랑을 두른 듯

145 柳世哲 저・張在釬 역, 『悔堂先生文集』 「翌日陪仲氏暨拙修從兄 赴屛山會次前韻」, 하회양진당, 2014: 최효술, 「與屛山會中」, 『止軒先生文集』 卷4; 『韓國文集叢刊』 속119, 60면. 『悔堂集』, 『止軒集』에서 병산회에 대한 자료를 찾을 수 있다. 류세철은 류성룡의 형인 류운용의 증손이며 홍여하와 친밀하게 교유한 인물이다. 최효술은 외조부인 鄭宗魯의 문하에서 수학하였고, 성리학과 예학에 조예가 깊었으며, 柳致明을 비롯한 영남의 석학들과 학문적인 교유한 인물이다. 병산회는 19세기 중후반까지 지속되었음을 알 수 있다.

列峙像叢石 높이 벌여 놓은 총석의 모습이요
孤秀比削玉 우뚝 빼어남은 깎은 옥에 견주네.
徙池若鵬蹲 못으로 옮겨가니 붕새가 웅크린 듯
登坳類虎伏 웅덩이로 올라가니 범이 엎드린 듯
莫道山淺小 산이 얕고 작다고 말하지 말라
幽居此堪卜 그윽한 거처 여기에 정할 만하네.
相對意也消 마주대하니 뜻이 또한 사라지고
免教名利逐 명리가 따르지 못하게 하네.
羲畫玩山澤 산택에서 손괘損卦를 완상하고
玄譚味谿谷 계곡에서 현담을 음미하네.
著意便成癖 마음 붙임이 문득 버릇 되었으니
此物差足欲 이 물건이 내 마음을 조금 채워 주네.
蘇仙去已久 소선이 떠난 지 이미 오래되었으니
誰復和此曲 누가 다시 이 노래에 화답하랴.
壺中天地別 병 속의 별천지에서는
一笑千劫速 한 번 웃자 천겁이 지났다네.[146]

위의 시는「고향 마을 북쪽 사십 리 거리에 선암굴이 있는데, 그 깊이는 알 수 없고 괴이한 돌이 난다. 무술년(1658, 효종15) 가을, 사람을 보내 캐 오게 하여 열한 매를 얻었는데 모두 기묘하고 삐쭉삐쭉하였

146 洪汝河,「家山北距四十里 有仙巖窟 其深不測 産異石焉 戊戌秋 送人斲取得十一枚來 皆詭巧峭崒 其最大者 宛若皆骨之穴望國望 東坡蓄蓬萊石數百枚 然其孔穴達背 則以仇池石一顆爲甲 動輒相隨 今此十一石 箇箇類仇池 而高大或過之 余所得富於坡翁者 以近山而易致也 坡翁與王晉卿 錢穆父 王仲至 蔣穎叔 賦詩詠仇池 今次其韻 求和於丁道元 昌壽 鄭鳳輝 李勉余諸公 以足東坡故事 仇池石安於高麗盆 此石盆不能容 故知其差大也」, 앞의 책 卷1,『韓國文集叢刊』124, 342면.

고 그 가운데 가장 큰 것은 마치 개골산의 혈망봉, 국망봉과 같았다. 소동파가 봉래석 수백 매를 모았는데 그 구멍이 뒷면까지 뚫린 것은 구지석 하나가 으뜸이어서 거동할 때마다 가지고 다녔다고 한다. 지금 이 열한 개의 돌이 하나하나 구지석과 비슷하고 높이와 크기는 혹 그 이상이다. 내가 얻은 돌이 소동파보다 풍부한 이유는 산 가까이에 있어서 채취하기 쉬웠기 때문이다. 소동파는 완진경王晉卿・전목보錢穆父・왕중지王仲至・장영숙蔣穎叔과 함께 시를 지어 구지석을 읊었다. 지금 그 시에 차운하여 정도원丁道元・정봉휘鄭鳳輝・이면여李勉余 등 여러 사람에게 화운을 구하여 동파의 고사를 따랐다. 구지석은 고려분에 안치했는데, 이 돌이 분盆에 담을 수 없었기 때문에 조금 더 크다는 사실을 알았다.」라는 긴 제목의 시이다. 당시 정황을 상세히 설명하고 있다.

1657년(효종8)에 금강산 부근인 함경도 고산도 찰방에서 이듬해 1658년(효종9)에 고향으로 돌아왔다. 이해 수석을 하나 캐서 소장하고 보니 개골산과 같았음을 밝히고 있다. 목재는 수석을 매개로 정도원[丁昌壽]・정봉휘[鄭道應]・이면여[李馥] 등 주변의 인물들과 모임을 했다.

이 모임은 중국의 소동파가 자신이 소장한 구지석을 주변 사람들과 읊은 것을 흉내 낸 것이다. 소동파와 같이 화운한 인물은 왕진경・전목보・완중지・장영숙 등이다. 왕진경은 중국 송나라 왕선王詵으로 영종英宗의 부마가 되었는데 시에 능하고 그림을 잘 그렸다. 전목보는 송나라 전협錢勰을 가리키며, 서화를 많이 소장하였고 행초서를 잘 썼다. 왕중지은 송나라 왕흠신王欽臣으로 송나라 서책 만여 권을 소장하고 손수 교정하였는데 세상에서 선본善本이라 한 인물이다. 마지막으로 목재는 소동파의 구지석보다 크기가 크다는 표현으로 자신이 소장한 수석에 대한 자부심을 드러내고 있다.

작품을 구체적으로 살펴보면 제1~8구는 전년도에 지방관으로 부임하던 차에 금강산 유람의 기회를 얻었지만 바쁜 공무로 인해 제대로 감상하지 못한 아쉬움을 드러내고 있다. 아쉬운 마음으로 고향에 돌아왔더니 금강산을 축소해 놓은 듯한 수석을 보게 되어 당시의 감동을 묘사하고 있다.

제9~18구는 수석과 관련된 고사를 인용해 자신이 수집한 수석에 대한 자부심을 드러내고 있다. 이때 활용한 고사는 '우홍牛弘'과 '금화산金華山'이다. '우홍'은 수나라 때 기장군공奇章郡公에 봉해진 우홍이 평소 기암괴석을 모으는 일을 취미로 삼았던 것을 말한다. '금화산'은 황초평黃初平이 15세에 양을 치다가 도사를 따라 금화산 석실로 가서 수도하였는데, 그 후 40년 만에 그 형 초기初起가 수소문 끝에 그를 찾아가 만났더니 양은 보이지 않고 흰 돌들만 있었다. 초평이 "양들은 일어나라."고 소리치자, 흰 돌들이 모두 수만 마리의 양으로 변했다는 고사이다.

제19~28구는 수석 때문에 선경에 들었다는 표현을 하고 있다. 목재는 당시 좌절을 '계곡'과 '산택' 같은 성현의 가르침을 통해 마음을 다스리고 있었다. 이러한 일상이 버릇처럼 되었다고 말한다. 이제 소장하고 있는 수석에까지 그의 상실된 마음을 추스르고자 한 것이라 표현한다. 다행히 그는 수석과 함께 친구들이 있어 얼마의 마음을 치유할 수 있어 별천지에 있는 것과 같다는 표현을 한다.

'병속의 별천지'는 후한 때 비장방費長房의 고사이다. 한 노인이 여남汝南의 시장에서 약장사를 하면서 밤이면 가게 머리에 매달린 병속으로 뛰어 들어가곤 했다. 그것을 본 비장방이 그 노인을 찾아가 뵙고 노인을 따라 함께 그 병 속으로 들어가 보니 옥당이 화려하고 좋은 술과 안주가 가득하여 노인과 함께 실컷 마시고 나왔다는 고사에서 온 말로 '호중壺中'은 별천지, 즉 선경을 의미한다.

목재는 좌천이라는 시련에 겪고 부정적인 감정을 추스르는 시간이 필요했다. 그래서 수석이라는 매개체를 통해 친구들과 만남을 이어가고 있었다. 이때 어두운 내면을 드러내기보다는 마음을 다잡고자 하는 노력을 하고 있었다. 그 중심에는 수석을 매개체로 한 사람이 있었다. 이는 결국 개인의 진솔한 감정을 공유함은 물론 함께 하는 즐거움을 표출하고, 지역 내 관계망을 결속시키고자 하는 의식이 깔려 있다. 아래 시에서도 유배 시기와 해배 직후, 사람들을 만나고 있는 것이 포착된다.

【1】

羈蹤何辨玆幸遊　나그네가 이러한 행유幸遊를 할 수 있는가.
共宿頭陀舊寺樓　오래된 두타사 누각에 함께 머무네.
處士梅花香透斝　처사의 매화는 술잔에 향이 배이고
高僧竹葉夢登舟　고승의 죽엽주로 꿈에서 배에 오르네.
天從物外酬佳景　하늘은 속세 밖의 아름다운 경치로 답하고
人到閑中盡勝流　한가한 중에 모인 사람은 다 명사일세.
別後那堪浪相憶　이별 뒤에 부질없는 그리움 어이 견디랴
一罇風雪更淹留　눈보라에 한 동이 술로 더 머물리라.[147]

147 洪汝河, 「從張聖源 㮚 郭興叔 黃遠甫 黃以坤諸公 會話頭陀寺」 앞의 책 卷1; 『韓國文集叢刊』 124, 340면.

【2】

看雲臨水息塵機 구름 보고 물 대하며 세상일 잊으니
迢遞琳宮傍翠微 아득한 절 주변이 모두 푸른 산일세.
湖外白頭人更到 호외, 백두 사람들 이어 이르고
樓邊紅葉鴈初飛 누대 가 단풍잎에 기러기 처음 나네.
停觴盡惹鄉園思 술잔 멈추니 고향 생각이 다 일어나고
對菊偏霑逐客衣 국화 대하니 축객의 옷 모두 젖네.
別後那堪浪相憶 이별 뒤에 부질없는 그리움 어이 견디랴
一罇留醉得忘歸 한잔 술로 취하여 돌아갈 생각 잊었어라.[148]

【1】은 두타사(충북)에서, 【2】는 직지사(경북)에서 모여 당시의 흥취를 드러낸 것이다. 두 작품의 제작 시기는 1660년 유배 시기와 해배 직후에 지은 것으로 보인다. 【1】은 유배를 당한 처지로 이런 행복을 누려도 되는지 반문하고 있다. 술과 매화가 있어 흥을 돋우고 하늘은 승경으로 화답함을 묘사하고 있다. 이어서 뛰어난 명사들이 하나둘씩 자리를 채우니 더욱 흥이 오르며, 이 기회에 유배에서 잠시 해방을 얻게 된 흥겨운 정취를 드러내고 있다.

그러나 유배에서 오는 힘든 시간을 털어버릴 기회를 얻었지만, 잠시 뒤에 이별해야 하는 안타까운 마음을 표현하고 있다. 유배의 상실감을 달래주는 것은 이곳의 경치와 함께 한 사람들이었다. 관직 초기 좌천되었을 때 동료들에게 시를 보내며 고통과 괴로움을 나누었듯이, 목재는 유배지에서도 모임을 통해 위로를 받고 있었다.

【2】는 중양절을 맞이해 객지에서 시간을 보내는 심회를 읊은 것이

148 洪汝河, 「重陽日 會話直指寺」 앞의 책 卷1; 『韓國文集叢刊』 124, 340면.

다. 직지사의 가을은 그동안의 근심을 잊을 만큼 빼어난 경치라 말한다. 어느덧 자연에 동화되어 마음은 상쾌해졌지만, 술을 멈추니 고향 생각에 젖게 된다고 표현한다. 이는 그가 술에 의지해 힘든 상황을 잊고자 한 것임을 알 수 있다. 이러한 마음은 마지막 구절 '한잔 술로 돌아갈 생각 잊어서라.'에 드러난다. 유배라는 현실로 돌아가는 것을 부정하고 싶은 간절한 마음이 읽힌다.

당시 참석한 인물들을 살펴보자. 두타사에서는 장학張㬠 · 곽후창郭後昌 · 황면 · 황덕승 이외에 여러 명이 모였다. 장학은 1660년(현종1) 9월 충청도 삼산(현 보은)에 유배되었다가 1661년(현종2) 해배되었다. 유배지에서 허목 · 이원정李元禎 등과 교유하기도 했다.[149] 곽후창은 대구 출신으로 1657년(효종8) 과거에 급제했던 인물이며, 황덕승은 모재의 장인인 황덕유의 동생이다. 이날 모인 사람들은 주로 영남지역 사족들이다.

직지사에서[150] 모였던 인물로는 충북의 영동 현감인 김만원 · 참봉인 박유동[151] · 진사인 여교[152] · 전북의 무장현감인 여경 · 황덕방 · 황

149 박학래, 「南坡 張㬠의 生涯와 學問 活動」, 『동양고전학회』 33, 동양고전학회, 2008. 8-9면.

150 洪汝河, 「重陽日 會話直指寺」 앞의 책 卷1; 『韓國文集叢刊』 124, 340면. "是日會者. 永同倅金萬元士一, 朴參奉惟棟時甫, 呂進士潡果明, 呂茂長瀓果善, 黃德方配坤, 黃德承以坤, 尹千之强哉, 尹一之敬仲, 姜進士汝㮚方叔, 呂監察榮徵子達及余也. 留宿一宵而別."

151 金長生, 「門人錄」, 『沙溪全書』 卷47; 『韓國文集叢刊』 238, 61면, "朴惟棟時甫, 號一石, 忠州人, 趙重峯趙憲之甥姪. 官參奉."

152 『사마방목』에 呂潡는 본관은 星山이며 字는 果明, 거주지는 金山으로 1610년에 태어났으나 졸년은 미상이다. 진사시인 1654년 孝宗5년 甲午년 정기시, 式年試 진사에 三等 26위로 합격하였다.

덕승 · 윤천지 · 윤일지[153] · 진사인 강여구[154] · 감찰인 여영징[155]이다. 목재는 작품의 끝에 이들을 별도로 기록하고 있다. 이들은 중앙에 있을 당시 목재와 교유했거나 그와 비슷한 시기에 유배를 왔던 인물, 각 지역의 관리나 인사들이다. 이를 볼 때, 목재는 영남지역의 사족들뿐 아니라 다른 지역의 사족들과도 교유를 꾸준히 유지하고 있었다. 목재는 교유 장소로 지역 선유들의 자취가 남아 있는 곳을 찾기도 했다. 그중에 우복당을 빠뜨릴 수 없는데 아래 시에서 살펴보자.

珍重穀城子　진중하신 곡성자께서
來尋谷口期　우복당에서 만나자고 요청해 왔네.
誰言嬰末疾　누가 예상했으리오 중풍에 걸려
偶爾失同歸　뜻밖에 참석하지 못하게 될 줄을.
林壑撩幽夢　산림은 그윽한 꿈 일으키고
淸篇動遠思　맑은 시는 먼 그리움 자아내네.
秋深撑小艇　가을 깊어지면 작은 배 저어서
重上玉潭磯　다시 옥담 낚시터로 올라가리.[156]

우복당에서 모임이 열렸지만, 목재가 참석하지 못해 이를 아쉬워하

153 윤천지, 윤일지는 박유동의 『黃溪誌』에 '以文辭鳴者, 尹千之, 朴惟和, 尹一之, 李析,'로 기록되어 있는데 충북 황간에 거주했던 인물이다.

154 강여구는 김천 사람이다. 임란 때 전소된 김천 향교를 1634년(인조 12) 부친인 進士 姜渫이 대성전과 명륜당을 중건하고 姜汝楘가 동 · 서재, 동 · 서무, 내삼문을 중건했다.

155 여영징은 영남 사람으로 1654년(효종5년) 10월 1일 치러진 식년시에 홍여하와 함께 합격한 인물이다.

156 洪汝河, 「與黃遠甫, 柳子强 千之, 鄭鳳輝, 李善鳴 英甲, 全明老諸人, 約會于愚伏堂, 余病未赴, 黃丈寄詩. 謹次」, 앞의 책 卷2; 『韓國文集叢刊』 124, 356면.

며 시를 지어 보낸 것이다. 제1구의 '곡성자'는 주자가 황씨를 곡성자라 비유한 데서 곡성자가 황씨를 가리키는 말이 되었다. 여기에서는 황면을 가리킨다. 황면이 이 모임을 주도했지만, 목재는 뜻밖의 병으로 참석하지 못했음을 밝히고 있다. 그러나 친구들에 대한 그리움을 시에 담아 보내며, 훗날 배를 타고 다시 만날 것을 기약하면서 시를 마무리하고 있다.

우복당은 경상북도 상주시에 있는 정경세의 종가이다. 정경세는 광해군이 전교를 내려 구언求言하자, 광해군 조정의 실정을 조목조목 신랄하게 지적하는 만언소를 올렸다가 곤욕을 당했다. 광해조의 혼미한 정국 속에 대북파의 무고로 두 차례의 옥사에 연루되어 옥고를 치렀고, 이후 그가 향리에 칩거한 곳이 바로 우복당이다. 당시에는 목재의 절친이면서 정경세의 손자인 정도응이 거주하고 있었다.

이날 황면·류천지·정도응·이영갑·전익구 등 여러 명이 모였다. 그 중 류천지는 류성룡의 증손이며, 전익구는 출사하지 않고 상주에 가암可庵을 짓고 독서와 강학으로 보낸 인물이다. 이들은 평소 목재와 매우 친밀하게 교유했던 인물들이며, 지역에서 활발히 활동하면서 지역의 여론을 주도했던 인물들이다.

전술하였듯이 목재는 사람과의 관계를 통해 읊은 시들이 많았다. 관계 맺음에는 여러 가지 방법이 있겠지만, 목재의 경우에는 자신의 교유에 특정한 매개체를 이용해 모임을 갖고 개인의 진솔한 감정을 공유함은 물론 함께 하는 즐거움을 표출하고 있었다. 목재는 관계 맺음에서 다양한 계층과 인물들이 있었지만, 그 가운데 여러 사람이 함께하는 모임을 주도하고 그것을 한시를 통해 적극적으로 드러내고 있었다.

그리고 중앙에서 멀어진 상황은 결과적으로 지역의 사족들과 교유는 더욱 확대되는 계기가 되었다. 시작의 장소는 학파적 결속에 중요한 장소인 수락대, 우복당 등이 있었으며, 두타사, 직지사 같은 사람들이 모이기 쉬운 인근의 사찰에서 모임을 가졌다. 이와 같은 적극적인 활동은 그가 낙향 후 사족들과의 관계를 회복하거나 그들을 결집하는 데 많은 영향력을 가질 수 있었다.

2) 서원과 강학을 통한 학풍 진작振作

사족 사회에서 서원과 서당은 향촌 사족들이 교류하는 장으로 유대와 결속력을 강화하여 지연・학연을 배경으로 향촌의 여론을 결집하는 거점이 되는 곳이다. 목재 역시 서당에서 직접 후생을 가르치기도 하고, 서원의 중수나 선현을 봉안하는 일 등을 수행하는 등 지역 사족으로서 역할을 찾고 있었다. 아래 작품은 고향인 상주에 있는 도남서원을 찾아서 지은 것이다.

重修白鹿試來尋　중수한 서원을 시험 삼아 찾았더니
輪奐驚瞻聳嶽林　웅장한 건물은 놀랍게도 산림처럼 우뚝하네.
藏壁詩書遭煨燼　벽에 보관해 온 시서는 화재를 만났으나
滿堂賢雋集紳衿　집 가득한 준걸, 지역 인사들 모였다네.
一般意思濂溪翠　의사와 일반은 염계의 푸른 물이라
千古淵源洛水深　천고의 연원은 낙수의 깊은 물이네.
前輩風流今寂寞　선인들의 풍류가 이제 적막하게 되어
到來傷歎政難禁　다가올 상심과 탄식 진정 금하기 어렵겠네.[157]

157 洪汝河,「與諸友訪道南 時講堂重修」, 앞의 책 卷2;『韓國文集叢刊』124, 352면.

도남서원의 정경을 묘사하고 유풍이 쇠퇴한 것에 대한 안타까운 심정을 밝히고 있다. 제1~2구는 도남서원이 자연과 어우러져 그 위용을 갖추고 있다는 사실에 상당한 자부심을 드러내고 있다. 제3~4구는 서원에 보관했던 서적이 화재에 불타 없어졌으나, 다행히 지역의 훌륭한 인물들이 모여 활동하는 당시의 상황을 묘사하고 있다.

목재는 시어 '염계濂溪'·'일반의사一般意思'·'낙수洛水' 등을 통해 도남서원이 송나라의 주돈이·정호·정이를 이어 유학의 도통을 계승한 곳임을 밝히고 있다. '염계'는 북송의 주돈이를 말하며, '일반의사'는 주돈이가 말한 "자신의 의사와 일반이다."[158]라고 한 구절의 일부이다. 주돈이가 창 앞에 풀이 무성히 자라도 베지 않기에 어떤 사람이 그 까닭을 물었더니, 풀의 살려는 뜻[生意]이 자신의 살려는 뜻과 같았기 때문에 베지 않는다는 말에서 유래한 것이다. '낙수洛水'는 정호程顥·정이程頤 형제를 말하는데, 유학의 연원을 계승했다는 뜻으로 여기에서는 낙동강을 가리킨다. 도남서원이 과거에 유학의 도통을 잇고자 건립하였지만, 목재는 당시 선인들의 유풍이 점점 쇠퇴해지고 있는 세태를 안타까워하고 있다.

도통은 주희가 공맹 이후 단절되었다가 송대에 이르러 이정二程에 의하여 다시 이어지게 되었다고 보았다. 주희가 '도통'을 체계화했으며, 그 문인들이 주희를 '도통'의 적전嫡傳으로 내세웠다. 공맹의 학문이 송대 이정二程에 의해 계승되었고, 그 '도통'을 주희가 계승했다는 것이다. 나아가 주희 문인들은 학문적 계승 관계를 통해 자신들이 '도통'의 전수자임을 경쟁적으로 피력했다. 특히 서원 운영은 '도통'을 매

158 葉采, 『近思錄集解』卷3, 「觀聖賢」, "與自家意思一般."

개로 한 성리학 확산의 기폭제가 되었다. 목재 역시 주자학자로서 이러한 '도통'의 연원을 잇고자 한 것이다.

도남서원은 상주 최초의 서원으로 영남을 대표하는 서원 중 한 곳이다. 상주는 다른 지역에 비해 서원이 늦게 건립되었다. 임란 뒤 상주 전 사족의 참여와 노력으로 '우리의 도道가 남쪽에 있다.'라는 큰 뜻을 가진 원호院號와 그에 걸맞은 제향인 정몽주 · 김굉필 · 정여창 · 이언적 · 이황을 모셔 1604년(선조37) 창건되었다. 조선의 도통 정맥이 영남에 있고, 영남에서 상주가 이를 계승했음을 천명한 의미이다.

도남서원의 초대 원장 조정趙靖의 손자 조릉趙稜은 '도학의 연원은 낙수에서 찾을 일, 도남서원은 영남사림의 으뜸일세.'[159]라고 하여 자부심을 드러냈다. 그리고 1616년(광해군8) 노수신,[160] 1631년(인조9) 류성룡, 1635년(인조13) 정경세의 연이은 추향은 향론이 반영된 결과로, 상주를 안동과 대등한 또 하나의 영남학파의 거점으로 삼으려 한 것이다.[161]

159 권태을, 「도남서원 관련 詩文의 機能考」, 도남서원의 사적과 도학정신, 제1회 상주 문화 사적과 역사 인물 학술대회 자료집, 2011, 127면 재인용.

160 도남서원에 처음 추향되는 노수신은 상주를 상징하는 인물이다. 그러나 그는 양명학적 학문 성향 때문에 크게는 주류 성리학계에서, 작게는 안동권으로부터 배척을 받은 인물이었다. 그럼에도 도남서원 입향이 가능했던 것은 사상을 떠나 이준을 위시한 지역 후배 집단의 공조와 노력 덕분이다. 상주 목사이면서 노수신의 高弟 康復誠이 입향 발의를, 노수신의 각종 문자를 지은 이준과 전식이 측면에서 지원을, 노수신의 증손을 사위로 맞은 정경세가 종향 제문을 지어 봉안에 일조를 하였다. 강복성을 제외하면 이들 모두 류성룡의 문인이며, 세칭 '商山三老'라 불리는 명망가이다. 이들이 노수신을 도남서원에 추향하고자 한데는 스승 류성룡과 노수신 간의 양명학적 동질성과 인간적 친밀성이 일정한 토대가 되었을 것이다. 하지만 이는 무엇보다 당대 상주 사림들이 노수신을 향현이자 서원에 추향할 존모의 대상으로 여겼으며, 한편으로는 소재 학맥이 건재했음을 방증하는 것이기도 하다.

전술하였듯이 상주의 퇴계학맥은 류성룡의 문인이 가장 많이 포진한 곳으로 핵심 문인 정경세와 이준, 그리고 3남 류진이 이거移去한 서애 학맥의 근거지이다. 도남서원 창건 당시 정경세는 스승인 류성룡의 자문을 받아 서원의 위치, 원호 등을 낙점했으니, 1631년(인조9)의 류성룡의 도남서원 추향은 지역 분위기상 매우 자연스러운 흐름이다. 류성룡 추향이 그 문인들 협의 아래에 성사되었듯이 정경세 사후 추향 역시 그의 문인들이 주도했다. 정경세 사망 2년이 지난 1635년(인조13) 추향이 단시일에 성공한 요인은 도남서원을 중심으로 형성된 우복계의 강한 결속력이 반영된 결과로 평가한다.

정경세의 도남서원 추향은 이황-류성룡-정경세로 이어지는 영남 학통의 적전 계보를 정립한 사업인 동시에, 서애-우복의 남인계 서원으로서의 성격을 대내외에 분명히 한 것이다.[162] 목재가 활동하던 때는 영남학파의 정맥을 계승한 곳으로 인식했다. 즉, 상주지역의 사족을 도통으로 연결하여 당시 영남의 학문적 계통에서 우위를 차지하기 위한 흐름에 자리하고 있었다.[163]

목재는 1672년(현종13)에 도남서원의 원장이 되었다.[164] 이는 지역

161 김학수, 「17세기 영남학파 연구」, 한국학중앙연구원 박사학위논문, 2008이 참고. 한편 1710년 이준 추향에 대한 여론이 있었으나 성사되지 못했다.(권상일, 『청대일기』 권1, 1710년 11월 21일.)

162 송석현, 「17세기 후반~18세기 초반 도남서원 운영과 상주 사족의 동향」, 『조선시대사학보』 79, 조선시대사학회, 2016.

163 김형수, 「17~18세기 상주 · 선산권 지역사회와 서원 · 사우의 동향」, 『嶺南學』 7, 경북대학교 영남문화연구원, 2005; 송석현, 「17세기 상주지역 사족의 동향」, 『嶺南學』 27, 경북대학교 영남문화연구원, 2015.

164 1704년에는 홍여하의 아들인 홍상민이 원장을 역임했다. 송석현, 「17세기 후반~18세기 초반 도남서원의 운영과 상주 사족의 동향」, 『朝鮮時代史學報』 79,

에서 그의 영향력을 짐작할 수 있는 대목이다. 그리고 위의 인용 작품은 1663년(현종4)부터 1798년(정조22)까지 135년간 대를 이어 차운하여 서序 3편과 시 109수를 모아 『홍판관운』을 만들었다. 이는 지역에서 도남서원의 위상을 알 수 있으며, 아울러 목재의 지역 내 역할과 위상을 읽을 수 있는 부분이다. 다음은 상주와 인접해 있는 예천의 삼강서원을 찾아 시를 남겼다.

筆力眞堪撞巨鐘　필력은 참으로 큰 종을 칠 수 있었기에
大篇揮出卽春容　대편이 쏟아져 나오니 바로 장중해지네.
瑰林寶藻翔儀鳳　구슬 수풀과 보배 마름에 봉황 춤추고
璧海驪珠攫睡龍　옥빛 바다와 검려 구슬엔 자는 용 붙잡네.
擬討淹中書萬卷　엄중의 만 권 장서 토론해보려고
相逢嶠外雪千峯　온 산 눈 가득한 영남에서 서로 만났네.
明朝別恨那堪說　내일 아침의 이별을 어찌 말로 감당하랴
一片襟期歲晏松　한 조각 가슴속 포부 세밑의 소나무라네.[165]

이 시는 권해權瑎의 삼강서원을 읊은 시에 차운하여 지은 것이다. 삼강서원은 예천에 있는 것으로 1643년(인조21) 정몽주・이황・류성룡의 학문과 덕행을 추모하기 위해 창건했다. 권해는 1665년(현종6) 서장관으로 청나라에 다녀왔으며, 1679년(숙종5) 허목이 영의정 허적의 아들 허견을 공격한 사건의 여파로 청남淸南・탁남濁南의 당파 싸움이 벌어지자, 도승지 민암閔黯에 의해 청남인 허목의 당으로 몰려 청도에 유배되었다. 기사환국 때 복관되었다가 갑술옥사 때 다시 유

조선시대사학회 2016, 490~491면.

165 洪汝河, 「三江書院 次權皆玉 瑎 韻」 앞의 책 卷2, 『韓國文集叢刊』 124, 361면.

배되었으며, 1697년(숙종23)에 석방되어 예안에서 여생을 보냈다.

제1~2구는 '당거종撞巨鐘', '대편大篇·용용舂容' 등을 인용하여 삼강서원에 모인 사람들의 빼어난 문장력을 칭송하고 있다. '당거종'는 뛰어난 재주를 가리키는 것으로 문장을 짓는 능력이 탁월함을 뜻한다. '대편·용용'은 한유韓愈가 권수재의 글을 칭송한 말을 인용한 것이다.

제3~4구는 '괴림瑰林'와 '의봉儀鳳', '여주驪珠' 등을 통해 서원에 모인 이들이 모두 훌륭한 인물임을 밝히고 있다. '괴림'은 '보배의 숲'이라는 말인데, 여기서는 훌륭한 인재들이 모여있다는 뜻이다. '의봉'은 '봉황래의鳳凰來儀'의 준말로 봉황이 와서 우아하게 춤춘다는 뜻인데, 걸출한 인물이 세상에 나옴을 비유한다. 출처는 『서경』에, 순임금이 치세하여 태평성대를 누릴 때 음악을 담당하던 기夔가 이르기를, "생황과 큰북을 번갈아 연주하니 새와 짐승이 너울너울 춤추며, 소소를 아홉 번 연주하자 봉황이 와서 춤춥니다."[166]라고 한 구절이다. 순임금의 교화와 은택이 금수에까지 미쳐 순임금의 음악을 연주하자, 금수들이 즐거워하며 순임금에게 찾아온 것을 말한다. '여주'는 검은 용[驪龍]의 턱 밑에 있다는 여의주로, 아주 긴요한 문장이나 뛰어난 시문을 비유한다. 곧 이날 모인 학인들의 시문이 모두 여의주처럼 매우 진귀하고 빼어나다는 의미이다.

제5~6구는 학인들과 함께 삼강서원에 모여 강학하는 모습을 묘사하고 있다. 특히 '엄중淹中'을 통해서는 공자에게서 전승된 유풍이 변함없이 후대로 전승되기를 염원한 것이다. '엄중'은 춘추시대 노나라

166 『書經』, 「益稷」, "笙鏞以間, 鳥獸蹌蹌; 簫韶九成, 鳳凰來儀."

의 마을 이름으로 공자의 유풍이 오랫동안 전승되었던 곳이다. 목재는 삼강서원이 공자의 유풍을 계승하는 곳이라 극찬하고 있다. 지역의 사족이라면 지역 내 활동 가운데 학풍 진작에 중점을 두는 것이 당연하다. 목재 역시 삼강서원을 방문하여 훌륭한 생도들의 뛰어난 문장 실력을 보고 흥이 오른 것이다. 이날의 상황을 비유적으로 활용한 다양한 전고는 흥을 배가시키는 역할을 하고 있다.

목재는 서원의 기능 중 하나인 선인들을 제향하는 일을 추진하는 일에 적극적으로 활동한다. 영남에서는 이황의 사후에 문인들이 스승을 제향하는 서원을 건립하여 결집했으며, 대대로 서원에서 스승과 관련되는 일을 추진하면서 학파가 형성되었다.[167] 목재 역시 낙향 이후 지역의 선현들을 찾아 제향하게 된다. 그는 류성룡의 학문과 업적을 기리기 위해 설립한 서원인 병산서원[168]에 류성룡의 아들인 류진을 봉안해야 한다고 주장했으며,[169] 물계서원[170]에 김응조를 봉안했

167 임근실, 『16세기 영남지역의 서원연구』, 단국대학교 대학원 박사논문, 2020, 12~15면.

168 경북 안동시 풍천면 병산리에 있는 서원이다. 1613년(광해군5) 鄭經世 등 지방 유림의 공의로 柳成龍의 학문과 덕행을 추모하기 위해 尊德祠를 창건하여 위패를 모셨다. 본래 이 서원의 전신은 고려 말 풍산현에 있던 豐岳書堂으로 풍산 柳氏의 교육기관이었는데, 1572년(선조5)에 류성룡이 이곳으로 옮겼다. 1620년(광해군12) 유림의 공론에 따라 李滉을 모시는 廬江書院으로 유성룡의 위패를 옮기게 되었다. 그 뒤 1629년(인조7) 별도의 위패를 마련하여 존덕사에 모셨고, 그의 셋째 아들 柳袗을 추가 配享하였으며, 1863년(철종14)에 '병산'이라고 賜額되어 서원으로 승격하였다. 선현 배향과 지방교육의 일익을 담당하여 많은 학자를 배출하였으며, 대원군의 서원철폐 시 훼철되지 않고 존속한 47개 서원 중의 하나이다.

169 洪汝河, 「屛山書院修巖奉安文」 앞의 책 卷7; 『韓國文集叢刊』 124, 452면.

170 물계서원은 1661년(현종2) 안동(지금의 예천군 감천면 관현리)에 건립된 서원으로 金方慶 · 金應祖 · 金九容 · 金揚震을 배향하였다. 『燃藜室記述』 別集 卷4,

다.[171] 이러한 일련의 과정을 통해 볼 때, 지역의 숭현 사업을 자신의 역할로 인식하고 있었다. 아래 목재가 쓴 근암서원의 상량문을 살펴보자.

> 마을 어른들은 힘을 보태고 재물을 모으며, 선비들도 책을 내려놓고 일을 돕네. 재실・부엌・목욕탕을 갖추니, 신후申侯의 옛 모범을 더욱 넓히네. 축문 읽고 천관薦祼하며 성대히 제사 지내니 이에 서애 문하의 정론을 준수했네. 엄연히 빛나고 새롭게 얽었기에 지세도 매우 받들고 정결하게 제사 지내 내려진 복이기에 향기가 널리 퍼지네 이에 길일을 지나 긴 들보 올리기를 시작하네.[172]

많은 지역 인사들의 도움으로 근암서원을 세우게 된 사실과 근암서원이 서애 학맥의 위치에 있음을 강조하고 있다. 이것은 목재 자신이 서애 학맥을 잇는 위치에 있다는 의미이기도 하며, 당시 지역에 서애 학맥 인사들이 주로 활동하고 있다는 것을 입증한다.

위에 언급한 근암서원은 임진왜란 때 불타버린 근암서당[173]에서 시

「祀典典故 書院」.

171 洪汝河,「勿溪書院祔金鶴沙時告上洛公文」 앞의 책 卷7;『韓國文集叢刊』 124, 455면.

172 洪汝河,「寓庵洪先生立祠上樑文」 앞의 책 卷6;『韓國文集叢刊』 124, 447면, "鄕老出力而鳩材, 多士釋經而敦事. 齋廬庖湢之備設, 益恢申侯之舊規, 尸祝薦祼之縟儀, 聿遵厓門之正論. 儼輪奐而創構, 面勢甚尊, 精肸蠁而降歆, 苾芬旁達. 玆歷吉日, 將擧脩樑, 恭殫蛾術之誠, 敢陳燕賀之唱."

173 근암서원은 1552년(명종7) 4월부터 1554년(명종9) 12월까지 상주목사를 역임한 申潛이 1554년(명종9) 건립한 竹林書堂에서 시작되었다. 임진왜란 이후 근암서당에서 鄕賢祠, 근암서원으로 변천하였다. 1593년 왜군에 의해 모두 소실되었다. 1597년 죽림서당을 복원하려는 계획을 세우기 시작했다. 1665(현종6)년 홍언충을 제향하면서 향현사가 되었다. 이후 1669(현종10)년 이덕형을 병향하면서 근암서

작된다. 근암서당은 1615년(광해군7) 황정간・채득강 등에 의해 중건되었다. 이후 1653년(효종4) 이구가 홍언충을 모시는 사당을 건립하자는 내용의 통문을 상주 사족들에게 보내면서 사당 건립이 시작되었다. 이에 대해 상주향교와 도남서원・옥성서원에서는[174] 한 고을에 세 곳의 사당을 세우는 것은 편치 않으니 훗날 옥성서원에 합향할 것을 제안했다.

결국, 상주 향론의 반대로 사당 건립 논의는 잠시 미루어졌고, 사당 건립 논의는 목재가 낙향한 뒤인 1664년(현종5) 8월부터 다시 시작되었다. 이 과정에서 지역 사족들은 사당 건립의 정당성을 홍언충의 절개와 행실에 대한 표창뿐만 아니라 '우암寓菴[홍언충]의 서원이 어찌 사문에 영광이 아니겠는가?'라고 한 류성룡의 언행에서도 찾았다.[175] 이러한 상황에서 서원이라는 명칭을 사용하지 못한 것은 조정의 금령뿐만이 아니라 홍언충을 모시는 서원이 상주 사족들에게 인정을 받지 못하고 있었다. 그리고 목재가 살고 있는 산양지역의[176] 사족들 또한 독자적으로 추진할 만한 역량이 부족했기 때문이다.

1664년(현종5) 7월, 전 영해부사 전명룡全命龍 등은 상주목사 박승

원으로 승원하였다. 근암서원의 변천에 대해서는 이병훈 「16~18세기 문경 근암서원의 변천 조선후기 서원 변천의 한 사례」, 『영남학』 71, 경북대학교 영남문화연구원, 2019참고.

174 도남서원은 무임포(개칭 도남리)에 건립, 옥성서원은 1631년 상주 읍치의 남쪽 지역인 靑里에 건립하였다. 근암서원은 상주의 북쪽 산양현에 건립되었다.

175 이병훈, 「16~18세기 문경 近嵒書院의 변천-조선후기 서원 변천의 한 사례-」, 『嶺南學』 71, 경북대학교 영남문화연구원, 2019.

176 현재 문경 산북면은 1018년 고려 현종 이래 상주목 山陽縣에 속하였다. 1906년 상주군에 속하였고 1914년 행정구역 개편에 따라 산서, 산동, 산남, 산북면을 폐합하여 산양면과 산북면으로 나누고 문경군에 소속시켰다.

건朴承健에게 상서하여 묘우 건립에 필요한 인력지원을 요청하여 8월 6일에 '향현사鄕賢祠'라는 묘우를 짓게 된다. 1665년(현종6)에 봉안식이 거행되었으며 당시 봉안 제문은 류성룡의 고제 김응조가 썼다. 홍언충의 제향 과정에서 상주 사족들이 서원 건립을 반대하는 것을 확인하였던 산양 사족들은 새로운 방법을 모색하지 않을 수 없었다.

산양의 사족들은 이를 독자적으로 극복하기는 어려웠기에 상주와 연고가 있고 지역 내 이견이 없을 유현儒賢이 절실히 필요했다. 그래서 치열한 논의를 거쳐 이덕형을 봉안하기로 정한 것이다. 1669년(현종10) 이덕형을 봉안하면서 지역 출신으로 재상을 지낸 인물을 제향하여 명분을 얻고, 이를 통해 서원으로의 승원에 대한 중앙의 승인을 얻게 된다.

근암서원 창건을 주도하는 사족들이 누구인가에 대해서는 상세한 내용을 알 수는 없다. 다만 황정간黃廷幹·서상덕徐尙德·김원성金遠聲·채득강蔡得江 등과 이후의 통문을 작성한 이구·전명룡·채극계·권구 등이 서원의 창건과 운영에 주도적으로 참여한 인물들이라 할 수 있다.[177] 이외에 근암서원 건립에 큰 역할을 한 것으로 보이는 인물이 바로 목재이다.

목재의 이구·권구 등과의 교분, 그가 지역 명문 가문 출신이라는 점은 목재로 하여금 이구 사망 이후 산양지역을 대표하여 사당 창건을 주도할 만한 명분을 갖게 했다. 다만 배향 대상자인 홍언충의 후손이라는 점 때문에 직접 나서지는 못하였다. 사당이 건립되고 난 이후

177 송석현, 「17세기 상주지역 사족의 동향」, 『嶺南學』 27, 경북대학교 영남문화연구원, 2015, 358~359면; 이병훈, 「16~18세기 문경 近嵒書院의 변천-조선후기 서원 변천의 한 사례-」, 『嶺南學』 71, 경북대학교 영남문화연구원, 2019, 201~207면.

상량문과 이덕형을 근암서원에 봉안하는 제문을 짓거나,[178] 이덕형을 배향하면서 허목에게 글을 청하는[179] 등의 간접적인 활동만이 드러나고 있다.

한편 상주 내의 북쪽 산양지역은 17세기 중반까지는 사족들의 결집력이나 영향력이 크지 않았던 것으로 보인다. 이구가 작성한 통문에서도 산양현은 산천과 풍물이 유달리 좋지만, 인걸이 적어서 사당에 모실만한 인물은 홍언충 한 명뿐이라 말하고 있다.[180] 이러한 상황을 해결하고 산양지역 사족들의 구심점을 만들기 위해서 근암서당을 서원으로 승원하려 한 것이다.

사족들이 자율적으로 지역의 여론을 공론화하고 또 스스로 도학적 모범을 보인 인물에 대해 제사를 지냄으로써 사족으로서의 정체성을 가질 수 있다는 면에서 지역 서원의 건립은 꼭 필요한 일이었다. 이러한 활동이 이어지는 것은 17세기 중후반 상주 사족 사회의 성장과 확대를 보여준다. 아래 인용문은 당시 서원의 강학 기능이 퇴색하고 있음을 지적한 부분이다.

> 돌아보건대 지금의 서원 설립은 예전의 서원 설립과 같지 않으니, 서원의 이름은 있지만 서원의 실재는 없습니다. 이 점이 제가 이 일에 급급해하지 않은 까닭입니다. …(중략)… 나는 또 고하기를, '학문은 모름지기 부지런히 노력하는 가운데 얻게 됩니다. …(중략)… 예로부터 성현호걸은 모두 그 속에서 많은 노력을 기울여서야 큰일을 이루었습니다.

178 洪汝河, 「近嵒書院漢陰李先生奉安文」 앞의 책 卷7; 『韓國文集叢刊』 124, 454면.
179 洪汝河, 「擬上許眉叟 穆」 앞의 책 卷4; 『韓國文集叢刊』 124, 390면.
180 송석현, 「17세기 상주지역 사족의 동향」, 『嶺南學』 27, 경북대학교 영남문화연구원, 2015, 359면.

…(중략)… 우리나라 사대부는 그렇지 않습니다. 노비가 대대로 전해지는 법이 있기 때문에 평소에도 좋은 옷과 맛난 음식을 먹고 마루에 편안히 앉습니다. 모든 수고로움에 관련된 일은 일체 자신이 직접 하지 않기 때문에 학교나 관공서에 와서도 반드시 정갈한 반찬과 좋은 안주로 사령들이 공급한 뒤에야 오래 머무를 수 있습니다. …(중략)… 반드시 감사나 수령에게 청탁해 찬비爨婢와 초노樵奴를 찾고, 재물과 곡식을 거두고 나누어 십분의 일의 이익을 구한 뒤에야 학궁의 살아갈 계책을 이룹니다. 이는 또 오늘날 서원의 폐단입니다.'[181]

후배들의 부탁으로 함녕(현 문경)서원의 규약을 정하는 글을 지었는데 그 일부이다. 목재는 당시 향촌에 있는 서원의 폐단을 지적하고 후배들에게 경계로 삼도록 했다. 재향 사족의 자제들이 공부 자체에 몰두하지 못하는 점을 염려하고 있으며, 서원 본래의 기능이 회복되기를 바라고 있다. 그는 향촌 사족들의 안일한 모습을 드러내면서 사족의 정체성을 거듭 확인하고자 한 것이다. 아래 시는 부친 홍호가 강학하던 곳에서 감회를 지은 작품이다.

先人有弊廬　선인이 강학하던 서당이 허물어져 있으니
歲月苦易邁　세월이 너무도 빠르게 흘렀구나.
揮涕訪蓽門　눈물 흩뿌리며 사립문 찾았더니

181 洪汝河, 「咸寧書院立約文」 앞의 책 卷5; 『韓國文集叢刊』 124, 410면: '蓋聞東國書院之設, 實自退陶先生建紹修而權輿也, 士論翕然向之, 所在, 慕效創立. …(중략)… 余又告之曰, '爲學, 須從勤苦中得力. …(중략)… 從古聖賢豪傑, 皆從這裏喫著許多辛苦, 方做出大事業. …(중략)… 我國士夫則不然. 因有奴婢世傳之法, 平居美衣玉食, 安坐廳軒. 凡係勞苦之事, 一切不自身作, 故到黌舍公家, 必有精饌美肴, 使令供給, 然後乃堪久處. …(중략)… 必須請託於監司守令, 乞覓爨婢樵奴, 斂散財穀, 逐什一之利, 然後方成學宮活計, 此又近日書院之弊也.'"

擎撑免欹壞　버티고 서서 겨우 기울고 무너짐을 면했네.
同來三十口　같이 왔던 서른 명 생도들이
使我愁喧隘　나에게 시끌벅적하니 근심일게 하네.
溪旁峙塾堂　노계 가에 서당이 우뚝 서서
棲託淸耳界　깃들어 의탁하니 이계耳界가 맑아지네.
煙雲獻狀態　뿌연 구름은 오롯한 모습을 바치고
詩儷出珍界　시 벗들은 앞다투어 진귀한 시를 짓는구나.
凫汀或朋息　오리 노는 물가에 벗들과 귀기도 하고
犢坡時獨屆　나지막한 언덕에 가끔 홀로 오르네.
竹醉種幾鞭　대나무에 취해 몇 그루 심었던가
松稚活萬介　어린 소나무는 만 개나 싱그럽네.
戶外慙屨滿　문밖에는 부끄럽게도 신발이 가득했으니
蒙亨集衆髴　배우고 깨치려 여러 학동들 모여 들었구나.
經籍卽産業　경전 공부를 곧 생업으로 삼았고
辨質良討債　분변과 질정을 채무 변제하듯 했네.
名利鮎上竿　명리는 메기가 장대 오르는 듯한데
學術蛇添畫　학술은 사족처럼 쓸데없이 더하였네.
懶披萬軸揷　만 권의 책 나른하게 펼쳐 보니
一夢三館曬　삼관의 포쇄가 한바탕 꿈이로다.
操戈發墨守　창을 잡고서 묵수를 밝혀내고
點石扐蓍卦　변화시켜 시초 점괘를 뽑네.
越鷄難抱鵠　월나라 닭이 고니알 품기 어렵지만
冀馬盡歷塊　기주의 말은 다 흙덩이 넘듯 뛰어나네.
討論消夏晷　열띤 강론에 여름낮이 다가고
直到氷輪掛　곧바로 달뜨는 밤에 이르렀네.
功程務實地　공부의 과정은 실천에 힘써야 하니
莫作名聲賣　명성이나 파는 사람 되지 말라.

我願子諸生　나는 바라노니 그대 생도들이
盡受陶山戒　퇴계의 가르침 이어 받게나.
伊我顧不能　나를 돌아보니 그렇게 하지 못해
擧世見毁責　온 세상의 헐뜯음과 꾸짖음 받았다네.
江西易陷人　강서는 사람들 쉽게 빠뜨리는데
看破赤灑灑　간파해서 적나라하게 도려냈네.
閑邪揚旆幟　사특함 막으려 기치 내걸었고
衛道繕壁砦　정도를 보호하려 울타리 쳤다네.
衣垢報履穿　옷이 더러워지고 또 신까지 닳았으니
先生一何憊　선생은 어쩌면 그리도 고생하셨던가.
熊魚得兼二　웅담과 생선을 겸하여 얻을 수 있으랴
千駟輕一芥　천 대 수레는 초개처럼 가벼이 여겼네.
努力勤穮蔉　노력하면서 부지런히 씨 뿌리고 김매어
毋俾艶秋稗　가을 쭉정이를 부러워하지 말도록 해라.
種時地又同　파종하는 때 땅이 또 같으니
爲屨不作蕢　신발 만들어도 삼태기는 만들 수 없다네.[182]

노계서당에서 이황이 지은 「도산남동陶山南洞」의 운자를 빌려서 지은 작품이다. 차운한 「도산남동」[183]은 이황이 57세(1557) 되던 해 도산

182 洪汝河, 「老溪書堂 次退陶先生陶山南洞韻 示諸生」, 앞의 책 卷2: 『韓國文集叢刊』 124, 350면.

183 李滉, 「再行視陶山南洞, 有作, 示南景祥, 琴壎之, 閔生應祺, 兒子寯, 孫兒安道」, 『退溪先生文集』卷2; 『韓國文集叢刊』 29, 95면: "卜居退溪上, 年光幾流邁, 寒棲屢遷地, 草草旋傾壞, 雖憐泉石幽, 形勢終嫌隘, 喟焉將改求, 行盡高深界, 溪南有陶山, 近秘良亦怪, 昨日偶獨搜, 今朝要共屆, 連峯陟雲背, 斷麓臨江介, 綠水遶重洲, 遙岑列千髻, 窺尋下一洞, 宿願玆償債, 窈窕兩山間 晴嵐如入畫, 衆綠靄霧霏, 紛紅絢闕曬, 鳥鳴思雅詩, 泉靜翫蒙卦, 躕躇足佳賞, 辦此惑大塊, 我今置散逸, 朝衣久已掛, 藏修詎無所, 地薄輕買賣, 荒榛有頹址, 古迹爲今戒,

남쪽에 서당 지을 땅을 찾아가서 지은 작품이다. 퇴계가 두 번이나 땅을 찾아갔을 정도였다 하니, 택지 선정에 얼마나 신중함을 보였는지 알 수 있다. 퇴계가 후학을 위해 서당의 택지 선정을 하는 데 심혈을 기울인 만큼 목재 역시 서당에 남다른 관심이 있었다. 그는 퇴계의 행적뿐만 아니라 뜻을 잇고자 함을 알 수 있다. 또한 이곳이 목재의 부친인 홍호가 강학하던 곳이기 때문에 특별한 장소였다.

목재는 낡고 허물어져 있던 서당의 모습을 보고 자신이 오랫동안 타향에서 보내느라 서당을 돌보지 못한 점을 안타까워하고 있다. 그러다 차츰 서당의 외연이 갖추어지고 서당 본연의 역할인 학문 활동이 이루어지게 된 것에 대한 감회를 적고 있다. 다음으로 생도들에게 바른 처세와 학문에 대해 조언하고 있다. 그는 젊은 생도들이 이단에 빠지는 것을 경계하며 그들에게 구체적인 학문의 방향을 제시한다. 시어 '강서江西'는 중국 명대에 육구연과 왕수인의 사상을 계승한 이들이 이 지역을 중심으로 활동하면서 강서학파를 형성한 것을 말한다. 양명학을 이단 사설로 보는 일은 이황의 양명학에 대한 비판이 있은 뒤이다.[184] 목재는 이점을 퇴계가 어렵게 정도를 지켜낸 것이라 말하고 있다.

목재는 위의 시에 '근래에 비로소 『학부통변』을 얻어 주희와 육구연의 맥락을 대략 이해했다.'[185]라고 부기해 두었다. 『학부통변』은

何人曾占此, 漫滅謷與責, 亟謀營環堵, 窓戶看蕭灑, 圖書溢皮架, 花竹映椶砦, 日月警遲暮, 身心勉疲憊, 中誠望三益, 外慕忘一芥, 此樂如壎篪, 夫仁匪稊稗, 爲君歌弗告, 無令虧一簣."

184 김시내, 앞의 논문, 2012. 19~27면.

185 洪汝河, 「老溪書堂 次退陶先生陶山南洞韻 示諸生」, 앞의 책 卷2; 『韓國文集叢刊』 124, 350면. "近始得學蔀通辨, 略曉朱陸路脈."

진건의 저술로, 이황은 『심경후론心經後論』에서 "진건이 『학부통변』과 『편년고정編年考訂』을 저술하여 주륙朱陸 두 학설의 이동과 귀추를 밝혀 놓았다."라고 하여 주자학자로서 진건의 역할을 높이 사고 있다. 목재 역시 중국의 양명학 비판 책인 『학부통변』를 통해 양명학을 어느 정도 이해하고 있었기 때문에 이황의 입장에 동의를 표할 수 있었다.

그리고 뒤이어 후학들에게 삶의 모범적인 사례로 이윤의 처세를 인용하고 있으며, 시의 '천 대 수레는 초개처럼 가벼이 여겼네.'에서 제시하고 있다. 이는 맹자가 "이윤이 신나라의 들에서 논밭을 갈면서 요임금과 순임금의 도를 즐거워했다. 의롭지 못하거나 도에 합당하지 않으면, 천하를 그에게 녹봉으로 주어도 돌아보지 않고, 4,000필의 말을 매어 놓더라도 거들떠보지 않았다."[186]라고 말한 대목이다. 부귀를 탐하거나 권력을 탐하는 사람이 아니라 양심을 따르는 정직한 삶의 모습을 묘사한 것이다. 목재는 이윤의 처세를 제시하여 후학들에게 바른 처세관을 강조한 것이다.

마지막 두 구에서는 『맹자』의 구절을 인용하여 문생들이 학문을 통해 궁극적으로 가야 할 길을 제시하고 있다. 목재가 『맹자』에서 인용한 부분은 다음과 같다. 맹자가 같은 조건에 보리를 심어 기르지만 비와 바람 같은 외부의 환경, 기른 사람에 따라 달라지더라도 꾸준히 힘쓴다면 결국 모두 성숙하게 된다고 말했던 구절이다.[187] 그리고 용자

186 『孟子』, 「萬章」, "非其義也, 非其道也, 祿之以天下, 不顧也, 繫馬千駟, 不視也."

187 『孟子』, 「告子」, "今夫麰麥, 播種而櫌之, 其地同, 樹之時又同, 浡然而生, 至於日至之時, 皆熟矣, 雖有不同, 則地有肥磽, 雨露之養, 人事之不齊也. 故凡同類者, 擧相似也, 何獨至於人而疑之, 聖人, 與我同類者."

는 “‘발의 크기를 알지 못하고 신을 만들더라도 나는 그가 삼태기를 만들지 않을 줄 안다.’라고 말하니 신발이 서로 비슷한 것은 천하의 발이 같기 때문이다.”[188]라고 말한 대목이다. 신발 크기가 삼태기만한 사람이 없듯이 사람은 동류라는 것이다.

맹자와 용자 두 사람 모두 세상 사람들이 동류라는 것을 강조한 것이다. 즉 성인과 보통 사람은 동류로서 누구나 성인에 이를 수 있다는 것이다. 목재는 후인들에게 이러한 궁극의 목표를 향해 끊임없이 노력할 것을 권고하면서 시를 마무리하고 있다. 다음은 영남에서 서원의 표상이 되는 도산서원을 찾아 시를 남긴다.

宣尼蚤作逍遙歌泰山	공자가 일찍부터 자연을 벗 삼아 소요하며 태산을 노래하더니
忽失曳杖兮緇履空傳	홀연 짚고 다니던 지팡이 놓고 검은 신만 뒹굴고 있네.
周家制作尙宛然	주나라 제도 오히려 완연했건만
繶紃博寸三千年	한 치 넓이 책을 엮어 삼천 년 전하였네.
退陶老人講道汾河上	퇴계가 분하 가에서 도를 강연하니
奎緯呈祥絶學倡	규성이 상서로움 보여 끊어진 학문 창도하였네.
太乙星官扶杖來	태을성을 주관하려 지팡이 짚고 와서
聽餘慇懃贈劉向	은근한 목소리로 유향에게 들려주었네.
磈砢多節瘦更淸	울퉁불퉁 마디 많고 가늘어서 더욱 맑으며
堅硬敵鐵携還輕	견고하기 무쇠 같은데 들기에 도리어 가볍네.
乃知神物之生爲賢聖	알겠구나. 신물이 나서 현성이 되었고

188 『孟子』, 「告子」, “龍子曰: 不知足而爲屨, 我知其不爲蕢也. 屨之相似, 天下之足同也.”

淑氣扶輿鐘元精　　맑은 기운 엉겨 붙어 정묘한 기운이 되었구나.
我來再拜尋古院　　나, 와서 도산 서원을 찾아 재배하니
手澤猶存配書硯　　수택이 여전히 서책과 벼루에 깃들어 있네.
湖上秋光擁千岑　　시냇가에 가을빛 들고 천 봉우리 둘렀고
當年杖屨經行遍　　살아생전 신 신고 지팡이 짚어 두루 다녔을 텐데.
雲山路迷隔幾重　　구름 낀 산 아득한 길이 몇 겹이나 막혔는가
却憶先生淚霑胸　　문득 선생을 생각하니 눈물이 가슴을 적시네.
杖乎杖乎爾其留作吾道之受用
　　지팡이여, 지팡이여, 너는 남아 우리 도에 받아들여
愼勿去學葛陂龍　　진실로 배움을 떠나 갈피 용지팡이 되지 말게나.[189]

도산서원이 공자의 유풍을 계승한 곳임을 밝히며, 공자를 계승한 이황의 부재에 안타까운 심정을 드러내고 있다. 제1~2구는 공자가 죽기 전 편안한 일상을 보내고 난 뒤, 죽은 사실을 말하고 있다. 제3~4구는 공자가 주나라 예법을 존숭한 부분을 말한다. 『논어』에 "주나라는 하나라와 은나라 두 왕조를 본받았으니, 그 문화가 찬란하구나. 나는 주나라의 예법을 따르겠다."[190]라는 공자의 말이다. 주나라는 500년 이상 평화와 번영 속에서 존속할 수 있었던 이상 국가였다. 이러한 이상을 실현할 수 있었던 것은 주공의 영향이 컸다. 주공의 영향을 받은 공자는 고대 성현들로부터 배운 것을 실현함으로써 주공에 뒤지지 않는 사람이 되겠다는 평생의 꿈을 가지고 있었다. 목재는 주공-공자의 사상을 이은 사람이 이황이며, 유학의 적통임을 밝히고 있다.

제5~8구는 공자 사후에 그의 학문이 이황에게 전수된 점을 밝힌다.

189 洪汝河, 「陶山院青藜杖歌」 앞의 책 卷1; 『韓國文集叢刊』 124, 344면.
190 『論語』, 「八佾」, "周監於二代, 郁郁乎文哉. 吾從周."

청려장과 관련된 유향의 고사를 차용하여 유향이 천록각에서 비서를 교열하던 중에 태을의 정기가 변한 노인이 가르침을 주었듯이 도산서원에도 퇴계의 가르침이 담겨 있음을 말한다. 끝으로 진정한 배움을 실천해야 함을 강조하고 있다. 특히 중도에 포기한 '갈피룡葛陂龍'을 인용하여 자칫 그와 같은 처지가 되지 말 것을 격앙된 어조로 토로하고 있다. '갈피룡'은 후한의 비방장이 노옹老翁에게 도를 배우다가 도를 이루지 못하고 하직 인사를 한 뒤, 노옹이 주는 죽장竹杖을 타고 가서는 노옹의 말대로 갈피에 던지고는 돌아보니 죽장이 용으로 변하였다고 한다. 목재 자신이 세상일을 좇다가 진정한 학문의 길을 놓친 아쉬움을 드러내고 있다. 이것은 후학들은 앞으로 진정한 공부를 바라는 대목이다. 이와같이 목재는 이황의 삶의 자취가 있는 도산서원에서 자신의 지향점을 찾고, 사표의 상을 제시하면서 자신의 결의를 담담하게 표현하고 있다.

이상으로 목재가 고향으로 돌아와 지역 내의 활동 중에 서당과 서원에서의 활동을 살펴보았다. 목재는 17세기 이후부터 서원이 강학 기능이 쇠락해지는 것을 보고 서원 본래의 기능을 회복하고자 했다. 이를 위해 상주를 대표하는 도남서원, 예천의 삼강서원, 부친이 강학하던 노계서당, 영남의 서원의 표상이 되는 도산서원, 근암서원의 전신인 향현사 등을 찾아 활동했다. 근암서원에는 선조인 홍언충을 제향하는 일을 간접적으로 추진하기도 했다. 노계서당에서 생도들에게 바른 처세와 학문에 대해 조언하는데, 양명학 비판서인 『학부통변』을 이해하고 이단에 대한 비판을 강조하기도 했다. 도산서원을 찾아 주공-공자를 이은 인물은 퇴계임을 밝히고 유학의 적통임을 드러냈다. 이를 통해 그의 서원 활동은 퇴계학 전승의 염원이 투영되고 있었다.

4. 존성재尊性齋의 시기: 전원에서의 한적閑寂과 안분安分

목재의 한시는 유배를 마치고 고향 율리로 돌아온 시기부터 집중적으로 지어지기 시작했다. 벼슬하기 전 고향에서의 삶 또한 그에게 큰 비중을 차지하고 있지만, 과거시험 공부에 매진하고 있었기 때문에 자신이 느낀 감회나 서정을 시로 읊을 여유가 없었던 것으로 보인다. 그래서 그 시절 삶의 터전에 대한 감회를 읊은 시는 찾아볼 수가 없다. 대신 유배 후 고향으로 돌아와 생을 마감할 때까지 보낸 15년 동안 전원에 머물며 일상을 읊은 시들이 많이 남아 있다. 전원생활에서 느끼는 만족감과 자신의 처지에 안분하는 모습들을 드러내고 있다. 노년이 되어 느끼는 후회와 반성 또한 작품에 남기고 있다. 이 절에서는 전원에서의 삶과 정서를 살피고자 한다.

1) 전원의 일상에서 한적閑寂의 정취

고향으로 돌아온 후 전원에서의 일상을 시로 남겼다. 이 중에서 첫 번째로 등장하는 전원에서의 시는 그가 유배를 마치고 돌아온 이듬해에 지어진 것이다. 이 시에서는 억울했던 유배 생활을 마치고 고향으로 돌아온 직후, 그의 일상이 어떠했을지 살펴볼 수 있다.

還鄕倦客自長沙　지친 객 장사에서 고향으로 돌아오니
病眼依俙舊物華　병든 눈엔 옛 물화 희미하게 보이네.
芳草空洲六七里　빈 물가 육칠 리에 꽃다운 풀 자라나고
杏花疏雨兩三家　가랑비 내리는 두세 집에 살구꽃 피었네.
候門童僕悲兼喜　문에서 기다리던 아이는 울다가 기뻐하고

滿架書籤整復斜 서가 가득한 책은 정리했다 다시 펴보네.
把酒東隣來釣伴 이웃 사람 술 가지고 와서 함께 낚시하며
共嗔何事到天涯 무슨 일로 귀양을 갔냐며 함께 성을 내네.[191]

봄날의 감회를 읊은 시이다. 꽃다운 풀, 살구꽃, 가랑비 등의 소재는 고향의 계절적인 풍경을 담아내고 있다. 제1구의 '장사長沙'는 가의賈誼가 장사왕長沙王의 태부로 좌천되어 갔던 곳으로 자신이 황간으로 유배되었다가 고향으로 돌아온 일을 표현하고 있다. 타지에서 풍파를 겪으며 병든 몸으로 돌아온 고향이지만, 그곳에는 반겨주는 아이가 있고 오래전에 보았던 책들은 서가에 그대로 있다. 그리고 이웃과 함께 술을 마시고 낚시하며 일상을 맞이한다.

목재의 힘들고 억울했던 마음을 풀어주는 것은 고향이다. 그는 과거시험에 매진하면서 적지 않은 시간을 보냈다. 그러나 과거에 급제해서 청운의 꿈을 안고 시작한 관직 생활은 고난과 시련의 연속이었다. 게다가 그가 노력한 시간에 비해 기간은 너무 짧았고 대가는 너무 가혹했다. 그는 고향에 돌아와 삶의 즐거움과 편안함을 찾으려 했으며, 더불어 이웃의 따스함에 마음의 위안을 얻으려 했다. 목재의 이런 심정은 다음 두 수의 시에서 연이어 드러난다.

醉裏題詩醒復刪 취기에 지은 시는 깨자 다시 지우고
晩來携杖看秋山 늦게 지팡이 짚고 가을 산을 보누나.
身世優游如此足 한가로운 내 신세 이 같으면 족하니
欲於何處更求閒 어느 곳에서 한가함을 더 구하려는가.[192]

191 洪汝河, 「詠懷 辛丑」, 앞의 책 卷1; 『韓國文集叢刊』 124, 336면.

春來隱几似枯枝　봄이 와도 마른 가지처럼 안석에 기대었고
未覺秋風拂面吹　가을바람이 얼굴에 불어와도 깨닫지 못하네.
壺中剩得乾坤大　병 속의 큰 천지는 넉넉히 얻었고
靜裏添教日月遲　고요한 가운데 세월은 더욱 더디 가네.
看已讀書如宿契　이미 읽은 책을 보니 오랜 친구인 듯
逢初熟酒若新知　막 익은 술 대하니 새로운 벗인 듯.
閑適百年今日最　한적한 백 년 일생에 오늘이 가장 좋으니
了無餘樂比於玆　넉넉한 즐거움 이보다 더 좋으랴.[193]

첫 번째 작품은 술을 마시며 보내는 일상을 간략하게 표현한 작품이다. 그는 때로는 술에 취하기도 하고 때로는 시를 짓기도 하는 등 한가로운 일상을 보내고 있다. 어떤 간섭이나 속박도 전혀 없는 여유롭고 한가로운 생활에 만족하고 있다.

술은 그의 작품에서 적지 않은 소재로 등장하며, 실제로 술을 무척 좋아했다. 목재가 함경도 경성 판관으로 있을 때 술주정이 문제가 되어 상관 권우의 장계로 처벌받는 일이 있었다. 그리고 여러 작품에서 술을 끊고자 부단히 노력하며 술을 절제하려는 의지를 드러내기도 한다.[194] 그러나 술을 끊는 일이 쉽지 않은 듯하다. 이후 그의 시에 술은 여전히 그의 벗으로 등장하고 있다. 두 번째 시에도 술이 등장한다.

두 번째 작품은 자신의 삶을 관조한 뒤 감회를 적고 있다. 그는 봄

192 洪汝河, 「偶吟」, 앞의 책 卷1; 『韓國文集叢刊』 124, 339면.
193 洪汝河, 「閑適」, 앞의 책 卷1; 『韓國文集叢刊』 124, 340면.
194 洪汝河, 「余自夏間停飮 是年稻田被水 鸚鵡杯又破 感而有作」, 앞의 책 卷1; 『韓國文集叢刊』 124, 344면, "秫田曾捲怒濤歸, 鸚鵡還隨抵鵲飛. 天意不教長酩酊, 醒來四十二年非."

이 오고 다시 가을이 오는 시간의 변화에 무덤덤한 모습이다. 왜냐하면, 전원에서의 시간이 즐겁고 자족하고 있기 때문이다. 시어 '호중壺中'을 통해 전원에서의 생활을 별천지와 같다고 표현하고 있다. '호중'은 후한 때 비방장이 약장사를 하는 노인을 따라 병 속에 들어가 화려한 옥당에서 좋은 술과 안주를 실컷 마시고 즐겁게 노닐다가 나왔다는 고사에서 나온 것으로 별천지를 가리킨다.

전원에서 목재의 벗은 책과 술이다. 변함없이 오랜 벗은 서책이며, 새로 사귄 벗은 새 맛을 내는 술이라 재미있는 표현을 한다. 이러한 벗들이 늘 곁에 있으니, 이보다 더 큰 즐거움이 어디에 있겠냐고 말하고 있다. 이렇듯 목재는 전원에서의 삶에 정착하게 되는데 다음 시에서도 이러한 모습을 읽을 수 있다.

送老結茅屋　초가집 지어 노년을 보내려고
還應山水鄉　산수 좋은 고향으로 돌아왔네.
清潭風百頃　백 이랑 맑은 못엔 바람이 불고
白甲露千章　천 그루 흰 소나무엔 이슬 맺히네.
竹榻迎朝爽　대 침상에서 상쾌한 아침 맞이하고
蘭舟弄晚涼　목란주 띄워 쓸쓸한 황혼을 즐기네.
最憐千丈石　제일 사랑스럽기는 천 길 바윗돌이
西麓枕滄浪　서쪽 기슭에서 냇물에 누운 모습.[195]

고향으로 돌아온 초기에 산택재를 짓고 난 뒤 얼마 지나지 않아 지은 작품이다. 목재는 고향에서 전원생활을 즐기며 노년을 보낼 것이

195 洪汝河, 「故里」, 앞의 책 卷1; 『韓國文集叢刊』 124, 351면.

라 밝히고 있다. 그래서인지 자신이 지내는 곳의 풍경을 상세하고 정감있게 서술하고 있다. 이곳에는 소나무가 둘러싸고 있고, 대나무로 만든 침상이 있다. 거기에 매일 상쾌한 아침을 맞을 수 있는 소탈한 일상이 있다. 일상 중에는 목란주를 띄워놓고 뱃놀이하는 즐거움도 포함되어 있다. 시어 '난주蘭舟'는 『술이기述異記』에 춘추시대 노반魯般이라는 사람이 목란木蘭을 깎아 배를 만든 데서 유래한 것이다.

그러나 목재가 전원에서 가장 애정을 보인 것은 천 길 바위이다. '소나무', '상쾌한 아침', '바람', '초가집', '목란주' 등 수없이 많은 사물이 곁에 있지만, 목재의 마음을 움직인 것은 바위였다. 바위가 비바람이 거쳐도 변하지 않는 모습은 덕을 지닌 군자의 모습과도 같아 마음을 끌어들이기 충분했다. 사람이 살면서 외부의 자극에 흔들리지 않고 산다는 것은 쉽지 않다. 목재도 이 점을 잘 알고 있었던 듯하다. 그래서 유독 바위에게 눈이 간 것이다.

그는 관직에서 바쁜 업무와 좌천과 유배를 겪고 낙향하였다. 평소 경세제민의 뜻을 실천하는 삶은 그리 길지 않았다. 낙향했지만 지역사회에서 생활 또한 여가를 내기란 쉽지 않았을 것이다. 그러한 긴장과 시련을 겪으면서 외부로부터 오는 자극에 흔들리지 않은 적이 얼마였을까. 이제 고향의 전원에서 얼마쯤 시간이 지나니 삶을 돌아볼 여력이 생긴 것이다. 평소 자신이 추구하는 유가적 이념과 의식을 실행으로 옮기는 생활을 시에 드러낸 것이다. 아래 시는 전원에서의 일상을 상세히 묘사하고 있다.

櫟皮覆屋鎭雲根　상수리 껍질 덮인 집이 운근雲根에 자리하여
松揷疏籬棘擁門　소나무 성근 울타리에 가시 문을 둘렀네.

數畝石田耕未了　몇 이랑 돌밭은 경작을 마치지 못했으니
他年活計付兒孫　내년에 살아갈 계획일랑 아이들에게 맡겨야지.

社酒村燈樂歲豐　사주社酒 마시고 등불 밝혀 풍년을 즐기니
呼嗚擊缶凍梨紅　호오呼嗚 부르고 질장군 치고 얼굴은 불그레.
名垂萬古知安用　만고에 이름 남긴들 어디에 쓰겠는가
腐朽還甘草木同　도리어 초목과 같이 썩어짐을 달게 여기네.

函牛泣豆味堪餐　큰 솥에 콩 삶으니 맛이 먹음직스러워
兩手翻翻揉作團　두 손으로 뒤집고 주물러 둥글게 만드네.
鋪席曬乾黃鶴卵　자리 펴 햇볕에 말리니 황학 알 같더니
瀉盆和漬水晶寒　동이에 물 부어 간 맞춰 담그니 수정처럼 맑네.[196]

이 작품은 목재가 고향으로 돌아와 머무른 지 9년째 되는 해인 1668년에 지은 것이다. 전원 속에서 감회를 즉흥적으로 표현하였다. 제1수는 고향에 지은 작고 소박한 초가집에서 생활하고 있는 모습이다. 낙향 후 생활은 어느 정도 적응이 되고 익숙해지고 있었다. 그는 얼마 되지 않는 돌밭이라도 잘 경작해야지만 내년에 먹을 양식을 얻을 수 있는데, 그런 일은 아이들에게나 맡겨 두라고 얘기하고 있다. 이는 여러 해 전원에서 지내면서 삶을 통찰할 수 있게 된 것이다. 그 이유는 전원생활이 그의 수양처이자 삶의 학습장이었기 때문이다. 전원에서 머문 지 꽤 시간이 지나 편안해진 모습이다.

제2수에서 '사주社酒'는 입춘과 입추 후 다섯 번째 무일戊日이 되는 날을 사일社日이라고 하는데, 이때 오방五方의 토지신에게 풍년을 기

196 洪汝河, 「田家卽事 戊申」, 앞의 책 卷2; 『韓國文集叢刊』 124, 15면.

원하며 제사를 지내고, 제사가 끝난 후 모여서 마시던 술을 말한다. '호오呼嗚'는 "대저 항아리를 두드리거나 질장구를 치거나 쟁을 타거나 넓적다리를 치면서 호오하고 노래하여 귀를 유쾌하게 하는 것은 참으로 진나라의 음악이다."[197]라는 구절에서 인용한 말로 시를 읊조리거나 노래하는 소리를 형용한 말이다. '동리凍梨'는 언 배라는 뜻으로 노년의 검버섯 핀 얼굴을 가리키기도 하며, 술에 취한 노년의 얼굴이 붉다고 표현하기도 하였다.

목재는 풍년을 기원하는 마을 잔치에 얼굴이 붉그레 지도록 흥건히 취해 노래를 부르고 즐거워하고 있음을 묘사하고 있다. 이런 소박한 즐거움을 주는 전원에 있으니 대단한 업적을 쌓아 이름을 남기는 것은 부질없음을 알았다. 그래서 사람이 늙고 죽어 초목과 같이 자연으로 돌아가는 것은 다 같으니, 명성과 같은 욕심에 연연할 필요는 없다고 말한다. 이는 전원에서 시간을 보내면서 삶에 대해 초연해진 모습이다.

제3수에서는 콩을 쑤어 메주를 만들고, 그 메주를 담가 간장을 만드는 상황을 묘사하고 있다. 콩으로 둥글게 빚어 말려놓은 메주를 황학의 알 같다거나, 물 부어 간 맞춰 담가놓은 것이 수정처럼 맑다고 표현한다. 단순히 콩을 삶고 메주를 삶아 장을 담그는 일을 묘사하고 있는 듯하지만, 깊은 성찰에서 나온 결과이다. 콩이 삶겨 메주가 되고 메주가 물과 소금과 섞여 간장과 된장이 되듯이 자신도 전원에서 자연과 섞여 변화되어 가는 과정을 밝힌 것이다.

197 『史記』, 「李斯列傳」, "夫擊甕叩缶彈箏搏髀, 而歌呼嗚嗚快耳者, 眞秦之聲也."

清宵蟾彩十分姸　맑은 밤 달빛은 참으로 어여뻐라
賸作新年第一圓　새해 첫 보름달을 넉넉히 지어 내었네.
和氣融光添冷暈　따뜻한 기운과 빛에 찬 달무리 더하니
却憐春月勝秋天　봄 달이 가을하늘보다 더 사랑스럽네.[198]

목재는 일상에서 늘 접하는 달을 보며 시를 썼다. 산림에 묻혀 지내니 오롯이 자연에 집중할 수 있다. 그래서 눈에 보이는 전원을 그대로 읊으며 즐거움에 젖게 되는 것이다. 자연을 있는 그대로 즐길 줄 아는 목재의 자족한 일상을 형상화한 것이라 할 수 있다. 속세를 떨쳐 버리고 인욕을 멀리한 채 자연을 벗할 뿐, 현실에 대한 미련이라곤 전혀 찾아볼 수 없는 순일의 경지를 노닐고 있는 듯하다. 그러므로 목재는 현실적으로 도달할 수 없는 공허한 세계를 좇은 것이 아니라 전원생활 그 자체가 바로 순일의 경지에 있는 것이다. 아래 시에서는 전원생활에서 얻은 작은 성취가 드러난다.

霽色初凝碧樹煙　날 갠 맑은 빛 막 푸른 나무에 아지랑이 맺히니
詩情欲作已森然　시인의 마음엔 이미 짓고 싶은 마음 가득하네.
江山雨洗秋光出　강산은 비에 씻겨 가을빛을 토해 내고
天地雲開夕照鮮　천지엔 구름 열려 석양 노을이 깨끗하네.
興廢無端方信命　흥함과 폐함은 단서가 없어 천명을 믿을 뿐이지만
行藏有是敢希賢　나감과 감춤엔 마땅함 있어 감히 현인을 바라네.
一瓢陋巷聊成趣　표주박 하나로도 누추한 거리에서 성취했으니
擬抱遺經送暮年　성현이 남긴 경전 끼고서 저무는 해 보내네.[199]

198 洪汝河, 「上元詠月」, 앞의 책 卷2; 『韓國文集叢刊』 124, 359면.
199 洪汝河, 「晩晴」, 앞의 책 卷2; 『韓國文集叢刊』 124, 361면.

전반부는 전원에서 보이는 풍경을 묘사하고 있으며, 후반부는 삶의 지향점을 밝히고 있다. 그는 노을이 지는 가을의 풍경을 마주하면서 시를 지었다. 특히 비가 내린 뒤 만물이 토해내는 빛은 형용할 수 없을 만큼 깨끗하니 시를 짓지 않을 수 없다는 것이다. 뒤이어 이처럼 형용할 수 없는 승경을 마주하며 천명을 따라야 하는 삶을 생각하게 된다. 천명을 따르는 삶이 바로 성현의 가르침이라는 것이다.

목재는 두 시어 '행장行藏', '희현希賢'에 이러한 뜻을 드러내고 있다. '행장'은 용사행장用捨行藏의 준말로 뜻을 얻어 세상에 도를 행하고, 물러나 은거하는 것을 말한다, 출처는 『논어』에 "등용되면 행하고 버림을 받으면 숨는다."[200]고 한 대목이다. '희현'은 주돈이가 "성인은 하늘처럼 되기를 희망하고, 현인은 성인처럼 되기를 희망하고, 선비는 현인처럼 되기를 희망한다."[201]라고 한 구절에서 유래한 것이다.

특히 목재는 안회를 좇아 어떤 어려움에도 자신의 즐거움을 고치지 않고자 다짐한다. 목재와 같은 학인들에게 있어서 성현의 말과 글이 삶의 표준이 되고, 그들의 행적이 흠모의 대상이 되는 것은 자연스러운 일이다. 그래서 현인의 경지에 도달하기 위해서는 끝없이 자신을 성찰하려는 겸허한 자세라야 가능한 것이다. 끊임없는 성찰의 과정을 반복하면서 시공을 초월하여 성현과의 대화를 나누며, 그 발자취를 좇아가는 데에서 얻어지는 것이다. 아래 시에서는 전원생활에서 얻은 작은 성취가 드러난다.

多病閑猶甚　오랜 병으로 한가로움 더욱 많아져

---

200 『論語』, 「述而」, "用之則行, 舍之則藏."

201 『近思錄集解』 卷2, 「爲學」, "濂溪先生曰: 聖希天 賢希聖 士希賢."

南窓臥起遲　남창에서 누웠다 일어나는 일도 더디네.
忘懷時把酒　시름 잊으려 이따금 술을 마시니
觸境偶生詩　닿는 곳마다 우연히 시가 생기네.
山翠侵床潤　푸른 산은 침상에 들어와 빛나고
江風拂袖吹　강바람은 소매를 스쳐 불어오네.
箇中眞趣味　이 가운데 참된 정취 맛보았으니
休報俗人知　세상 사람들에겐 알리지 마시게.[202]

목재가 병 때문에 얻은 한가한 시간을 한껏 즐기고 있는 모습이다. 그는 술로 시름을 달래고, 눈 앞에 펼쳐진 경치마다 시를 지을 수 있는 소소한 일상이 그를 기다리고 있다는 것에 만족감을 나타낸다. 자연을 오롯이 느낄 수 있으니, 이보다 좋은 전원의 생활은 없다는 것이다. 이때 그가 느낀 정취는 자신만 알고 다른 사람들은 찾지 못하게 하고 싶을 만큼 소중한 것임을 우회적으로 밝히고 있다. 아래 시에서도 전원에서의 생활을 한껏 즐기고 있는 모습이다.

栗林濃綠午陰淸　밤나무 숲 깊은 녹음 한낮에 그늘 맑고
竹露山風灑面輕　대숲 이슬 산바람 얼굴에 가볍게 스치네.
萬卷床頭慵不看　책상머리 만권 책은 게을러 보지 않고
睡回斜日隔花明　잠결에 지는 해가 저 꽃 너머에 밝네.

渺渺春波鏡面開　아득한 봄 물결 맑은 수면에 일렁이니
扁舟獨往訪山梅　일엽편주로 홀로 가서 산 매화를 찾네.
等閑分付園中鶴　그저 동산의 학에게 분부하여

202 洪汝河, 「偶題」, 앞의 책 卷2; 『韓國文集叢刊』 124, 361면.

休報門前俗客來　문 앞에 속객이 왔다고 알리지 말라 하네.[203]

이 시는 「즉사卽事」 2수로 봄날 전원의 풍광을 묘사했다. 제1수는 녹음 짙은 나무가 만든 그늘, 얼굴에 스치는 바람, 꽃 뒤로 지는 태양 등 그가 본 봄날을 묘사하고 있다. 그는 해거름 봄 풍경에 빠져 책을 멀리하게 되었다고 말한다. 이는 자연에 심취해 있는 도습이다. 제2수는 봄 햇살이 물결에 비출 때가 되면 배를 띄워 매화를 찾아 나서겠다고 다짐한다. 그리고 동산의 학에게는 손님이 찾아와도 알리지 말라고 당부하고 있다. 목재는 손님이 자신을 찾아오는 것보다 매화를 찾아다니는 즐거움이 더 크니, 그 즐거움을 누구에게도 방해받고 싶지 않다는 것이다.

이 구절의 고사는 매처학자梅妻鶴子로 자처했던 북송의 은사 임포의 이야기를 인용하였다. 임포는 서호의 고산에 은거하면서 매화를 심고 학 두 마리를 길렀다. 새장 속의 학을 놓아주면 학이 구름 위까지 날아올라 배회하다가 스스로 우리 안으로 들어왔다. 임포가 나룻배를 띄워놓고 서호 가에 노닐고 있다가도 집에 손님이 찾아오면 반드시 이를 알고 돌아왔다. 이는 동자가 손님이 오면 우리의 학을 놓아주어 임포가 알 수 있게 했기 때문이다. 이 대목에서 목재가 얼마나 지금의 생활에 만족하고 있는지 알 수 있다. 아래 작품은 매화를 소재로 쓴 시이다.

歲晏供幽賞　한 해가 저물 때 그윽한 감상 제공하는
深窓一樹梅　깊은 창에 핀 한 그루 매화.

203 洪汝河, 「卽事」, 앞의 책 卷1; 『韓國文集叢刊』 124, 341면.

題詩香繞筆　시를 지으려니 향기가 붓을 감싸고
把酒冷侵杯　술을 마시려니 냉기가 술잔에 엄습하네.
東閣人同醉　동각 사람 하손도 함께 취하고
西湖客亦來　서호 손님 임포도 또한 왔구려.
春回轉淸絶　봄이 돌아오면 더욱 맑고 깨끗하리니
休怕白頭催　흰 머리 재촉한다고 근심하지 마소서.[204]

목재는 매화와 관련된 유명한 고사인 하손과 임포를 통해 그들이 느낀 정취를 자신도 느꼈다는 내용이다. 제5구의 '동각 사람 하손도 함께 취하고'는 남조 양나라 하손의 고사를 인용한 것이다. 하손이 건안왕의 수조관으로 양주에 있을 때 관청 뜰에 매화 한 그루가 있어 매일 같이 그 나무 아래서 시를 읊곤 하였다. 뒤에 낙양으로 돌아갔다가 그 매화가 그리워서 다시 양주로 발령해 주길 청하여 당도하니, 매화가 한창 피었기에 매화나무 아래 종일토록 서성거렸다는 고사이다.

목재는 마지막 구절에서 늙어감이 찾아오지만 한탄하기보다는 매화의 맑은 정취를 느낄 수 있는 것을 더 중요함을 밝히고 있다. 그는 아직 술잔이 차게 느껴지는 추위 속에 핀 매화를 보면서 자신의 삶을 돌아보았다. 추위처럼 치열한 삶이 있었기에 꽃이 피듯 현재의 한적을 느낄 수 있는 것이다.

이상으로 전원에서의 일상을 읊은 시를 살펴보았다. 목재는 어려서부터 서울과 상주를 오가며 생활하였고, 사환 시기에는 좌천, 유배를 경험하면서 먼 타지에서 보내는 날이 많았다. 고향이라고 하더라도 지역 내에서 자신의 역할을 찾기란 쉽지 않았을 것이다. 목재는 고향

204 洪汝河, 「詠太守盆梅」, 앞의 책 卷2; 『韓國文集叢刊』 124, 363면.

으로 돌아온 초기에는 이곳의 생활에 적응할 시간이 필요했다. 더구나 지역에서 자신의 입지를 다지기 위해서는 다양한 사회활동에 참석하는 것이 필요했을 것이다.

많은 일을 처리하고 난 여가에 전원에서의 일상은 어느 때보다 귀한 시간이었다. 시는 봄날의 정취를 짓거나 일상에서 늘 접하는 달을 보고 짓거나 추위 속에 피는 매화를 짓는 등 일상에서 만나는 계절, 자연, 사물 등을 읊고 있다. 그는 자신에게 오롯이 집중할 수 있는 시간을 얻고 한가롭고 편안한 전원의 일상을 놓치지 않고 있었다.

2) 만년의 반성과 안분安分의 정서

사람은 늙어가며 육체와 정신을 되돌아보게 된다. 이는 목재 또한 예외가 아니어서, 자신의 노쇠한 신체와 정신을 대면하여 연민과 다짐을 드러낸다. 아래 시는 만년에 새해를 맞이한 목재가 그 느낌을 표현한 시이다.

寒齋寥落對陳編　차가운 집에서 쓸쓸히 묵은 책을 마주하여
永夜孤燈照雪縣　눈 덮인 고을 긴 밤 외로운 등불에 비춰보네.
自愧向來抛舊學　부끄럽다 지난날 옛 학문을 포기하여
白頭空復受新年　백발의 나이에 공연히 또 새해를 맞이함이.[205]

목재는 차가운 집, 묵은 책, 외로운 등불 등을 제시하며 우울한 심경을 드러낸다. 그는 새해가 되어도 희망에 차서 새로운 계획을 세우

205 洪汝河, 「除夕」, 앞의 책 卷2; 『韓國文集叢刊』 124, 352면.

거나 어떤 목표를 세워 무엇인가를 도모하고자 하는 마음이 일어나지 않는다. 노년이 되어 맞는 새해는 젊은 날의 새해를 맞이하는 것과는 다르게 다가오기 때문이다. 노년은 누구나 그러하듯이 목재 역시 지난 삶을 돌아보며 정리하고자 한 것이다.

특히 노년에 그의 시선이 닿은 것은 책들이었다. 어려서부터 책을 손에서 놓지 않고 평생을 벗 삼아 오다가 어느 땐가 책에서 멀어진 자신을 부끄러워하고 있다. 이는 노년이 되면서 자신의 학문적인 성취에 대한 회의와 반성이 일어난 것이다. 아래 시에서도 만년의 삶에서 오는 목재의 마음을 읽을 수 있다.

凍瓦初融雪　언 기왓장에 비로소 눈이 녹고
山禽乍喚眠　산새들이 언뜻 자던 잠 깨운다.
觀書趁曉旭　아침 햇살을 따라 책을 읽고
開戶覺春天　방문을 열어 봄 날씨 느껴 본다.
寥闊東山望　동산의 소망은 공허하기만 한데
悲涼北海年　북해의 나이 되어 슬프고 처량하네.
向來經濟志　지난날 경세제민 해보려던 의지
白髮任蕭然　백발이 되니 저절로 부질없어지네.[206]

고향 전원으로 돌아와 머문 지 10년이 지난 1671년(현종12) 52세에 지은 것이다. 고향에서 머문 시간도 어느덧 10년이나 흘렀고, 고향에서 지낸 시간을 돌아보고 문득 느낀 바가 있어 그 마음을 시로 지어 남겨두었다. 목재는 초봄 새벽에 일어나 생동하는 사물을 보고 깨달

206 洪汝河, 「辛亥正月五日 曉起有感」, 앞의 책 卷2; 『韓國文集叢刊』 124, 355면.

은 바를 담담하게 읊조리고 있다.

제5구의 '동산망東山望'은 진晉나라 사안謝安이 조정의 부름에 전혀 응하지 않고 동산에 은거하며 풍류를 즐겼다. 40세의 늦은 나이에 벼슬길에 나아갔다는 고사이다. 목재는 사안이 동산에 은거하려는 뜻을 유지하고자 했으나 끝내 지켜내지 못했듯이 자신 또한 은거의 뜻이 쉽지 않았음을 밝히고 있다.

제6구의 '북해년北海年'은 북해는 후한의 북해 태수 공융孔融을 말한다. 공융은 55세의 나이로 집권 세력인 조조에게 처형당하게 된다. 목재는 어느덧 50세를 훌쩍 넘겼으나, 신세가 슬프고 처량함을 비유적으로 표현한 것이다. 그는 젊은 날에 유교 경전을 공부하고 경세제민의 뜻을 품고 문중, 향내, 국내에서 벌어지는 다양한 세상사를 체험하였다. 나이 50세가 되고 보니 부질없음을 깨달은 것이다. 이제야 지난 삶에 대해 내려놓고 마음의 평안을 얻을 수 있는 것이다. 아래 시도 비슷한 시기에 지은 작품이다.

問到四非上　질문은 사비를 말함에 이르렀고
仁存三月中　인은 석 달을 어김없이 보존했네.
喟然初發歎　위연히 처음 탄식을 발하더니
卓爾見成功　우뚝하게 세운 공을 알아 봤네.
巷裏泉涵碧　마을 가운데 샘물은 푸른 빛 머금고
壇邊杏綻紅　행단의 살구나무 붉은 망울 터트리네.
瑤琴輟遺響　거문고 연주의 여운이 끊어지고서
天地幾春風　천지에 부는 봄바람 얼마였던가.[207]

207 洪汝河, 「顔子 辛亥」, 앞의 책 卷2; 『韓國文集叢刊』 124, 355면.

공자와 안회에게 나온 '사비四非'·'삼월三月'·'위연喟然'·'탁이卓爾'·'행단杏亶'·'요금瑤琴' 등의 고사를 통해 만년의 삶을 반성하고 있다. 인용한 고사를 살펴보자. '사비'는 안회의 덕과 공부를 칭송한 말로, 안회가 극기복례를 묻자, 공자가 "예가 아니면 보지 말고, 예가 아니면 듣지 말고, 예가 아니면 말하지 말고, 예가 아니면 행동하지 말라.[208]"고 한 말을 가리킨다. '삼월'은 안회의 공부 경지를 말하는 것이다. 이 말은 공자가 안회에 대해 "안회는 그 마음이 석 달 동안 인仁을 어기지 않았고, 나머지 사람은 하루에 한 번 혹은 한 달에 한 번 인에 이를 따름이다.[209]"라고 한 데서 유래했다. '위연'은 안회가 공자의 도는 무궁무진한 것임을 깊이 알고 흠모한 한 표현이며, '탁이'란 안회가 나중에 공자의 도가 우뚝 서 있는 것처럼 뚜렷이 보이는 것을 흠탄해 한 말이다.

제7~8구에서는 성현의 가르침이 끊어진 것에 대해 탄식하고 있다. 그가 종사했던 일은 뜻대로 되지 않고 자신 또한 늙어감에 평소 좇고자 했던 성현의 공부와 멀어지고 있었다. 성현의 학풍이 후세에 길이 전해지기를 염원하는 마음이 큰 만큼, 그의 안타까움은 더욱더 크게 다가왔다. 비슷한 시기에 지은 아래 시에서도 그가 젊은 시절을 돌아보며 인생의 덧없음을 밝히고 있다.

萬松濤裏雨聲寒　만 그루 솔 물결 속에 빗소리 차가우니
臥病江村詩興闌　강촌에 병들어 누워 시흥이 깊어가네.

208 『論語』, 「顔淵」, "非禮勿視, 非禮勿聽, 非禮勿言, 非禮勿動."
209 『論語』, 「雍也」, "回也, 其心三月不違仁, 其餘則日月至焉而已矣."

鶴瘦獨憐梅寂寞　야윈 학은 홀로 적막한 매화 아끼는데
鳳衰誰問竹平安　봉황 쇠잔하니 누가 대의 평안함을 물을까.
一杯酒盡重難覓　한 잔 술 다 마신 뒤 다시 찾기 어렵고
千卷書閑舊讀殘　천 권 책 익숙하여 옛 기억이 남아있네
莫遣老婆呼內翰　노파께 내한이라 부르게 하지 마시길
少年榮宦夢邯鄲　젊어서의 영화와 벼슬 한단의 꿈이라네.[210]

목재는 이른 봄날, 비 내리는 날 매화와 대나무를 보고 감흥이 일어 시를 지었다. 매화는 아직 꽃이 피지 않고 대나무는 모두 시들어 있으니, 목재의 마음은 편치 않았다. 이러한 매화와 대나무를 보고 그는 관직에 나갔던 시절을 떠올리게 되었다. 제4구의 '봉쇠鳳衰'와 '죽평안竹平安'를 통해 비유적으로 표현하고 있다. '봉쇠'는 관직에 나간 것을 말하는 것으로, 봉황은 치세에만 나타나고 난세에는 숨는 법인데, 봉황과 같은 공자가 어째서 이 난세에 나왔느냐고 초나라 접여接輿가 탄식하면서 노래한 내용에서 가져온 것이다.[211] '죽평안'은 남송의 부대순傅大詢이 지은 사詞에 "오로지 평안한 대나무가 있고, 차가운 매화가 짝이 되어 머무네."[212]에서 인용한 것이다. 사詞의 내용은 초가에 아끼는 대나무를 주위에 심어 감상했다. 겨울이 되자 다른 나무들은 잎이 떨어져 앙상하게 가지만 남았지만, 오직 대나무만 평안히 있

210 洪汝河, 「雨中梅未開竹盡枯 辛亥」, 앞의 책 卷2; 『韓國文集叢刊』 124, 355면.

211 『論語』 「微子」: "鳳兮鳳兮. 何德之衰. 往者不可諫, 來者猶可追, 已而已而. 今之從政者殆而."

212 傅大詢, 「水調歌頭」: "草草三間屋, 愛竹旋添栽. 碧沙窗戶, 眼前都是翠雲堆. 一月山翁高臥, 踏雪水村清冷, 木落遠山開. 唯有平安竹, 留得伴寒梅. 喚傢童, 開門看, 有誰來. 客來一笑, 清話煮茗更傳杯. 有酒只愁無客, 有客又愁無酒, 酒熟且徘徊. 明日人間事, 天自有安排."

었고 그 곁에는 매화가 짝하여 머물러 있음을 표현한 일부이다.

제7~8구에서 젊은 날 관직 생활을 하면서 얻었던 명성들이 부질없음을 밝히고 있다. '몽한단夢邯鄲'은 당나라 때 노생盧生이 한단邯鄲 땅에서 여옹呂翁에게 베개를 빌려서 잠을 자며 80년간의 영화로운 꿈을 꾸었는데, 깨고 보니 여옹이 누른 조밥을 짓는 짧은 사이였다는 고사에서 유래한 것이다. 이 고사는 인간 세상의 영욕이 모두 한바탕 꿈처럼 덧없다는 말이다. 목재는 관직 경험 때문에 지역에서 '내한內翰'이라 불릴 정도로 존경받는 것에 대해 불편해한다. 그 이유는 과거에 관직이라는 외형을 좇았던 자신의 모습이 떠올랐기 때문이다. 아래 시에서도 젊은 날을 회상하고 있다.

艱苦田家幾備嘗	어렵고 힘든 전가 생활, 거의 모두 체험했으니
晨興料檢樂偏長	새벽에 일어나 생각하니 즐거움이 더욱 많네.
東林放犢催須早	동림에 송아지 풀기를 빨리하라 재촉하고
南畝耕奴問亦當	남쪽 밭에 밭갈이는 종에게 물어야 마땅하네.
旭射園松團翠色	햇살 비치는 동산 소나무엔 비취빛 모였고
風搖榻竹韻微凉	바람에 흔들리는 걸상 대엔 시원한 기운 이네.
舊書萬卷今休讀	옛 책 만 권을 이제 읽지 않노니
慙愧當年用意忙	부끄럽다 지난 시절 마음만 바빴음이.[213]

새벽녘 문득 생각이 나서 지은 것이다. 전원에서 지낸 생활을 생각해 보면, 즐거움이 더 많다는 것을 알게 된다. 이는 더 이상의 욕심은 사라지고 스스로 안분자족 할 줄 알게 되었다는 것이다. 제7구에서 경

213 洪汝河, 「晨興」, 앞의 책 卷2; 『韓國文集叢刊』 124, 359면.

전을 누구보다 열정적으로 공부했던 목재가 책을 읽지 않는다는 것은 낙향 후 심경에 많은 변화가 있었던 듯하다. 당시 학자들이 책을 읽기만 하고 진정한 도의 모습에 접근하지 못하는 점을 강력하게 비판했던 것처럼 자신의 공부에 대한 회의를 은유적으로 표현한 것이다.

목재는 관직에 있거나, 낙향 후 지역 사회에서나 입지를 지키기 위해 동분서주하면서 지낸 생활은 경전의 가르침대로 살기란 쉽지 않았을 것이다. 그런데 전원에서 바쁜 생활과 조금 거리를 두고 보니, 진정한 도로 가는 길이 밝아진 것이다. 즉 전원에서 여유를 찾고 자연과 벗하면서 지내고 보니 경전의 가르침이 그 속에 있다는 것을 깨달은 것이다. 그래서 전원생활이 부끄럽기도 하고 즐겁기도 한 것이다.

제3~4구 내용은 번지가 공자에게 오곡과 채소 심는 법을 묻자, 공자가 늙은 농부나 늙은 원예사보다 못하다고 한 구절에서 인용한 것으로 일은 그에 맞는 적임자에게 맡겨야 함을 말한다. 목재는 과거 현달했던 모습을 잊고 겸허한 자세로 현실의 자신에게 충실하고자 한 것이다. 마지막으로 목재는 학문 성취가 없음을 후회하고 있다. 이는 외형에 얽매이는 삶을 살다 보니 진정한 학문의 길을 잃고 있었음을 의미한다.

晦冥天地晝濛濛　천지가 어두워 낮에도 어두침침하니
快掃難呼一陣風　한바탕 부는 바람으로 쓸어내기 어려움 누가 알겠는가.
誰識萬重雲霧外　만 겹의 저 운무 밖
碧空依舊日輪紅　푸른 하늘에는 여전히 둥근 해가 밝음을.[214]

214 洪汝河, 「詠雨」, 앞의 책 卷1; 『韓國文集叢刊』 124, 347면.

上下沈冥杳靄邊　상하가 어두침침하고 안개 자욱한데
渾疑不復覩青天　푸른 하늘 다시 볼 수 없을 듯하더니
須臾雨霽浮雲捲　잠깐 사이에 비 개고 뜬구름이 걷히자
依舊青天白日縣　예전처럼 푸른 하늘에 밝은 해 떠 있네.[215]

위의 시는 전원에서 머물며 비가 내렸다 그친 모습을 보고 느끼는 감회를 연이어 지은 시이다. 이 두 시는 시를 짓고 나서 부가적인 설명을 더 해 놓았다. 첫 번째 시를 짓고 나서 맨 뒤에 "인욕이 덮고 가릴 때에도 천리의 본체는 일찍이 없어지지 않았다.[人欲掩蔽之時 天理本體 未嘗泯息也]"라고 하였고, 두 번째 시에서도 맨 뒤에 "인욕이 소진되고 나면 천리가 저절로 밝아진다.[人欲消盡 天理自明]"라고 부언을 더 해 놓았다.

목재는 자연을 통해 마음속에서 일어나는 천리天理와 인욕人慾의 갈등을 묘사하고 있다. 마음이 자연의 경지에 노닐지 못하면 온갖 욕심이 갈등을 빚게 되어 천리는 사라지고 인욕이 자라난다. 만약 인욕이 자라나면, 천리가 쉬지 않고 운행하는 것처럼 인간도 이를 본받아 쉼 없이 인욕에서 멀어지도록 노력해야 한다. 이러한 노력으로 인해 인욕을 극복하고 천리로 돌아가는 것이다.

목재는 천리는 언제나 소진된 적이 없는데 다만 인욕이 그것을 가리고 있어 알지 못하는 것일 뿐, 그 인욕이 다하고 나면 자연스럽게 천리를 회복한다고 말한다. 그가 삶에서 인욕과 천리 사이에서 많은 갈등을 겪었던 것으로 보인다. 인욕 때문에 무수히 일어나는 갈등은 삶에서 일어나지 않을 수 없다. 다만 내적 수양을 통해 인욕에 흔들리

215 洪汝河, 「詠晴」, 앞의 책 卷1; 『韓國文集叢刊』 124, 347면.

지 않고 천리를 유지해 가려고 노력하는 자세가 필요할 뿐이다. 다행히 만년이 되어 목재는 천리와 인욕의 갈등 속에서 편안함을 찾아가는 모습이다.

生涯到老轉酸辛 삶은 늙을수록 점점 더 고달픈데
景物逢秋感慨新 가을날 경치를 만나니 감회가 새롭네.
日落鳥還知有意 해 지고 새 돌아옴에 뜻이 있음을 알겠고
天寒龍蟄會存身 추운 날 용의 칩거에 존신을 이해하네.
荷涵霽月濂溪賞 연못에 비친 달빛으로 염계를 칭송하고
瓢挹淸泉陋巷貧 표주박에 맑은 물 담아 누항에서 가난했네.
二子胸襟眞灑落 두 분의 흉금은 참으로 시원하고 맑은데
晩生天地我何人 천지에 늦게 태어난 나는 어떤 사람일까.[216]

목재가 늙어감을 깨닫는 순간 가을은 다른 느낌으로 다가오고 있다. 그래서 해가 지고 새가 돌아오는 것도 뜻이 있으니, 모든 일에는 때를 기다리는 것이 필요하다 표현한다. 이것은 세상을 향한 시각이 만년과 젊은 날 각각 다르게 느껴졌기 때문이다. 세상일에 대해 만년이 되어서야 혜안을 얻을 수 있게 된 사실을 밝히고 있다. 그가 생각한 만년의 삶은 염계와 안회의 삶이었다. 그런데 현재 자신의 모습은 어떠한가 반문하며 마무리하고 있다.

이상으로 목재가 만년이 되어 지은 시를 살펴보았다. 이 시기 목재는 자신의 삶을 회고하며 못다 이룬 학문적 성취를 아쉬움뿐만 아니라 오랜 삶의 경륜을 통해 편안한 모습을 보였다. 그리고 만년의 그는

216 洪汝河, 「秋日遣懷」, 앞의 책 卷2; 『韓國文集叢刊』 124, 359면.

일상과 미물을 소재로 삼아 사소하고 우연한 현상에서도 깊은 인생의 진리를 찾아내고 있었다. 마지막으로 공자, 안회와 같은 성현의 삶을 동경하여 후대에 자신의 이러한 모습으로 남고자 하는 의식이 잘 드러나 있었다.

제4장
시세계의 특징적 국면과 의미

1. 도학적 사유와 실천적 수양의 추구

앞서 살펴보았듯이 목재가 네 번의 재호를 지어 내면의 도덕적 수양을 지향하고 있었다. 이러한 사유의[1] 배경은 부림홍씨 가문의 경학 중심으로 가계 내 학문 경향과 지역의 학맥적 영향이 시작점이었다. 목재는 어릴 때부터 가풍과 사승의 영향, 학문에 대한 남다른 집념 등으로 사서와 육경 등의 유교 경전과 성리서를 탐독하였다. 그 이치를

1 도학적 유형의 시에 대해 說理詩・哲理詩・性理詩・理智詩・理趣詩・道學詩 등 다양한 용어를 사용하고 있는데, 이와 같은 용어들 대부분이 理라고 하는 哲學的 槪念의 시적 해명이나 풀이에 치중한 용어이다. 이 글에서 다루는 목재의 시세계가 철학적 관념 세계에서부터 현실 생활에 이르기까지 다양한 층위를 지니고 있음을 의미한다. 목재의 한시에서 도학적 사유에 대한 선행연구는 '省察과 修養을 통한 實踐의 강조', '邪說의 배격과 주자 옹호'(전재동, 「洪汝河의 詩世界 硏究:文學論과 作詩 樣相 分析을 중심으로」, 『大東漢文學』 37, 대동한문학회, 2012.) '주자학적 세계관의 투영',(최금자, 「木齋 洪汝河의 漢詩 硏究」, 동국대학교 석사논문, 2017.) '도학적 군자의 삶을 확인하고 고취하는 계기',(양승호, 「木齋 洪汝河의 和次韻詩 연구」, 『大東漢文學』 77, 대동한문학회, 2023.) 등으로 정리할 수 있다고 하였다.

자득自得하는 데 온 힘을 기울인 결과 학자로서의 성리학적 소양을 갖추는 동시에 바람직한 인성을 함양하는 도학적 삶을 추구하고자 하였다.

이를 통해 끊임없는 성찰과 고민으로 평소 현실과 타협하지 않고 자신의 바른 생각을 추구하려 하였다. 주변의 시선을 염두에 두지 않고 충심을 다해 임금께 올린 상소와 그로 인해 겪은 짧은 벼슬 생활이 그의 이런 면을 확연하게 보여준다. 목재의 도학적 시는 고원한 철학적 관념 세계에서부터 현실 생활에 이르기까지 다양한 층위를 지니고 있다. 아래 시는 목재는 자신을 경계하며 지은 시이다.

自笑平生學坐忘	우스워라 평생 좌망을 배웠건만
秖今白首竟亡羊	이제는 백수로 끝내 양마저 잃었구나.
屋廬容膝乾坤闊	집은 무릎 펼 정도지만 하늘은 드넓어
書冊埋頭日月長	서책에 몰두하니 하루가 기네.
西蜀作文工黠黠	서촉의 문장은 기괴한 데 힘썼고
南軒遇事覺怱忙	남헌은 일마다 서둘렀음을 깨우쳤네.
病根點檢尤關酒	병의 근원 살펴보니 더욱 술 때문이라
三復賓筵第五章	빈연시 다섯 번째 장을 여러 번 읽어보네.[2]

수련에서는 시어 '좌망坐忘'과 '망양亡羊'을 통해 평생 본연의 뜻을 잃고 방황한 것을 탄식하고 있다. '좌망'은 주객主客이 분리되지 않은 상태에서 도와 합일된 정신의 경지를 뜻하며, 불가의 삼매三昧와 비슷한 의미를 지니고 있다. '망양'은 전국시대 양주楊朱의 이웃 사람이

2 洪汝河, 「自警」, 앞의 책 卷2; 『韓國文集叢刊』 124, 363면.

양을 잃어버리고는 양주의 하인까지 동원하여 함께 양을 쫓았으나, 갈림길이 많아서 끝내 양을 찾지 못하고 돌아왔다는 고사에서 온 말이다. 덧없는 세로世路에서 방황하였음을 뜻한다. 이것은 목재가 학문의 경지가 심오하여 제대로 성취하지 못했음을 한탄하는 말이다.

함련에서는 현재 학문에 몰두하고 있는 자신의 일상을 말하고 있다. 원문의 '용슬容膝'이란 무릎을 겨우 펼 정도의 작은 집이란 뜻으로 비좁은 집에서도 자족하는 청빈한 생활을 말한다. 도연명의 「귀거래사歸去來辭」에 "남창에 기대어 오연傲然히 즐거워하니, 무릎이나 들어갈 작은 집이 편안하기 쉬움을 알겠노라.[3]"고 한 구절이다. 원문의 '건곤활乾坤闊'이란 세상일에 얽매임이 없음을 표현한 것이다. 이 구절은 백거이白居易의 「우작偶作」에 "일이 없으니 세월이 길고, 얽매이지 않으니 천지가 넓어라.[4]"라고 한 것을 인용하였다.

경련에서는 '서촉西蜀', '점남點黷', '남헌南軒' 등의 시어를 인용해 학문의 과정에서 생기는 폐단을 경계하고 있다. '서촉'은 전통적으로 미개한 지역으로 천시되었던 곳이다. 원문의 '점남'은 '지주점남蜘蛛點黷'의 준말이다. 초서草書의 형세를 말하는데 기괴한 글이나 알아보기 어려운 글씨를 뜻한다. 양무제梁武帝의 서평에 "'지주점남'은 형상이 마치 구슬을 이어 놓은 것과 같아서 끊어져도 서로 분리되지 않는 것을 말한다."고 한 구절이다. 원문의 '남헌'은 장식張栻을 가리킨다. 장식은 정자程子의 뜻을 좇아 공맹이 인仁을 말한 부분을 한데 모아 편집하고자 했다. 이에 대해 주희는 배우는 자에게 속히 이루고자 하

3 陶潛, 「歸去來辭」, 『陶淵明集』 卷5, "倚南窓以寄傲, 審容膝之易安."

4 白居易, 「偶作」, "無事日月長, 不羈天地闊."

여 지름길을 좋아하는 마음을 조장하게 하고 귀로 듣고 입으로만 내뱉는 폐단을 불어나게 한다고 비판하였다.

미련에서는 '빈연시', '삼복三復'을 통해 자신이 술에 취해 함부로 말한 것에 대한 실수를 반성하고 있다. '빈연시'란 위衛나라 무공武公이 술을 마시고 잘못을 뉘우치며 지은 것으로, 『시경』「빈지초연賓之初筵」에 "취해서 함부로 말하면 동고를 내놓게 하리라."[5] 하였으며, 그 주석에 "동고는 있을 수 없는 물건인데, 술에 취하는 것을 경계하기 위하여 구할 수 없는 물건을 벌로 내놓게 한 것이다." 한 구절이다. '삼복'은 '삼복백규三復白圭'에서 유래한 말로, 말조심해야 하는 것을 잊지 않는 것을 말한다. 『시경』「대아大雅 억抑」에 "흰 옥돌 속에 있는 오점汚點은 그래도 깎아서 없앨 수 있지만, 말을 한 번 잘못해서 생긴 오점은 어떻게 해 볼 수가 없다.[6]"라는 말을 공자 제자인 남용南容이 이 구절을 매일 세 번씩 반복해서 외운 고사이다.

목재는 진정한 학문의 뜻을 파악하지 못한 자신의 모습을 경계하고자 하는 의지를 경전의 구절을 인용해 곡진하게 표현하고 있다. 곧 자신의 한계를 극복하고, 평소 추구하는 고매한 삶으로 나아가기 위해 경계한 것이다. 아래 시는 구체적인 내면 수행 방법을 제시하고 있다.

敬義相夾持　경과 의는 서로 꽉 끼어 잡아
霎然放不得　잠시도 놓아두게 해서는 안 되네.
只得直上去　다만 곧바로 올라가기만 해야 하니
故便達天德　그래야 곧 천덕에 도달하리라.

5 『詩經』, 「小雅-賓之初筵」, "由醉之言, 俾出童羖."
6 『詩經』, 「大雅-抑」, "白圭之玷, 尙可磨也, 斯言之玷, 不可爲也."

表裏夾持處　안과 밖이 끼어 잡고 있는 곳에는
東西沒走作　어디에도 잘못될 여지가 없네.
君看此上面　그대는 보라 그 위에
只有箇天德　다만 하나의 천덕이 있음을.

學御心在馬　말타기를 배울 때는 마음이 말에 있고
學射心在的　활쏘기를 배울 때는 마음이 과녁에 있네.
讀書看義理　글을 읽을 때는 의리를 보아야 하니
築基方立屋　터전을 쌓고서야 집을 세울 수 있네.

整肅心自一　정숙하면 마음이 저절로 한결같나니
於敬最切急　경 공부에 가장 절실하고 급하다네.
儼恪非敬道　근엄하고 삼감이 경의 도는 아니지만
致敬從此入　경에 이르려면 이로부터 들어가야 하네.

容貌辭氣間　용모와 언어의 사이에
往往不加工　종종 공부를 더하지 않으면,
設令能存得　설령 보존할 수 있다 하더라도
釋老將無同　석씨 노씨와 같음이 없겠는가.

最後朱夫子　가장 뒤의 주부자는
說敬畏爲近　경을 말할 때 외자가 가깝다 했네.
此義尤精切　이 뜻이 더욱 정밀하고 절실하니
至哉萬古訓　지극하도다 만고의 가르침이여.[7]

7 洪汝河, 「偶吟 六首」, 앞의 책 卷1; 『韓國文集叢刊』 124, 343면.

이 시는 우연히 지은 것으로 '경敬'과 '의義'의 중요성을 밝힌 6편의 연작시이다. 제1~2수에서는 '경'과 '의'를 통해 천덕天德에 이르는 대전제를 밝히고 있다. '경'은 마음을 바르게 하는 것이고, '의'는 행실을 바르게 하는 것으로, 이 두 가지는 성리학자들의 중요한 수행 방법에 속하는 것들이다. '경'과 '의'의 출처는 『주역』「곤괘坤卦-문언文言」에 "군자는 경으로 마음을 곧게 하고, 의로 일을 바르게 하니, 경과 의가 확립되면 덕이 외롭지 않다."[8]라고 한 데서 온 말이다. '경'과 '외'를 통해 천덕에 도달하는 것은 주희의 『근사록』에 "경과 의가 좌우에서 잡아주면 곧바로 위로 올라가니, 천덕에 도달함이 이 경과 의로부터 시작된다."[9]라고 한 말을 인용한 것이다.

제3~4수는 '경 '공부 방법에 대해 다른 수련과 비교해서 설명하고 있다. 말타기는 말에, 활쏘기는 과녁에, 독서는 의리에 중심을 두어야 하는 것을 말하고 있다. 그렇다면 '경' 공부는 무엇에 중심이 되어야 하는가? 목재는 '정숙整肅'과 '엄각儼恪'을 제시하고 있다. '정숙'이 경 공부의 중요한 방법이지만, 별도로 '엄각'을 제시한다. '엄각'은 경의 방법이 아니지만, 실천이 '경'의 시작에 도움을 준다는 것이다. 다시 말해 '정숙'과 '엄각'에 차제가 있다는 것을 의미한다. '엄숙'은 수준이 높아 경 공부를 처음 시작하는 사람에게는 다소 어려울 수 있으니, '엄각'으로 수준을 낮추어 시작하는 것을 말한다.

목재가 경 공부를 천근淺近하게 하는 방법을 제시한 것이지만 수련의 곡진함을 알 수 있다. '엄숙'과 '엄각'의 출처는 정이程頤가 "다만 외

8 『周易』「坤卦-文言」, "君子敬以直內, 義以方外, 敬義立而德不孤."
9 朱熹외, 『近思錄』 卷2, "敬義夾持直上, 達天德自此."

모를 정제하고 엄숙히 하면 마음이 곧 순일純一해지니 순일해지면 저절로 그릇되고 괴벽한 마음이 들지 않는다."[10]라고 한 것과 "엄위嚴威와 엄각儼恪은 경敬의 도道는 아니지만 단 경을 이룩함은 모름지기 이로 좇아 들어가는 것이다."라고 한 구절이다.

제5수는 공부 과정에서 조심해야 하는 부분을 밝히고 있다. 경과 의를 공부는 노장老莊과 불교佛敎와 천근하기 때문에 사리와 식견이 어두운 자는 미혹되고, 반면에 심원하기 때문에 사리와 식견이 밝은 자들은 거꾸로 그 속에 빠질 것이라 염려한 것이다. 목재는 정학正學을 멀리하고 이단에 빠질 것을 우려한 것이다.

제6수는 주희가 '경'과 '의'를 잘 체득한 사람으로 인식하고 주희가 더 높은 수준의 '외'를 제시한 부분을 극찬하고 있다. 주희의 '외'는 홀로 있을 때도 성찰하는 것을 말한다. 이는 남은 알지 못하고 자기 마음에만 아는 데 있어서 도리어 어그러짐이 없도록 삼가야 한다는 것이다. '경'과 '외'의 출처는 『중용』에 "이 때문에 군자는 그 보지 않는 바에도 경계하고 삼가며 그 듣지 않는 바에도 두려워하고 걱정하는 것이다."[11]라는 구절에 대한 주희의 주에, "군자의 마음은 항상 '경'과 '외'를 보존하여 비록 보고 듣지 않을 때라도 또한 감히 소홀히 하지 못하니, 이 때문에 천리의 본연을 보존하여 잠시도 드를 떠나지 않게 하는 것이다."[12]라고 한 구절이다.

10 朱熹외, 『近思錄』 卷2, "只是整齊嚴肅則心便一, 一則自無非僻之干. 又曰嚴威儼恪, 非敬之道, 但致敬, 須從此入."

11 『中庸』 1장, "是故, 君子戒愼乎其所不睹, 恐懼乎其所不聞."

12 『中庸』 1장, "君子之心, 常存敬畏, 雖不見聞, 亦不敢忽, 所以存天理之本然, 而不使離於須臾之頃也."

위의 작품은 수양방법을 구체적으로 제시하고 그 방법에 대해 다른 수련과 비교해 곡진하게 설명하고 있다. 그런 뒤 좀 더 구체적인 실천 방법을 비유적으로 밝히고 마지막으로 경 공부에 대해 좀 더 절실한 이론을 제시한 주희를 예시하고 있다. 이는 목재는 경 공부에 대한 내용을 논리적으로 쉽게 정리하여 실천에 힘쓰고자 한 것이다. 아래 시는 자식을 훈계하는 내용이다.

麤糲縕袍絶汰奢　거친 밥과 헌 솜옷으로 사치함 끊고
只循勤謹莫虛誇　근면하고 근신하되 헛된 자랑 하지 말라.
聲譽偏減要名士　명사가 되려 하면 명예 외려 줄어들고
災患多生好利家　이익 쫓는 집안에는 재앙 근심 많아진다.
芍藥繁華難結實　작약은 화려해도 열매 맺기 어렵고
松篁節操肯成花　솔과 대는 절조 있고 기꺼이 꽃을 피운다.
丁寧更向雲孫道　정녕코 다시 후손들에게 말하노니
忮害爲心去道賒　남 해칠 마음가짐은 도에서 멀어지리.[13]

목재가 자식 교육을 위해서 고심하여 만든 결정체로 자신의 경험에서 우러나오는 생각을 적은 것이다. 제1~2구는 '근근'을 통해 자신을 수양하고 행실을 바르게 할 것을 제시한 것이다. 제3~4구는 집안의 재앙이 향당까지 미치게 됨을 경계한 것이다. 제5~6구는 외물에 빠져 일의 근본이 잃게 됨을 경계한 것이다. 제7~8구는 내적인 수양을 권면하고 있다.

이글의 핵심은 제2구의 '근근勤謹'에 있는데 '근근'은 주희의 계자서

13 洪汝河,「訓子篇」, 앞의 책 卷1;『韓國文集叢刊』124, 459면.

에서 인용한 것이다. 목재는 "장공[주희]은 계자서에서, '브지런함과 삼감이라는 두 글자를 따라 올라가면 무한히 좋은 일이 있다.'고 했다."라고 부기해 두었다. 계자서의 내용은 "'근근' 두 글자는 이를 따라서 올라가면 무한히 좋은 일이 있으니 내가 비록 감히 말은 못하지만 너를 위해 바라며, 이를 반대로 하여 내려가면 무한히 안 좋은 일이 있으니 내가 비록 감히 말하고 싶지는 않지만 너를 위해 걱정하는 것을 면하지 못할 것이다."[14]라고 한 대목이다.

목재는 다양한 삶의 체험을 통해 고민하고 사유했던 것을 자식에게 일상적인 모습에 적용하여 쉽게 말해주고 있다. 이는 목재가 삶의 기로에서 자신에게 던졌던 질문과 자기반성 및 성찰 등의 모습이기도 하다. 위의 작품은 자기의 인생관을 반영한 내용을 지녔으며, 또한 집약된 표현법으로써 삶의 체험을 통해 고민하고 사유했던 그 진솔한 내면을 표현한 것이다. 아래 시는 동향 선배인 류원지의 재호 '졸재拙齋'를 읊은 것이다.

春蔬滿畦雨浥翠　봄 채소 이랑 가득 비에 젖어 푸르니
畦頭日遣藜杖植　밭 머리에 날로 나가 청려장을 꽂는다.
便敎腸胃作菜園　문득 뱃속을 채소 동산으로 만드니
會見他時做百事　훗날 온갖 일 무엇이든 다 하리라.
春畦種蔬　봄 밭에 채소를 심다.

園日初長花影畔　동산에 해 길어지고 꽃 그림자 생겨
曉汲寒泉幾回灌　새벽 찬 샘물 길어 몇 번이나 물 주었나,

14 『朱子大全』 續集 卷8 「與長子受之」, 『勤謹二字 循之以上 有無限好事 吾雖未敢言 而竊爲汝願之 反之以下 有無限不好事 吾雖不欲言 而未免爲汝憂之也』

斟得淺深存經綸　얕고 깊음을 짐작하는 경륜을 가졌으니
賸作工夫了一段　일과 외에 한 공부가 한 단계 끝이 났네.
夏園灌花　여름 동산에서 꽃에 물을 주다.

書齋晴罷秋天暮　비 갠 서재에 가을날이 저물고
月華澄涵虛室素　맑은 달빛 머금어 빈방이 훤하네.
解敎心地遣纖塵　마음 바탕을 더없이 맑게 할 줄 알아
贏得氷壺貯寒露　얼음 병에 찬 이슬을 넉넉히 쌓았네.
秋齋對月　가을에 졸재에서 달을 대하다.

雪窓對爐罷畫字　눈 내린 창가에 글을 덮고 화로 마주하여
鐵筯時將撥灰死　쇠 젓가락으로 꺼져 가는 불 뒤적이네.
不信人間粟萬鍾　인간 세상 만종 곡식을 믿지 못하여
臥啖數顆山栗子　한가로이 산에서 난 밤 몇 톨 먹네.
冬爐烘栗　겨울에 화로에 밤을 굽다.[15]

「졸재 8영」 중 전반 4수의 작품으로 목재가 42~43세 낙향 초기에 지은 것이다. 재호의 '졸拙'은 수양이 제대로 되지 않은 선비가 늦게나마 자각하여 수양하는 것으로, 외물에 이끌리지 않고 천진한 본성을 기른다는 뜻이다. '졸拙'은 소식의 "가난한 집에서는 마당을 깨끗이 쓸고, 가난한 아낙 머리를 곱게 잘 빗는다네. 볼품없는 선비 늦게 서야 도를 들으니, 애오라지 졸렬하게나마 스스로 수양할 뿐."[16]에 보인다.

류원지는 이 뜻을 취해 1647년에 「졸재자명拙齋自銘」을[17] 지었다.

15 洪汝河, 「拙齋八詠」, 앞의 책 卷1, 『韓國文集叢刊』 124, 346면.

16 蘇軾, 「貧家淨掃地」, 『東坡全集』 卷24, "貧家淨掃地, 貧女好梳頭. 下士晚聞道, 聊以拙自修."

명의 내용은 수양이 되지 않은 선비가 '졸수拙修'라는 말을 듣고 밤낮으로 부지런히 수행했다는 내용을 기록하고 있다. 류원지는 선비의 행실을 듣고 부끄럽게 여긴 이후 '졸재'를 새겨 벽에 걸어두고 잠시도 '졸'에서 떠나지 않고자 한 뜻을 밝히고 있다.

작품을 살펴보자. 제1수는 봄이 되어 울타리를 고치고, 채전을 갈아 씨를 뿌리며 봄맞이 채비를 하는 풍경이다. 자연 속에 묻혀 사는 생활이니, 의식에 넉넉할 것이 없다. 그러나 텃밭의 채소로도 충분이 배를 채울 수 있다. 오히려 산해진미로 꾸민 밥상보다도 더 편안하고 맛있는 식사를 할 수 있다. 그것은 물질적인 안락보다도 정신적인 풍요를 추구하기 때문에 가능한 것이다.

끝으로 목숨을 연명할 정도의 식량만 있으면 어떠한 일도 할 수 있음을 말하고 있다. 즉 안회의 안분자족 같은 삶을 말한다. 마지막 구의 '훗날 온갖 일 무엇이든 다 하리라'는 송나라 왕신민汪信民이 "사람이 항상 채소 뿌리만 먹으면서 곤궁한 생활을 견딜 수 있다면 모든 일을 다 해나갈 수 있을 것이다."[18]라고 한 것을 호안국胡安國이 이 말을 전해 듣고는 무릎을 치면서 찬탄했다는 일을 말한다.

제2수는 여름이 되어 식물에 물을 주는 분주한 농가의 모습을 묘사하고 있다. 이어서 사물을 접하고서야 실제 생활에서 얻어지는 것을 말하고 있다. 제2수는 『대학』의 내용이 연상된다. 『대학』에서 "사물

17 柳元之, 『拙齋集』 卷13, 「拙齋自銘 二首○丁亥」, 『韓國文集叢刊』 28, 199면, "貧女梳頭, 貧家掃地, 蝸舍常寬, 布裳自媚. 亦有下士, 晩聞拙修, 孜孜不懈, 蚤夜以求. 余愧斯言, 背楨顔, 銘玆在壁, 仰省靡安. 古人之拙, 以睿爲拙, 今我之拙, 以拙爲拙. 拙雖不同, 其意則一, 旣癡旣魯, 亦朴亦訥, 人動我靜. 人言我默誠以爲本, 愚以爲質. 拙兮拙兮, 人莫我奪."

18 『小學』, 「善行」, "人常咬得菜根' 則百事可做."

의 이치가 궁구[格物]된 후에 지식이 지극[致知]해진다."[19]라고 한 구절과 통한다. '격물'이라는 것은 내가 몰랐던 것을 새롭게 탐구하여 알아가는 과정이다. 그것은 사물에 나아가 얻어지는 이치이므로 내면적 성찰만으로 이루어지지 않는다. 한편 '치지致知'란 그렇게 물物에 나아가 얻은 것을 통해 나의 내면의 지식 과정을 풍요롭게 만들고 완성시켜 가는 과정이다.

다시 말해 '격물치지'는 실제적인 사물을 통하여 이치를 궁구함으로써 온전한 지식에 도달한 것을 말한다. 목재는 여름이 되어 물을 주고 가꾸지만, 각각 차이가 나는 것을 알게 됨을 말한다. 즉 도에 나아가는 내적 수양에 힘쓰지만, 분명 사람마다 발현되는 모습은 차이가 있다는 것이다. 이는 내적 수양으로 인해 도심이 가득한 재의 주인을 염두해 두고 말한 것이다.

제3수에서는 가을이 되어 도심道心이 가득한 재와 그곳에 걸맞은 재의 주인을 표현하고 있다. '허실虛室'은 『장자』에 "저 뚫린 벽을 보면 빈방 안에 흰빛이 있고, 거기에는 길한 징조가 깃들어 있다."[20]라고 하였다. 즉 사람의 정신이 맑아 욕심이 없으면 도심이 절로 생긴다는 뜻으로 쓰인다. '빙호氷壺'는 등적이 주자의 스승인 이통의 인품을 말하면서 "마치 빙호추월氷壺秋月과 같아 티 없이 맑고 깨끗하니 우리들이 미칠 수 없다."[21]라고 한 말에서 유래하였다. 목재는 도심 가득해지고 난 뒤, 부귀와 같은 외물에도 탐내지 않는 청빈한 생활을 즐길 수 있음을 제4수에서 밝힌 것이다.

19 『大學』 1장 "物格而后知至."

20 莊周, 『莊子』, 「人間世」, "瞻彼闋者, 虛室生白, 吉祥止止."

21 『宋史』 卷428, 「李侗列傳」, "如氷壺秋月, 瑩徹無瑕, 非吾曹所及."

'졸'은 류원지가 삶의 목표를 설정하고 목표를 이루고자 한 장소이다. 그의 목표는 외물에 흔들리지 않아 선한 본성을 기르는 것이다. 인간의 본성이 아무리 선하다고 할지라도 그 선한 본성을 방치하게 되면 사욕에 가려져 버린다. 그래서 끊임없이 성선性善을 회복하는 노력이 필요하다는 것이다. 그런 뒤 도심 가득한 상태에 이르고 다지막에는 외물에 흔들리지 않게 된다. '졸재'는 그저 있는 그대로의 현실 공간으로 재의 주인의 삶을 반영한 곳이다. 하지만 목재는 '졸재'의 공간을 나름의 도학적 사유와 정서를 전개시키고 있는 것이다. 목재는 내적 심성 수양을 강조하는 것뿐만 아니라 성현聖賢을 높이는 시가 포착된다. 아래 시를 살펴보기로 하자.

【1】

竹溪深處掩雲關　죽계 깊숙한 곳 구름 관문 닫혔는데
將老幽盟向此間　노년의 은거를 맹세하며 이곳을 찾았네.
蓬海三千年更陸　봉해는 삼천 년 만에 다시 뭍이 되었고
箕州半萬里皆山　기주 반만 리는 온통 산으로 둘렀구나.
是非堪笑都緣妄　시비는 다 망녕됨에 연유하니 가소롭고
富貴誰知未博閑　부귀로 한가로움 얻지 못함을 누가 알리오.
準擬茹詩因吐酒　시를 음미할까 해서 마시던 술 내뱉고
心齋學得一瓢顔　마음을 가다듬어 안자 일표를 배우네.[22]

【2】

生涯到老轉酸辛　삶은 늙을수록 점점 더 고달픈데
景物逢秋感慨新　가을날 경치를 만나니 감회가 새롭네.

22 洪汝河, 「有感」, 앞의 책 卷1; 『韓國文集叢刊』 124, 348면.

日落鳥還知有意　해 지고 새 돌아옴에 뜻이 있음을 알겠고
天寒龍蟄會存身　추운 날 용의 칩거에 존신을 이해하네.
荷涵霽月濂溪賞　연못에 비친 달빛으로 염계를 칭송하고
瓢挹清泉陋巷貧　표주박에 맑은 물 담아 누항에서 가난했네.[23]

【1】과 【2】은 1670~1672년 만년에 자신의 모습을 돌아보고 일어난 감정을 드러낸 작품이다. 위의 작품에서 공통적으로 사용된 전고는 안회와 관련이 있다. 단표簞瓢・루항陋巷은 공자가 안회의 어진 마음을 격찬한 구절에서 가져온 것이다. 가난한 처지에도 불평보다는 도리어 도에 즐거워한 것이다. 외부의 환경에서 흔들림이 없는 안회가 목재 삶을 지침이 되었고 시에 드러낸 것이다. 이런 마음가짐은 그가 도학적 삶을 살아갈 수 있게 하는 원동력이 되었고, 그 사명감을 더욱 고취시키는 연결 고리가 되었다. 아래 시에서도 성현들을 인용하고 있다.

箕子何來此　기자는 어째서 이곳으로 왔으며
宣尼又欲東　공자도 왜 또 동으로 오려 했던가.
道冠百王上　도가 백왕의 으뜸이었건만
明夷五位中　왕이 될 자리에서 지혜 감추고 살았네.(7수)
…(중략)…
松都五百載　고려 왕조 오백년
茀祿欠全隆　복록이 온전히 융성하진 않았네.
只爲貽垂意　그저 뜻을 드리우고 끼치게 된 것은
根源竺敎中　그 근원이 불교에 있다네.(12수)

23 洪汝河, 「秋日遣懷」, 앞의 책 卷1; 『韓國文集叢刊』 124, 359면.

…(중략)…

一自玄聖沒　공자가 세상을 떠나신 이후
千秋紫陽風　주자가 천추의 바람을 일으켰네.
功應不禹下　공이 우 임금보다 못하지 않으니
化已覃域中　교화가 이미 역내에 두루 미쳤네.(22수)

…(중략)…

天降退陶翁　하늘이 퇴계옹을 내려
遺文照海東　남긴 글로 해동을 비추었네.
丈人疑大隱　장인봉은 대은봉이 아닌가 싶고
洛水似閩中　낙동강은 민중 땅과 비슷하다네.(24수)

…(중략)…

陶翁生不數　퇴계는 수많은 제자를 배출했는데
厓鶴嗣高風　서애와 학봉이 고풍을 이었네.
學力兼天質　배움에 힘쓰고 자질을 겸비했으니
試求三代中　삼대 중에서 찾아볼 만 하겠네.(26수)

…(중략)…

排比廳堂室　대청과 마루와 방을 배치하여
均停南北東　동서남북에 고루 자리 잡았네.
無形何可執　형체가 없는 걸 어찌 잡을까
精一自能中　정일하면 절로 중할 수 있네.(31수)[24]

위 시는 「감회삼십일절感懷三十一絶」 가운데에서 절록한 것들이다. '감회'라는 시제에서 보듯이 편안하게 그간 마음에 두었던 속생각을 드러내는 시이다. 이 가운데 다소 심각한 지점들이 있다. 이들을 찬찬히 읽어보도록 하자.

24 洪汝河, 「感懷三十一絶」, 앞의 책 卷2, 『韓國文集叢刊』 124, 358면.

제7수는 중국 도맥道脈이 기자를 통해 우리나라에 전해졌음을 강조하고 있다. 기자와 공자가 조선으로 온 것은 혼란한 시대 상황 때문에 도를 펼칠 수 없었기 때문이다. 기자의 경우는 폭군 주紂에게 성군聖君이 되기를 간하다가 구금되어 노역을 당하였다. 그 후 그는 주나라 무왕이 주紂를 주벌하자 제후가 천자를 주벌하는 것은 도리에 어긋난 일 때문에 주나라에서 벼슬하지 않고 조선으로 왔다. 이때 기자가 자신의 명철함을 드러내게 되면 다치게 되는 상황이었는데 조선으로 오게 되면서 자신을 감추었으므로 난을 면할 수 있었던 것을 밝히고 있다.

제12수는 오백년의 긴 세월을 유지한 고려이지만 문화는 그와 대등하지 못하다는 생각이다. 그 이유는 고려가 불학佛學에서 벗어나지 못했기 때문에 유학이 발전하지 못했기 때문이다. 제22~24수는 공자에서 주자로 도통이 전수되어 교화가 미친 사실을 말하고 있다. 공자-주자의 학문은 조선의 이황으로 이어졌으며, 이황에 이어서 직전 제자인 류성룡와 김성일이 학풍을 이어 받았음을 밝히고 있다. 또한 이들은 삼대의 인물과 견줄 만하다고 높이 평가하고 있다.

제31수는 공부의 비법은 다른 것에 있는 것이 아니라 하나씩 하나씩 쌓아가는 것에 있다고 말한다. 이어서 '정일精一'을 강조하고 있다. '정일'이란 정밀하게 이치를 살피고 전일하게 실행을 한다는 뜻으로, 요, 순, 우가 서로 심법을 전수함에 있어 당부한 말이다. 즉 요 임금은 순 임금에게 선위할 때에 "아, 너 순아, 하늘의 운수가 네 몸에 있게 되었으니, 진실로 중도를 지켜 행하라." 하였고,[25] 순 임금은 우 임금

25 『論語』, 「堯曰」, "咨爾舜, 天之曆數在爾躬, 允執其中."

에게 선위할 때에 "인심은 오직 위태롭고 도심은 오직 은미하니, 오직 정밀하고 전일하게 하여 진실로 그 중을 잡으라." 한 데서 온 말이다.[26] 주희는 이것을 성현이 심법을 전수해 준 도통이라 하여 매우 중요시하였다.

주희가 이를 유가의 도통인 '십육자심전十六字心傳'이다 강조한 이래 개인의 도덕 수양과 치국의 원리로 중시되었다. 이후로도 송과 명의 유자들이 심학과 도통을 뒷받침하는 중요한 관념으로 부각시키며 계승해 왔다. 요순 이래 전해 온 도통의 연원을 밝힌 글로써 이후 이 말은 '16자 비결'이라 일컬어지며 유가의 핵심 사상으로 자리 잡은 것이다.

위의 시는 중국 기자에서부터 공자, 주자로 이어지는 학문이 조선으로 이어졌음을 보여주고 있는 것이다. 유학의 참된 도가 어떻게 흘러왔는지를 주요 인물들을 통해 제시함으로써 목재의 도통 인식이 직접적으로 표현되고 있음을 볼 수 있다.

이상으로 목재의 도학적 사유는 수양을 추구하는 의식이나 목표로 삼고 있는 높은 경지에 대한 시적 표출에서만 그치는 것이 아니라 실질적으로 수양을 추구하는 사람이 마음에 두고 따라가야 할 교육적이고 실천적인 지침서의 기능까지도 동시에 수행하고 있었다. 시의 표현에도 문장기교나 수식과 같은 형식미에 치중하기보다는 도학적 이념과 깨달음을 정확하게 전달하는 것을 중시하였다. 구체적으로 자신의 내면세계를 수양해 나가고자 하는 시에서부터 자신을 되돌아보고 현실의 삶 속에서 잘못을 최소화하고자 하는 시, 존성권학尊聖勸學을

26 『書經』「虞書-大禹謨」, "人心惟危, 道心惟微, 惟精惟一, 允執厥中."

통해 성인의 경지로 나아갈 수 있는 구체적인 방법을 밝히고 있는 시까지 포괄하고 있다는 점을 확인하였다. 특히 자연스럽게 선현先賢들의 삶과 행적을 동경하고 성현의 추숭에 이르게 된다. 이는 유학의 근거지라 할 수 있는 영남, 즉 상주의 유풍을 되살리고자 하였던 염원이 반영되어 있으며, 유학자로서의 강렬한 정체성과 사명의식을 드러내고 있음을 알 수 있었다.

2. 자연에 대한 완상을 통한 치유의 모색

사람은 유산과 같이 일상을 벗어나 자연을 접하면서 마음을 평온하게 하고, 자신을 느끼는 시간을 통해 자연을 닮은 맑은 마음을 회복하게 된다. 몸과 마음이 정화되어 맑은 상태에 이르면 자연스럽게 내적 자각이 일어나 삶을 되새겨보는 계기가 된다. 목재는 17세기 혼란한 시대 현실 속에서 고민했던 지식인이었다. 명・청교체와 서인이 정국을 장악하는 상황 등 국가적 위기를 몸소 경험하였다. 또한, 짧은 관직 생활 동안 정쟁으로 인해 좌천과 유배를 겪고 삶을 마감할 때까지 정계에 복귀하지 못하였다. 그는 타의에 의해 국가적 위기 및 정계로부터의 소외를 경험할 수밖에 없었다. 이러한 현실의 질곡으로 인해 생긴 정신적 외상과 내면의 고통을 스스로 치유하고자 하는 면은 그가 남긴 한시에서 뚜렷하게 감지되는 특징이다.

이를 통해 보면 목재 시의 후면에는 당면한 현실에 대한 부정적 인식이 숨겨져 있는 것으로 볼 수 있다. 목재에게 있어 당시의 상황을 그려내는 창작 행위는 위안과 마음의 균형을 찾는 의지의 과정이었다. 아래 시는 함경도 고산 지방으로의 좌천을 겪고 금강산 유람의 기회를 얻고 지은 것이다.

山與雲俱白　산과 구름이 모두 희니
熹微不辨容　희미해 그 모습 구분 못하겠네.
雲飛山亦露　구름이 흩어지자 산이 드러나니
一萬二千峯　만 이천 봉우리라네.[27]

금강산에서 처음으로 맞이한 승경을 지은 것으로 산의 외형과 기후를 잘 묘사하고 있다. 「유풍악기遊楓嶽記」에서도 이때 금강산의 광경을 '우리나라의 동해 가에 산이 있는데 봉우리가 1만 2천이며, 전체가 모두 흰 돌이고 한 줌의 흙도 없으며, 멀리서 바라보면 빛나는 하나의 큰 괴석이기 때문에 이름을 '개골皆骨'이라 한다.'[28]라고 밝히고 있다. 한편 금강산의 기후는 갠 날보다 비가 오거나 흐린 날이 더 많다. 그래서 높은 지대는 하늘이 맑았다가도 갑자기 안개구름이 덮이고, 반대로 짙은 안개가 거짓말처럼 걷히면서 홀연히 모습을 드러내기도 한다.

목재는 오래전부터 품은 유산의 뜻이 비로소 이루어져 금강산에 오른 상황이었다. 이때 구름이 걷히면서 온 산의 승경을 볼 수 있는 기쁨은 이루 말할 수 없었을 것이다. 그가 평소 산에 대해서 알고 있거나 들은 정보를 단순히 확인하는 것과는 차원이 달랐을 것이다. 아래 시는 표훈사에 도착해서 지은 시이다.

27 洪汝河, 「詠金剛山 丁酉九月」 앞의 책 卷1; 『韓國文集叢刊』 124, 334면.

28 洪汝河, 「遊楓嶽記 丁酉九月」 앞의 책 卷6; 『韓國文集叢刊』 124, 433면. "國之東海上, 有山焉, 爲峯者一萬二千, 通體皆白石, 無一撮土, 望之瑰然一大怪石也, 故名曰皆骨."

閑隨白鶴訪蘇耽　한가히 백학 따라 도인 소탐을 찾아가
一宿毗盧頂上菴　비로봉 정상의 절에 하루 묵었네.
節物會逢殷七七　계절 꽃은 마침 도사 은칠칠을 만난 듯
峯巒數到後三三　봉우리는 그 수가 한없이 많구나.
難分月曉山光潑　어스름한 새벽 달빛에 산색이 활발하고
不盡秋天石色涵　아직 남아 있는 가을 기운 돌 빛에 젖어 있네.
瑤草只應生是處　기화요초는 응당 여기에서 날텐데
向來秦帝未曾諳　예전에 진시황은 알지를 못했구나.[29]

표훈사는 금강산에서 가장 깊숙한 곳에 자리 잡은 사찰이다. 목재는 이곳에서 금강산의 아름다움과 신비로움을 느끼고 극찬한다. '소탐蘇耽'과 '은칠칠殷七七'의 고사를 인용하여 속세를 떠나 자연에 묻혀 도에 전념했던 선인仙人의 자취를 찾는다. '소탐'은 한나라 문제 때 도를 닦아 신선이 된 소선공으로 일반적으로 신선같이 사는 사람을 의미한다. '은칠칠'은 당나라 도사 '천상天祥'을 가리키는데 호가 '칠칠'로 그는 환술幻術을 잘해 제철이 아닌 꽃도 잘 피워냈다고 전해지는 인물이다.

목재는 가을을 맞이한 금강산의 아름다운 산세와 빼곡한 봉우리들을 상세히 묘사하고 있다. 그리고 새벽 달빛에 비친 가을빛을 담고 있는 금강산을 그림을 그리듯이 감상하고 있다. 이때 승경을 진시황이 불로장생을 꿈꾸지만, 이루지 못한 점은 미처 이곳을 찾지 못했기 때문이라고 재미있는 표현을 하고 있다. 금강산의 아름다움을 극대화하기 위해서 신선 또는 선계의 세계를 적극적으로 활용하고 있으며, 금

29 洪汝河, 「表訓寺」, 앞의 책 卷1; 『韓國文集叢刊』 124, 334면.

강산을 지상에서 볼 수 없는 공간으로 설정하고 있다. 현재 좌천의 아픔을 잊을 만큼 금강산의 승경에 빠져 있었다. 다음 목적지인 마하연에 이른다.

楓嶽諸峯白勝雪　풍악산 여러 봉우리 눈보다 흰데
秋來剩得漲紅雲　가을에는 붉은 구름 넘쳐흐르네.
一笻穿破千重嶺　지팡이 짚고 천 겹의 고개 넘으니
每到休時獨憶君　쉴 때마다 유독 그대 생각난다오.[30]

마하연에 도착하여 조위봉趙威鳳을 생각하며 지은 것으로 봉우리마다 흰색 돌은 눈이 내린 듯하고 구름을 붉게 물들인 가을 산의 단풍은 한창이라 묘사하고 있다. 그림 같은 승경이 펼쳐져 있지만, 산을 오르는 길은 힘들었다. 이때 조위봉[31]을 잠시 만났으나 함께 여행하지는 않았다. 마하연에 오를 때의 산행은 첩첩산중으로 길은 험하고 깎여져 앞으로 나아가기 매우 힘들었고, 계속되는 일정 때문에 목재는 몹시 지쳐 있었다.

목재는 마하연에 도착해서 비로봉으로 향했다. 길이 비탈지고 혼난해서 남여籃輿는 더 이상 타지 못하고 심지어 지팡이마저 버리고 기어 올라가야 하는 힘든 구간을 만나게 된다. 끝내 금강산의 주봉인 비로봉을 오르지 못하고 다음과 같이 기록하고 있다. "나는 새로 얻은

30 洪汝河, 「到摩訶衍 憶趙子羽 威鳳 却寄」, 앞의 책 卷1; 『韓國文集叢刊』 124, 335면.

31 조위봉(1621~1675)의 본관은 漢陽. 자는 子雨, 호는 鹿門. 아버지는 趙絅이다. 40세 되던 1660년(현종1) 증광 문과에 병과로 급제하였다. 금강산에 오게 된 기록은 찾을 수 없다.

병으로 다리가 약해져 비록 비로봉을 건너 구정봉九井峰에 올라 비선대飛仙臺를 끼고 하늘을 바라볼 수는 없었지만, 가슴속이 드넓음은 지난날과 다르니, 오히려 무엇을 아쉬워하랴."[32]라고 금강산 비로봉엔 오르지 못했지만, 산수를 통해 심신이 안정되고 있음을 표현하고 있다. 금강산 유람이 오랫동안 소망했던 것이었지만 좌천이라는 상황 때문에 마음이 편치 않았다. 이러한 마음이 유산 후반으로 갈수록 드러나고 있다. 아래 시에 그러한 심정이 잘 나타나고 있다.

皆骨何崔嵬　개골산은 어찌나 높고 가파른지
三日登未了　삼 일을 올라도 다 오르지 못했네.
紅林萬壑秋　가을 골짜기에는 단풍이 들고
白雲千嶂曉　새벽 온 산에는 흰 구름 끼네.
北溟看脩魚　북쪽 바다에는 수어를 보겠고
遼山認歸鳥　요동에서 새가 돌아온 줄 알겠네.
休問此山高　이 산의 높이를 묻지 마라
斗覺天地小　문득 천지가 작음을 깨닫겠거니.[33]

두보의 「망악望嶽」[34]에 차운한 작품이다. 「망악」은 두보의 나이 29

32 洪汝河, 「遊楓嶽記 丁酉九月」 앞의 책 卷6; 『韓國文集叢刊』 124, 433면, "丁酉九月, 轉而南. 登一嶺仰視. 毗盧玉立. 挿入天表. 自非兩腋生翰. 無由至也. 遊人韻釋. 或有攀緣而上者. 輒風雨暴至. 顚頓而返. 仙眞往來之地. 非煙火食人可容易到也 …(중략)… 居士喟然而歎曰. 觀止矣. 此山寔海外圓嶠方壺. 中國騷人羽流所願遊而不得者. 余生也偏. 得幸而至焉. 豈非千古之一快也. 屬余新瘥脚軟. 縱不能躡毗盧攀九井挾飛仙而望八紘. 然蓋浩浩乎其胸次. 若與曩者異焉. 尙何歉乎哉."

33 洪汝河, 「登水嶺 用杜詩望嶽韻」, 앞의 책 卷1; 『韓國文集叢刊』 124, 335면.

34 杜甫, 『杜少陵詩集』 卷6, 「望嶽」, "岱宗夫如何, 齊魯靑未了. 造化鍾神秀, 陰陽

세(740)에 지은 것으로, 그가 24세 때 과거에 낙방하고, 이어 제齊・조趙・노魯 즉 지금의 산동성山東省과 하북성河北省 일대를 여행할 시기 태산泰山을 바라보고 쓴 시이다. 과거에 낙방한 후에도 잃지 않은 그의 기백과 이상이 잘 드러나 있는 작품이다.

위의 시는 금강산의 가장 높은 봉우리인 비로봉을 앞에 두고 지은 시이다. 산을 오르려 하였으나, 오르지 못한 아쉬움과 함께 아름다운 가을 경치를 그려내고 있다. 특히 제5~6구에서 중국의 지명을 인용하여 금강산의 웅대함을 비유적으로 표현하고 있다. 금강산에 오르는 과정을 통해 좌천된 자신의 처지에 대한 좌절보다는 원대한 기상을 함양하고자 한 것이다. 이는 높은 산에 올라 세상을 바라보는 시각을 정화하여 부귀, 명예 같은 작은 가치를 추구하는 삶에서 벗어나고자 한 것이다.

목재는 해배된 뒤 낙향한 초기에 1662년(현종3) 즈음에 청량산과 함창의 고산 등을 방문했다. 이 시기에도 고향으로 돌아왔지만 유배의 아픔을 추스르고자 하는 시간이 필요했다.

雙峽中開瀉碧流　두 협곡 중간으로 푸른 물이 흘러내리고
千峯似玉立當秋　옥 같은 뭇 봉우리 가을에 우뚝하네.
若敎茲嶽移中夏　만일 이 산을 중국에 옮겨갈 수 있다면
雁蕩天台讓一頭　안탕 천태도 머리 하나는 양보하겠네.

朝來折屐入山深　아침부터 들뜬 마음으로 산속 깊이 들어와
上上峯頭俯萬尋　높은 봉우리에서 만 길 아래를 굽어보네.

割昏曉. 盪胸生曾雲, 決眥入歸鳥. 會當凌絶頂一覽衆山小."

一步前頭更有地　한 걸음 더 나아갈 땅이 앞에 있으니
莫敎寒日下西岑　차가운 해 서쪽 봉우리로 지게 하지 말기를.[35]

청량산을 유람하고 지은 두 수이다. 제1수의 '안탕雁蕩'과 '천태天台'는 모두 중국 절강성浙江省에 있는 산으로 봉우리가 험준하고 빼어나기로 유명하다. 방효유方孝孺가 "그중 가장 아름다운 건 천태天台, 사명四明, 안탕雁蕩, 천모天姥로 모두 하늘 끝까지 닿을 듯 험준하여 천하의 승관이 된다."[36]라고 극찬한 중국의 산이다. 목재는 시에서 청량산이 중국의 산보다 낫다고 말하며, 산하에 대한 자긍심을 드러낸다. 두 개의 골짜기 사이로 푸른 물이 쏟아져 흐르고 천 개의 봉우리는 옥과 같이 가을을 맞아 우뚝하게 서 있는 모습은 중국의 산이 자리 하나를 내어 줄 만큼 빼어나다는 것이다.[37]

제2수에서는 산의 정상에 올라 내려 본 승경을 오랫동안 감상하고 싶은 마음을 표현하고 있다. 아침에서 저녁으로 시간적인 확장을 통해 목재는 옛날 퇴계가 느꼈을 선경仙境을 오래 느끼고 싶어 한 것이다. 목재는 평소 이황의 학문을 이어오는 분위기 속에서 청량산의 이미지 형성에는 자연경관뿐만 아니라 청량산이 가진 상징적 의미가 한층 더 중요하게 작용하였을 것이다. 이는 청량산을 매개로 이황과의

35 洪汝河, 「淸涼山 二首」, 앞의 책 卷2; 『韓國文集叢刊』 124, 352면.

36 方孝孺, 『巾山草堂記』, "其最著者天台四明雁蕩天姥皆穹窿崐峻爲天下奇觀."

37 청량산 유산기에는 청량산의 이미지가 대체로 범접하기 어렵고 압도적으로 험준한 산으로 형상화되어 있다. (정치영, 「유산기로 본 조선시대 사대부의 청량산 여행」, 『한국지역지리학회지』 11, 한국지역지리학회, 2006, 67면.); 이는 청량산을 유자의 산으로 채색하는 과정에서 호상한 기운과 웅혼한 품격을 추구하는 대상으로 의미화한 결과이다. (박영빈, 「18세기 청량산 유산기」, 『한자한문연구』 창간호, 고려대한자한문연구소, 2005, 346면.)

정신적 교감을 시도하고 있다고 볼 수 있다.

청량산은 '소금강小金剛'이라 불릴 정도로 그 경치가 아름다운 곳이다. 경상북도 안동과 봉화 두 군에 걸친 산으로, 이황이 청량정사淸凉精舍를 짓고 강학한 곳이다. 조선 중기까지는 석벽 사이사이에 20여 개 이상의 사찰[38]과 암자가 들어 있었다. 최치원崔致遠·김생金生·공민왕恭愍王[39]의 전설을 담고 있는 장소를 비롯하여 많은 유적을 간직하고 있었다. 그러나 금강산, 지리산 등에 비해 규모나 명성 면에서 훨씬 못 미치는 작은 산에 불과했던 청량산은 16세기부터 전국적으로 알려지기 시작했다. 여기에는 주세붕[40]·이현보[41]·이황 등의 역할이 컸다. 그중 청량산이 유명해지는 데 무엇보다도 큰 공헌을 한 사람은 이황이다.

그의 집안은 숙부 이우李堣 때부터 청량산을 학습장이자 수련장으로 이용했다.[42] 이황도 어릴 때부터 숙부와 형을 따라 청량산을 오가며 공부했다.[43] 이황은 청량산을 떠나있으면서 청량산을 그리워해서

38 지금은 淸凉寺와 應眞殿 두 곳의 사찰만 남아 있다.

39 공민왕은 홍건적의 난을 피해 안동으로 피난하였는데 그때 청량산에 산성을 쌓았다고 하며, 인근 주민들은 공민왕을 청량산의 산신으로 섬겨 현재도 '恭愍王堂'이 남아 있다. (안동대학교 안동문화연구소, 「청량산 문화유적 학술조사 보고서」, 2000.)

40 주세붕은 1544년 풍기군수로 재직하면서 『유청량산록』을 남기는데 청량산에 대한 최초의 기록이다.

41 청량산 인근 분천(현재 안동시 도산면 분천리)에 거주하였으므로 후대 사람들이 그의 유적을 방문하였다. 이현보 유적은 농암과 애일당이 있다.

42 김동협, 「유학자의 자연이해의 한 국면-주세붕의 『유청량산록』과 이황의 『청량산록』에 대하여」, 『대동한문학』 15, 2001, 125-155면.

43 이황의 숙부 이우는 1486년부터 청량산의 안중사, 만월암 등지에서 독서를 하였으며 조카인 李瀣·이황 형제를 청량산에 데리고 가 공부시켰다. 이황의 청량산

'청량산인清凉山人'이라는 호를 사용했으며, 벼슬에 물러난 뒤에는 제자들과 함께 두 차례 청량산을 유람했다.[44] 이황이 청량산을 '오가산吾家山'으로 불렀기 때문에 이황과 동일시되어 영남 일대는 물론 기호 지방까지 알려져 많은 선비가 청량산을 찾게 된다.[45]

특히 이황은 "산을 오르는 유람을 통해 성현의 일을 본받을 수 있는 것이다."[46]라고 했는데 이와 같은 이황의 말은 이후 그의 자취를 따라 청량산을 방문하는 것이 당시 문인들 사이에 유행이 되었다. 퇴계의 직전 제자는 물론, 후인들의 작품에서 류진柳袗[47]·배유장裵幼章·오여발吳汝橃 등은 청량산을 구도의 공간으로 인식하고 실천하려는 모습에도 이것이 잘 드러난다.[48]

목재가 청량산을 유람하면서 별도의 경로를 밝힌 기록은 보이지 않았다. 다만 낙향한 이후 얼마 되지 않았던 때로 자신을 심신을 치유하며, 앞으로 가야 할 길을 모색하는 유산이었다. 아래에 청량산을 유람하고 돌아오는 길에 한 승려에게 보낸 시가 있다.

孤舟來泊釣魚磯　외로운 배 다가와 낚시터에 머무는데

나들이는 13세로 추정되며, 15세, 25세, 33세 때도 청량산에 가서 독서하였다.(정치영, 「유산기로 본 조선시대 사대부의 청량산 여행」, 『한국지역지리학회지』 11, 한국지역지리학회, 2006, 57면.)

44 이종묵, 「퇴계학파와 청량산」, 『한국학』 24, 한국학중앙연구원, 2001.

45 주승택, 『선비정신과 안동문학』, 이회, 2002. 113면.

46 李滉, 「洪應吉上舍遊金剛山錄序」, 『退溪集』卷42; 『韓國文集叢刊』 30, 432면.

47 柳袗, 「遊淸凉山日記」, 『修巖集』卷4, 『韓國文集叢刊』 19, 519면; 裵幼章, 「遊淸凉山錄」, 『檜巖集』卷2; 吳汝橃, 「遊淸凉山錄」, 『敬菴集』卷2.

48 김종구, 「17세기 영남지역 산수유기 연구-청량산·지리산·가야산을 중심으로」, 경북대학교 국어국문학과 박사논문, 2019, 54-65면.

青鶴臺前對夕暉 청학대 앞에서 석양을 마주 대하네.
夢裏仙山從此別 꿈속 신선산은 여기서부터 나뉘니
白雲深處一僧歸 흰 구름 깊은 곳에 한 승려 돌아가네.[49]

청량산을 유람하고 돌아오는 길에 고산의 시를 차운하여 승려 설심에게 준 시이다. 목재가 청량산을 내려와 낙동강 물줄기가 흐르는 광석 나루를 건너는데 그곳에 청학대라는 누대가 있었던 것으로 보인다. 해질녘 돌아오는 길은 더욱 쓸쓸하고 아쉬움이 남아 머뭇거리는 심정이 드러난다. 낙향 이후 얼마간 현실 속의 아픔을 삭이는 과정임을 알 수 있다.

危臺高萬仞 아찔한 여악대 만 길이나 높아서
登眺散幽愁 올라 조망하니 깊은 시름 흩어지네.
野逈吳秔晩 들판 멀리로는 오나라 곡식 여물고
湖平蜀錦秋 평평한 호수엔 촉 비단이 지어졌네.
風塵雙白鬢 세상 풍진에 두 귀밑머리 새버리고
天地一孤舟 천지에 뜬 한 척 외로운 배와 같네.
磊落平生意 뇌뢰낙락하게 간직해 온 평생의 뜻
於焉未覺休 어느덧 나도 모르게 사라졌다네.[50]

가을날 여악대에 올라 지은 작품이다. 그가 오른 여악대는 어느 곳인지 정확히 알 수 없다. 다만 높은 곳에 있어 자연과 함께 세상을 조

49 洪汝河, 「遊淸凉 歸次孤山 贈雪心上人」, 앞의 책 卷2; 『韓國文集叢刊』 124, 364면.
50 洪汝河, 「秋日登余樂臺」, 앞의 책 卷2; 『韓國文集叢刊』 124, 353면.

망하기에 좋은 곳이다. 이 작품의 계절적 배경은 '오갱吳秔', '촉금蜀錦' 등에 나타난다. '오갱'은 중국 강동 지방에서 나는 질이 좋은 쌀을 뜻하는데, 본문에서는 잘 익은 벼를 가리킨다. '촉금'은 중국 서촉에서 생산되는 질 좋은 비단을 가리킨다. 여기에서는 호수 위에 물결을 말한다. 이 두 구절을 통해 목재는 들판의 잘 익은 곡식과 호수의 잔잔한 물결로 대표되는 늦가을의 고향 경치를 묘사하고 있다.

사실 이 무렵의 목재가 구체적으로 무슨 고민을 안고 누대에 올랐는지는 알 수 없다. 그런데 여악대에 오르자, 지난날 근심과 걱정이 사라졌다고 한다. 목재에게 누대의 탁 트인 공간은 자연에서 자신을 되돌아보기에 적합한 장소가 된다. 이전과 다른 세상의 풍경을 바라보고 자기 내면의 음울陰鬱을 내칠 수 있는 곳이었다. 그는 젊은 날 포부와 열정을 가지고 세상으로 나아갔지만 녹록지 않은 삶이었다. 때로는 좌절하고 원망도 하고 때로는 자신을 내적으로 다스리면서 시간을 보낸 후, 어느덧 세월이 흘러 늙어 있는 자신의 모습을 마주하게 된다. 그때 본 자신의 모습은 한 척의 배와 같이 쓸쓸하고 외로운 존재로 인식하고 있었다. 즉 젊은 날 자신이 품었던 포부와 열정이 쇠퇴한 존재로 남아 있다.

이상으로 관직 생활 동안 기회를 얻어 금강산 유산의 경험은 좌천된 자신의 처지에 대한 좌절보다는 쾌심快心의 정서를 읽을 수 있었다. 목재는 낙향한 뒤에도 유산을 실행하지만 청량산, 고산 등 몇 군데를 제외하고 산수를 유람한 흔적은 없다. 그렇지만 앞선 시들을 통해 목재가 일상에서 벗어나 지난 삶을 돌아보고, 산수를 노닐며 현실의 아픔을 위로받고자 한 것이 고스란히 드러난다. 산에 올라 바라본 것은 자연의 풍경이지만, 목재가 궁극적으로 추구했던 것은 시련에서 오는 상실과 좌절을 치유[51]하기 위한 공간으로 인식되고 있다. 산수를 통한 치유는 자신의 삶에 대한 태도와 의지를 굳건하게 다짐하는 데 이르게 된다.

3. 탁행卓行에 대한 공론화와 현세적 구현 의지

목재는 55년의 생을 살아오며 많은 인물과 교유하기도 하고, 또는 과거의 인물을 그리워하기도 하며 그 정서를 표출하였다. 그의 생애를 봤을 때, 태어나 성장하면서 영향을 미쳤던 스승이나 선배, 등학들, 관직에 나아가 생활할 때는 공무에 대한 걱정과 고충을 함께 나누었던 동료가 있었다, 또 고향으로 돌아와 지내는 시간 동안에는 주변의 지우知友와 후배나 제자들과 관계를 맺고 지냈다.

제2장의 교유관계, 제3장의 관직 생활의 교유 등에서 확인하였으며, 선행 연구에서도 증답시, 차화운시를 통해 확인하였다.[52] 그런데 직접 대하거나 배우지는 못했지만, 그에게 학문적으로나 정서적으로 큰 영향을 미쳤던 존경하는 인물들과도 자신만의 방법으로 소통하며 흠모

51 금강산에 대해 경상대학교 경남문화연구원에서 금강산 유람록을 번역하는 성과가 있었다.(윤호진 역, 『금강산 유람록』 권1~10, 경남문화연구원, 민속원, 2016~2019.) 그 가운데 『금강산 유람록』 권3에 「유풍악기」·「풍악만록」·「유삼일포기」·「총석정기」 등 홍여하의 작품이 포함되어 있다. 최근 논문에 의하면, 금강산은 좌천이지만, 그것으로 마음을 치유하는 여정이었음도 거론된 바 있다.(이영숙, 「端磎 金麟燮의 金剛山詩 연구」, 『남명학연구』 75, 경상대학교 남명학연구소, 2022.)

52 증답시의 의식 지향은 자기성찰과 위로, 연민에 의한 격려와 당부, 학문에 대한 견해를 전달 등을 밝혔다. 화차운시의 의식 지향은 선현에 대한 동경의 마음을 표현, 친밀감을 최대한 가깝게 표현, 도학적 군자의 삶에 대한 확인, 시적 재능을 과시할 수 있는 수단 등을 밝혔다.(양승호, 앞의 논문, 2023.)

하고자 하였다. 특히 그 가운데 그가 주목한 것은 지역의 의인이나 지사들을 현창하고자 한 것이다.

지역의 의인義人, 지사志士, 탁행卓行에 대해 현창하는 배경을 살펴보자. 임병양난壬丙兩亂 이후 효孝·충忠·열烈을 주요 이념으로 내세워 혼란해진 사회 기강을 바로잡고 민심을 수습하고자 하였다. 특히 광해군 조에는 우리나라 효자·열녀·충신들의 행적을 모아 『동국신속삼강행실도東國新續三綱行實圖』을 편찬해 전국에 보급하였고, 이전 시기보다 더 많은 이들에게 정문旌門을 내려 효·충·열을 국가 이념으로써 전면에 내세웠다.[53] 이후 영조·정조 조에도 행실도류行實圖類 서적을 여러 차례 간행하여 효·충·열을 지속적으로 강조했다.

국가뿐만 아니라 사족들도 '충'과 '효'와 같은 인륜의 기본 덕목을 모두 충실히 수행하여 사족의 정체성을 지키는 데 열망을 보이게 된다. 사족들은 자신의 입지를 강화하기 위해 고을 내에 국한되지 않고 인근 고을의 사족들과 연대해서 서로 지원하고 지원받으려 했다. 지역 내에서의 서원 건립이나 다른 가문의 현창에도 사족들은 적극적으로 동참하고 있었다. 목재 역시 낙향한 뒤 지역의 충효, 절의, 학문, 탁행 등으로 남다른 인물들을 기리고자 노력했다. 아래 작품은 우탁을 형상화한 것으로 살펴보자.

宋舸覆崖山　송나라 배가 애산에서 엎어지자
膚敏祼燕京　재주 있는 관리들 연경에서 제사를 돕는구나!
子昂何足道　자앙만을 굳이 말해 무엇하리오!
已復誤澄衡　다시 벼슬하여 앞선 벼슬살이 그르쳤으니……

53 박주, 『조선시대 정표정책』, 일조각, 1996, 151~156면.

考論大節完　큰 절개가 온전한 이를 따지면
只有禹先生　오로지 우탁 선생뿐이라네.
麗衰百年戎　고려가 백년의 전란으로 쇠락하고
紫極穢神明　군왕은 정신이 온전치 않았네.
作書譏君王　글을 써서 군왕께 간하니
奮舌天公驚　그 성난 소리에 하늘도 놀라는구나.
乃老不待年　늙었다 핑계대고 관직을 버렸으니
風月滿宣城　선비의 기상이 선성宣城에 가득 펴졌구나.
床頭一篇易　책상 앞에 한 편 주역 펼치고
夢見河南程　꿈속에서 하남 정자를 뵈었네.
乾坤人第一　천天・지地・인人을 따지는 데는 제일이니
豈唯東國鳴　어찌 동국에만 이름 날렸으리.
千秋式遺墟　천추토록 남은 자취를 찾아 의식을 갖추려 해도
却欠片石旌　도리어 식별할 비석 하나 없구나.
何人奠椒杯　누군가 술잔 올릴 수 있게
爲我訪舊塋　우리들이 옛 무덤을 찾게 도왔으면……[54]

이 시는 연작시 「의고擬古」 중 일곱 번째 작품으로 1662년(현종3, 42세)에 지은 것으로 추정된다. 목재는 먼저 송・원 교체기의 일을 묘사하며 시를 시작한다. 원나라의 침입으로 남송이 수도를 애산厓山으로 옮겨 갔으나 결국 송나라는 망하게 된다. 이 과정에서 자앙子昂인 조맹부趙孟頫가 송나라 태조의 후손이면서도 송에 대한 충절을 지키지 않고, 원나라의 관리가 된 것을 충절에 위배 된다고 비판하고 있다. 이와 달리 우탁은 충절을 지킨 인물임을 강조하고 있다. 우탁은 추언

54 洪汝河, 「擬古 八首」, 앞의 책 卷2; 『韓國文集叢刊』 124, 348면.

왕의 폭정에 맞서 강력하게 상소하여 근신近臣들에게 바른길을 알려 주었고, 왕에게 죽음을 무릅쓰고 간언한 인물로 묘사하고 있다.

목재는 우탁이 낙향해서 『주역』을 터득해 후학을 가르쳐 종사宗師가 되었다며 그의 학문적인 성취 부분에도 주목했다. 『주역』의 심화에 기여한 우탁의 업적에 주목하여 그의 정신을 계승하여 더욱 발전시키자는 의도이다. 목재는 김계광金啓光과 함께 우탁의 유허를 찾아 비석 세우는 일을 의논하여 추진하려 했으나 구체적 사실을 입증할 자료가 제대로 남아 있지 않다며 애석한 심정을 나타내기도 한다. 목재는 우탁을 당시 충간의 표상으로 삼으려는 적극적인 의도를 드러내고 있다, 이는 역사가이자 유학자로서 자신의 의지를 구체화하고 있음을 알 수 있다. 아래 시에서는 왕조에 절의를 지킨 인물로 정몽주를 들고 있다.

老圃精忠賦獨賢　포은 선생 충의는 유독 어짐을 타고났으니
那因勞倦怨蒼天　어찌 힘들다 하늘을 원망하였겠는가?
島山淮海幾千里　도산과 회해 몇 천 리를 오고 갔던가
宗祏生靈五百年　오백 년 종묘에 살아있는 영령일세.
鵠嶺夜雲虛殿閣　곡령 땅 구름 머흘한데 전각은 무너졌고
鴨江秋雨送樓船　압록강에서 가을비 내리는데 누선을 보냈네.
秖今善竹橋頭路　다만 지금 선죽교 옆 길가에서는
芳草斜陽哭杜鵑　우거진 풀숲 사이로 태양 기울고 두견새 곡을 하는구나.[55]

「포은전圃隱傳」을 읽고 1663년(현종4, 43세)에 지은 작품으로 추정

55 洪汝河, 「讀圃隱傳有感」, 앞의 책 卷2; 『韓國文集叢刊』 124, 352면.

된다. 목재는 정몽주를 충절로 상징화하면서 그의 다양한 행적을 차례로 서술하고, 죽임을 당한 선죽교의 풍경을 묘사하고 있다. 정몽주가 죽고 망국의 수도인 개성에는 풀숲만 우겨져 있고, 두견새가 구슬프게 곡을 하는 상황을 묘사하며 안타까운 심정을 간접적으로 드러내었다. 정몽주가 고려의 충신으로 조선을 부정한 인물이지만 자신의 역사가로서의 바른 인식을 기반으로 이학의 연원으로 추숭된 부분에 한정하지 않고 실질적인 행적 속에서 정몽주의 충절을 묘사하려 애썼다.

이렇듯 목재는 절의를 지킨 인물에 대한 평가를 확대하고 있었다. 『휘찬여사』에서 고려말 왕조 개창에 반대하거나 비협조적이었던 인물을 크게 부각시켜 기술된 점이 이를 방증한다. 예를 들면, 이색・정몽주・이숭인・김진양 등 조선 건국에 반대한 인물들의 인품과 학문, 절의를 높이 칭송하고, 정도전・조준・윤소종 등 왕조를 개창 한 인물들을 낮게 평가했다. 충신불사이군忠臣不事二君의 지조를 지키며 역성혁명을 거부하고 향촌에 은거한 인물로서 그들의 행적을 절의의 측면에서 평가한 것이다. 아래 시에도 절의를 지킨 인굴을 추숭하고 있는 것이 눈에 띈다.

朴將軍匣中	박 장군의 칼집 속에는
雄鳴三尺水	영웅의 날 선 칼이 들었구나.
男兒報國寸心是	사내대장부의 작은 마음, 나라에 보답하려는 충정 있어
手扶西極天欲傾	손수 국운을 부지하려 하지만 하늘이 기울려고 하네.
青海城頭壯士死	청해 성 위에서 장정들이 죽어 나가는데
一片丹心耿耿不自迷	굳건한 일편단심 스스로 미혹되지 않는구나!
化作冤禽帶血歸	원통한 새가 되어 피를 머금고 돌아가네.

翩翩直向故園裏	훨훨 곧장 고향을 향해 날아가
爲傍德耀頭上飛	아내와 함께하려 머리 위를 맴돌았다네.
可憐馬革委草莽	가련쿠나! 시신이 덤불 속에 버려졌고
花田山下招魂葬	화전산 아래에서 넋을 불러 장례 지냈으니
氓俗相傳語益訛	민간에서 전해지는 말, 세월이 갈수록 어긋났네.
千秋想慕空怊悵	천추토록 사모하는 마음, 공연히 서글프고
銘磚半破字三行	새긴 벽돌 반이 깨어져 글귀가 석 줄에
認是當年壙南藏	그 해에 묘지석이 갈무리되었음을 알았네.
誰敎遠擲野人得	누가 오랜 뒤에 농부에게 발견되게 하였나!
天意表忠垂無疆	하늘이 그의 충정 기려 끝없이 드러냈구나.
邦人感歎薦芬苾	나라 사람들은 감복해서 향을 사르고
作廟渠渠揭遺烈	크고 웅장하게 사당 지어 충렬을 기리네.
花田山崩東海揚塵	만약 화전산이 무너져 동해에 먼지가 된다면
朴將軍名與之俱滅	박 장군의 명성도 함께 사라질 것이다.[56]

이휘일李徽逸이 지은 「광석가壙石歌」[57]에 화답한 시이다. 「광석가」는 1467년(세조13) 세조의 집권 정책에 반대해 함경도 일대에서 이시애가 일으킨 반란을 진압했던 박종문朴宗文의 행적이 역사에서 지워지는 것을 우려하며 쓴 이휘일의 작품이다.

시의 서문에 "장군은 본관이 영해이며, 무과에 급제하여 함길도 도사에 제수되었다. 이시애의 난에 힘써 싸우다 죽었는데, 죽는 날 부인의 어깨 위에 이상한 날짐승들이 모여들었다. 그 뒤 자손이 끊기고 묘

56 洪汝河, 「和朴將軍 宗文 壙石歌」, 앞의 책 卷2; 『韓國文集叢刊』 124, 365면.

57 광석가와 박종문의 일화에 대해서는 이휘일의 『존재집』에 자세하다.「都事朴公壙石歌幷序」, 『存齋集』 卷1; 『韓國文集叢刊』 124, 13면.

소도 잃어버린 지 200년 가까이 되었다. 1662년(현종3)에 어떤 농부가 20리 밖 논 가운데서 지석誌石 한 조각을 얻었으니, 이 또한 기이하다."[58]라고 기록하고 있다. 당시 박종문의 행적에 대한 자료가 부족한 실정이었다. 다행히 우연히 묘석을 얻어 그의 행적을 남길 수 있게 된 점을 부연하고 있다.

작품의 전반부에는 당시 박종문이 반란군과 대치하여 사력을 다해 싸웠던 광경과 박종문이 죽어서 새가 되어 부인의 주위를 맴돌았던 기인한 현상을 밝히고 있다. 그런데 박종문을 제대로 장사 지내지 못했으니, 박종문에 대한 행적이 실제 사실들과 다르게 와전되어 있던 중에 농부의 묘지석 발견으로 인해 확실하게 규명되었음을 밝히고 있다.

특히 '천의天意'라는 시어를 통해 그의 충정이 하늘에 바탕 한 것이라 강조하고 있다. 목재는 마지막 두 구에서 죽음을 무릅쓰고 충정을 지키며 장렬하게 죽어갔던 그의 충절을 세상에 전승하고자 하고자 하였다. 목재는 절의 뿐만 아니라 남다른 덕행을 남긴 인물로 인식하고 이러한 행실을 권면하고자 했다.

二叔不咸姬公吁	이숙이 화합하지 않자 주공이 탄식하고
作詩常棣淚眼枯	「상체」시 짓고 눈물이 말라 버렸네.
姬公旣殂詩更無	주공이 이미 죽고 시는 더 없으나
急難之圖欲并驅	「급난도」가 이와 어깨를 나란히 했네.

58 洪汝河, 「和朴將軍 宗文 壙石歌」, 앞의 책 卷2; 『韓國文集叢刊』 124, 365면, "將軍, 寧海人, 以武科, 除咸吉道都事. 李植愛之亂, 力戰死之, 死之日, 有異禽, 集於其妻肩上. 後子孫絶世, 失墓所在, 近二百年. 壬寅歲, 野人得誌石一片於二十里外田中, 亦異矣."

留與斯人勖友于　서로 도우면서 우애에 힘쓰더니
歲在執徐島夷呼　임진년 난리에 왜구가 발호했네.
華嶽避兵兄弟俱　형제가 함께 백화산으로 피난할 때
弟病遇賊墨而癯　병든 아우 파리하고 여윈 채 적을 만났네.
僵仆頓地氣不蘇　쓰러지고 엎어지며 기운이 나지 않자
泣謂伯氏亟先趨　울며 형에게 빨리 먼저 달아나라 했네.
我生何翅輕錙銖　내 생명이 어찌 치수만큼 되랴 하며
乃兄煢煢膽氣麤　형이 근심하고 크게 용기를 내었네.
誓死不肯獨全軀　내 한 몸만 살지 않겠다고 죽음으로 맹세하고
背負余季手彎弧　아우를 등에 업고 손수 활을 당겼네.
走上峻嶺如坦途　탄탄대로처럼 험준한 산을 달리며
仰天大聲喝倭奴　하늘을 우러러 소리치고 왜구를 꾸짖었네.
二人性命脫斯須　두 사람의 생명이 잠깐 사이에 온전하니
誰知大勇出文儒　큰 용기 유학에서 나온 줄 누가 알겠는가.
至誠正賴神明扶　지극한 정성으로 신명의 도움을 받았으니
此事當年塞寰區　이 일은 당시에 온 나라에 들렸네.
此圖千秋敦薄夫　이 그림 오랜 세월 경박한 이를 도탑게 하고
名公賞激盡操觚　명공들은 감격하여 글로 칭송하였네.
滿幅字字驪龍珠　화폭 가득한 글자들은 여의주 같으니
因嗟季世不令徒　말세에 아름답지 않은 무리 탄식게 하네.
幾多骨肉相翦屠　골육 간에 서로 해친 일 얼마나 많았던가
獨無是心胡爲乎　유독 이런 마음 없으니 어찌할 수 있으랴.
嗚呼皇天降衷不應殊　오호라, 본성은 응당 다르지 않을 터이니
仔細看取急難圖　「급난도」를 자세히 취하여 볼지니라.[59]

59 洪汝河, 「急難圖引」, 앞의 책 卷1; 『韓國文集叢刊』 124, 338면.

「급난도急難圖」를 보고 지은 시이다. 「급난도」는 월간月澗·창석蒼石 두 형제가 적을 만났을 때 이를 막아 냈던 것을 그린 그림이다. 월간과 창석, 두 사람은 류성룡을 사사하였고 학문이 뛰어나며 우애가 있기로 유명한 이들이다. 두 형제는 임진왜란 이듬해인 1593년에 경북 상주시 모동면에서 왜군의 기습을 받아 백화산으로 피난하는 도중, 동생 이준의 토사곽란과 왜적의 끈질긴 추격이라는 급박한 상황을 만났다. 형 이전은 동생의 병을 치료하는 한편 왜적에게 대항하여 적을 물리치는 등 우애와 용기를 발휘하여 둘 다 생환生還할 수 있었다.

이준은 형 이전이 사지死地에서 죽음을 무릅쓰고 자신에게 쏟은 헌신적인 사랑과 절망적이고 급박했던 당시 상황을 잊을 수 없었다. 그래서 명나라 화공에게 부탁하여 그 당시 상황을 그리도록 한 것이 「급난도」이다. 이 그림에는 저명인사 26명의 시문찬詩文讚도 함께 전하며[60] 그 가운데 목재의 시문이[61] 포함되어 있다.

「급난도」의 시문찬은 1609년(광해1) 이호민李好閔과 차천로車天輅의 글부터 1662년(현종3) 이경석李景奭의 글까지 반세기 이상에 걸쳐 있다. 글쓴이들은 대부분 당대에 문장과 충의로 이름난 사람들이다.[62]

60 이신성, 「蒼石 李埈과 『兄弟急難圖』」, 『한국인물사연구』 3, 한국인물사연구소, 2005.

61 洪汝河, 「急難圖引」, 앞의 책 卷1; 『韓國文集叢刊』 124, 338면, "急難圖者, 月澗, 蒼石李先生兄弟, 遇賊捍衛之圖也. 壬辰亂, 先生兄弟在憂中, 得避兵於白華山中, 蒼石適患疾危篤, 賊至不能避. 月澗義不獨全, 負而上山. 賊刃垂及, 月澗彎弓向賊, 呼天仰祝, 賊不敢逼. 遂皆獲全. 人以爲至誠所感. 後蒼石倩工圖其狀, 一時名公, 咸褒歎有作. 余到黃岡, 始得見之, 敬題其後."

62 시문찬을 쓴 사람 중 시호를 받은 사람은 이준을 포함하여 15인이다. 이신성, 앞의 논문, 2005, 276~277면.

「급난도」의 제작은 이준이 시작했으나 전체 과정이 사족의 집단 창작에 이르게 되었다. 이것은 당시 문인 사족층이 「급난도」의 서사를 특별히 지지하여 널리 알리고자 했기 때문이다.

목재는 형제 사이에 불화를 대표하는 '이숙二叔'과 '상체常棣'의 사례를 인용하여 이전과 이준 두 사람의 형제애를 대비적으로 드러내고 있다. '이숙'은 관숙管叔과 채숙蔡叔을 말하며 이들은 주공의 형제이다. 주나라 무왕이 죽은 뒤에 성왕이 어리므로 그의 숙부인 주공이 섭정할 때 관숙과 채숙이 소문을 퍼뜨려 주공을 모해하고 반란을 일으킨 사실이 있다. '상체'는 형제가 잔치를 열어 부른 노래로 관숙과 채숙이 형제의 도를 잃은 것을 안타깝게 여겨서 지은 시이다. 『시경』의 구절은 "아가위 꽃이여, 환히 드러나 밝지 아니한가. 무릇 지금 사람들은 형제만 같지 못하니라 죽고 초상나는 두려움에 형제가 심히 생각하며, 언덕이나 진펄에 송장이 쌓임에 형제가 구해주느니라."[63]로 세상에서 진정한 구원자는 형제라는 내용이다.

목재는 이준·이전의 우애가 유학에서 나왔음을 밝히고 있다. 그들의 행적은 사족들 사이에 지지를 받았으며, 이윽고 명망있는 사족들에 의해 기록으로 남게 된 점을 강조하고 있다. 형제간은 천륜에 의해 맺어졌으나 형제 사이는 관숙과 채숙 같이 다양한 대립과 갈등을 일으키기도 한다. 사람들이 대립과 갈등의 순간에 본성을 잃게 됨을 「급난도」를 통해 경계하고자 한 것이다.

「급난도인」은 유학의 중요한 덕목에 집중하여 지역의 사족들이 연대하여 지원하는 중요한 자료이다. 이를 통해 유학에 대한 전승의 의

63 『詩經』, 「小雅 常棣」, "常棣之華, 鄂不韡韡. 凡今之人, 莫如兄弟. 死喪之威, 兄弟孔懷. 原隰裒矣, 兄弟求矣."

지를 드러내고 지역 사회구성원들 간에 소속감을 느낄 뿐만 아니라 자신들의 정체성을 지키고자 한 것이다. 아래 시에서도 여인의 절개와 효성에 대해 뛰어난 인물을 묘사하고 있다.

身輕白刃學當熊　서슬 띤 칼날에 몸을 날렸으니 당웅을 본받았고
忽墮蒼崖萬仞崇　만 길 높은 푸른 벼랑에 홀연 몸을 던졌네.
玉碎花飛容易事　옥 깨어지고 꽃잎 날리는 건 쉬운 일이지만
誰知捍衛所天功　막아 지킨 것이 하늘이 한 일인 줄 누가 알리오.

憑虛一夕動風雷　전쟁 통에 의지할 곳 없었는데
鐵鎖重關也自開　겹겹이 잠긴 문이 저절로 열렸네.
誰識天翁感精禱　누가 알리오! 하늘이 정성스런 기도에 감응해
終教夜半負爺來　마침내 한밤중에 아비 들춰 업게 하였네.[64]

1665년(현종6) 권두문權斗文의 『호구일록虎口日錄』에 서문과[65] 함께 지은 작품이다. 권두문이 1592년(선조25) 평창군수平昌郡守로 있다가 임진왜란壬辰倭亂을 만나, 포로가 되어 끌려다니며 어려운 상황에도 왜적의 정세를 낱낱이 기록한 『호구일록』을 남긴 문인으로 알려져 있다. 임란 때 권두문이 적장에게 사로잡히자, 그의 측실 강씨는 왜적의

64 洪汝河, 「題權通禮南川公虎口日錄後 幷序」, 앞의 책 卷2; 『韓國文集叢刊』 124, 354면.

65 洪汝河, 「題權通禮南川公虎口日錄後 幷序」, 앞의 책 卷2; 『韓國文集叢刊』 124, 354면, "有側室康之烈, 捍公於始得不死, 有進士公之孝, 脫公於終, 得不死, 而以全公之忠, 殆天所以曲成公歟, 雖然, 之烈也之孝也. 實本諸公之家敎, 則公能有其忠益驗矣. 此公所以獲佑於天也歟, 乙巳淸和後學洪汝河, 敬書山澤齋中, 繼以兩絶."

칼날을 자신의 몸으로 막았다. 그녀는 절개를 지키고자 31세를 일기로 응암진(현 평창)에서 투신했다. 그 정렬을 가상히 여겨 1612년(광해군4) 절부節婦로 정려旌閭되었으며, 정려비가 경북 영주시 영주동 구성공원에 남아 있다. 진사공의 효성은 권두문의 아들 주黈가 뇌성벽력이 치는 야밤을 틈타 벽을 허물고 아버지를 업어 탈출시킨 사실을 말한다.

첫 번째 작품에서는 강씨가 적의 칼날이 남편을 향할 때 온몸으로 막아 남편을 살린 일을 밝히고 있다. 그리고 31세 꽃다운 나이에 낭떠러지로 떨어져 순결을 지킨 절체절명의 순간을 예리하게 묘사하고 있다. 남편의 목숨을 지키기 위해 자신의 목숨을 버린 부인의 행위는 하늘과 닿아 있다고 강조했다. 두 번째 작품에서 절박했던 전장의 분위기와 당시의 처참한 상황을 '풍뢰風雷' 라는 시어로 담아내고 있다. 그리고 겹겹이 잠긴 쇠문이 절로 열린 것은 아들의 효심 때문이라 풀이했다.

권두문이 전쟁의 위험에서 목숨을 지킬 수 있었던 것은 측실 강씨의 절개와 아들의 효성 때문이었다. 이들의 고귀한 희생 덕분에 구사일생으로 살 수 있었다. 당시 상황을 추측해보면 박종문이 살아서 돌아온 것은 믿기 어려운 일이었다. 목재는 권두문이 생존할 수 있었던 이유를 '천공天功', '천옹天翁' 때문이라 밝히고 있다. 즉 두 사람의 절개와 효성 때문에 하늘이 감복한 것이다. 그래서 이들을 세상에 알리고 사람들에게 권면하지 않을 수 없다는 것이다. 아래 작품에서도 효성으로 뛰어난 인물을 밝히고 있다.

公山巀巀水泱泱　팔공산은 들쭉날쭉하고 시냇물은 넘실대니

淑氣扶輿產奇祥	맑은 기운 감돌아서 상서로움 낳았네.
孕出四佳不獨嘗	일찍이 사가를 잉태했을 뿐 아니라
絶德殊行世聯芳	아름다운 덕 빼어난 행실 대대로 이어졌네.
孝子有母孝婦康	효자의 어머니 사랑과 효부의 정성스런 봉양에
雉飛墮田遺姑嘗	꿩 날아 밭에 앉자 시어머니께 맛보였네.
欲雀得雀事堪方	참새를 원해서 얻은 그 일에 비견되고
南金燦燦發閟藏	남금이 찬란한 비장의 창고 열게 했네.
亦緣孚誠感穹蒼	신실한 정성으로 하늘마저 감동시키고
太守皃舃倒趨蹌	태수의 행차도 도리어 예를 갖추네.
學士題詩剩掛墻	학사들의 송축시 벽에 넘치도록 걸리니
豈惟家範化邦鄕	가정의 모범일 뿐이랴 온 나라가 교화되네.
聖代求忠錫寵光	성대에 충절을 구해 은총을 내리시니
仲擧先生擅南昌	중거 선생이 남창을 아끼듯 예우했네.
公生東國蔚相望	공이 해동에 나고 성대함이 연이으니
公山蒼蒼水洋洋	팔공산은 무성하고 시냇물은 광대하네.
孝子眉壽德彌長	효자들과 장수의 덕은 더욱 장구해져
野蔌溪毛山酒香	푸성귀 마름풀에 산 술이 향기롭네.
松風一壑獻笙篁	골짜기 부는 솔바람 생황 소리 같고
兒孫孝悌喫家常	자손들의 효제에 집안 법도 만끽하네.
歲歲擊鮮登玆堂	대대로 좋은 음식이 풍족하던 이 집에 왔으니
歌我公山壽公觴	나는 공산가 부르며 잔을 올려 축수하네.[66]

서시립에게 서문과 함께 축수를 올린 작품이다. 서시립은 효성으로 이름났으며 서사원徐思遠·정구鄭逑·장현광張顯光의 문하에서 수학했다. 목재는 서시립이 조상인 서거정의 덕행을 그대로 이어받았음을

66 洪汝河, 「公山歌壽徐參奉時立 幷序」, 앞의 책 卷2; 『韓國文集叢刊』 124, 350면.

말하고 있다. 또한 '효자의 어머니 사랑과 효부의 정성스러운 봉양에, 꿩 날아 밭에 앉자 시어머니께 맛보였네.'라는 두 구절을 통해 서씨 집안의 효성스러운 행실을 밝히고 있다. 『영남인물고』에 "공의 조모가 연로하여 담천증을 앓았는데, 모부인 강씨가 시어머니를 효로써 봉양하였다. 향인 배극념이 감탄하여 시를 짓기를 '위대하구나. 서씨 집안의 효부여, 순순한 효성 하늘을 감동시켰네.'"[67]라는 집안의 행적에 대한 기록이 남아 있다.

목재는 서시립의 효성을 '치비雉飛'와 '왕상王祥', '남금南金'의 고사에 비유하고 있다. '치비'는 오순吳順의 고사로 오순의 효성에 감동하여 하늘이 도움을 준 이야기이다. 오순의 고사는 『산서통지山西通志』에 "명나라 오순은 삭주인이다. 아버지가 병이 들자, 꿩고기를 잡숫고 싶어 하셨다. 갑자기 구할 데가 없었는데, 홀연 꿩이 날아가다 집으로 떨어지기에 국을 끓여 바쳤다.[68]"라는 것에 유래했다. '왕상' 역시 효성에 대해 특별한 은혜가 내려진 내용이다. 왕상의 일은 계모 주씨朱氏가 성질이 고약해서 왕상에게 참새구이가 먹고 싶다고 해서 왕상이 참새를 잡으려 하자, 문득 수십 마리의 참새가 왕상의 휘장 속으로 날아들어서 스스로 잡혔다는 내용이다. '남금이 찬란한 비장의 창고 열게 했네.'에서 '남금南金'은 중국 형주에서 나는 금으로 다른 금보다 값이 갑절이라 하는 것을 말한다. 이 일은 서시립의 효성에 감동한 대구 부사가 이웃 고을의 세미稅米를 바꾸어 준 부분을 말한다.

67 蔡濟恭 편 · 姜周鎭 외 譯, 『嶺南人物考』, 탐구당, 1967, 559~560면, "公祖母年老患痰喘, 公母康氏孝養姑. 鄕人裵克念感歎作詩曰: '卓卓徐家婦, 純純孝格天.'"

68 『山西通志』, "明吳順, 朔州人, 父病思雉羹, 遽索不得, 忽雉飛, 墮其家, 作羹以進."

또한 '중거 선생이 남창을 아끼듯 예우했네.'에서 '중거'는 동한 시대 여남汝南 평여平輿 사람 진번陳蕃을 가리킨다. 그는 예장 태수로 있으면서 남주南州의 고사高士로 일컬어진 서지徐穉를 극진히 대우한 일화를 말한다. 지역의 관리가 서시립을 극진히 대접한 것을 비유한 것이다. 정승 이호민李好閔은 진상할 밀과蜜果와 어육 등을 내려 할머니를 봉양하게 하고, '전귀全歸'의 두 자로 당호堂號하게 하였다. 이후 대구 부사들은 전귀당 앞을 지날 때는 말에서 내려 예를 갖추었다고 한다. 이와같이 목재는 다양한 사례를 들어 서시립의 효성에 대해 밝히고 「공산가」를 지어 축수하고 마무리한다. 목재는 이외에도 양인 김량의 일[69]과 노비 백대붕[70] 등의 모범적인 행적을 기록해서 전으로 짓기도 했다.

이상으로 목재가 탁행에 주목하여 창작한 시를 살펴보았다. 목재가 활동하던 당시는 17세기 혼란한 대내외 정세 속에 세속이 쇠퇴하여 교화가 날로 해이해져서 향촌 사회의 질서를 유지하기 위해서 백성들에게 충과 효, 의義와 열烈에 대한 가르침이 절실했던 시대였다. 목재 역시 효·충·절 등의 유교적 덕목을 중시하며 그러한 생각을 사회에 구현하고자 하는 활동에 적극적이었다. 이는 지역 사족 간의

69 洪汝河, 「金良傳」, 앞의 책 卷5; 『韓國文集叢刊』 124, 418면. 양인 김량이 기축옥사에 죽임을 당한 최영경(1529~1590)의 시신을 거둔 일을 기록하고 있는데, 당시 법망이 엄해 죽음을 각오하고 장례를 치른 사실을 기리고 있다. 김량의 딸이 홍여하의 庶母가 되어 이 사실을 상세히 알았고 후세에 전하고자 함을 밝혔다

70 洪汝河, 「白大鵬傳 癸未」, 앞의 책 卷5; 『韓國文集叢刊』 124, 418면. 백대붕의 아버지 백연근이 홍여하의 외증조 이암(1297~1364) 집안의 노비였다. 백대붕은 글을 잘 지어 한준겸·홍적 등 사대부들과 교유하였다. 그의 행실이 검소하고 절개가 있었으며, 아버지 연근을 극진히 모시고, 주변에 제문 등 글을 지어 유명했던 점을 밝히고 있다.

결속력을 높이기도 하고 사족으로서의 정체성을 지키는 데 중요한 활동이었다.

본 절에서 인용한 시의 경우 시詩보다 문장文章에 더 가까운 시라고 할 수 있다. 그렇다면 목재는 산문작가로서 시보다 차라리 그 자체로 문장을 지어 현실에의 교화를 추구하는 것이 효과적이라 생각할 수 있지만, 목재는 문장보다 시를 통한 현실에의 교화를 추구하였다. 목재의 이와 같은 태도는 목재가 시의 기능과 역할에 대해 깊이 이해하고 있었음을 보여준다. 이렇게 보았을 때 목재의 시세계는 시의 기능과 역할에 대해 깊이 인지하고 있었던 목재가 자기 자신과 대중을 도덕적으로 교화하기 위해 사용하였던 도구였다고 할 수 있다. 따라서 그의 시세계는 개인적 차원에서 사회적인 차원으로 그 적용의 범주를 확대시켜 나갈수록 예술성보다 교훈성을 강조하였다고 할 수 있다.

4. 산문적 리듬에 의지한 상실감의 서사화

목재는 시작詩作에 있어서 장편화를 즐겼다. 이는 한 작품이 장편으로 구성되어 있기도 하고, 연작시 형태로 지어져 장편화[71]하는 경우도 있었다. 『목재집』 소재 한편의 작품으로 장편시를 지은 것을 보면 배율은 19제, 고시는 8제이며, 장단구는 6제가 수록되어 있다. 가장 분량이 많은 작품은 「술회述懷」는 108운216구이며, 「노계서당老溪書

71 장편화 창작의 배경 참조. 이종묵, 「조선중기 시풍의 변화 양상」, 『한국한시의 전통과 문예』, 태학사, 2002; 안대회, 『18세기 한국한시가 연구』, 소명출판, 1999.

堂 차퇴도선생도산남동次退陶先生陶山南洞韻」 5언46구, 「만이통례輓李通禮」 5언44구, 「만조여상輓趙汝相」 5언40구, 「고정전가송대동승남재원위별古井田歌送大同丞南載元爲別」 장단구38구, 「증최방옹贈崔放翁」 5언36구 등으로 나열할 수 있다. 그 가운데 배율은 총19제題 가운데 5언배율 18제, 7언배율 1제를 남겼다. 배율형식의 작품이 비교적 많은 수가 수록되어 있다.

그 가운데 『목재집』 소재 최장 한시 108운216구의 「술회」는 1645년(인조23) 국내외의 참혹한 상황을 겪고 지은 작품이다. 당시 전염병, 기후변화 등으로 백성들은 의식주 기본생활조차 영위하기에 힘든 상황이었다. 더구나 조정의 고관들은 약탈과 향락에 빠져 있으며, 조정에는 소인이 득세하여 인재 등용이 어려운 현실이었다. 관리들도 실질적인 대책을 하기보다는 조정이나 고관의 비유만을 맞추고 위세를 부리면서 백성을 힘들게 하고 있었다. 거기에 더해 명·청 교체라는 믿기 힘든 국제정세를 겪게 된다. 대·내외적으로 혼란한 상황에서 목재는 참혹한 상황에서 오는 상실감을 108운216구의 장편시에 서사화하여 담고 있었다. 아래 시는 지역 선배의 죽음을 겪고 장편으로 지은 작품이다.

前輩風流遠　선배 중에 풍류가 고원함이
能如此老無　이 어른 같은 사람 없네.
子良元稟賦　자식노릇 훌륭함은 원래 타고났고
詩禮更漸濡　시례의 가르침에 더욱 물들었네.
素蘊何多也　평소 갖춘 소양 얼마나 많았던가
淸標映友于　맑은 품격이 우애로 드러났네.
工夫由脚踏　공부는 반드시 실천을 하였으니

謝父得膏腴　맛난 음식을 부친께 보답했네.
乍怨梅州鶴　잠깐 매주의 학을 원망하다가
仍飛葉縣鳧　곧이어 섭현의 오리처럼 날았네.
歸歟陶靖節　돌아감은 도정절처럼 하고
貧似范萊蕪　가난함은 범래무와 비슷했네.
歲月淹書囿　세월을 서책 속에 묻혀 보내고
林泉任藥壺　자연에서 신선처럼 지냈으니.
乃知全性寶　보배로운 천성을 보존하려 함이지
不是爲名軀　명예를 위함이 아닌 줄 알겠네.
考德珠無纇　덕을 살펴보니 흠 없는 구슬이요
傳家鳳有雛　집안을 이어 갈 봉황 같은 후손 있네.
西山餘爽氣　서산에는 상쾌한 기운 넉넉한데
舊煙泣青膚　예전의 연기 푸른 이끼에 흐르네.
痛矣難重覩　애통하게도 다시 보기 어려우니
儵然與道俱　홀연 우리 도와 함께 가는구나.
先人曾託契　선인께서 일찍이 교분을 맺어
小子幾趨隅　소자가 몇 번 배우러 갔었는데.
所幸承提誨　다행히도 직접 가르치심 받들어
尋常仰範模　항상 그 모범의 모습 우러렀더니.
由來成阻闊　이후로 아득히 멀어지게 되어
瞻戀謾縈紆　우러러 연모하는 마음만 가득하네.
承訃心如擣　부고 받들자 마음이 방망이질하고
題詞眼欲枯　만사 짓자니 눈이 마르려 하네.
神禾高四尺　넉 자 높이의 무덤이 있으니
他日奠青蒭　뒷날 푸른 꼴을 올리오리다.[72]

72 洪汝河, 「輓李龍宮 大圭 甲午」, 앞의 책 卷1; 『韓國文集叢刊』 124, 343면.

1654년(효종5)에 창작한 작품으로 용궁현감 이대규를 애도한 시이다. 제1~8구는 '시례詩禮'의 고사를 인용해 이대규가 부친 이준의 가학을 이은 부분이며, 제9~20은 망자의 행적과 풍모에 대해 비유한 부분이다. 여기에 인용한 전고를[73] 살펴보면, '매주梅州'는 유배를 당한 사실을, '엽현부葉縣鳧'는 지방 수령에 임명된 것을, '도정절陶靖節'은 망자가 벼슬을 버리고 함께 은거한 사실을, '범무래范萊蕪'는 망자가 평생 청빈淸貧한 생활을 말한다. 또한 '약호藥壺'는 망자의 삶이 신선의 경지에서 있었음을 말한다. 제21~28구는 '추우趨隅'를 통해 목재가 망자에게 직접 가르침을 받은 것을 밝히고, 제29~32구는 '청추靑芻'를

73 전고를 살펴보면 다음과 같다. '詩禮'는 공자의 아들 鯉가 뜰에서 공자 앞을 빠른 걸음으로 지나다가 공자로부터 시례에 대하여 배웠느냐는 말을 듣고 그에 대한 가르침을 받은 일에서 유래하여, 가정에서 부형의 가르침을 뜻한다. '매주'는 송나라 때의 직신 劉安世를 가리키는데 그는 강직하기로 이름이 높다 간신 章惇・蔡卞 등에 의해 여러 곳의 유배를 거쳐 매주에 移配된 것을 말한다. '葉縣鳧'는 지방 수령에 임명된 것을 비유한 말한다. 후한 때 王喬가 섭현현령이 되어 매월 朔望 때마다 神術을 부려 두 마리의 오리로 신[舃]을 삼아 타고 날아가서 황제에게 朝見하였다는 고사에서 유래하였다. '陶靖節'은 晉나라 말기에 彭澤縣令이 되었다가 벼슬을 버리고 돌아가면서 「歸去來辭」를 지은 사실을 말한다 '范萊蕪'는 후한 환제 때 范冉이 萊蕪의 장관으로 부름을 받고도 응하지 않고, 그 뒤 누차 太尉府와 侍御로 임명 받았어도 나아가지 않은 채, 가난을 감수하며 살았으므로 당시 사람들이 "시루 속에 먼지 나는 범사운이요, 솥 속에 물고기 헤엄치는 범래무로다."라고 노래한 것에서 유래하였다. '藥壺'는 '壺公'이란 신선이 저잣거리에서 약을 팔고 있었는데, 모두 그저 평범한 사람인 줄로만 알고 있었다. 하루는 費長房이란 사람이, 호공이 천정에 걸어둔 호로 속으로 들어가는 것을 보고는 비범한 인물인 줄 알고 매일같이 정성껏 그를 시봉하였더니, 하루는 호공이 그를 데리고 호로 속으로 들어갔는데, 호로 속은 완전히 별천지로 해와 달이 있고 仙宮이 있었다고 한다. '趨隅'는 『예기』에 "옷자락을 추어올리고 구석을 향해 종종걸음으로 가서 앉고, 반드시 응대를 삼가서 해야 한다."라고 한 말에서 유래하였다. '靑芻'는 後漢의 高士인 徐穉가 매우 가난하여 郭林宗의 어머니 喪이 조문하러 가서 풀 한 다발을 집 앞에 두고 온 데서 유래하였다.

죽음을 슬퍼하며 애도하고 하고 있다.

목재는 망자에 대한 가학의 연원, 평생의 출처, 망자의 고원한 풍모, 목재 자신과 인연, 망자의 죽음에 애도 등으로 망자의 삶 전체를 정리하고 애도하며 마무리하고 있다. 인용한 전고의 관점이 망자의 행적 및 인품과 충분히 유사성을 지닌다는 점에서 전고의 사용이 공감을 불러일으킨다. 만시는 상실감과 슬픔뿐만 아니라 추숭의 뜻을 함께 담고자 하기에 장편시를 활용하는 것이 효과적이라 생각했던 것하다.

다음은 배율 이외에 장편고시 8제, 장단구 장편은 6제題로[74] 확인되는데, 악부시樂府詩 계열의 가행체歌行體 작품이 수록되어 있다.[75] 작품은 「영시가靈蓍歌」·「봉산요蓬山謠」·「도산원청려장가陶山院靑藜杖歌」·「일출입행日出入行」·「방창승행放蒼蠅行」·「진두행津頭行」·「의우도가義牛圖歌」·「급나도인急難圖引」·「공산가수서참봉시립公山歌壽徐參奉時立 병서幷序」 등이 있다. 이 가운데「영시가靈蓍歌」를 살펴보자.

天地變化蓍乃生	천지의 변화로 시초가 이에 생겨나고
聖人旣作蓍卽靈	성인이 태어나시자 시초가 영험해졌네.
寶根藏六問幾齡	시초와 거북은 나이가 몇이던가
玉葉上覆祥雲靑	옥엽 위를 덮은 상서로운 구름 푸르네.
羲文作易朝繫銘	복희 문왕이 역을 짓고 주공이 마음에 새겨
採擷掛扐觀虧盈	손으로 뽑아 손가락에 걸고 길흉을 살폈네.

74 기타 장단구 시에는「去婦詞」,「採蓮曲」,「古別離」 등이 있다.

75 고시의 배경 참조. 이종묵,『한국한시의 전통과 문예미』「조선중기 시풍의 변화양상」, 태학사, 2002, 482~486면.; 장유승,「17세기 고절구 창작양상에 대하여」,『韓國漢詩硏究』 10, 한국한시학회, 2002, 347~348면.

宣尼晩節集大成	공자가 만년에 성인이 크게 이룬 것을 모았으니
至道應須四聖更	지극한 도는 사성이 번갈아 나길 기다렸네.
翼以十傳燦日星	십익의 전을 짓자 해와 별처럼 빛나니
紛紛九師遂晦冥	분분하던 구사들은 드디어 자취 감추었네.
明暗都輸燕蝠爭	제비와 박쥐처럼 밤낮으로 논쟁을 하다가
千載歸來得考亭	천년이 지난 뒤에 고정이 태어났네.
指南斯理喚人醒	이 이치 기준을 세워 사람을 일깨웠고
先公好讀洗心經	선친께서 『주역』 읽기를 좋아했지.
航海問道趨神京	바다 건너 신경에 가서 도를 묻다가
魯國先生蓋初傾	노나라 선생과 처음 만나 이야기했네.
白而長也尙典刑	희고 긴 시초를 또한 전형으로 숭상하니
贈以大衍五十莖	대연수의 오십 가지를 주었다네.
東還呼走勑丁寧	돌아올 때 하인 불러 정성스레 타이르며
此物乃出夫子庭	이 물건은 공자 집안에서 나왔다 했네.
再拜藏襲鏗有聲	재배하고 상자 속에 넣자 쟁그랑 소리 나니
不待呑晝契潔精	태워 삼키지 않아도 정결하여 신명과 통하네.
博士家言雜利名	박사의 말은 이익과 명예가 섞여 있어서
閣束朱傳但誦程	주자 본의本義는 내버리고 정전만 외우네.
次第門戶本不扃	과거에 오를 문호가 닫혀 있지 않거늘
獨向空山亂石聽	다만 빈산을 향하니 돌들에게 들려주네.
如何爾之爲物通神明	어찌하여 너는 신명과 통하는 물건 되었는가
可憐萬里隨飄零	어여쁘게도 만 리에 바람을 따라왔구나.
悠悠三載傍滄溟	아득히 삼년을 푸른 파도 곁에 있다가
燕坐明窓巾篋馨	한가로이 밝은 창가에 앉으니 상자 향기롭네.
蓍乎蓍乎爾卽圓兮卦則方	시초야 시초야 너는 둥글고 괘는 모나니
木齋與爾同行藏	나는 너와 더불어 출처를 함께 하리라.[76]

시의 소재는 시초로 말미에 내용이[77] 부기되어 있다. 목재는 자신이 보관하고 있는 시초를 보며 시로 형상화하였다. 시는 전체적으로 시초의 시작부터 시간의 흐름에 따라 순차적으로 연결되어 있다. 제1~12구는 복희-문왕-주공-공자-주희 등 이르기까지 시초가 전승된 사실을 밝히고 있다. 제13~20구는 부친 홍호가 1632년 명나라에 갔을 때 공자의 직계 후손인 공윤식에게 시초 51줄기를 받아 온 사실을 말한다. 제21~28구는 시초가 실제 영험하게 사용되고 있는 것을 묘사하고 있다. 제22~25구는 주희의 『주역본의』가 제대로 읽히지 않는 실태를 밝히고 있다. 제26~32구는 시초를 보고 느낀 특별한 감회를 적고 있다. 이는 시를 창작할 때 기승전결을 모두 구상하고 차례로 써 내려갔다는 것을 알 수 있다. 목재가 이 시에서 표현하고자 한 내용은 시초의 역사성, 『주역』에서의 시초의 의의, 부친 홍호가 시초를 얻게 된 과정, 시초를 소장하게 된 이유, 주희의 『주역본의周易本義』가 홀대받는 세태에 대한 비판 등이었다.

세 번째 구절의 '보근寶根'은 시초를 말하고, '장육藏六'은 거북이 위험한 상황이 되면 머리와 꼬리, 네 다리를 등껍질에 감춰 위기를 모면한다고 해서 거북을 가리킨다. 여섯 번째 구절의 '관휴영觀虧盈'은 천도天道를 살핀다는 말이다. 『주역』의 "천도는 가득 찬 것에는 덜어내고 겸손한 것에 더해 주며, 지도는 가득 찬 것을 변화하여 겸손한 데

76 洪汝河, 「靈蓍歌」, 앞의 책 卷2; 『韓國文集叢刊』 124, 335면.

77 洪汝河, 「靈蓍歌」, 앞의 책 卷2; 『韓國文集叢刊』 124, 335면. "東國無蓍, 退陶老先生, 愚伏先生, 揲蓍皆用蒿, 或以竹代之. 崇禎壬申, 先大夫奉使皇京, 行聖公孔胤植, 贈蓍草五十一莖, 副以孔子廟前樹手植檜圖及八分書碑文. 先大夫甚珍之, 俾宗家世守. 蓍藏於篋中, 亡其一, 余自是出入相隨. 昔年携到高山, 今又致之鏡城, 感歎有作. 余嘗恨東入全廢本義, 因及之."

로 보내준다."[78]는 말에서 유래하였다. '사성四聖'은 복희씨 · 문왕 · 주공 · 공자를 가리키고, '고정考亭'은 송대 성리학을 집대성한 주희의 별호이며, '신경神京'은 명의 수도 연경을 말한다. '노국선생魯國先生'은 부친에게 시초를 선물해 준 공자의 직계 후손 공윤식孔胤植을 말하고 있다. '개초경蓋初傾'은 서로 만나 일산日傘을 기울이며 서로 인사를 나누는 것을 말하며, 『공자가어孔子家語』의 "공자께서 담郯 땅에 가다가 길에서 정자程子를 만나 일산을 기울이고 종일 이야기한 뒤에 매우 친하였다."[79]는 말에서 유래하였다. '주전단송정朱傳但誦程'은 『주역』의 주희 주註를 『주역본의』라 하고, 정이程頤의 주註를 『정전程傳』이라고 해서 나온 말이다.

1632년에 부친 홍호가 봉사奉使로 명에 갔을 때, 연성공衍聖公 공윤식孔胤植이 시초蓍草 51줄기와 공자가 사당 앞에 손수 심은 회나무 그림과 팔분八分 예서隷書 비문을 함께 주었다. 선친께서 시초를 매우 보배롭게 여겨 종가에 대대로 잘 지키게 하여 상자 속에 따로 잘 보관하였다. 하지만 그중 하나를 잃어버린 후로 목재는 어디를 가든 항상 가지고 다니며 선친의 유품을 지켰다. 시초를 추억하기 위해 시를 짓고, 아울러 『주역』에서 말하는 주자의 본의를 우리나라 사람들이 완전히 잃어버린 것을 한스러워하는 마음까지도 함께 담았다. 이와같이 시초와 연결된 많은 사건을 이야기하는 데 오언이나 칠언의 정형시로는 이 많은 내용을 담아낼 수가 없었으므로 이러한 32구의 장편시를 지은 것이다.

78 『周易』, 「謙卦」, "天道虧盈而益謙, 地道變盈而流謙."
79 『孔子家語』, 「致思」, "孔子之郯, 遭程子於途, 傾蓋而語終日, 甚相親."

金烏淑氣鬱盤紆　금오산 맑은 기운 빽빽이 감돌아
挺出忠賢幾丈夫　빼어난 충신 현신 몇 분이나 났던가.
亭毒之餘或鍾物　길러내고 남은 기운 혹 미물에 모여
如今復見義牛圖　지금처럼 다시 의로운 소 그림 보네.
牛兮牝牛耕深谷　소여 암소가 깊은 골짜기에서 밭 갈다
虎來騰人牛奮搏　호랑이가 주인 덮치자 성내며 싸웠네.
攫噬抵觸勢相當　잡고 물고 부딪치는 기세가 비슷하여
林壑風雲慘回薄　산골짜기 상황이 갈수록 더 처참하더니
須臾虎倒決雄雌　이윽고 호랑이 거꾸러져 승패가 나서
日暮人牽觳觫歸　저물어 주인이 겁에 질린 소를 몰고 왔네.
主人病斃牛憤叫　주인 병들어 죽자 소도 성내 울부짖다
不茹而死如有知　여물 먹지 않고 죽어 마치 앎이 있는 듯.
有知詎啻馬識主　앎이 있어 주인 알아봄이 어찌 말 뿐이랴
此事聞來絶前古　지금껏 들어봐도 이런 일 전에 없었네.
男兒臨死重捐軀　남아가 죽음 앞에서 몸 바침이 중하건만
幾多賊虜遺君父　적에게 잡혀 군부를 저버린 이 얼마나 많은가.
李君好古感慨多　이군은 옛것 좋아하고 느낀 바가 많아서
手携玆圖求我歌　이 그림 들고 와서 나에게 노래 구했네.
木齋臥疾才更薄　나는 병들고 재주는 더욱 보잘것없으니
牛兮牛兮柰圖何　소여 소여! 이 그림 어찌할까나.[80]

「의우도가義牛圖歌」의 경우 주인을 대신하여 호랑이와 싸우고 주인이 죽자 따라 죽은 의우義牛를 그린 그림에 대한 노래로 7언 20구의 고시이다. 제1~4구는 의우도가 유래한 곳, 제5~10구는 호랑이에게 주인이 공격당하는 것을 보고 의우가 맞서 싸워 이겨 집으로 돌아온 상

80 洪汝河, 「義牛圖歌 乙巳」, 앞의 책 卷2; 『韓國文集叢刊』 124, 353면.

황을 묘사하고 있다. 제11~16구는 주인이 병들어 죽자 따라 죽은 과정을 표현하고 있다. 마지막으로 의우를 통해 적에게 잡혀 임금과 아비를 배반했던 인간을 비난하는 내용으로 구성되어 있다.

「의우도」는 17세기 경북 선산부에 있었던 의우에 대한 그림이다. 조찬한趙纘韓이 쓴 서문에 따르면, 선산善山 문수점文殊店에 사는 김기년金起年이란 사람이 기르는 암소 한 마리가 그의 주인에게 대들던 사나운 호랑이를 물리쳤다. 주인이 호랑이에 물린 상처 때문에 20일 만에 죽자, 소도 아무것도 먹지 않고 3일간 허둥대다가 끝내 죽었다고 한다. 「의우도」에는 이를 '호박기년虎搏起年', '인병우역人病牛役', '인망우폐人亡牛斃', '의우가義牛塚'의 4개의 장면으로 묘사하고 있다.

목재가 「의우도가」를 짓게 되기까지의 내력은 이러하다. 1630년 김기년과 의우에 대한 이야기를 최현崔晛으로부터 들은 선산부사 조찬한趙纘韓이 무덤 옆에 비를 세우고 의우총義牛塚이라 하고, 화공에게 그 일을 그려 「의우도」라 하였다. 또한 자신이 그 일을 직접 기록하여 「의우전義牛傳」이라 하였다. 이복李馥이 「의우도」와 「의우전」을 출간할 때, 김응조金應祖가 발문을 짓고, 이어서 목재가 「의우도가」를 작성하게 된 것이다.

목재는 의우를 간접적으로 접한 것이지만 기록을 세밀히 관찰하고 의우를 생동감 있게 형상화하고 있다. 특히 '남아가 죽음 앞에서 몸 바침이 중하건만, 적에게 잡혀 군부를 저버린 이 얼마나 많은가.'와 같이 다소 격정적이고 과도한 감정을 드러내고 있다. 마지막으로 소재를 통해 현실 사회를 비판하는 시선을 표출하고 있다. 사람으로서 지켜야 할 의리의 상실감을 표현을 위해서는 정격의 한시로는 풀어내기 어려운 점이 있어 장편시를 선택하였다. 아래 시도 관직에 있을 때 좌천된 당시의 힘든 심회를 적은 시이다.

다음은 목재의 시 중에는 시의 장편화 경향이 한 주제를 두고 여러 편을 이어 쓰는 연작시의 창작 비중이 매우 크다는 것이다. 전체 258제 중에 연작시는 37제 밖에 되지 않지만, 작품 수는 390수의 1/3을 차지하는 132수나 된다. 최장 연작시는 5언절구 31수(1)이며, 7언절구 11수(1) 5언절구 8수(3), 7언절구 8수(2), 7언율시 7수(1), 5언절구 6수(1) 5언율시5수(1) 등으로 수록되어 있다. 특히 8수의 연작시로 표출되는 작품이 「천군天君 8수首」·「냉천冷泉 8영詠」·「졸재拙齋 8수首」·「의고擬古 8수首」·「죽파헌竹坡軒 8영詠」·「가암可庵8경景」 등이 있다. 8수 연작시는 송적宋迪의 소상팔경도瀟湘八景圖에서 유래한 팔경시의 영향도 있을 것으로 보인다.[81] 그리고 목재가 정세규鄭世規를 위해 지은 만시의 마지막 구절에서 '흰머리에 시름겨워 팔애시 읊조리네.'[82]라고 한 말이 그가 8수의 연작시를 즐겨 지은 것과 관련 있다고 보인다. 그중에 「냉천冷泉 8영詠」을 살펴보자.

餘杭泉在較何如　여항의 샘을 냉천에 견주면 어떠할까
我欲於茲置屋廬　나는 이곳에다 집을 짓고 싶어라.
倘得此間淹百日　혹 이 곳에서 백일을 머물 수 있다면
勝他二十考中書　저 이십사고의 중서령보다 나으리.
冷泉亭 냉천정

81 안장리, 「韓國八景詩 硏究 : 淵源과 展開를 중심으로」, 韓國精神文化硏究院 박사논문, 1996.

82 洪汝河, 「輓鄭判書 世規」, 앞의 책 卷2, 『韓國文集叢刊』 124, 354면, "南紀幾年歸棹阻, 白頭愁絶八哀篇"

金華羊叱幾千齡　금화산에서 양 치던 일 몇 천 년 되었던가
醜石應須變幻成　괴석이 부름에 응하여 양으로 변했다네
忽見牧童山外過　홀연 산 밖을 지나는 목동을 보고서도
世人無復識初平　세상에 초평을 아는 사람 다시 없네.
山羊壁 산양벽

日落江空暮靄横　해 저문 빈 강에 저녁 안개 자욱하고
更憐寒月靜中生　찬 달이 고요히 떠올라 더욱 어여뻐라.
東岑玉立三千仞　동쪽 봉우리는 삼천 길 옥처럼 서서
留得淸輝夜夜明　맑은 달빛 잡아놓아 밤마다 밝네.
月留峯 월류봉

碧山雲盡鶴飛時　푸른 산에 구름 다 걷히고 학이 날 대
踏罷寒松尙有枝　찬 솔 다 밟고도 아직 남은 가지 있네.
紫府眞君傳玉字　자부의 신선이 아름다운 글 전하고
海波淸淺得歸遲　물결이 맑고 얕아 천천히 돌아가네.
靑鶴窟 청학굴

春波澹蕩玉虹淵　봄 물결 출렁대는 무지개 연못
石上花飛鏡裏天　돌 위 꽃잎은 거울 같은 수면에 날리네.
醉倚高臺轟鐵笛　취해 높은 대에 기대자 철적 소리 울려
一聲驚破毒龍眠　한 소리에 잠자던 독룡이 놀라 깨어날 듯.
龍淵洞 용연동

靑蓮仙尉揖遺蹤　청련 태수 남긴 자취 찾아보니
別洞風流亦可宗　별동의 풍류도 종주로 삼을 만하네.
看取山枝花欲放　산 나뭇가지에 꽃이 피려 하니

陽春先到使君峯 봄볕이 사군봉에 먼저 온 줄 알겠네.
使君峯 사군봉

茶罷山樓入定禪 차 마시고 산 누각에서 선정에 드니
花明南嶽映前川 꽃이 핀 남악이 앞 냇물에 비치네.
却疑龍女擎紅獻 용녀가 붉은 꽃을 받쳐 올리나 했더니
香雨霏霏落梵筵 향기로운 비가 부슬부슬 범연에 떨어지네.
花獻嶽 화헌악

苔滑雲深石路低 이끼 매끄럽고 구름 깊은 돌길 아래
法遵菴在月峯西 법준암이 월류봉 서쪽에 자리하네.
洞門十里春波闊 십 리 길 골짜기에 봄 물결 넓으니
滿地落花山鳥啼 땅에 가득 꽃이 지고 산새 지저귀네.
法遵菴 법준암[83]

이 시는 목재가 1660년(효종10)에 충청도 황간에 유배가 있으면서 주변의 경관을 읊은 연작시이다. 「냉천 팔영」은[84] 충청북도 영동군 황간면 원촌리에 있는 월류봉을 중심으로 그 주위의 뛰어난 여덟 곳을 말한다.

제1수의 '여항餘杭'은 중국의 지둔이 은거하던 곳과 냉천을 비유하고 있다. '여항'은 중국 진晉나라 진류陳留 사람 지둔支遁이 은거하며 도를 닦았던 여항산餘杭山을 말한다. '이십사고의 중서령'은 곽자의郭

83 洪汝河, 「冷泉八詠」, 앞의 책 권1, 『韓國文集叢刊』 124, 340면.

84 『신증동국여지승람』 제16권 충청도 黃澗縣 불우조에 '深妙寺 八景'이라 기록되어 있는 곳이 바로 이곳으로 使君峯, 月留峯, 山羊壁(羊山巖), 龍淵洞, 冷泉亭, 花獻嶽, 靑鶴窟, 法尊巖 등이다.

子儀를 가리킨다. 곽자의는 오래도록 중서령으로 재직하면서 관리들의 성적을 고과한 것이 24번에 이르렀던 데서 유래하였다. 그는 부귀공명을 누렸고 자손이 번성하였다고 한다.

제2수의 '초평初平'은 황초평黃初平을 말한다. 황초평은 단계丹溪 사람으로 열다섯 살에 양을 치다가 도사를 따라 금화산金華山 석실로 가서 수도하였다. 그 후 40년 만에 그 형 초기初起가 수소문 끝에 그를 찾아가 만났더니 양은 보이지 않고 흰 돌들만 있었다. 초평이 양들은 일어나라고 소리치자, 흰 돌들이 모두 수만 마리의 양으로 변했다.

제3수의 '자부紫府'는 도교에서 신선이 사는 곳을 이르는 말이다. 제6수의 '청련태수靑蓮太守'는 이후백李後白을 가리킨다. 이후백의 호가 청련거사靑蓮居士이다. '윤별동尹別洞'는 윤상尹祥으로, 별동別洞은 그의 호이다. 황간태수黃澗太守로 있을 때를 기록한 것이다.

목재는 처음 겪는 유배로 인해 오는 상실감 때문에 두척 힘들었을 것이다. 그래서 유배를 잊기 위해 술로 보내는 날이 많았다. 그런 중에 유배지에 있는 황간의 유명한 곳을 찾게 되었다. 과거 관직 초기에 좌천되어 지방관으로 갈 때 금강산 유람의 기회를 얻어 당시의 힘든 시절을 이겨내는 데 중요한 기회를 가질 수 있었던 적이 있었다. 이곳 역시 힘든 유배의 심경을 달래주는 좋은 기회였을 것이다.

냉천을 둘러본 풍광은 그 어떤 것보다 그의 마음을 위로하기 충분했다. 그때 본 좋은 풍경을 하나하나 개별 제목을 두고 시를 짓는 것보다는 하나의 큰 제목을 두고 소제목으로 나눠 읊는 것이 목재가 그때의 감회를 기억하고 정리하기에 훨씬 쉬웠을 것이다. 또한, 유배라는 외부의 자극에 흔들리지 않기란 쉽지 않았을 것이다. 그곳의 풍광을 팔영시에 담아 힘든 상황을 이겨내고자 한 것이다.

이외의 연작시는 「독사서집주법讀四書集註法 시김경겸최여안示金景謙崔汝安 기중基重 십일절十一絶」·「우음偶吟 6수六首」·「감회삼십일절感懷三十一絶」·「감흥感興 5수五首」·「팔월사일대우4수八月四日大雨四首」 등이 있다. 아래 시는 「팔월사일대우4수八月四日大雨四首」로 낙향한 뒤 지은 것으로 보인다.

雨應蕤賓律　비는 오월에 내려야 마땅하지
浸淫八月凶　팔월의 큰 비는 재앙이라네.
共愁天欲漏　모두들 하늘이 샐까 근심하고
更訝地成濃　다시 땅에 가득 찰까 의심하네.
波轉紅芒稻　물결에 붉게 익은 벼 이삭 휩쓸리고
山摧白甲松　산에는 흰 소나무가 꺾였네.
鳴泉衝沼過　철철 흐르는 물이 연못을 치고 지나가
折盡翠芙蓉　푸른 연꽃을 모두 꺾어버렸네.

伏枕青山暗　엎드려 누운 청산은 어둡고
橫秋雨脚高　가을에 비낀 빗줄기 높구나.
池開金鯽遯　연못 열리자 금붕어 달아나버리고
雲重玉蟾韜　겹겹 구름 속에 달이 숨어버리네.
怕濕愁侵骨　습기를 겁내니 근심이 뼈에 사무치고
憂時凜豎毛　시절을 근심하니 두려움에 털이 곤두서네.
木綿花落盡　목화꽃 벌써 다 떨어졌으니
誰復念綈袍　누가 다시 솜옷 보낼 생각해줄까.

野稼秋濤捲　들판 농사는 가을 물결이 걷어가고
孤村暮靄生　외로운 마을에는 저녁 안개 이는구나.

斗杓纔挿酉　북두칠성 자루 막 유성에 이르러
囊匱正呼庚　뱃속 창자가 바로 아우성을 치네.
隔浦黃牛語　포구 건너편엔 황소가 울고
歸林白鳥明　숲으로 돌아가는 흰 새들 선명하네.
向來漂刈麥　저번엔 보리 베어 물에 떠내려 보내고
今復誤西成　이번엔 다시 가을걷이 그르쳤네.

淹臥漳濱客　장수 물가에 병들어 누운 나그네
秋霖灑病顏　가을장마에 병든 얼굴 씻어낸다.
波添龍首岸　물결은 용수산 벼랑에 더하고
雲潑鹿音山　구름은 녹음산에 활발하구나.
津舸侵溪纜　시냇가에 나루 터 배는 닻줄 매고
巖扉傍竹關　대나무 곁에 바위 문은 닫혔네.
向來憂國鬢　지난날 나라 걱정하던 귀밑머리
不是惱詩斑　시 짓느라 고심해서 쉰 것이 아니라네.[85]

위의 작품은 계속되는 비 때문에 어려움을 겪는 백성을 걱정하면서 지은 작품으로 모두 4수이다. 전체적으로 보면, 제1수는 비가 재앙이 되어 내리는 광경을 묘사하고 제2수에서는 비 때문에 미래에 생길 문제를 밝히고 있다. 제3수는 비 피해를 입은 당시의 참혹한 상황을, 제4수는 비 피해를 조금이라도 줄이기 위해 분주한 일상을 밝히고 있다. 비 내리는 광경을 거시적인 시각에서 미시적 시각으로 변화하고 있다. 목재는 이러한 자연재해가 어쩔 수 없는 일이지만 아무것도 할 수 없는 현실을 겪으면서 힘든 심정이었을 것이다. 이와 같은 참혹한 상

85 洪汝河, 「八月四日大雨四首」, 앞의 책 권2, 『韓國文集叢刊』 124, 351면.

황을 율시의 형식으로 남기기에는 부족한 부분이 있었을 것이다.

전고를 살펴보면 '제포綈袍'는 명주로 만든 두터운 솜옷인데 제포의 은혜란 전국시대 위나라의 수가須賈가 그의 옛 친구 범휴范雎가 추위에 떠는 것을 보고 제포를 주었던 고사를 가리킨다. '장빈'은 병에 걸려 신음한다는 뜻이다. 건안 칠자의 한 사람인 삼국 시대 위나라 유정劉楨이 조비에게 빨리 찾아와 주기를 간청하면서 보낸 시의 내용 중에 "내가 고질병에 심하게 걸려서, 맑은 장수가에 숨어 산다."라는 구절에서 유래하였다.

이상과 같이 목재는 장편을 활용하여 시를 창작하는 빈도가 높았다. 다양한 소재들을 활용하여 시를 짓되 모두 유기적으로 연결되어 있고, 자신의 생각을 효과적으로 잘 나타내기 위해 문단을 잘 나누어 놓은 글을 읽는 느낌이다. 이는 자신이 표현하고자 하는 시상을 가장 효과적으로 전달하기 위함이었다. 그러기 위해서는 한 편의 시의 분량이 길어질 수밖에 없다. 거기에 단순히 기록과 감회를 남기는 것에만 그치는 것이 아니라 다양한 시각에서 논리적이면서 시대를 비판하는 의식을 표출하고 있었다. 결과적으로 목재는 역사학자, 산문작가로서의 산문적인 기세에 의지하여 한시에 활용하고 있었음을 알 수 있다.

제5장

결론 : 상주 한문학의 이해를 위하여

지금까지 17세기 중후반 상주지역의 사족 중 한 사람인 목재의 한시를 연구하는 데 있어 그의 삶의 공간에 맞춰 시들을 분류해 사족으로서의 성장을 살펴보았다. 논의했던 결과를 정리한 후, 향후의 과제를 제시하는 것으로 결론을 삼고자 한다.

목재의 한시 고찰은 생애의 중요한 국면, 즉 공간인 재호의 창작시기와 작품을 연계하여 고찰하였다. 20대 '계곡谿谷'의 시기인 수학기修學期, 30대 '목재木齋'의 시기인 사환기仕宦期, 40대 '산택재山澤齋'의 시기인 낙향 후 활동기, 50대 '존성재尊性齋'의 시기인 한적기閑寂期 등 4절로 나누었다. 이상의 논의를 정리하면 다음과 같다.

제3장의 1절, '계곡谿谷의 시기: 지식인으로서의 성장과 세태비판'에서는 지식인으로 성장에 기인한 독서에 내용, 서적, 학문적인 신념 등을 살펴보았다. 목재는 독서에 있어서 경서뿐만 아니라 역사서를 비롯해 양명학 등의 서책까지 그 범위가 상당히 높았다. 양명학을 이단으로 간주하였으며, 주희의 주석이 있는 『사서집주』에 대해 독서의 중요성을 밝히고 학문을 하여 진리를 탐구하는데 필요한 기본서임을 강조했다. 또한, 육경六經과 사서四書를 비롯한 성리학 관련 서적을

올바르게 읽는 방법을 제시하고 있었다.

둘째, '세태비판과 지식인으로서의 자세'에서는 1645년(인조23) 국내외의 참혹한 상황을 보여 준 시 108운216운 장편시 「술회」를 살펴보았다. 당시 전염병, 기후변화 등으로 백성들은 의식주 기본생활조차 영위하기에 힘든 상황이었다. 더구나 조정에서는 고관들이 약탈과 향락에 빠져 있으며, 소인이 득세하여 인재의 등용이 어려운 현실이었다. 대외적으로는 명・청 교체라는 믿기 힘든 국제정세를 겪으면서 목재는 이러한 혼란의 시대를 어떻게 살 것인가 끊임없이 고민하고 자신의 역할을 찾아가고 있었다. 「술회」는 정치・사회적 관점, 철학적 관점 등 다양한 시각을 통해서 문제를 진단하고자 하는 목재의 모습이 담겨 있으며, 거시적으로 시대를 바라보고자 하는 지식인의 정신이 녹아 있다고 할 수 있다.

2절, '목재木齋의 시기: 환로의 참여과 검속의 의지 표출'에서는 첫째, 목재가 사환 시기 중앙의 동료들에게 증정贈呈한 시를 살펴보았다. 목재가 입사한 효종 대는 인조 대까지 지속된 서인 정권이 그대로 이어지고, 남인계의 인사들은 서인과의 대립이 계속되는 상황 속에 대부분 외직으로 나가는 경우가 많았다. 목재 역시 관직 초기에는 순조로운 출발이었으나, 얼마 되지 않아 함경도 고산 찰방과 경성 판관 등 두 번의 좌천을 겪는다. 목재는 중앙과 멀리 떨어진 곳에 있음에도 불구하고 중앙의 동료나 지방으로 부임해 가는 동료들에게 시를 보냈다. 목재는 좌천된 힘든 상황에도 동료들과 꾸준히 연락을 주고받으며 정국의 변화를 주시하고 있었다. 이는 17세기 중반 영남의 사족들이 정치적인 침체를 겪는 상황에서 동료들과 꾸준히 관계를 맺으며 일정한 역할을 찾고자 하였다.

둘째, 두 번의 좌천과 유배라는 좌절을 경험하면서 지은 작품을 살펴보았다. 목재는 가문의 기대를 한 몸에 받으며, 치세의 포부를 가지고 관직에 들어섰지만 쉽지 않았다. 좌천 초기에는 그로 인한 울적하고 답답한 심정을 토로하고 있었다. 그러나 더 힘든 유배의 상황에서는 현실적인 방안을 생각하는 냉철함과 자신의 검속하려는 의지를 읽을 수 있었다. 시에는 평소 흠모하던 인물인 퇴계의 행적을 좇기도 하고, 유사한 처지에 있던 소식의 일을 자신과 동일시하기도 하는 등 역사 속 인물을 통해 자신을 위로하는 동시에 삶의 태도를 닮고자 하였다.

3절, '산택재山澤齋의 시기: 고향으로의 회귀와 사람에 대한 관심'에서는 첫째, 목재는 사람과의 관계를 통해 읊은 시들이 많았다. 관계 맺음에는 여러 가지 방법이 있겠지만, 목재의 경우에는 자신의 교유에 특정한 매개체를 이용해 모임을 갖고 개인의 진솔한 감정을 공유함은 물론 함께 하는 즐거움을 표출하고 있었다. 목재는 관계 맺음에서 다양한 계층과 인물들이 있었지만, 그 가운데 여러 사람이 함께하는 모임을 주도하고 그것을 한시를 통해 적극적으로 드러내고 있었다. 특히 중앙에서 멀어진 상황이 결과적으로 지역의 사족들과 교유는 더욱 확대되는 계기가 되었다. 이와 같은 교유는 그가 낙향 후 사족들과의 관계를 회복하거나 그들을 결집하는 데 많은 영향력을 가질 수 있었다.

둘째, 목재가 고향으로 돌아와 지역 내의 활동 중에 서당과 서원에서의 활동을 살펴보았다. 목재는 17세기 이후부터 서원이 강학 기능이 쇠락해지는 것을 보고 서원 본래의 기능을 회복하고자 했다. 이를 위해 상주를 대표하는 도남서원, 예천의 삼강서원, 부친이 강학하던 노계서당, 영남의 서원의 표상이 되는 도산서원, 근암서원의 전신인 향현사 등을 찾아 활동했다. 근암서원에는 선조인 홍언충을 제향하는 일을 간접적으로 추진하기도 했다. 또한 도산서원을 찾아 주공-공자를 이은 인물이 퇴계임을 밝히고 유학의 적통임을 드러냈다. 이는 퇴계학파에 자신을 위치 짓고 학파적 전승을 자임하고 있었음을 알 수 있었다.

4절, '존성재尊性齋의 시기: 전원에서의 한적閑寂과 안분安分'에서는 첫째, 전원에서의 일상을 읊은 시를 살펴보았다. 목재는 어려서부터 서울과 상주를 오가며 생활하였고, 사환 시기에는 좌천, 유배를 경험하면서 먼 타지에서 보내는 날이 많았다. 고향이라고 하더라도 지역 내에서 자신의 역할을 찾기란 쉽지 않았을 것이다. 목재는 고향으로 돌아온 초기에는 이곳의 생활에 적응할 시간이 필요했으며, 더구나 지역에서 자신의 입지를 다지기 위해서는 다양한 사회활동에 참석하는 것이 필요했을 것이다. 많은 일을 처리하고 난 여가에 전원에서의 일상은 어느 때보다 귀한 시간이었다. 그는 자신에게 오롯이 집중할 수 있는 시간을 얻고 한가롭고 편안한 전원의 일상을 놓치지 않았다.

둘째, 목재가 만년이 되어 지은 시를 살펴보았다. 이 시기 목재는 자신의 삶을 회고하며 못다 이룬 학문적 성취를 아쉬워하기도 하고 오랜 삶의 경륜을 통해 그러한 아쉬움에 대해 초탈하는 모습을 보이기도 했다. 그는 일상과 미물을 소재로 삼아 사소하고 우연한 현상에서도 깊은 인생의 진리를 찾아내고 있었다. 이를 통해 노년기 삶에 대한 관조적 자세와 안분의 정서를 보여주고 있었다. 마지막으로 공자, 안회와 같은 성현의 삶을 동경하는데, 후대에 자신의 이러한 모습으로 남고자 하는 의식이 잘 드러나 있었다.

제4장은 '시세계의 특징적 국면과 의미'에서는 첫째, 성장 과정에 영향을 받았던 가문의 전통, 지역의 학맥적 영향뿐만 아니라 방대한 독서량으로 인해 도학적인 사유가 내면화되어 있으며, 실천적인 수양을 추구하고 있는 점이 특징이다. 목재의 도학적 사유는 수양을 추구하는 의식이나 목표로 삼고 있는 높은 경지에 대한 시적 묘사와 같이, 관념적인 정신세계의 시적인 표출에서만 그치는 것이 아니었다. 실질적으로 수양을 추구하는 사람이 마음에 두고 따라가야 할 교육적이고 실천적인 지침서의 기능까지도 동시에 수행하고 있었다.

다시 말해 그의 시는 도학적 사유를 책 속의 글로만 남는 것이 아니라 일상 속에 실천을 강조하고 있다는 점이다. 특히 자연스럽게 선현先賢들의 삶과 행적을 동경하고 성현의 추숭에 이르게 된다. 유학의 근거지라 할 수 있는 영남, 즉 상주의 유풍을 되살리고자 하였던 염원이 반영되어 있으며, 유학자로서의 강렬한 정체성과 사명의식을 드러내고 있는 것이 특징이다.

둘째, 산수를 통해 마음을 치유하려는 점이 특징이다. 목재는 치세에 대한 부푼 꿈을 안고 관직에 나갔으나 얼마 되지 않아 좌천이라는 시련을 겪게 된다. 이때 다행히 금강산 유람의 기회를 얻었고 그의 마음을 추스르기에 좋은 기회였다. 당시의 상황을 그려내는 시작詩作행위는 위안과 마음의 균형을 찾는 의지의 과정으로 그에게 직면한 상황을 벗어나고 극복하기 위한 자리로 작용하고 있었다.

거기에 유배라는 엄청난 시련을 겪고 고향으로 돌아왔으나 쉽게 마음을 잡지 못했다. 이 시기에 지역의 명산인 청량산을 유람하고 있었다. 다시 말해 그는 타의에 의해 국가적 위기 및 정계로부터의 소외를 경험할 수밖에 없었다. 이러한 현실의 질곡으로 인해 생긴 정신적 외상과 내면의 고통을 스스로 치유하고자 하는 면은 그가 남긴 한시에서 뚜렷하게 감지되는 특징이다.

셋째, 목재는 지역의 탁행으로 알려진 인물에 주목하여 공론화하고자 하는 것이 특징이다. 목재가 활동하던 당시는 17세기 혼란한 대내외 정세 속에 세속이 쇠퇴하여 교화가 날로 해이해져서 향촌 사회의 질서를 유지하기 위해서 백성들에게 충과 효, 의義와 열烈에 대한 가르침이 절실했던 시대였다. 목재 역시 효·충·절 등의 유교적 덕목을 중시하며 그러한 생각을 사회에 구현하고자 하는 활동에 적극적이었다. 이는 지역 사족 간의 결속력을 높이기도 하고 사족으로서의 정체성을 지키는 데 중요한 활동이었다.

넷째, 목재는 장편을 활용하여 시를 창작하는 빈도가 높았다. 다양한 소재들을 활용하여 시를 짓되 모두 유기적으로 연결되어 있고, 자신의 생각을 효과적으로 잘 나타내기 위해 문단을 잘 나누어 놓은 글을 읽는 느낌이다. 이는 자신이 표현하고자 하는 시상을 가장 효과적으로 전달하기 위함이었다. 그러기 위해서는 한 편의 시의 분량이 길어질 수밖에 없다. 거기에 단순히 기록과 감회를 남기는 것에만 그치는 것이 아니라 다양한 시각에서 논리적이면서 시대를 비판하는 의식을 표출하고 있었다. 이것은 목재가 역사학자, 산문작가로서의 산문적인 기세에 의지하여 한시에 활용하고 있었음을 알 수 있다.

결과적으로 목재의 한시에는 17세기 중후반 사족의 한 사람으로 성장 과정을 확인할 수 있었다. 사족은 사회적 지위나 계층, 학문적 계보만으로 설명하기에는 불충분하다. 그들은 과거시험을 통한 공적 지위의 확보, 문중의 위상과 지원, 지역 사족 사회와의 소통과 교유, 국내외 사회변화에 대한 인식과 대응, 자신을 절제하고 원만한 세상살

이를 위한 철학, 그리고 이 모든 것의 바탕이 되는 학문적 소양 등이 종합적으로 요구된다. 이러한 특성은 유학의 학문적 성격에 크게 관계되는데, 유교 경전에 대한 개인적 차원의 학문 탐구나 특정 학맥의 계승뿐만 아니라 가문별로 누대에 걸쳐 형성된 가학의 영향이 컸다는 의미다. 우리가 흔히 말하는 사족은 이런 과정을 거쳐 탄생한 유교 지식인이다.

목재 역시 선대로부터 이어진 인맥과 지역의 학맥으로 연결되어 학문과 문학이 형성된 것이다. 목재의 집안은 여말선초 상주에 정착한 후 5대조 홍귀달과 그의 아들 대에 이르러 상주 일대를 근거로 명문 사족으로 발돋움하였다. 5대조 홍귀달 대에서 크게 성취를 이루어 그야말로 전성기를 누렸으므로 한동안은 그 그늘에서 행세할 수 있었으나, 후대로 오면서 벼슬과는 인연이 멀어졌다. 향촌 사회에서 사족의 지위는 지속적으로 급제자를 배출하지 않으면 유지할 수 없었던 사정을 감안하면, 후손들이 느끼는 압박감은 클 수밖에 없었을 것이다. 그런데 부친 홍호 대에 이르러 가문을 전통을 잇고 목재 대에 와서 그 위치가 더욱 공고해졌다.

과거의 화려한 가문의 부흥을 위해 선조들의 명망을 이어 갈 책무 또한 지고 있었다. 특히 목재는 지역에만 있던 향촌 사족들과는 달리 중앙의 문풍을 접하게 된다. 그것은 지역사회에서 지배층으로서의 가격家格을 유지하고 그들과 교유하면서 품위 있는 가풍을 유지하기 위한 일차적 수단이기도 했으며 가문의 미래를 위한 투자이기도 했다. 이는 그가 지역에서 활동에 지대한 영향력을 지닐 수 있는 긍정적인 요인이었다.

목재는 치세治世에 대한 포부를 품고 과거 공부에 매진해 효종 대

실현할 기회를 얻었다. 이는 수학기의 학문적, 환경적 배경이 일조하였다. 출사 초기 목재가 사회현실에 관심을 가지고 경세를 통한 문제해결에 적극적 의지를 보였다. 그러나 출사 초기의 희망적 분위기는 지속되지 못했다. 정치적 기반이 약한 남인에 속하는 목재가 중앙 조정에서 활약하기에는 개인적 역량으로 극복할 수 없는 한계가 있었다. 그러나 지방관 발령에서 목재는 자신의 포부를 적극적으로 실현하고자 했다. 부정적인 상황에서 울적하고 답답함을 토로하지만, 끝내 긍정적 태도로 끝까지 자신의 역할을 다하는 자세를 보였다. 오히려 현실을 담담히 받아들이고 자신의 처지에서 할 수 있는 현실 참여의 방법을 찾아 역할을 다하고자 노력하였다.

당시 남인을 따르던 목재는 중앙에서 배척당했지만, 지역에 돌아와 지역 사족들과의 교류를 더욱 촉진시킬 수 있는 계기가 될 수 있었다. 지역 사족들과 향촌 사회 내에서 사족층의 영향력을 유지하기 위해 여러 노력을 하였다. 한편 지역 내에서는 가문별로 동족촌락을 형성하여 자체의 결속력을 강화하고 가문의 입지를 높이려 데 경주하였다. 각 사족 가문에서는 가문의 권위를 높이기 위해 조상 중 명망 있는 인물을 현창하는 서원을 세우는 데 힘을 기울였다. 목재 역시 지역 사족으로서 활동 가운데 서당과 서원의 활동과 강학에 대해 적극적으로 활동하였다.

이후 만년기 목재는 이전까지 치열하게 사회 문제에 관심을 보여왔던 것에서 변모하여 삶을 달관하고 여유를 추구한다. 목재는 늙어감을 비탄하지 않고 긍정적으로 바라보았으며 노년의 외모와 내면을 시를 통해 형상화했다. 이 시기 목재는 자신의 삶을 회고하며 못다 이룬 사회적 성취를 아쉬워하지만 오랜 삶의 경륜을 통해 그러한 아쉬움에서 초탈하는 모습을 보였다. 이와 같은 노년의 변화는 시적 소재에도 변화를 가져와 일상과 미물을 소재로 삼아 세밀하고 긍정적인 필치로 그려냈다. 이 시기에는 향촌에 묻혀 사는 사족으로서 자연을 감상하는 정서와 생활 태도 및 가치의식이 잘 드러나 있었다.

이상과 같이 목재의 삶의 과정을 정리해 볼 때, 조선 후기 흔히 사족의 성장과 그들의 삶의 과정을 짐작할 수 있었다. 물론 목재의 사례를 가지고 모든 사람에게 일반화할 수는 없을 것이다. 그런 맥락에서 다른 인물과의 상대적 비교방법도 채택하지 않음으로 인해, 사족으로서 목재를 대변할 수 있느냐 한계성을 지닌다. 이는 조선의 전 시기 역사를 가진 사족의 일생에 대해 제한된 인물에 연구를 진행하였던 당연한 귀결일 것이다. 따라서 향후 심층적인 연구가 필수적으로 수행되어 목재뿐만 아니라, 개별특징을 점진적으로 찾아내고 통합적으로 정리할 필요가 있을 것으로 판단한다.

그리고 목재 한시가 미학적 부분에는 미처 접근하지 못해 부족한 부분이 있으므로 앞으로 더 잘 정리하고 더 깊이 연구하여야 할 많은 여지가 남아 있다. 향후 목재 한시를 통해 17세기 중후반 지방 사족의 삶과 문학의 양상을 살필 수 있는 기반을 마련함으로써 이후 상주 지역한문학 연구에도 기여할 것이다. 이에 관해서도 앞으로 과제로 남기고자 한다.

제6장
부록

1. 조선시대 시화집 소재 퇴계 시 비평 연구

1) 머리말

이 글은 시화집[1] 속에 나타난 퇴계退溪 이황李滉(1501~1570)의 시에 대한 비평批評을 정리해보고 이를 통해 퇴계 시화의 특징과 비평양상을 살펴보고자 한다. 이를 위해 『한국시화전편교주韓國詩話全編校注』 중 16세기 초 권응인權應仁(1517~?)의 『송계만록松溪漫錄』을 필두로 작자 미상의 『동시기담東詩奇談』에 이르기까지 모두 43종種에서 퇴계에 대한 기록을 찾을 수 있었다.[2]

퇴계가 살던 시대는 성리학적 사상에 기반을 둔 사림파가 초석을

---

1 蔡美花・趙季가 主筆한 『韓國詩話全編校注』는 총 12권으로 『韓國詩話總編』을 기초해서 13세기 고려시대 李仁老의 『破閑集』으로부터 20세기 1960년대 李家源의 『玉溜山庄詩話』에 이르기까지 모두 136種의 시화집을 저본으로 삼았다.

2 본 연구에서는 조선 시대로 한정하여 살펴보고자 하므로 『玉溜山庄詩話』에서 퇴계의 시화가 수록되어 있었으나 연구에서 제외시켰다.

다지던 시기였다. 그들은 우주와 인생의 본질을 탐구하고 부단한 궁리窮理와 수신을 통해 성인聖人·인민化民이라는 지치至治를 구현하고자 했다. 그러므로 문학도 역시 도道와 별개의 것으로 파악될 수 없었다. 그들은 도를 구현하는데 기여하는 재도載道의 수단으로 인식하고 있었다. '문이재도文以載道'의 원칙 아래 시작詩作이 전개되었고 시작은 도학연마道學硏磨의 과정에서 수양의 방편으로 생각했다. 시는 도를 닦기 위한 방편으로 활용되었음에도 퇴계는 많은 수의 작품을 남기고 있다.[3]

퇴계 시에 관한 연구는 그의 학문적 업적과 그가 남긴 방대한 시에 비례하여 지금까지 상당한 양의 연구가 이루어졌다.[4] 필자는 이러한

3 현재까지 전하는 퇴계의 시를 보면 內集 1116首, 別集 357首, 外集 199首, 續集 346首, 遺集(陶山全書) 255首, 총 2320首이며 여기에 陶山 12曲을 포함하면 2332首이다.

4 퇴계에 대한 연구 중 한시 연구는 1968년 『퇴계집』 중에서 시를 포함해서 중요한 문을 발췌하여 역주해서 3책으로 간행한 것을 시작으로 해서 원본 작업, 작품 발굴 작업, 색인 작업, 연월일별 작품 재정리 등 기초 연구에서부터 작품 연구에서도 자연미와의 관련, 매화시, 한시 일반, 시학, 문학론과의 관련 등 분야별 연구도 다양하게 이루어졌다. 2008년 金榮淑에 의해 연구사 정리가 되었다. 2008년 이후 퇴계의 한시에 대한 연구목록은 다음과 같다. 金榮淑, 「退溪詩에 나타난 道學的 性格과 形象」, 『퇴계학논집』 5, 영남퇴계학연구원, 2009.; 이재일, 「李滉의 自然詩 硏究」, 부산대학교 박사학위논문, 2009.; 이정화, 「퇴계 이황 시에 나타난 杜詩 수용 양상」, 『韓國思想과 文化』 55, 한국사상문화학회, 2010.; 이정화, 「退溪 李滉의 敎學精神과 詩世界, 『퇴계학논집』 17, 영남퇴계학연구원, 2015.; 이정화, 「퇴계 이황의 述懷詩硏究」, 『退溪學論叢』 31, 퇴계학부산연구원, 2018.; 장도규, 「退溪詩에 나타난 思惟一考」, 『퇴계학논집』 7, 영남퇴계학연구원, 2010.; 이종묵, 「退溪와 星湖의 詩學」, 『국학연구』 23, 한국국학진흥원, 2013.; 이상하, 「退溪, 南冥의 시와 대조적인 학문성향」, 『嶺南學』 26, 경북대학교 영남문화연구원, 2014.; 장염교, 「이황 매화시의 소재 연구」, 가천대학교 석사학위논문, 2014.; 신두환, 「退溪의 시가에 나타난 "楚辭" 受容의 미의식」, 『韓國漢文學硏究』 60, 한국한문학회, 2015.; 신두환, 「퇴계의 매화시 재조명」, 『漢文學報』 37, 우리한문학회,

연구토대 위에서 연구 범위를 넓혀 시화집 속에 들어있는 퇴계 시에 대한 선인들의 평가를 종합하여 재조명한다면 새로운 방법론으로 퇴계 시 연구에 일조하고, 이러한 문인들의 평가를 통해 퇴계 시의 전체적 위상이 새롭게 정립되리라 생각했다.

따라서 퇴계의 생애나 시 작품을 다루는 것이 아니라 시화 속에 수록된 퇴계의 시에 대한 비평에 논의의 초점을 두고자 한다. 우선 관련 시화를 정리하여 시화 속에 어떠한 퇴계 시가 인용되었는지 그 목록을 도표로 제시하였다. 그리고 시화 속 퇴계 시에 대한 평가를 구체적으로 인용해서 살펴보고 이를 바탕으로 퇴계 시화의 특징을 분석해 보고자 한다.

2) 시화집에 수록된 퇴계 시 비평

전술하였듯이 논의의 진행을 위하여 비평의 기본적인 연구 자료인 시화집을 주요 텍스트로 설정하였다. 우선 필자는 저본으로 삼은 시화집의 내용을 자세히 살펴보았고, '퇴계退溪', '퇴계시退溪詩', '이황李滉', '이황시李滉詩', '퇴도退陶', '경호景浩', '문순文純' 등과 같이 퇴계를 상징하는 단어에 초점을 맞춰 정리하였다. 편의상 '〈표 1〉 퇴계 관련 시화 수록현황'과 '〈표 2〉 시화집 속 퇴계 작품 목록'으로 나누어 살펴보고자 한다. 〈표 1〉에서 전체적으로 시화집에 기록되어 있는 퇴계

2017.; 이종남, 「퇴계이황의 매화시에 관한 연구」, 영남대학교 박사학위논문, 2015.; 조유영, 「『南行錄』 소재 퇴계 기행시의 특징과 의미」, 『東方學』 32, 한서대학교 동양고전연구소, 2015.; 정석태, 「퇴계 이황의 한시작품 개고와 그 의미」, 『퇴계학논집』 19, 영남퇴계학연구원, 2016.; 오 경, 「이퇴계 「화도음주시」 20수 연구」, 건국대학교 석사학위논문, 2018.

시에 대한 비평과 시화 개별 기사 항목들의 현황을 정리하였다.

〈표 1〉 퇴계 관련 시화 수록현황

번호	시화집	작가명	總 詩話	詩話 分類		
				작품류[5]	품평류·원론류	일화류
1	松溪漫錄	權應仁(1517～?)	1則			1則
2	閑中筆錄	鄭惟一(1533～1576)	13則		1則	12則
3	月江漫筆	尹根壽(1537～1616)	4則			4則
4	聞韶漫錄	尹國馨(1543～1611)	3則			3則
5	長貧居士胡撰	尹耆獻(1548～?)	1則			1則
6	效顰雜記	高尙顔(1553～1623)	1則			1則
7	芝峯類說	李睟光(1563～1628)	4則	2則		2則
8	山中獨言	申欽(1566～1628)	2則			2則
9	晴窗軟談	申欽(1566～1628)	1則			1則
10	惺叟詩話	許筠(1569～1618)	1則			1則
11	海東雜錄	權鼈(1589～1671)	21則	12則		7則
12	畸翁漫筆	鄭弘溟(1582～1650)	4則			4則
13	壺谷詩話	南龍翼(1628～1692)	1則		1則	
14	小華詩評	洪萬宗(1643～1725)	2則	1則	1則	
15	詩評補遺	洪萬宗(1643～1725)	2則		1則	1則
16	旬五志	洪萬宗(1643～1725)	1則			1則
17	詩話叢林	洪萬宗(1643～1725)	6則(중복)	5則		1則
18	南遷日錄	宋相琦(1657～1723)	1則	1則		
19	陶谷雜著	李宜顯(1669～1745)	4則			4則
20	東國詩話彙成	洪重寅(1677～1752)	16則(중복)	10則		6則
21	筆苑散語	成涉(1718～1788)	4則(2則중복)	2則	1則	1則
22	星湖僿說詩文門	李瀷(1681～1763)	2則		2則	
23	檮湖隨錄	趙德常(1708～1784)	3則(2칙중복)	1則	1則	1則
24	別本東人詩話	趙德常(1708～1784)	2則(중복)	1則		1則
25	海東詩話	未詳	1則			1則

26	詩家諸話隨錄	未詳	2則(중복)	1則		1則
27	海東諸家詩話	未詳	1則(중복)	1則		
28	詩話抄成	金裕壽(1694～1761)	2則(1則중복)	2則		
29	海東名賢抄	未詳	2則	2則		
30	蟾泉漫筆	任廉(1779～1848)	1則(중복)		1則	
31	暘葩談苑	任廉(1779～1848)	12則(중복)	10則		2則
32	海東詩話	未詳	3則(중복)	2則		1則
33	青丘詩話拾遺稿	徐湄(1785～1850)	1則(중복)	1則		
34	海東詩話	竹聖堂主人	1則(중복)	1則		
35	玉磬觚賸記	李裕元(1814～1888)	2則			2則
36	壺山詩文評	朴文鎬(1846～1918)	1則			1則
37	海東詩話	金某氏	3則(중복)	3則		
38	青丘詩評	未詳	1則(중복)	1則		
39	東詩叢話	安宅重(1858～1929)	3則	2則	1則	
40	東詩話	河謙鎭(1870～1946)	2則(중복)		2則	
41	青邱韻鉢	未詳	1則			1則
42	東國詩話	未詳	1則(중복)	1則		
43	東詩奇談	未詳	3則(중복)	3則		

퇴계 관련 시화는 16세기 초 권응인의 『송계만록』을 필두로 다소 중복된 내용이 나타나기는 하지만 19세기 중반 작자 미상인 『동국시화東國詩話』, 『동시기담東詩奇談』 등에 이르기까지 꾸준하게 비평가들에게 주목받았다.

퇴계 시화를 시화 유형의 분류법에 기준 하여 살펴보면 퇴계 시화

5 박수천, 앞의 논문, 2003, 27～28면. (박수천은 선행연구에서 변증류, 품평류, 원론류, 일화류의 4분법을 제안하였는데 변증, 원론, 품평, 일화 중 어느 하나만의 성격을 지니지는 않는 점을 충분히 고려해서 본고는 대상의 내용을 보다 편리하게 파악하기 위한 일종의 방법론으로 활용하였다.) 본고는 박수천의 분류법에서 '변증류' 시화는 퇴계 시화에서 찾을 수 없었으므로 제외하였다. '일화류'를 세분화하여 퇴계 시에 특별한 품평이 없는 것을 '작품류'라는 명칭으로 별도로 분류했다.

수록 43종種 중에서 작품류와 일화류는 34종種에 해당 될 정도로 집중적으로 포착되었다. 이런 경우 대개 퇴계 시를 수록하고 있으나 별도의 비평을 하지 않았고, 퇴계 시에 대한 일화가 아닌 그의 업적이나 일대기에 대한 기록들과 주변 인물들과의 일화 등에 국한해서 기록하고 있다.

그리고 시화 가운데 품평류品評類와 원론류原論類에 해당되는 시화집은 『한중필록閑中筆錄』에서 가장 먼저 나타나며 이후로 『호곡시화壺谷詩話』, 『소화시평小華詩評』, 『시평보유詩評補遺』, 『필원산어筆苑散語』, 『성호사설시문문星湖僿說詩文門』, 『저허수록樗湖隨錄』, 『섬천만필蟾泉漫筆』, 『동시총화東詩叢話』, 『동시화東詩話』 등에서 수록되어 있다.

인용 빈도수로는 『지본유설芝峯類說』에서 두 편의 퇴계 시가 수록되었는데 이후 많은 문인에게 재인용되고 있다. 전체 43種에서 가장 많은 시를 수록하고 있는 시화집은 권별權鼈의 『해동잡록海東雜錄』이다. 그리고 시화집에서 퇴계 시화가 중복되는 경향이 뚜렷한데 시화를 집대성한 『시화총림詩話叢林』, 『동국시화휘성東國詩話彙成』, 『양파담원暘葩談苑』, 『저호수록樗湖隨錄』 등에서 그러한 경향이 두드러진다.

〈표 2〉는 시화 속에서 언급되거나 인용한 퇴계 작품의 목록을 정리한 것이다.

〈표 2〉 시화집 속 퇴계 작품 목록

번호	수록 작품	수록 시화집	수록 빈도수
1	述懷	芝峯類說, 詩話叢林, 東國詩話彙成, 筆苑散語, 暘葩談苑, 青丘詩話拾遺, 海東詩話(金某氏),東詩奇談(2회)	9
2	過淸平山有感	芝峯類說, 海東名賢抄, 海東詩話(金某氏)	3
3	陶山雜詠 7言 十八絶 모두 수록	海東雜錄	1
4	春日溪上	海東雜錄	1
5	而得寓精舍四絶見投今和其三	海東雜錄	1
6	退溪	海東雜錄	1
7	移草屋於溪西名曰寒棲庵	海東雜錄	1
8	林居十五詠 李玉山韻(林居四詠)	海東雜錄	1
9	三月十三日至陶山梅被寒損甚於去年窨竹亦悴次去春一律韻以見感歎之意時鄭眞寶亦有約	海東雜錄	1
10	陶山雜詠 7言 十八絶 중 節友社	海東雜錄2회, 東國詩話彙成2회, 愕湖隨錄, 別本東人詩話, 詩家諸話隨錄, 海東詩話(미상), 青丘詩話拾遺稿, 東詩話, 東國詩話	10
	陶山雜詠 7言 十八絶 중 隴雲精舍	東國詩話, 東國詩話彙成	2
	陶山雜詠 7言 十八絶 중 濯纓潭	海東雜錄, 東國詩話彙成	2
	陶山雜詠 7言 十八絶 중 月艇	海東雜錄, 東國詩話彙成	2
	陶山雜詠 7言 十八絶 중 漁村	海東雜錄, 東國詩話彙成	2
11	義州12詠 중 鴨綠天塹	筆苑散語	1
12	遊春詠野塘	星湖僿說詩文門, 海東名賢抄	2
13	汎濯纓潭	星湖僿說詩文門, 蟾泉漫筆	2
14	山居四時	海東雜錄, 東國詩話彙成	2
15	訪梅	海東雜錄, 東國詩話彙成, 東國詩話	3
16	梅花答	海東雜錄, 東國詩話彙成	2
17	赴丹山書堂	海東雜錄, 東國詩話彙成,東國詩話. 東詩奇談	4
18	題林士遂關西行錄後二首	小華詩評, 南遷日錄, 東國詩話彙成,	7

		星湖僿說詩文文, 詩話抄成, 東詩叢話, 東詩話	
19	丹陽倅過淸風	東國詩話彙成,東國詩話	2
20	記夢詩	東國詩話彙成	1
21	半夜遊仙夢自回	東國詩話彙成	1
22	義州雜題十二絶 중 山川形勝	小華詩評	1
23	錦江亭	小華詩評	1
24	次友人寄詩求和韻	小華詩評, 南遷日錄, 暘葩談苑	3
25	步自溪上踰山至書堂	暘葩談苑, 海東雜錄	2
26	寄呈圭庵宋先生	靑邱韻鉢	1

〈표 2〉를 통해 알 수 있듯이 퇴계의 개별 작품을 가장 많이 수록한 시화집은 『해동잡록海東雜錄』인데 모두 12작품을 수록하였고, 『동국시화휘성東國詩話彙成』에서는 10작품을 수록하였다. 그리고 『소화시평小華詩評』, 『동국시화東國詩話』에서 4작품, 『성호사설星湖僿說』, 『양파담원暘葩談苑』에서 3작품, 『남천일록南遷日錄』, 『지봉유설芝峯類說』, 『필원산어筆苑散語』 등에서 각각 2작품을 수록하고 있다.

시화집 속에 인용된 퇴계 시는 모두 26작품이다. 그 가운데 가장 많이 인용된 시는 퇴계가 관직에서 물러나 60세 때 지은 「도산잡영陶山雜詠」 중에 「절우사節友社」로 모두 10회에 걸쳐 인용되고 있다. 다음 「술회述懷」의 경우 총 9회, 퇴계가 성균관 동학인 임형수가 변방의 직임을 받아 나갔을 때 지어 준 「제림사수관서행록후22수題林士遂關西行錄後二首」는 총 7회 인용되고 있다. 또한 「부단산서당赴丹山書堂」은 퇴계가 단양 군수에 제수된 후에 지은 것인데 총 4회에 걸쳐 인용되어 있으며, 퇴계가 42세 강원도에 재상어사災傷御史로 갔을 때 고려조의 이자현의 삶을 새롭게 평가한 글을 지은 다음, 그것을 서문으로 붙여 지은 「과청평산유감過淸平山有感」은 총 3회 인용되고 있다.

살펴본 결과, 퇴계가 평생 2,300여 수의 작품을 남겼는데도 시화집에서는 크게 주목받지 못하고 있다. 그리고 인용된 것들도 대부분 반복적으로 수록되어 있다. 이것이 그의 시에 대한 전체적인 평가라고 단언할 수는 없으나, 조선 시대의 시인들은 대부분 두보, 이백, 도연명, 소식 등을 전범으로 시작에 몰두해서 시화집 비평가들의 눈길을 끌었던 반면 퇴계는 철저히 도학적 문학관에 입각한 작품 활동에 집중하였으니 당시 비평가들의 주목을 크게 받지 못했다고 짐작된다.

3) 퇴계 시 비평의 양상

퇴계 시화의 구체적 양상을 각각의 시화에 나타난 기록들을 가지고 앞서 정리한 〈표 1〉의 품평류와 원론류에 해당되는 시화집 10종種을 중심으로 논의를 진행하려고 한다.

퇴계 시는 다양한 측면에서 평가되고 있었고, 하나의 기사에서 두 가지 이상의 성격을 지니는 경우도 있으므로 논지 전개상 전체 시화집에서 각각의 텍스트로 구분 지어 전개할 수 없었다. 다만 본 연구의 과정에서 많은 비평가가 주자학적 문학관에 접근하여 퇴계 시를 평가하고 있으며, 자연스런 창작 주체임을 높게 평가하였다고 짐작된다.

〈표 2〉에서 보이듯이 퇴계는 철저히 시작詩作에서 주자학적 문학관을 구현하면서도 시의 효용성에 주목하였다. 퇴계와 조목趙穆(1524~1606)과의 대화 속에서 그의 생각을 읽을 수 있다. 조목이 "심행心行이 바름을 얻지 못하면 비록 문학이 있다 한들 무엇에 쓰겠습니까?"라고 묻자, "문학을 어찌 소홀히 여길 수 있겠는가? 문文을 배우는 것은 마음을 바르게 하는 것이다."[6]라고 하여 문학의 중요성을 일깨워

주고 있다. 즉 문학을 함이 마음을 바르게 하는데 효용이 있다는 것이다. 실질적으로 퇴계는 시를 말기末技'[7]라 하였지만, 시 자체를 부정하지 않았다. 시에 빠져 본말이 전도되는 것을 경계하였을 뿐, 시의 효용적 가치를 폄하하지 않았다. 이러한 퇴계의 시관詩觀이 그의 시 비평에 드러난다. 『성호사설星湖僿說』에서 「퇴계선생시退溪先生詩」라는 제목의 시화를 살펴보자.

> 퇴계는 시 짓기를 좋아하였는데 지금 문집 속에 나타난 것을 보고서 체재가 서툴다고 여기는 사람이 많다. 그 당시에 송계松溪 권응인權應仁은, "선생은 시를 애써 짓지 않았으나, 초서에는 남보다 뛰어났으니, 생각건대 그가 지으려 하지 않았을 뿐 할 수 없었던 것이 아님을 알지 못했던 것이다."라고 말하였다.[8]

이익은 퇴계의 문집 속에 시들이 체제가 서툴다고 여기는 당시 대략적 평가를 권응인의 말을 통해 퇴계의 시작 능력이 제대로 평가되지 못한 것에 불만을 드러내고 있다. 평소 퇴계가 인격 수양의 방편으로 문학을 바라보았으리라는 선입견에 의해 그의 시가 평가됨은 당연한 귀결일 수 있다. 하지만 이익은 전체 시의 개별적 성취를 무시하고 이렇게 단순히 선입견에 치우친 평가를 한다면 자칫 퇴계 시에 대한 오류적 관점을 만들 수 있다고 우려하였다.

6 權斗經, 『退溪言行錄』 卷2, "學文豈可忽哉, 學文所以正心也,"

7 李滉, 「與鄭子精」, 『退溪先生文集·內集』 卷49, "夫詩雖末技, 本於性情, 有體有格, 誠不可易而爲之."

8 李瀷, 「詩文門」, 『星湖僿說』, "退溪先生詩 "退溪喜作詩, 今見於集中者, 人多欠體裁. 當時權松溪應仁, 謂先生不爲詩, 若草差强人, 意殊不知, 其不爲也, 非不能也."

퇴계는 평소 "주자朱子는 내가 스승으로 삼고 있는 분이다. 그분은 천하 고금에 존경받는 스승이다."[9]라고 하였으니 그가 주자의 사상思想에 매료되어 주자학朱子學에 입각한 학문 수행에 치중하였음은 재론할 필요가 없다. 또한, 이익은 또 주자와 퇴계의 시적 능력을 동일시하여 『성호사설』에서 주자의 방당시를 언급하며 퇴계의 19세 때 지은 「술회」를 직접 인용하여 「주자朱子·퇴계시退溪詩」라는 글을 남겼다. 논지 전개의 편의상 주자와 퇴계의 두 작품을 인용해서 살펴보자.

【가】

半畝方塘一鑑開　조그맣고 네모난 연못이 거울처럼 열리니
天光雲影共徘徊　햇빛과 구름 그림자 그 안에 어른거리네.
問渠那得淸如許　연못이 이리도 맑은 까닭은 무엇 때문일까?
爲有源頭活水來　샘이 있어 맑은 물이 솟아 나오기 때문이라네.

【나】

露草夭夭繞水涯　이슬 젖은 고운 풀이 물가를 둘렀는데
方塘活水淨無沙　고요한 못 맑디맑아 티끌 한 점 없네.
雲飛鳥過元相管　구름 날고 새 지남이야 원래 서로 통하는 것
只怕時時燕蹴波　다만 두려워하는 것 제비 때때로 물을 찰까 함이네.[10]

---

9 李滉, 「答奇明彦」, 『退溪先生文集』 卷16, "朱子吾所師也, 亦天下古今之所宗師也."

10 李瀷, 「詩文門」, 「朱子·退溪詩」, 『星湖僿說』, "朱子方塘詩, 但以心之本體言也. 該論本末, 則靜時少而動處多. 余敢從而續之曰, …(중략)… 此以衆人功夫處言也, 退溪詩云: '露草夭夭繞水涯, 方塘活水淨無沙. 雲飛鳥過元相管, 只怕時時燕蹴波.' 波者, 指外物, 外物之至, 聖人何惡焉. 但吾之心體, 不動耳. 以物喩心 (하략)…."

【가】는 주자가 37세 때 책을 읽다가 느낌이 있어 지은 「관서유감觀書有感」으로[11] 그 가운데에 첫 번째 작품이며, 【나】는 퇴계가 18세 때 계당을 지나며 지은 시이다.

【가】에서 주자는 도덕과 학문 수행에 정진하여 마음속에서 양심良心의 싹이 항상 움트기 때문에 그 마음에 천리가 유행할 수 있다는 것을 말하였다.[12] 【나】에서 퇴계는 뒤에 이 시를 두고, "당시에는 깨우친 것이라 생각했지만, 지금 생각하면 참 우습다. 다음에 너희도 진일보한다면 반드시 오늘에 내가 지난날을 우습다고 한 것처럼 되리라."[13]라고 하여, 그 경지가 대수롭지 않다고 했지만, 그의 젊은 날에 중요한 깨우침이라 할 것이다. 퇴계가 주자를 흠모하고 자연과 융화된 그의 수양관을 그대로 본받으려 하였다고 할 수 있다.

이익은 퇴계 시를 언급하며 그가 "외물이 온다 하더라도 싫어하지 않고 스스로 외물에 흔들리지 않으려 하였다."고 주장하였다. 곧 퇴계가 철저히 주자를 수용하려는 과정에서 자신의 시심詩心을 주자와 동일시하려는 의지가 잘 드러난 부분에 대해 이익은 강한 동의를 표하고 「주자·퇴계 시」라는 별도의 항목을 두어 평가했던 것이다. 조덕상의 『저호수록樗湖隨錄』[14]에 인용된 글을 살펴보자.

11 朱熹, 「觀書有感」, 『晦庵集』 卷2, "半畝方塘一鑑開, 天光雲影共徘徊. 問渠那得淸如許, 爲有源頭活水來. 昨夜江邊春水生, 艨衝巨艦一毛輕. 向來枉費推移力, 此日中流自在行."

12 정우락, 앞의 논문, 2015, 7~10면.

13 李滉, 『退溪言行錄』 卷2, "當時以爲有得到, 今思之, 則極可笑. 此後, 若更進一步, 則必如今日之笑前日矣."

14 18세기 후반 趙德常이 찬술한 시화집이다. 조덕상(1708~1784)은 호가 '樗湖'이다. 영조 9년에 처음 벼슬하여 健元陵 參奉이 되었고 世子翊衛司 衛率을 거쳐 9번 수령직을 맡았으며 진주 목사가 되어서는 漕轉을 창설한 공로로 통정대부로

花發岩崖春寂寂　꽃들 바위언덕에 피고 봄은 고요한데
鳥鳴磵樹水潺潺　새는 냇가 나무에서 지저귀고 물은 잔잔히 흐르네.
偶從山後携童冠　우연히 산 뒤에서 동관들 데리고
閑到山前問考槃　한가로이 산 앞에 이르러 고반을 묻는다.[15]

인용된 시는 퇴계가 61세 때 이복홍李福弘, 이덕홍李德弘, 금세순琴悌筍 등과 함께 계상에서부터 걸어서 서당에 오면서 지은 시인데 조덕상은 '욕기浴沂한 기상氣像이 있다.'라고 평가하였다. 이덕홍이 "시에 기수沂水의 즐거움이 있습니다. 일상생활의 평범함을 즐기되 위아래가 같이 유행하여 제각기 즐거움을 얻는 미묘한 이치를 말하는 것이 아니겠습니까?"라고 물으니, 퇴계가 "비록 그런 뜻이 조금 있기는 하지만, 자네가 추측하여 말한 것이 너무 지나치게 고원高遠하네."라고[16] 대답하기도 했다. 그런데 퇴계는 제자의 추측이 지나치다고 말했지만, 어느 정도 자신의 정체성을 드러냈다고 생각된다. 곧 자신이 공자와 주자를 철저히 계승하려했음이 전체 시상에 충분히 반영되었던 것이다. 조덕상 역시 퇴계가 철저히 공자를 따르려고 했던 점에 주목하여 평가하였던 것이다.

퇴계는 평소 문예의 바른 정신을 강조하였는데 "유가의 의미는 스스로 분별되는 것이니 문예에 공교로운 사람은 선비가 아니며 과거에 급제함을 취하는 사람은 선비가 아니다."[17]라고 경계하였다. 문예를

승격되었다. 『임천조씨대동세보』 권1, 548면.

15 趙德常, 『㮶湖隨錄』, "退溪詩曰: '花發岩崖春寂寂, 鳥鳴磵樹水潺潺. 偶從山後携童冠, 閑到山前問考槃.' 有浴沂氣像也."

16 權斗經, 『退溪言行錄』 卷3, 類編.

17 李滉, 「論科擧之弊」, 『退溪言行錄』 卷5, "儒家意味自別, 工文藝非儒也, 取科

인위적으로 조작하려는 것은 유가의 바른 정신이 아니라는 것이다. 이러한 사실에서 어느 정도 퇴계가 창작에 임하여 인위적이지 않은 자연스러움을 추구하였다는 것을 알 수 있다. 바로 퇴계는 창작에 있어서 조작하지 않는 자연스러움을 추구하였던 것이다. 『한중필록閑中筆錄』의 인용문을 살펴보자.

> 퇴계선생께서는 시 짓기를 좋아했다. 한시를 짓는데 평소에 매우 힘을 들였다. 그의 시는 경건勁健하고 전실典實하며 화려하게 수식하지 않았기에 처음 보는 이는 무미건조한 느낌을 받지만, 차츰 보면 볼수록 더욱 좋아진다. 일찍이 선생께서 나에게 말씀하시길 "나의 시는 고담沽淡 하여 사람들이 좋아하지 않는다. 그러나 시를 짓는데, 매우 노력하므로 처음에는 비록 냉담한 듯 보이나 오래 음미하다 보면 의미가 깊어진다."라고 하셨다.[18]

정유일(1533~1576)[19]은 퇴계가 시를 정성 들여 지으며 경건勁健하고 전실典實하며 화려하게 꾸미지 않아서 무미건조한 듯하지만 오래 읽을수록 좋아진다고 평가하고 있다. 평어 가운데 '경건'은 시품의 24 시품詩品 중 하나인데 '시인의 축적된 역량에서 탄생한 웅장함'이라고 규정하고 있다.[20] '전실'의 사전적 의미는 '전아하고 수수함이다.' 곧

第非儒也."

18 鄭惟一, 『閑中筆錄』, "退溪先生喜爲詩, 平生用功甚多. 其詩勁健典實, 不衒華彩, 初看似無味, 愈看愈好. 嘗爲余言, 吾詩枯淡, 人多不喜, 然於詩用力頗深, 故初看, 雖似冷淡, 久看則不無意味."

19 자는 子中, 호는 문봉이며, 본관은 동래이다. 이황의 문인으로 理氣往復書의 중간 전달자 구실을 수행하였다. 西厓 柳成龍, 鶴峯 金誠一, 栢潭 具鳳齡 등과도 교유하였다. 특히 詩賦에 특징이 있다.

20 안대회, 앞의 논문, 2013, 237면.

꾸밈없이 문예의 법도를 잘 지킨 작품을 평가하는 말이다. 다시 말해 정통성을 지닌 경전의 규범을 준수하는 태도로 풍격風格 높은 시문을 창작하는 것을 말하는 것이다. 정유일은 전통적인 평어를 통해 퇴계시가 내면에 축적된 역량에서 드러나는 꾸미지 않는 웅장한 문체이며 문예의 법도를 지킨 풍격 높은 시라고 강조하고 있다.

퇴계는 "나의 시는 고담하여 남들이 그리 좋아하지 않는다."며 세인들의 흥미와 즐거움만 추구한 것에 반대하는 입장을 견지하였다. 제자들이 지은 시를 보고, 그는 아무리 표현이 아름답고 생각이 뛰어난 작품이라도 도덕과 학문이 함축되지 않으면 좋은 작품이 되지 못한다며 경계하였다. 도덕과 학문적 수양이 자연스럽게 시로 표현되어야 한다는 퇴계의 생각을 비평자는 공감하면서 평가하고 있다. 이익의 『성호사설』에서 「범탁영담汎濯纓潭」을 평가한 것을 살펴보자.

水月蒼蒼夜氣淸	달빛 어린 물 위는 희부옇고 밤기운 맑은데
風吹一葉泝空明	바람이 쪽배 불어 달빛 환한 강물 거슬러 오른다.
匏尊白酒飜銀酌	표주박에 담긴 백주는 은잔을 기울여 마시고
桂棹流光掣玉橫	달빛 어린 물결에 노 저어 별빛을 끌고 가노라.
采石顚狂非得意	채석강에서 광태 부렸던 건 잘한 일 아니요
落星占美最關情	낙성호에서 뱃놀이한 일이 가장 생각나누나. 모르겠네.
不知百歲通泉後	백 년 세월 통천에 흐른 뒤에
更有何人續正聲	다시 어떤 사람이 나와서 바른 소리 이을지……[21]

21 李瀷, 「詩文門」, 『星湖僿說』, "其汎濯纓潭詩云, '水月蒼蒼夜氣淸, 風吹一葉泝空明. 匏尊白酒飜銀酌, 桂棹流光掣玉橫. 采石顚狂非得意, 落星占美最關情. 不知百歲通泉後, 更有何人續正聲.' 卽無論理義眞境, 不煩繩削, 鏗鏘可誦, 輕颸度水生瀾, 羚羊掛角無痕, 置之於藝苑雌黃, 又何所歉, 近世洪司諫汝河註解, 退詩亦深好云."

이 시는 퇴계가 60세 때 낙동강에서 형의 아들 이교李㝯, 손자 이안도李安道, 제자 이덕홍李德弘과 함께 뱃놀이하는 광경을 지은 것이다. 달 밝은 밤, 낙동강에서 뱃놀이하면서 퇴계는 적벽赤壁 아래에서 뱃놀이한 동파와 채석강采石江에서 뱃놀이하던 이백, 낙성호落星湖에서 뱃놀이한 주자를 생각하였다.[22] 그중에 주자가 즐겼을 뱃놀이가 가장 생각난다고 표현하였는데 평생을 두고 주자학을 몰두한 퇴계에게는 당연한 결과이다.

부연하자면 주자가 여러 친구와 함께 자기의 고향인 복건성 무이산에 지낼 때 지었다는 시[23]의 끝에 "배 돌리니 술 다하여 세 번 크게 탄식하노니, 백년 뒤에는 누가 다시 통천으로 올 것인가?[回船罷酒三太息, 百歲誰復來通泉]"에서 '통천'이라는 말이 나온다. 그런데 퇴계 시에는 "모르겠네, 백 년 세월 통천에 흐른 뒤에, 다시 어떤 사람이 나와서 바른 소리 이을지.[不知百歲通泉後, 更有何人續正聲]"라고 하였다.

퇴계는 주자의 뱃놀이를 생각하면서 주자의 싯구를 인용하여, "주자가 세상을 떠난 뒤에 누가 주자의 시를 이어 시를 지을 사람이 있는가?"라고 안타까워한 것이다. 결국, 퇴계가 뒷날 이 도산서당에서 주자의 뒤를 이을 바른 학문을 계승하는 사람이 나오기를 고대하였음을

22 1구와 4구는 '空明'과 '流光'은 소동파의 「前赤壁賦」에 '擊空明兮泝流光' 한 데서 온 말로 밝은 달빛이 비친 강물을 형용한 것이다. 5구는 唐나라 李白이 采石江에서 뱃놀이를 하다가 술에 취해 물속의 달을 잡으려다 익사했다는 전설을 인용하였다. 6구는 朱子가 落星湖에서 뱃놀이하면서 「和彭蠡月夜泛舟落星湖」란 시를 읊었다.

23 朱熹, 「奉陪機仲宗正・景仁太史期會武夷, 而文叔・茂實二友適自昭武來, 集相與泛舟九曲, 周覽巖壑之勝, 而還機仲・景仁唱酬迭作, 謂僕亦不可以無言也. 衰病懶廢, 那復有此勉出數語以塞嘉? 不足爲外人道也」, 『朱子大全』 卷4의 긴 제목의 시를 말한다.

알 수 있다.

이 시에 대해 이익은 "의리義理의 진경은 물론이요, 먹줄과 공모共謀의 힘을 빌지 않고도 자연스러운 울림인지라 월 만함과 동시에 가벼운 바람이 물을 스쳐서 물결이 생기고 영양羚羊이 괘각掛角한 것처럼 흔적이 없으니, 저 『예원자황藝苑雌黃』에 둔 들 또 무엇이 험이 되겠는가? 근세에 와서 사간司諫 홍여하洪汝河가 퇴계의 시를 주해하였는데, 역시 대단히 좋다고 한다."라고 비평하였다. 다시 말해 이익은 퇴계가 별 힘을 들이지 않고 시도 매우 잘 지었는데, 그증에서도 「범탁영담汎濯纓潭」라는 시가 뜻도 깊지만, 전혀 힘들여 다듬은 흔적이 없어 보이는 빼어난 작품이라는 것이다. 그래서 이 작품을 중국의 명작을 논한 『예원자황』같은 책의 범주에 올려놓아도 조금도 손색이 없다고 극찬하고 있다. 18세기 영남의 문인인 성섭成涉(1718~1788)[24]의 『필원산어』를 살펴보자.

> 퇴계선생의 「의주義州 12영十二詠」은 기격氣格이 웅호雄豪하며, 음절이 장랑壯浪해서 시인들이 비슷하게 따라갈 수 없다. 당시의 시인 중에 누가 퇴계를 대적할 수 있겠는가? 시는 첫째는 기예이고, 둘째는 자연을 읊은 것이니. 조작해서 되는 것이 아니다. 선생은 시에 뜻을 두지 않았지만 천만가지 온갖 형상을 마음껏 그려냈으니 이를 바람, 구름, 달, 이슬 같은 부질없이 고운 것이나 읊은 시인과 비교하면 어떻겠는가?[25]

24 호는 僑窩이며, 18세기 영남이 배출한 유수한 문인이자 학자이다. 상주와 성주, 칠곡, 그리고 진주의 명사들과 교유하였다. 그가 남긴 저서는 『僑窩文稿』 3책, 『較窩文稿 外篇』 3책, 『筆苑散語』 3책이 있다.

25 成涉, 『筆苑散語』, "退溪先生義州十二詠氣格雄豪, 音節壯浪, 非騷人之所可得以仿佛, 當世詩人孰能敢敵? 詩者乃一技二發乎自然, 而非造作也. 先生非有意于詩, 而縱橫放曠, 千彙萬狀, 譬之于風雲月露之浮, 豔者何如也?"

성섭은 퇴계의 「의주義州 12영十二詠」[26]을 기격氣格이 웅호雄豪하며, 음절音節이 장랑壯浪하여 당세當世에 대적할 사람이 없다고 극찬하고 있다. 그리고 조작함이 없는 자연스러움에서 나오기 때문에 조작과 꾸밈에 치중한 시인들과 비교될 수 없다고 평가하였다. 성섭은 퇴계가 평소 시작에 임하여 허위나 가식, 조작 없이 자연스러움을 추구한 부분에 주목하였다.

하겸진河謙鎭의 『동시화東詩話』에서 퇴계 시 비평을 살펴보자. 아래 인용된 시는 조덕상의 『저호수록樗湖隨錄』에서도 비평이 보인다.

花發岩崖春寂寂	꽃들 바위언덕에 피고 봄은 고요한데
鳥鳴磵樹水潺潺	새는 냇가 나무에서 지저귀고 물은 잔잔히 흐른다.
偶從山後携童冠	우연히 산 뒤에서 동관들 데리고
閑到山前問考槃	한가로이 산 앞에 이르러 고반을 묻는다.[27]

하겸진은 이 작품을 "퇴계는 덕성德性이 온아溫雅하기 때문에 시 또한 온자溫藉하여 자연스럽게 이루어진 듯하다. 혼후하고 순박한 춘풍의 정취이다."라고 평가하였다. 다시 말해 비평자는 퇴계의 덕성이 온아하다고 규정하고 온아한 인격과 동등한 차원의 분위기를 갖춘 시를 제시하며 춘풍과 같은 정취가 들어있다고 이해하였다. 특히 하겸진은 '천성天成'이란 평어를 사용하였는데 자연과 합일되어 인공적인

26 퇴계가 41세 때 외교 사절들이 사용하는 마필을 점검하는 임시 직책을 띠고, 중국과의 외교관계 문서인 자문을 가지고 평양을 거쳐 의주에 도착하여 지은 40수의 연작시이다.

27 河謙鎭, 『東詩話』, "退溪德性溫雅, 故詩亦溫藉如天成. 花發巖崖春寂寂, 鳥鳴澗樹水潺潺. 偶從山後攜童冠, 閒到山前問考槃. 蓋渾渾然, 春風之意也."

것을 가미하지 않고 완성되었다는 뜻이다. 곧 시작에 힘들이지 않고 인위적인 꾸밈을 배제한 상태에서 시가 이루어지거나 자연과 하나 되어 수양하는 즐거움이 시상에 드러나야 하는데, 하겸진은 그런 퇴계의 모습을 복합적으로 평가하였다고 할 수 있다. 마지막으로 【가】는 안택중의 『동시총화東詩叢話』, 【나】는 하겸진의 『동시화東詩話』인데, 퇴계와 남명을 비교 평가한 부분을 살펴보기로 하자.

【가】 퇴계와 남명은 같은 시대에 영남의 좌도, 우도에 있으면서 유종儒宗이 되었다. 퇴계는 순수純粹하고 침정沈靜하며, 남명은 호매豪邁하고 영달英達하였다. 그래서 정한강이 두 스승에게 수학하였다. …(중략)… 시평하기를 '퇴계의 문장은 직포가 이미 필을 완성한 것 같고 남명의 문장은 직면이 아직 필을 완성하지 못한 것 같다.'[28]

【나】

㉮ 露草夭夭繞水涯　이슬 젖은 풀 고웁게 물가 두른 곳
小塘淸活淨無沙　작은 못물 맑고 싱싱하며 모래 없어라.
雲飛鳥過元相管　구름 날고 새 지나는 건 원래 있는 일
只怕時時燕蹴波　때때로 제비가 물결 찰까 그게 걱정 일세.

㉯ 病臥山齋晝夢煩　병들어 산재에 누우매 낮 꿈이 많노니
幾重雲水隔桃源　몇 겹의 구름 물에 무릉도원은 닥혔어라.
新水淨於靑玉面　새 물이 푸른 옥 빛깔보다도 더 맑은데
爲憎飛燕蹴生痕　박차서 물결 일으키는 저 제비가 밉고나.[29]

28 安宅重, 『東詩叢話』, "李退溪滉曹南冥植, 一時在嶠嶺之左右, 爲儒宗匠. 退溪純粹沈靜, 南冥豪邁英達. 是以鄭寒岡逑, 摳衣於兩師. …(중략)… 時評以爲, 退溪之文如織布已成疋, 南冥之文如織綿未成疋."

【가】는 정한강이 두 인물에 대해 평가한 부분으로 되어 있으나 실제로는 남명이 스스로 평가한 부분이다.[30] 다시 말해 퇴계는 거친 베를 거칠게나마 완성하였고 자신은 고운 비단을 짜다가 미처 완성하지 못했다는 것이다.

【나】는 하겸진이 ㉮의 퇴계와 ㉯의 남명 시를 평가한 내용인데 남명학파의 마지막 주자로 분류되는 그의 평가는 매우 중요하다. 그는 '두 선생의 심지心地가 청명淸明하고 정첩靜貼하기가 대략 서로 닮았으므로 시 또한 약속하지 않아도 이와 같이 동일하다.'라고 비평하였다. 이 부분에서 어느 정도 퇴계·남명학파를 이해하는 단서가 마련되었다고 생각한다. 어쩌면 영남 도학을 이해하기 위해 퇴계와 남명을 어떻게 바라볼 것인가에 대한 중요한 부분이 밝혀졌다고 이해된다.

4) 시화집 속 퇴계 시 비평의 특징

지금까지 우리나라의 개별 시화집들 속에서 퇴계에 관한 기사, 구체적인 개별 작품에 대한 비평의 양상을 살펴보았다. 우리나라 전체 시화집 고찰과 퇴계 시 고찰이라는 큰 주제의 상관관계를 들여다보려는 조금 색다른 접근을 시도한 것이다.

연구 과정에서 전체 퇴계의 위상을 탈피하여 개별 작가에 불과한 퇴계 시의 특징적인 국면을 찾아야 한다는 문제에 부딪혔다. 그리고

29 河謙鎭, 『東詩話』, "退溪先生詩 '露草夭夭繞水涯, 小塘淸活淨無沙. 雲飛鳥過元相管, 只怕時時燕蹴波.' 南冥先生詩 '病臥山齋晝夢煩, 幾重雲水隔桃源. 新水淨於靑玉面, 爲憎飛燕蹴生痕.' 二先生心地淸明靜貼, 大略相似. 故其詩亦不約而同如此."

30 曺植, 「行錄(金宇顒)」, 『南冥集』 卷4, "吾學古文而不能成, 退溪之文, 本是今文, 然却成熟. 譬之我織錦而未成匹, 難於世用, 渠織絹成匹而可用也."

당시의 상황들로 인해 시화집의 창작 주체들에게 퇴계 시가 그다지 주목받지 못하고 있음을 알게 되었다. 나름 자신만의 시론을 피력하고 이천 여수의 시를 남기고 있는 문인임에도 불구하고 시화의 전면에 놓일 수 없었다는 고민이 아이러니하게도 이 연구를 통해 얻은 소략한 결과이다.

시화집은 전체 시에 대한 시대별, 작가별 종합서인 동시에 개별 작품에 대한 기사를 소개하고 구체적인 평어를 적시하여 창작 주체 자신의 편집 의도를 드러내는 비평서의 의미도 동시에 가진다. 그리고 시대와 창작 주체에 따라 그 속에 내재 된 작품과 비평의 시각이 달라진다. 다시 말해 어느 시대냐에 따라 수록된 전체 시의 양과 편향성이 결정되고, 창작 주체에 따라 작품의 선별, 비평의 시각과 수준이 매우 다를 수 있다는 점을 감안해야 한다는 것이다.

그리고 조선은 당색, 처세 위치에 따라 얼마든지 시화집 전체 편집 구성의 논리가 달라질 수 있는 개연성을 내포하고 있다는 점은 간과할 수 없는 부분이다. 조선 시대와 모든 면에서 비교할 수 없이 개방적이고 자유로운 지금도 남에 대한 평가를 쉽사리 할 수 없는데 하물며 조선 시대처럼 고립되고 그에 따라 표현이 제한될 수밖에 없는 상황에서 남의 작품을 자기의 생각에 맞춰 편집하고 나아가 구체적인 비평을 가한다는 것은 때에 따라 매우 큰 위험을 감수해야 하는 일이다.

따라서 우선 시화집을 창작하는 주체는 전체 작품을 공정하게 편집, 비평할 수 있는 감식안이 절대로 요구된다. 동시에 이와 같은 위험을 감수할 수 있는 용기와 어느 정도의 자신을 보호하고 버틸 수 있는 배경 위치가 필요했을 것이다. 다소간 이상의 조건이 구비 되었더라도 당색과 당시로썬 수직적 관계인 사승으로 이어진 학맥 등은 무시할 수 없는 시화집 창작의 전제 조건이 될 수밖에 없었다.

퇴계의 경우 이상의 사항들에 많은 것이 기피될 수 있는 인물이고, 실제로 그의 작품에 대한 기사나 개별 작품에 대한 비평이 가해진 것이 극히 제한적이었다. 결국, 누구나 긍정하는 퇴계의 시에 대한 이미지는 서두에서 언급했듯이 영남 성리학의 거두로서 철저한 '재도지기載道之器', '도본문말道本文末'의 성리학적 문학관을 겸비한 인물이라는 범주에 머무를 수밖에 없었다.

따라서 시화집에서 언급되는 그와 관련된 기사나 비평들이 그의 성리학적 원론에 입각한 직접적인 이미지를 소개하는데 그칠 수밖에 없었다. 어쩌면 그럴 수밖에 없었던 것이 심성 수양의 도구로써 주변적 효용론에 머물렀다는 창작 주체들이 그의 작품을 바라보는 시각이 그 당시엔 일반화되었다고 볼 수 있다.

물론 서두에서 언급했듯이 퇴계가 그의 문집 속에 이천여 수의 방대한 시를 남기고 있어 객관적으로 무시할 수 없는 시인이라는 점은 시화집 창작 주체들에게 일정한 존재감이 분명했을 것이고 그의 작품들을 그냥 지나치기 어려웠을 것이다. 결국, 그를 성리학적 시인으로 규정하고 그러한 위상에 걸맞게 드러내려는 타협점을 찾기에 급급했을 것이다. 그리고 그가 평소 바른 유가儒家라면 문예의 공교로움을 배격하고 자연스러운 창작 주체로서 역할을 수행해야 된다고 강조하였는데 이 부분은 많은 비평가에게 퇴계의 시를 이해하는 단서로 작용하였다.

본 연구에서 필자는 우리나라 전체 시화집 속의 퇴계를 연구하면서 개별 시화집을 하나하나 들여 다 보았지만, 전체 시화집 속에서 퇴계 시에 대한 직접적인 평가가 드물었던 것은 시화집 창작 배경들에 의해 초래된 자연스런 결과로 보여진다.

5) 맺음말

이상에서 퇴계 시를 이해하기 위해서 조선 시대 시화집 소재 퇴계 시 비평 양상을 살펴보았다. 그 결과 16세기 초 권응인(1517~?)의 『송계만록』을 필두로 19세기 중반 작자 미상인 『동국시화東國詩話』, 『동시기담東詩奇談』 등에 이르기까지 꾸준하게 시화집 작가들에게 주목받고 있었는데 앞에서 논의한 것을 정리하는 것으로 결론을 삼고자 한다.

퇴계 시화들이 조선 시대 시화집에 수록된 분량은 적지 않지만, 본격적인 퇴계 시에 대한 평가는 소략했다. 그리고 17세기 이후부터는 인용된 퇴계 시화들 대부분 반복되고 있고, 또한 별도의 평가 없이 퇴계 시가 다수 인용되기도 하였다. 이러한 경향성은 여러 이유에서 파악되는데, 그 이유 중 하나는 퇴계 시의 작품성을 직접적으로 평가하지 못하고, 인물 자체의 위상 때문에 의도적으로 수록하였을 것으로 보인다. 다른 한편으로는 시를 짓는 활동에 전념하였던 전문 작가들과 분명하게 구별하려는 의도성이 반영된 결과라 할 수 있다.

퇴계가 주자를 계승한 점은 그의 시작詩作에도 자연스럽게 구현되고 있는데 그러한 주자학적 문학관이 시의 비평에도 많은 영향을 미치고 있었다. 그것은 주자학이 전래된 이후 퇴계에 와서 비로소 주자학에 입각한 문학관이 온전히 구현되기 시작했다는 것을 의미한다. 그래서 조선 시대 비평가들은 이러한 부분에 주목해서 평가하였다. 그리고 대부분의 비평가는 당·송시풍이 만연한 작품들과 심성 수양을 통해 깨달은 경지를 자연스럽게 읊조린 퇴계 시에 대해 나름의 의미를 부여하려고 하였다. 결국, 퇴계 자신이 직접 자신의 시를 '고담沽淡'하다고 평가한 부분을 그대로 계승하려 하였다고 볼 수 있다.

2. 상주尙州 경천대擎天臺와 시적 공간으로서의 의미[31]

1) 들어가며

예로부터 선조들은 아름다운 자연경관 지역을 팔경이나 구곡 등으로 명명하고 정자나 누각을 짓고 자연을 감상하면서 문화적 공간으로 활용하여왔다. 또한, 문학 활동의 장소이자, 자연을 통해 인격을 수양하는 장소로 휴식을 제공할 뿐만 아니라, 풍류 행위가 이루어져 왔고, 수려한 경관과 조화를 이루어왔다. 곧 선조들의 삶과 철학과 예술이 담겨 있는 곳이다.

경천대는 행정구역상 경상북도 상주시 사벌면 삼덕리의 낙동강 절벽에 위치하고 있다. 경천대 앞으로는 문경 서쪽에서 흘러온 낙동강이 사벌면과 중동면, 낙동면과 중동면, 낙동면과 의성군 단밀면 사이를 굽어 흐르는데, 그 중간에 사벌면 옥주봉玉柱峯, 중동면 비봉산飛鳳山, 낙동면 병풍산屛風山 같은 산과 기암절벽을 만나 부단히 동, 서로 S자의 연속형태를 이루며 아름다운 경관을 형성하고 있다.

경천대는 낙동강을 끼고 있는 유역 가운데 가장 아름다운 승경지 중 하나로, 과거 경천대 일원은 많은 시인 묵객들이 방문하여 자연의 경관을 노래하거나 시를 읊어 풍류를 즐긴 기록들이 있고, 현재는 국

31 부산대학교 한문학과 김승룡 교수, 제 1저자. 최금자 제 2저자로 작성한 글이다.

민 관광지라 불릴 만큼 많은 관광객이 여가를 즐기기 위해 방문을 하고 있는 실정이다. 경천대는 수려한 경관 이외에도 임진왜란 때의 명장 정기룡鄭起龍(1562~1622) 장군이 젊었을 때 경천대에서 수련을 쌓았다는 이야기와 병자호란으로 인해 소현세자와 봉림대군이 청나라 심양으로 봉모로 끌려갈 때, 동행한 우담雩潭 채득기蔡得沂(1605~1646)라는 인물이 은거하여 산수를 경영한 곳으로 잘 알려져 있다.

경천대와 채득기에 대한 선행 연구에는[32] 홍재휴(1959)가 발표한 우담 채득기와 봉산곡의 연구 이후 성과가 없다가 김기탁(1991), 강구율(2004)에 의해 우담 채득기의 시세계를 고찰한 바 있다. 권태을(2008)은 채득기의 『군신언지록』과 「자천동산수록」을 연구하였으며, 황위주(2008)는 낙동강 연안의 유람과 창작 공간에 대해 논의하면서 상주 낙동강 일대를 중심으로 열렸던 시회에 주목하여 경천대와 채득기를 포함하고 있다. 이외에도 낙강 선유船遊를 소재한 작품에도 경천대에 대해 일부 조명되고 있다.[33] 그런데 경천대를 소재로 창작된 한시 문

32 洪在烋, 「雩潭 蔡得沂와 鳳山曲 硏究: 丙子胡亂을 背景한 歌辭의 新資料」, 『語文學』, 韓國語文學會, 1959; 洪在烋, 「雩潭 蔡得沂와 「天臺別曲」(一名「鳳山曲」)에 對하여: 丙子胡亂을 背景한 歌辭의 新資料」, 『국어국문학』, 국어국문학회, 1960; 강구율, 「雩潭 蔡得沂의 生涯와 詩世界 硏究」, 『東漢文學』 20, 대동한문학회, 2004; 권태을, 「자천동산수록고」, 상주문화 18, 2008: 권태을, 「우담 채득기의 군신언지록고」, 상주문화연구 18, 2008; 황위주, 「낙동강 연안의 유람과 창작 공간」, 『漢文學報』 18, 우리한문학회, 2008; 박영주, 「백의 처사의 은일을 노래한 우담 채득기」, 오늘의 가사문학, 요아침, 2020; 송재연, 「가사 「天臺別曲」에 구현된 자연의 형상과 의미」, 『문학과 환경』 20, 문학과 환경학회, 2021.

조경분야 연구에 이재근, 「명승지정 평가지표 설정에 관한 연구-상주 경천대를 중심으로-」 『産業科學硏究』, 상명대학교 산업과학연구소, 2004; 이우진 · 김수진 · 심우경, 우담 채득기의 경천대 경영에 나타난 문화경관 요소의 해석, 한국전통조경학회, 한국전통조경학회지 28, 2010; 이유진, 「상주 경천대 일원의 명승지정을 위한 자연, 문화경관 해석」, 高麗大學校 大學院 국내석사논문, 2011.

학에 대한 연구는 별도로 조명되지 않고 있다. 이에 선행 연구를 적극 수용하여 경천대의 연혁을 살피고, 경천대를 소재로 창작한 한시작품을 통해 경천대의 공간 인식을 조명하고자 한다.[34]

2) 경천대: 채득기와의 만남

경천대는 일찍부터 상주의 많은 선비들이 유상하던 곳이었지만, 특별히 승경지로 이루어지거나 터를 일구지는 않았다.

> 위아래가 모두 바위로 뒤덮인 묏봉우리 하나가 우뚝 서 있으니 그 이름이 옥주봉玉柱峯이요, 마치 흙을 쌓아 놓은 듯 위가 평평하여 앉아서 노닐 수 있는 높다란 대가 있으니 그 이름이 자천대自天臺인데, 이는 모두가 그 지방 사람들이 옛날부터 불러온 이름들이다. 강의 정상적인 흐름이 산의 바위를 만나 곧장 흘러내리지 못하고 고리처럼 빙 두르면서 담수潭水가 형성되었는데, 하도 깊고 고요하여 그 깊이가 얼마나 되는지 헤아릴 길이 없다. 예로부터 전해 오는 말에 의하면, 그 물 아래에 복룡伏龍이 살기 때문에 그곳의 경치가 제 아무리 기막히게 좋아도 사람이 감히 그 근처에 터를 잡고 살지 못했다고 한다. 그리고 옛날 언젠가 큰 물이 지고 가뭄이 들었을 때 그곳에 제사를 지냈기 때문에 우雩라

33 권태을, 「낙강시회연수- 상주권 낙강동 중심으로」, 『상주문화연구』 2, 상주산업대학 상주문화연구소, 1992; 권태을, 「낙강범월시회의 사적고찰」, 『상주산업대논문집』 32, 상주산업대학, 1990; 손유진, 「『壬戌泛月錄』에 나타난 空間 認識의 樣相과 意味」, 경북대학교 대학원, 국내석사논문, 2011; 조규백, 「조선조한문학에 나타난 소동파 '적벽선유'의 재연연구 -『임술범월록』을 중심으로」, 『한국문학과예술』 38, 숭실대 한국문학과예술연구소, 2021.

34 본고의 경천대 한시는 권태을 역주, 『역주 낙강범월시』, 아세아문화사, 2007와 한국고전종합DB에서 '경천대, 자천대, 龍淵 · 龍岩 · 龍湖 · 玉柱 · 玉峰'이라는 키워드를 가지고 검색된 것을 중심으로 논의를 전개하였다.

는 이름을 얻었다고 하나, 그 일이 어느 시대 때의 일인지는 알 수가 없다.[35]

택당澤堂 이식李植(1584~1647)이 우담 채득기에게 부탁받고 쓴 「무우정기舞雩亭記」의 일부이다. 자천대라는 명칭을 일찍부터 불려지고 있었는데 사람들이 자유롭게 왕래할 수 없었고, 오래전부터 신성지로 기우제를 지냈던 공간이었음을 알 수 있다. 1617년 창석본 『상산지商山誌』에도 이곳은 소개된 바가 없고, 1622년 7월 16일에 개최된 '낙강범월시회洛江泛月詩會'에서 자천대, 경천대란 명칭은 나타나지 않는다. 그런데 당시의 시집 『낙강범월시洛江泛月詩』에 나타난 자천대 지칭으로서는 '용연龍淵 · 용암龍岩 · 용호龍湖 · 옥주玉柱 · 옥봉玉峰' 등으로 알려져 있다.

翌日泝龍淵　　이튿날 용연으로 거슬러 올라
淸幽探更悉　　맑고 그윽한 곳 새삼 다 탐승하였네.

龍淵沸黑那可俯　용연이 검푸르니 어찌 굽어볼 수 있으랴
鐵壁屹立千丈危　철벽은 우뚝 천 길 높이로 섰네.
何年雷斧削玉柱　어느해 뇌신의 도끼로 옥주를 깍았던가
上有瑤草生離離　그 위엔 신천초 무성히 자란다네.

聯翩冠盖集龍岩　연이어 벼슬아치들 용암으로 모이니

35 李植, 「舞雩亭記」, 『澤堂集』 권5; 『한국문집총간』 88, 348-349면: "上下皆石曰玉柱峯, 峙而爲臺, 上平可坐曰自天臺, 皆從土人舊呼也. 江之經流, 遇山巖不能直瀉, 環洄而爲潭, 深靜不可測, 自古相傳下有伏龍, 故其地雖奇勝淸絶, 人無敢俾而居之. 以其舊嘗水旱有禱, 故得名爲雩. 不知何代事也"

岩下深湫澎似沸 바위밑 깊은 못물 들끓는 듯하네.

王峰千疊俯龍淵 천 겹의 옥봉은 용연을 굽어보는데
…(중략)…
玆區從古稱靈境 이곳은 예로부터 신령한 땅으로 일컫던 곳[36]

순서대로 조정趙靖(1552~1636), 이전李埏(1558~1648), 김지복金知復(1568~1635), 이신규李身圭(1600~1681) 의 작품이다. 이 작품들을 통해 1622년에도 자천대라는 명칭은 사용하지 않았고 '옥주・옥봉・용암・용연' 등으로 표현하여 기우제 터였기에 용과 관련된 못으로 일컬어졌음을 알 수 있다. 이때까지는 상주인들에게 이곳은 기우제를 지내는 신령한 곳이나, 아름다운 경관을 지닌 명승지로서만 인식되어 있다.

그런데 채득기가 자천동에 터를 잡은 뒤로부터 경천대가 알려지게 된다. 그가 이곳에 은거하게 된 사정을 살펴보자.

> 채군蔡君 영이詠而가 새로 거처하게 된 우담雩潭의 아름다움을 가지고 나에게 기문記文을 지어 달라고 부탁하기에 내가 그곳의 모양새를 말해 주기를 요구하였다. 그러자 그가 말하기를, "낙동강洛東江은 황지黃池에서 발원하여 여덟아홉 고을을 거치면서 천 수백 리를 흘러 바다로 들어간다. …(중략)… 그러다가 우연히 상산商山의 북쪽, 회곡檜谷의 남쪽, 매호梅湖의 아래에서 깊숙하고 그윽한 터를 얻었다. 그곳은 세 봉우리가 뒤에 우뚝 솟아 있고, 큰 강이 그 앞을 지나며, 절벽이 에워싸 안았고, 기암이 빙 둘러 있는데, 그 안에 물이 소용돌이치면서 검푸른 빛을 띠고 있는 곳이 있으니, 그곳을 우담이라고 한다. 그 우담은 능히

36 권태을 역주, 『역주 낙강범월시』, 아세아문화사, 2007, 44면, 48면, 66면, 98면.

구름을 일으키고 안개를 뿌려서 기우제를 지내면 응험應驗이 있다. 평평하여서 디디고 설 수 있을 만한 돌이 있는데, 그곳을 관어대觀魚臺라고 한다. 그 물이 매우 맑아서 물고기가 움직이는 것을 고개 숙여 헤아려 볼 수가 있기 때문에 이렇게 이름한 것이다. 높아서 절로 일어난 것을 자천대自天臺라고 하는데, 기묘하고 빼어나서 사람의 솜씨로 만들 수 있는 바가 아니기 때문에 이렇게 이름한 것이다. 그 위에 새로 정자를 지었는데, 정자 이름은 무우정舞雩亭이다. 이는 증점曾點이 기수沂水에서 목욕한 뜻을 취한 것으로서, 시대는 비록 다르지만, 취지는 같은 것이다. 자천대 아래에 석굴이 하나 있는데, 깊숙하고 넓고 평평해서 5, 6십 명 이상을 수용할 수가 있으며, 무더울 때 그 속에 들어가 있으면 서늘한 기운이 돌아 마치 얼음을 품고 있는 듯하다. 석굴이 문이 되어 겨우 한 사람씩만 통과할 수가 있다. 옛날 사람들이 병란을 피해 들어가 몸을 온전히 보전할 수 있었다고 하는데, 시골 사람들이 지금까지도 그 말을 전하고 있다. 그 곁에 작은 굴이 또 하나 있는데, 굴속에서 나는 맑은 샘물은 달고 차가우며, 불시佛寺가 있었던 흔적이 아직도 남아 있다.

산으로부터 정자에 이르고 정자로부터 우담에 이르는데, 흰모래로 금대襟帶를 삼고, 푸른 소나무로 울타리를 삼았으며, 또 아름다운 나무와 특이한 화초와 이름난 꽃과 기이한 풀들이 봄가을로 단장을 하여, 위아래에서 서로 비춘다. 그러니 이것은 한 구역의 뛰어난 경관과 아름다운 운치로서, 참으로 한두 마디의 말로는 다 형언할 수가 없다. 이보다 앞서 세력 있는 자들이 앞 다투어 이곳을 차지하여 살고자 하였다. 그러나 담 아래에는 용이 살고 있다고 하여 두려운 마음에 감히 가까이 가지 못하였다. 그러다가 근년에 용이 다른 곳으로 옮겨 갔고 내가 마침 이르러 왔다. 어떤 사람이 나에게 이르기를, '용이 그대에게 양보한 것이다.' 하였다. 그러니 이는 하늘이 내게 준 것으로 어찌 운수가 있는 것이 아니겠는가. 이것은 기록하지 않아서는 안 되는 것이다."[37]

이 글은 채득기가 청음淸陰 김상헌金尙憲(1570~1652)에게 우담雩潭의 아름다움을 기로 읊어주기를 청하여 얻은 글인 「채씨무우신정기蔡氏舞雩新亭記」의 일부이다. 무우정은 『논어』 「선진」편에 증자의 아버지 증점이 "늦은 봄날 봄옷이 마련되면 어른 대여섯 명과 아이 예닐곱 명과 함께 기수에서 목욕하고 무우에서 바람을 쐬고 시를 읊으며 돌아오겠습니다."라고[38] 말한 구절이 있다. 채득기의 이름 기沂, 자 영이詠而, 호는 우담雩潭, 그리고 무우정舞雩亭이란 정자 이름까지 모두 이 구절에 근거한 것으로 세속의 명리를 벗어던지고 산천을 벗 삼아 담담하게 살아가겠다는 소망을 담고 있다.

인용문에서 용의 서식지였단 곳에 영물인 용이 우담에게 양보하였다는 표현하고 있다. 즉 증점이 자연과 동화되어 천성을 지키며 살겠다는 뜻을 취하였기 때문에 하늘이 내려 준 곳이라는 것으로 채득기가 자연과 하나 됨을 잘 표현하고 있다. 그러면서 자천대라는 명칭의

37 金商憲, 「蔡氏雩潭新亭記」, 『淸陰集』 권38; 한국문집총간 299, 33면: "蔡君詠而, 以其新居雩潭之美, 屬余記之. 余徵其狀, 其言曰, 洛東之江, 發源於黃池, 經八九郡千數百里入于海. …(중략)… 偶於商山之北, 檜谷之南, 梅湖之下, 得奧區焉. 三峯峙其後, 大江經其前, 絶壁屛擁, 奇巖環列, 其中奫然而黑者曰雩潭. 能興雲泄霧, 旱禱有應, 有石夷而可據者曰觀魚臺. 以其水至淸, 魚行可俯而數也. 峻而自起者曰自天臺, 以其奇巧絶異, 非人工所可成也. 新構亭其上曰舞雩. 蓋取諸曾點浴沂之義, 異世而同趣也. 自天臺之下有石窟, 窈窕寬平, 容人五六十以上, 當暑入之, 凜然若懷氷. 巖竇成門, 厪通一跡. 昔人避兵多得全, 樵翁野叟至今傳之. 旁有小窟, 窟中淸泉甘洌, 梵屋古跡尙存. 自山而亭, 自亭而潭, 以白沙爲襟帶, 以靑松爲藩籬, 又有嘉木異卉名花奇草, 春粧秋飾, 交映上下. 此一區之勝觀佳致, 而固未暇一二談也. 先是有力者爭欲得而居之. 以潭之下爲龍所宅, 懼不敢近. 頃歲龍徙而沂適至. 或以謂龍遜之沂. 則以爲天與之, 豈非有數存焉者耶, 是不可以無記也."

38 『論語』 「先秦」, "莫春者, 春服旣成, 冠者五六人, 童子六七人, 浴乎沂, 風乎舞雩, 詠而歸."

유래를 말하고 있다. 높아서 절로 일어난 것으로 기묘하고 빼어남이 사람의 솜씨로는 만들 수 없는 것이라 하여, 자천대라고 부른 것이다. 「자천대自天臺 산수록山水錄」에서도 하늘이 만들었기 때문에 자천대라고 부른다고 기록하고 있다.[39] 이식도 「무우정기舞雩亭記」에서 "우뚝 서서 대가 되고 위아래에 가히 앉을 만하여 자천대라 하니, 모두 지방민이 예부터 불러오던 이름을 따른 것이다."[40] 라고 하였다. 이로써도 자천대란 이름은 전부터 있었음을 알 수 있다.

奇巖斗起自成臺	기이한 바위 우뚝 솟아 저절로 臺를 이루니
翠壁東西碧水回	푸른 절벽 동서에 시퍼런 강물이 감돌아 가네.
矗矗豈容人力築	저 우뚝우뚝한 돌을 어찌 인력으로 쌓았겠는가
層層應是化工裁	층층의 저 돌은 아마도 하늘이 만든 것 일거야.
雲收玉柱珠簾捲	구름이 옥주봉에 걷히니 주렴을 거둔 듯하고
日射丹崖畵障開	햇빛 붉은 언덕에 쪼여 그림장 막 열어 놓은 듯 하네.
最愛高標千百尺	제일 멋있구나 높이 우뚝한 천 백척은
直擎天闕任無頹	바로 하늘을 받들어 무너짐 없음을 맡겼네.[41]

채득기가 지은 자천대를 읊은 시이다. 높은 바위산 위에 자리한 경천대의 형상과 거기에서 바라본 낙동강 주변 풍경을 읊은 것이다. 제1~4구까지는 자천대가 하늘이 만든 대임을, 제7~8구는 자천대가 곧 경천대임을 표현하고 있다. 채득기는 실제로 자천동 우담에 터를 잡

39 蔡得沂, 「自天臺山水錄」, 『君臣言志錄』, 44면, 규장각 장서.

40 李植, 「舞雩亭記」, 『澤堂集』 권5; 『한국문집총간』 88, 348-349면: "峙而爲臺, 上平可坐曰自天臺, 皆從土人舊呼也"

41 채득기, 「자천대」, 『君臣言志錄』 12면, 규장각 장서.

은 것은 1628년경이다. 그리고 1636년 병자호란이 발생하자 채득기는 무우정을 짓고 대 위에는 경천대비를 세워 '대명천지大明天地, 숭정일월崇禎日月' 여덟 자를 새기게 된다. 숭명배청 즉 명에 대한 의리를 다하고자 하는 채득기의 마음을 드러내고 있다.

병자호란이 있고 난 뒤인 1637년 소현세자 · 봉림대군 · 인평대군이 볼모로 잡혀갈 때, 침술로 성궁聖躬 조호調護의 명을 받았으나 명을 따르지 않아 유배를 가게 된다. 이후 유배에서 풀려나 1639년 7차례 인조를 치료하고, 12월에 채득기는 봉림대군이 있는 심양으로 가서 대군을 보살피며 신하의 도리를 다한다. 시 구절" 곧바로 하늘을 받들어 무너짐이 없게 함일세."라고 한 하늘의 의미는 우리 왕실을 의미한다고 보여진다. 곧 위기에 서 있는 조선의 왕실을 받들겠다라는 것으로 나라를 근심하고 염려하는 충정의 정신이 잘 드러나 있다.

여기에서 채득기가 이곳에 새로운 의미를 부여하여 하늘을 떠받치고 있는 곳이라 하여 자천대를 경천대라 명명하였음을 알 수 있다.[42] 기존의 자천대로 불리던 곳을 경천대라는 공간으로 새롭게 인식하게 되었음을 의미한다. 이로써 1636년 병자호란 이후, 채득기가 자천동에 터 잡은 뒤로부터 자천대가 세상에 널리 알려지게 되었고 경천대가 채득기와 함께 인식되게 되었음을 알 수 있다.

經綸不待費人裁	경륜은 사람의 마음 허비하는 것을 기다리지 않고
天爲詩仙刱此臺	하늘이 시선詩仙을 위해 이 대를 만들었구나.
却恐名區塵跡汚	이 좋은 곳에 티끌 자욱 더럽힐까 걱정되어
故敎風雨洗蒼苔	일부러 바람과 비를 뿌려 푸른 이끼 씻어 가게 했다네.[43]

42 권태을 외7, 『낙동강을 품은 상주문화』, 민속원, 2012, 290-292면.

채득기가 쓴 「무우십영雩潭十詠」 중에 「천대이석天臺異石」을 읊은 시이다. 7언 절구 10수로 읊은 「우담십영」은 우담이 자천동에 은거하던 초창기에 읊은 무우정 근방의 10경으로 옥주봉과 경천대, 그 아래 우담과 옥탄 및 강 건너편 백사장까지 경천대 주변 곳곳의 아름다운 경관을 두루 작품에 담았다. 그 중에 5경이 바로 경천대로 「우담십경」의 가장 중심이 되는 곳이라 할 수 있다.

시에서 경천대는 하늘이 시선을 위해서 만들어 놓은 것으로 인공적으로 쌓은 것이 아니라 자연적으로 만들어진 것이라 한다. 채득기가 세속의 명리를 벗어던지고 맑고 담담하게 살아가겠다는 소망을 담고 있듯이 이곳이 자연 그대로 보존되기를 염원하고 있다. 식산息山 이만부李萬敷(1664~1732)가 「상락문회기上洛文會記」에서 자천대를 묘사한 부분이다. 현재의 경천대의 모습을 잘 묘사하고 있다.

> 자천대는 무릇 삼층인데 밑이 가장 넓고, 가운데는 앉을 만하니 그 앞에 바위를 파서 작은 연분, 관분, 세숫대, 약분을 각각 하나씩 만들었다. 바위 모서리를 따라 몇 발자국 걸어서 맨 위의 대에 오르면 괴이한 돌이 우뚝 솟아 열자쯤 되는데 귀신이 깎은 듯하고 새긴 듯하니, 그 아래가 조금 평평하여 몇 사람이 앉을 만하다. 좌석 한 가운데다 간 돌을 놓아 바둑판을 그려 놓았다. 돌 위에는 묵은 소나무의 가지와 줄기가 서로 엉기고 맺혀서 밑은 여름 해를 가리웠다. …(중략)… 낙강 상류에는 작은 봉우리가 모두 돌인데 밑은 동그렇고 위는 뾰족한게 강가에 우뚝 솟았으니 옥주봉이라 하고 자천대 밑에는 큰 돌이 강 가운데 있는데 가운데가 볼록하고 내 귀퉁이가 줄어들어 마치 생물 같아서 귀암이라 하며 강하류에는 또 바위 봉우리가 크기는 옥주봉의 배가 되는데 높이

43 채득기, 「雩潭十詠-天臺異石」, 『君臣言志錄』 13면, 규장각 장서.

> 는 비슷하니 용암이라 하고 바위 밑은 깊은 못을 이루어 그 못 가운데는 용이 살고 있어 늘 가뭄에 희생을 바치면 영험이 있으니 용담이라 한다.[44]

채득기의 손때가 묻어 있는 공간을 이만부는 채득기 사후 50여년 만에 찾았다. 연분蓮盆, 관분盥盆, 약분藥盆의 석분이 남아 있어 연을 키우고, 세안을 하고, 그리고 약을 조제하는 석지로 이용하였음을 알 수 있다. 이후 자천대가 향토사에 최초로 소개된 것은 1749년의 청대본 『상산지』이다. 「정관조亭觀條」에 자천대는 이름만 올려졌으나 「인물조」에 우담의 경천사상이 소상히 소개되었다. 1832년본 『상산지』 「인물조」에 우담을 충절인으로 입전하였고 나아가 「정관조」에서는 자천대가 곧 경천대임을 알게 하였다.[45]

3) 선유船遊에의 염원과 연대적 소통의 공간

낙동강의 빼어난 경치에서 빼놓을 수 없는 것이 뱃놀이 문화로 경승과 어우러져 문학 작품을 창작하였다. 상주의 낙동강에서 뱃놀이를

44 李滿敷 「上洛文會記」, 『息山集』 권17; 『한국문집총간』 178, 384면: "臺凡三層, 下最廣, 中可容席, 前鑿巖作小蓮盆盥盆藥盆各一. 因緣石角, 數步而上上臺, 怪石聳立丈許, 鬼剜神刻, 下稍平可容數人坐. 中植礱石, 畫作碁局. 石上古松, 枝榦摎結, 下蔭畏景. …(중략)… 上流小峰全石, 下圓上尖, 峙于江潯曰玉柱峰, 下大石在江中, 中隆四殺, 如生物曰龜巖, 下流又石峰, 大倍玉柱, 高相等曰龍巖, 巖下成深潭, 潭中有蟄龍, 每旱沉牲有應, 曰龍潭, 皆可觀, 臨夕罷歸, 幷識文會記下云."

45 권태을외 7명, 『낙동강을 품은 상주문화』, 상주박물관, 2012, 310-311면. 이외에도 1987년 6월 20일 교통부로부터 국민관광지로 지명 받았고, 같은 해 12월 5일 경상북도청으로부터 관광지 조성계획이 승인되었다. 이후 1989년 4월 3일 경천대관광지를 개장하였다.

하고 시를 창작한 기록은 살펴보면, 고려시대 때 이미 이규보李奎報와 안축安軸이 뱃놀이를 한 기록이 있고, 조선초기에도 김종직金宗直・김일손金馹孫・권오복權五福・이황李滉 등이 관수루를 중심으로 뱃놀이와 시회를 개최한 기록이 있다. 그리고 창석蒼石 이준李埈(1560~1635) 이후에도 이런 행사가 더욱 활발하여 홍여하洪汝河와 이만부李萬敷를 거쳐 한말의 정종로鄭宗魯와 류주목柳疇睦에 이르기까지 상주 인근의 명망 있는 문인 학자들이 대부분 이곳에서 뱃놀이와 한시 창작을 하였다.[46]

낙동강을 배경으로 한 시회는 '상산선유시회商山船遊詩會'가 대표적이다. 이 시회의 작품은 『임술범월록壬戌泛月錄』에 수렴되어 있는데, 상주의 제1경으로 알려진 경천대에서 배를 띄워 동남쪽의 도남서원道南書院을 거쳐 관수루에 이르는 30여리의 구간에서 시회가 개최되었고, 1607년부터 1778년까지 171년 동안 총 8회에 걸쳐 진행되었다.[47] 이준을 중심으로 한 선유시회는 낙강시회의 한 전범이 되었다. 먼저 이준의 「낙강범월시서洛江泛月詩序」을 보자.

> '우리들이 비록 부賦를 짓는 재주는 없으나, 경치를 만나 취미를 이룬 인즉 마땅히 옛사람에게 부끄러울 것은 없다. 이제 다행히 임술년이 돌아옴을 만났으니, 원컨대 동지 여러분과 더불어 용연으로 배를 거슬러 올라가 옛일을 이었으면 싶다.'라고 하자, 이에 향토인 젊은이들과 어른

46 병진년(1196)에 이규보에서 임술년(1862)에 류주목까지 666년 동안 총 51회 시회를 가졌다.(권태을 역주, 『역주 낙강범월시』, 아세아문화사, 2007, 11-12면.

47 『壬戌泛月錄』(일명 洛江泛月詩)외에 1663년부터 1798년까지 135년 동안 총 18회에 시회를 가진 『홍판관운』이 있다. 홍여하의 시에 대를 이어 차운한 것이다. (권태을 역주, 『역주 낙강범월시』. 아세아문화사, 2007, 21면)

들이 기약치 아니하고도 모인 이가 거의 30인이었다.[48]

인용문은 1622년에 지었는데 이준은 퇴계의 재전 제자로, 류성룡의 제자이다. 그는 임술년을 맞아 옛 소동파 적벽선유를 기념하는 뱃놀이를 용연[경천대]을 거슬러 올라가 시행하고자 함을 밝히고 있다. 젊은이들과 어른들이 기약하지 않고 모인 상주인이 거의 30인이다. 겸손한 어투이면서도 경치를 만나 취미를 이루는 것은 옛사람에 부끄럽지 않다고 하여, 내면의 자부심을 토로하고 있다. 또한 오래전부터 이어온 전통을 잇고 싶은 염원이 담겨 있다.

商洛山川嶺外秀　상락의 산천 조령밖에서 빼어난데
就中佳麗稱龍湖　그 가운데 아름다운 곳을 용호라 일컫네.
龍湖之水何淼淼　용호의 물 어이 그리 넓디 넓은가
上有石厓橫雲衢　그 위 바위 절벽은 구름 위에 걸렸네.
千年赤壁擅奇絶　천년의 적벽 기이한 경치로 으뜸인데
恍惚移來天一隅　황홀하게도 한 모퉁이 옮겨 놓은 듯하네.
良辰況値壬戌秋　좋은 때 마침 임술년 가을인데
古人勝賞留吾徒　옛사람 경치 보던 일 우리에게 남기었네.[49]

이준과 같이 참석한 수암修巖 류진柳袗(1582~1636)의 작품으로 소蘇자 운을 얻어 7언 42구를 지었는데 일부이다. 류진은 서애의 삼자三子

48 李埈, 「洛江泛月詩序」, 『蒼石續集』 권5; 『한국문집총간』 65, 40면: "吾儕雖非作賦之才, 然其觸景成趣, 則宜無媿於古人. 今幸而遇壬戌之回, 願與同志, 泝龍淵而續古事, 於是鄕之少長不期而聚者三十八人"

49 柳袗, 「壬戌七月旣望, 泛舟龍淵, 分韻得蘇字」, 『修巖集』 권1; 『한국문집총간』 19, 465면.

이며 37세에 상주로 이거하여 상주의 학문에 크게 공헌하였던 인물이다. 작품에서 경천대의 경관을 적벽강의 경치에 비견하고 있다. 그는 선유의 시작과 함께 경천대의 경관에 대해 사실적으로 묘사함으로써, 자신들이 누리는 풍류가 소통파의 그것과 비교해 전혀 손색없는 것임을 강조하고 싶었던 것이다. 그리고 선인들이 남긴 전통이 잘 이어지고 있음을 자부하고 있다.

諸公標致出塵寰　여러 공의 풍격은 티끌세상에서 빼어나고
暇日淸遊特地閑　여가 날의 청류는 땅의 한가로움에서 유다르다.
道院巍巍臨洛水　도원은 높고 높이 낙수에 임해 있고
天臺矗矗擅商山　천대는 우뚝 솟아 상산에 으뜸이네.
佳篇迭唱雲霞裏　좋은 시편은 운하 속에서 주고받으며
勝蹟流傳翰墨間　명승고적은 필묵 사이에서 떠돌아 전해지리라.
自恨踈慵違盛會　스스로 성글고 게을러 성대한 모임과 멀어짐이 한스러워
夢魂時逐渚鷗還　꿈속의 넋은 때때로 갈매기 따라 돌아오려네.[50]

손만웅孫萬雄(1643~1712)이 자천대를 소재로 수창한 작품을 도은 책에 붙인 작품이다.[51] 무첨재無忝齋 정도응鄭道應의 문하에서 수업하였으며 당시 박천博泉 이옥李沃과 병와甁窩 이형상李衡祥 등과 교유하였다. 자천대를 배경으로 모인 여러 선비들을 칭송하고 차천대의 빼

50 孫萬雄, 「題自天臺酬唱帖」, 『野村集』 권1; 『한국문집총간』 46, 341면.

51 孫萬雄(1643~1712) : 본관은 慶州, 자는 敵萬, 호는 野村이다. 조부 塘이 복재 정국성의 사위가 되어 상주 율리로 이거해옴으로써 야촌도 이곳에서 태어났다. 1669년 생원이 되고 이어 문과에 급제하여 벼슬은 부윤, 목사에 이르렀다. 無忝齋 鄭道應의 문하에서 수업하였으며 당시 博泉 李沃과 甁窩 李衡祥등과 교우하였다.

어난 경치에 대해 읊고 있다. 주변에는 도남서원이 위용 있게 자리하고 있으며 자천대는 상산의 제1경임을 상기하고 있다. 그런데 승경, 동류들과 헤어지는 아쉬움은 꿈속에라도 다시 찾아오리라고 위로하며 마무리한다.

도남서원은 선조39년에 지방 유림의 공론에 따라 설립되었다. 처음에는 정몽주·김굉필·정여창·이언적·이황 등 5분을 모셨다가, 광해군8년 노수신과 류성룡을, 인조13년에 정경세를 추가로 배양하였다. 영남지역의 대표적인 선배 학자들을 두루 모셨을 뿐만 아니라, 지역 학자들과 혈연·학연·지연 등으로 깊이 얽힌 사람들을 추가로 배향함으로써, 사실상 상주 인근 지식인 사회를 주도하는 대표적인 서원으로 역할을 하였다. 경천대와 함께 낙동강변의 대표적인 뱃놀이와 문학작품의 창작 공간으로 핵심적인 기능을 담당하였고 소통의 공간이 되었다.

시는 둘이 또는 여럿이 연관되는 내용을 읊어서 주고 받을 때에는 소통하게 된다. 수창은 벗의 소식과 심회를 알아서 즐겁고, 수창할 시를 짓는 것이 즐겁다. 이러한 즐거움을 누리게 되니 이보다 좋은 일은 없다. 자천대에서 동류들과 교류하면서 소통의 공간으로 활용하고 작품 장작을 위한 공간이었다.

解纜自天臺下灣　자천대 밑 물굽이에서 닻을 푸니
君仙若在方壺間　뭇 신선들 마치 방호 사이에 있는 듯하네.
波連浩渺無邊海　물결은 아득히 먼 끝없는 바다로 이어졌는데
雲繞滄茫不在山　구름은 넓고 아득히 에워싸 산을 머물게 아니하네.
水色遙涵天影濶　물빛 아득하니 하늘 그림자 잠겨 광활하고
笛聲淸伴棹歌還　피리소리 맑으니 뱃노래 돌아와 짝하네.

滿江魚鳥休驚散　온 강의 고기와 새 놀라 흩어지지 마라
他日重來是舊顔　다른 날 다시 오면 곧 구면될지니.[52]

황익휴黃翊休(1719~1783)의 작품이다. 자천대의 경치가 신선이 사는 곳과 같다는 것이다. 시어 '방호'는 신선이 산다는 전설상의 산 이름으로 선계가 경천대에 펼쳐져 있다. 신선을 본 적은 없어도 신선이 사는 곳이 이러한 승경일 것이다. 풍진 세상과 벗어나 수려한 자연을 만나 종신토록 소요하고 싶은 마음이 일어났을 것이다. 선계와도 같은 이곳을 다시 찾아올 것이라 다짐하면서 마무리한다. 물결, 구름 덮인 산, 광활한 하늘 그림자 등의 풍경을 시선이 닿는 대로 옮겨와서 사실적으로 잘 표현하고 있다. 거기다 피리 소리와 뱃노래라는 청각적 요소를 더하여 뱃놀이의 흥겨움이 물씬 전해지고 있다.

幽鬱今來得暫痊　답답하여 지금 오니 잠시 병이 낫게 되고
滄洲秋事夜無邊　창주의 가을은 가없는 밤이로다.
青龍祠下楓千樹　청룡 사당 아래에는 단풍나무 천 그루이고
白鷺灘頭月一船　백로 여울머리에는 달빛 가득한 실은 배라네.
談笑衣冠江左右　이야기하며 웃는 선비들의 좌와 우에 강이라
沿洄咫尺界凡仙　물길 따라 오르락내리락 지척 간에 범인과 신선의 경계라네.
不妨留待自天勝　머물며 기다린 자천의 승경을 방해하지 마오
有隕明年頌自天　내년에 자천을 노래할 일이 떨어짐이 있을 것이라네.[53]

52 黃翊休, 「次合江亭韻 以道泛月時景」, 권태을 역주, 『역주 낙강범월시』, 아세아문화사, 2007, 254면.

53 柳鼎文, 「抵道南書院, 會葛庵李先生請伸事也. 時江月正中, 挐舟沿洄於詠歸青龍之間, 泊自天臺下, 風作過凉不可上, 遂悵然而罷」, 『壽靜齋集』 권2; 『한국

도남서원에 모였다가 바람이 불어 끝내 자천대에 오르지 못하고 뱃놀이를 마친 상황을 지은 작품이다. 류정문柳鼎文(1782~1839)[54]의 조부 류도원柳道源 · 부친 류범휴柳範休는 이상정李象靖의 문인으로 당시 안동유림을 대표하는 학자들이었다.

'창주滄洲'는 원래 물가의 경치 좋은 곳을 뜻하는데, 남조南朝 시대 제齊나라의 시인 사조謝朓가 선성태수宣城太守로 나가서 창주의 정취를 마음껏 누렸던 고사로 주로 경치가 좋은 은자의 거처를 의미한다. 답답함에 찾은 경천대는 정서적 해방감을 주었으며 그곳의 정취를 한껏 누리려는 마음이 담겨져 있다. 끝이 없는 밤 가을 하늘, 청룡 사당의[55] 단풍나무, 달빛 가득 실은 배 등 보이는 그대로 묘사하고 선비들의 웃음소리를 느끼면서 시각, 청각을 동원하여 경천대의 경관과 당시 상황을 잘 드러내고 있다.

경천대는 문인들의 문회文會를 위한 공간이었고 특히 선유의 공간에서 빠지지 않았음을 알 수 있다. 상주 지식인의 유대관계를 위한 곳으로 하나로 이어주는 중요한 매개체 즉 소통의 공간이었다.

문집총간』 117, 423면.

54 柳鼎文(1782-1839) : 본관은 全州. 초명은 齊文, 자는 耳仲, 호는 壽靜齋. 공조참의 柳升鉉의 증손이다. 아버지는 안변부사 柳範休이며, 어머니는 의성김씨로 金江漢의 딸이다. 1805년(순조5) 과거에 응시하였으나 낙방하자 이후 과거를 단념하고 학문에 주력하여 1834년(헌종 4)에는 문학과 덕망으로 惠陵參奉에 천거되었으나 병으로 부임하지는 못하였다. 아버지가 서울로 벼슬살이를 위해 떠나자 종조할아버지 柳長源에게 나아가 학업을 익혔다. 1796년 여름에는 아버지를 高城임지에서 시종하며 柳晦文 · 南漢朝와 함께 금강산 유람에 동행하였다.

55 경북 상주시 중동면 오상리 비봉산 중턱에 있는 青龍寺가 아닌가 한다. 1674년(현종14)에 창건되었다고 전해지며, 중창과 관련된 기록이 인근 道南書院에 보관되어 있다고 한다.

4) 기억으로 소환된 우담雩潭과 은일의 공간

고려 말에 등장한 사대부계층은 조선 초에 들어 조정으로 진출한 관료와 산림에 묻혀 학문탐구에 매진한 처사로 그 개념이 분화되었으며, 처사들이 추구했던 실천적 도학이 학문적 우위를 점하면서 조선 중기 이후 산림처사는 최고의 숭상 대상이 되었다. 특히 퇴계의 학문을 탐구 대상으로 삼았던 영남 사림 중에는 출사보다 산림에 은거하여 학문에 전념하는 것을 더 가치 있게 여기기도 하였다. 이들은 명분과 의리를 중시하고, 출사보다는 향촌교화와 후진양성을 자신의 임무로 여겼다. 상주지역도 예외는 아니었다. 경천대가 있는 상주는 상산商山이라 하여 '상산사호商山四皓' 같은 덕 높은 은사가 살 만한 선비의 고장 · 신선의 고을로 일컬어진 것과 상통한다. 또한 명 · 청교체기에 급박하게 변하여 위기를 경험했던 채득기가 세상을 피해 은거한 곳임을 잘 드러내고 있다.

野艇受人恰兩三	거룻배에 적당히 두 세명을 태우고
從容泝上洛江潯	조용히 낙강가를 거슬러 올라가네.
奇巖隱見黿鼉窟	기암에는 자라와 악어의 소굴이 숨었다 나타나고
幽徑逶迤花竹林	오솔길에는 꽃과 대나무 숲이 구불구불 이어졌네.
天下盡含周顗淚	하늘 아래에 주전의 눈물을 가득 머금고
石間猶帶魯連心	바위사이에 노중연의 마음을 지니고 있는 듯하다.
移舟更入水中穴	배를 옮겨 다시 물 복판 굴속으로 들어가니
欲聽神龍時一吟	신룡이 때때로 읊조리는 소리를 듣고자 하네.[56]

56 權相一, 「與吳致重, 姜壽甫, 棄小舟往遊自天臺. 石面, 刻大明天地, 崇禎日月八字」, 『淸臺集』 권1; 『한국문집총간』 61, 219면.

청대淸臺 권상일權相一(1679~1759)[57]이 오치중吳致重과 강수보姜壽甫와 함께 배를 띄워 자천대를 유람하면서 지은 작품이다. 전반부는 배에서 바라보는 경천대의 풍경을 사실적으로 묘사하고 있다. 눈앞에는 자라와 악어의 모양을 한 기이한 바위와 꽃과 대나무가 즐비한 오솔길이 펼쳐져 있다. 시어 '주의周顗'은 삼국 시대 진晉나라 사람으로 역사가들이 신하로서 충절을 다한 자로 평가하고 있다. '노련魯連'은 노중련魯仲連으로 전국 시대 제齊나라 정객政客으로 높은 지조를 지녔던 인물로 유명하였다. '주의周顗'와 '노련'을 인용해서 병자호란, 명의 멸망 등에 절망스러운 순간을 경험했던 채득기를 회상하고 있다. 그가 풍진 세상을 떠나 자연과 함께 살며 은거했던 그 삶이 고스란히 묻어 있는 공간으로 인식하고 있다.

人間回首劫灰飛　인간세상 머리 돌리니 오랜 세월 재가 날리는데
春色依然采采薇　봄빛은 의연하니 고사리 무성하네.
別起樓臺明府至　따로 누대를 세워 명부(지방관)가 이르러
獨留碑碣主人非　오직 비문에 머물렀건만 주인이 아니라네.
空添志士山河淚　뜻있는 선비는 부질없이 더하여 산하에서 눈물 흐르고
若見皇朝日月輝　황조를 봄 것 같은데 해와 달은 빛나구나.
江上客來猶弔古　강가에 나그네가 와서 옛일을 위로하는 것 같고

57 淸臺 權相一(1679~1759) : 자는 태중, 부친은 증 이조판서 심이다. 1710년 증관문과에 급제하여 대사헌에 이르렀다. 당시에 식산 아래에는 식산 이만부가 있고 산양에는 청대 권상일이 있었는데 식산은 처사이며 청대는 상주뿐만 아니라 영남 남인계를 대변하는 선비라 해도 과언이 아닐 것이다. 청대는 창석 이준의 『상산지』를 보수하였다. 청대는 벼슬의 여가에 향리에 머물며 제자를 교육하고 유학의 도를 지키는 것을 자신의 임무로 여겼으며 특히 당대의 李萬敷, 吳致重, 黃翼再, 李國春, 洪相朝, 趙天經(1695~1776) 등과 교유하면서 많은 가작을 남겼다.

好音誰復慰西歸 좋은 소식으로 누가 다시 서쪽으로 돌아감을 위로하리오.[58]

조천경趙天經(1695~1776)은 검간黔澗 조정趙靖[59] 후손이며 창석 이준의 외후손이다. 1748년 퇴락한 무우정을 상주목사 이협이 중건하였는데 이협이 자천대를 읊은 시에 차운한 작품이다. '겁화刦火'는 한 세상이 멸망할 때에 일어난다는 큰불의 재로 대재난을 겪은 흔적을 말한다. 1~4구는 오랜 세월이 지나 재로 변해 가지만 자연은 변함없이 제자리를 지키고 있으며 퇴락한 무우정을 이협이 중건한 사실을 말하고 있다. 마지막 구절은 『시경』「비풍匪風」에서 인용한 대목으로 비풍은 회나라에 대한 내용으로 회나라는 주나라의 제후국인데 나라가 작고 국력이 약하니, 주나라의 도를 가져와 나라를 바로 세우고 싶은 마음을 반복적으로 노래한 것이다. 곧 나라가 쇠망하는 것을 슬퍼하고 회나라 사람이 주나라를 그리워하는 것을 표현한 것이다. 내용을 보면 "누가 고기를 요리하는고, 작은 가마솥과 큰 가마솥을 씻어주리라. 누가 장차 서쪽으로 돌아가느냐, 좋은 목소리로 위로하리라.[誰能亨魚, 漑之釜鬵. 誰將西歸, 懷之好音.]"라고 되어 있는데 '서귀西歸'는 주나라로 돌아가는 것으로 회나라가 주나라의 동쪽에 있었기 때문이다. 좋은 소식은 주나라 사람이 와서 회나라를 난을 평정하는 것을 말한다. 시에서는 과거의 명나라를 그리워하면서 나라를 바로 세우고 싶은 마음이 간절하게 묻어난다.

58 趙天經, 「次地主李侯 埉 自天臺韻」, 『易安堂集』 권1; 『한국문집총간』 74, 21면.

59 趙天經(1695~1776) : 黔澗 趙靖(1555~1636)의 5세손이다. 조덕윤의 손자 趙自愼의 아들이다. 息山 李萬敷의 문하에서 공부하였고 26세에 사마시에 합격하였으나 벼슬길에 나서지 않고 학문과 문학으로 일관하여 사림의 존경을 받았다.

夜夜冬青哭杜鵑　밤마다 동청에는 두견의 곡소리요
新亭高處憶前賢　새로 지은 정자 높은 곳에서 선현을 생각하네.
滄桑獨有孤臺石　상전벽해에도 오직 외로운 대에는 돌만이 있고
天地難忘萬曆年　천지세상 일중에 만력연간을 잊기 어렵네.
依舊雲煙生一壑　예전의 운하는 온 골짜기에 피어나고
至今風雨戰三川　지금에 이르기까지 풍우는 삼천을 흔든다.
芳薇采采吾將祭　향기로운 고사리 꺾어서 나는 장차 제사지내고
欲向東溟配魯連　동쪽 바다로 향해 노중련과 짝이 되고 싶네.[60]

조천경의 시이다. '동청冬青'은 겨울에도 늘 푸르기 때문에 붙여진 이름이다. 송나라가 망하자, 원나라 사람이 소흥紹興에 있는 송나라 왕릉王陵들을 모두 발굴하여 유해遺骸를 없애 버리려고 할 적에 송나라 의사義士 당각唐珏이 몰래 그 유해들을 수습하여 난정산蘭亭山에 장사 지내고 또 송나라 고궁에 있던 동청수冬青樹들을 그 묘 위에 옮겨 심었던 데서 온 말이다. '두견杜鵑'은 옛날에 촉제蜀帝 두우杜宇가 원통하게 죽어서 변화했다는 새 이름인데, 이 새는 특히 봄철이면 밤낮으로 피눈물이 흐를 때까지 슬피 운다는 전설이 있다. 작가는 선현의 흔적과 마주했는데 바로 채득기를 절의이다. 만력연간에 피를 토하는 심정으로 겪었던 일은 잊을 수 없다. 그래서 그의 행적과 절의를 길이 보존하고 존숭하고자 하는데 '노련' 즉 채득기를 닮으려는 마음을 끌어내고 마무리한다.

落日來尋處士臺　해질 녘 처사의 누대를 찾아오니

60 趙天經, 「次李夢瑞獻慶自天臺韻, 夢瑞卽伯宗之子, 時爲金泉察訪」, 『易安堂集』 권1; 『한국문집총간』 72, 22면.

大明年號此中嵬　대명 연호가 이 속에 우뚝하구나.
太歲又丁涒灘暮　태세가 또다시 군탄으로 저물어가니
江流東下使人哀　강류 동쪽 가의 사인使人을 슬프게 하네.[61]

제암制庵 정상리鄭象履(1774~1848)[62] 우복 정경세의 7세손으로 산림처사로 살았다. 경천대를 찾아보니 경천대비에 쓰인 '대명천지大明天地, 숭정일월崇禎日月' 여덟 글자가 우뚝 남아 있다. 역사적 사실에 대해 외면할 수 없는 공간이었다. 시어 '군탄'은 간지干支가 신申에 해당하는 해이다. 주자朱子가 경원慶元 말에 송나라 태조가 개국한 해인 경신년을 맞아 "내년의 태세가 또다시 군탄이구나.[明年太歲又涒灘]"라고 읊어 상심을 나타낸 시에서 보인다. 시에서 군탄의 해는 명나라가 망한 해인 갑신년이 다시 돌아온 것을 말하는데 1824년임을 추측할 수 있다. '신申'의 해가 돌아오니 역사적 사실을 회상하면서 슬픔에 잠기게 된 것을 묘사하고 있다.

경천대는 오랜 세월이 흘러도 변함없이 채득기의 정신이 그대로 녹아 들어가 있음을 볼 수 있다. 특히 상주지역은 낙동강 상류인 안등지역과 전통적으로 밀접한 인맥관계가 형성되어 있다. 예를 들어, 퇴계의 제자인 류성룡은 상주에서 제자들을 양성했는데, 그 제자들은 스승에게서 이어받은 선비정신이 일상화된 지역으로 역사적 장소에

61 鄭象履, 「登自天臺 蔡處士雩潭築」, 『制庵集』 권1; 『한국문집총간』 115, 441면.
62 鄭象履(1774-1848) : 자는 중소, 우복 정경세의 7세손으로 증조는 주원이며, 부친은 익노이다. 우복 정경세이래에 경학과 문학을 전수하며 산림처사로 살았다. 당대 석학이었던 損齋 南漢朝를 비롯하여 林下 李敬儒, 皓隣 姜世白등이 나이가 많았으나 교유하였고 白下 黃磻老, 競齋 姜世揆, 修溪 李升培 등과 벗하여 학문을 논하고 문학을 창작하였다.

대한 인식은 또한 크게 벗어나지 않는다.

5) 맺음말을 대신하여-유흥幽興을 너머를 상상하다

경천대가 하나의 인물과 하나의 공간/경관이 같이 기록되고 기억되는 것은 역사 속에서 흔히 있는 일이기는 하지만, 그 공간에 대한 수창이 끊임없이 이어지며 집단기억을 공유하는 것은 흔하지 않은 일이다. 하나의 기억이 다른 기억과 어우러지면서 공유되고, 그 공유가 다시 그 공간의 표상이 되면서, 이전과는 다른 공감을 이끌어낼 수 있다. 경천대와 채득기의 관계가 그러하다.

경천대는 선유에의 염원을 담은 연대적 소통의 공간이었으며, 우담에 대한 기억을 소환하면서 은일을 희구하던 공간이었다. 한시를 통해 확인한 바와 같이, 경천대는 물상으로서의 공간이 아니라 삶과 경험을 공유하는 하나의 장소가 되었다. 장소가 된 경천대는 하나의 경관에 머물지 않고, 유림의 감성으로 착색된 역사적 장소가 되었으며, 끝내 물상과 인간이 하나로 화합하는 아름다움을 간직하게 되었다. 이후 유흥幽興의 공간에 머물지 않는 삶의 특정한 지향指向을 간직한 의지적 공간으로 공유되고 기억된 경천대가 갖는 또 다른 상상의 공간으로도 활용되고 있음을 섬세하게 살필 필요가 있다. 그 하나의 예를 들어본다.

商之山兮巙岷　　상산 우뚝한 곳에
掃一邱兮淨光　　언덕 하나 깨끗하게 쓸었으니
數抔兮九天　　드높은 구천에 몇 움큼이요.
十笏兮八荒　　드넓은 팔황에 열 자 정도지만

羌不騫兮萬世 아, 만세 동안 훼손되지 않으리니
近帝居兮雲鄕 천제의 거소인 운향에 가깝다네.
山有橘兮澗有蘋 산에는 귤이 있고 시내에는 마름풀 있어
穆將愉兮三皇 공경히 장차 세 분 황제를 기쁘게 한다네.
潔齋俟兮虔求 청결히 재계하고 기다려 정성스럽게 구하나니
神所遊兮無方 신령이 노니는 곳은 일정한 방향이 없다네.
瞻九土兮腥羶 중국 땅을 돌아보면 오랑캐의 노린내 나지만
獨一隅兮扶桑 유독 한 구석에 부상이 있어
濯東海兮滔滔 도도한 동해가 깨끗이 씻어 주고
照日月兮煌煌 빛나는 일월이 비추어 주네.
霓爲旌兮雲爲車 무지개를 깃발 삼고 구름을 수레 삼아
靈之來兮洋洋 신령이 오심이 성대하다네.
風飄兮泉冽 바람은 가벼이 불고 샘물은 차가우니
地久兮天長 하늘과 땅처럼 영원하리라.
天長兮地久 하늘과 땅처럼 영원하리니
懷美人兮不能忘 아름다운 이 그리워하며 잊지 못하네.

이 시는 한장석韓章錫의 「경천대사擎天臺辭」이다. 끝으로 「병서」에 의하면, 이 시는 호옹壺翁 이경남李景南이 명나라가 쇠망하자 상산 경천대에 올라가 제터를 마련하고 명나라 태조, 신종, 의종을 위하여 제사를 올린 뒤 지었다고 했다. 스스로 명의 유민遺民임을 자처하고 있기에 망국에 대한 아쉬움에는 비장미도 흐른다. 사실 내용은 그다지 참신하다고 하기엔 곤란하다. 그렇지만 이 시는 경천대가 갖고 있는 의미의 영역을 하늘과 닿는 제천의 뜻까지 확장하였다는 데에 의의가 있다.

제1구에서 6구까지는 상산 자락에 우뚝 솟되 맑고 깨끗하게 트였다

면서 경천대가 하늘과 닿은 곳임을 보여주고 있다. 제7구에서 10구까지는 경천대가 정결한 곳이요, 신령이 올 수 있음을 표현하고 있다. 제11구에서 14구까지는 이족異族이 차지하여 누린내가 나는 중원에 비해 조선은 일월이 비치는 곳임을 보이며, 제15구에서 20구까지는 신령들이 찾아오사 영원히 그리워할 것이라는 다짐을 담고 있다.

내용적으로는 전형적인 대명의리에 충실한 시라고 읽을 수 있다. 그러나 우리는 이 시에서 경천대를 통해 작자가 도모하는 몇 가지 상징적 확대를 추려낼 수 있을 듯하다. 하나는 경천대를 하늘과 통하는 제단이 놓일 수 있는 신령한 장소로 간주하고, 둘째는 무너진 중원과 다른 동방의 정결한 장소 가운데 하나로 비정하며, 셋째는 그리워하는 신령이 찾아와 '천장지구天長地久'할 것을 기원하는 희구의 장소로 확정하였다는 것이다. 즉 유선을 즐기며 은일을 추구하던 공간이 이제 정결하고 환하며 하늘과 만날 수 있는 신령한 장소가 된 것이다. 이제 경천대는 새로운 시적 공간으로의 상상을 마주하게 된 것이다.

경천대와 같은 경관景觀을 위주로 한 공간은 대개 유흥幽興의 공간이나 완상玩賞의 장소로 활용되곤 했다. 그러나 그 공간은 이를 넘어 또 다른 상상의 공간으로 옮겨가고 있음을 확인할 수 있었다. 추후 경천대는 물론이요 상주 한문학이 보유한 상상의 자산에 대한 차분한 심미적 검토가 필요할 것으로 보인다. 후고를 기약해본다.

□ 경천대유관한시집록擎天臺有關漢詩輯錄

번호	성명	호	작품명	출처
1	姜樸 (1690~1742)	본관 晉州. 자 子淳, 호 菊圃.	渡尙山峽津 望自天臺	菊圃集 권2

2	高聖謙 (1810~1886)	본관 開城. 자 穉希, 호 甪里.	詩○雲達山 和李驪應韻	甪里集권4
3	權相一 (1679~1759)	본관 安東. 자 台仲, 호 淸臺. 시호 僖靖	冒雨登自天臺	淸臺集권1
			與吳致重 姜壽甫 棄小舟往遊自天臺【石面 刻大明天地 崇禎日月八字】	淸臺集권1
			謹次地主李侯 㼌 自天臺韻二首	淸臺集권3
			金正字懋叔 履常 來訪 医憶開湖形勝 有二詩	淸臺集권4
			進士金公墓碣銘 並叙	淸臺集권12
4	金尙憲 (1570~1652)	본관 安東. 자 叔度, 호 淸陰·石室山人·西磵老人, 시호 文正	雩潭十詠 蔡別坐得沂新居也	淸陰集권13
5	柳鼎文 (1782~1839)	본관 全州. 자 耳中, 호 壽靜齋.	抵道南書院 會葛庵李先生請伸事也 時江月正中 挐舟沿洄於詠歸靑龍之間 泊自天臺下 風作過凉不可上 遂悵然而罷	壽靜齋集권2
6	朴泰茂 (1677~1756)	본관 泰安. 자 春卿, 호 西溪.	遊淸凉小白山記行	西溪集권1
7	宋明欽 (1705~1768)	본관 恩津. 자晦可, 호 櫟泉, 시호 文元.	與權亨叔金伯愚 遊自天臺 舟下合江亭 辛巳	櫟泉集권3
			年譜	櫟泉集권19
8	孫萬雄 (1643~1712)	본관 慶州. 자 敵萬, 호 野村	題自天臺酬唱帖	野村集권1
9	吳熙常 (1763~1833)	본관 海州, 자 士敬, 호 老洲	年譜	老洲集권27
10	李萬敷 (1664~1732)	본관 延安. 자 仲舒, 호 息山.	君臣言志錄序	息山集권17
			上洛文會記	息山集권17
11	李植 (1584~1647)	본관 德水. 자 汝固, 호 澤堂·남궁南宮外史·澤癯居士. 시호 文靖	舞雩亭記	澤堂集권5

12	李沃 (1641~ 1698)	본관 延安, 자 문文若, 호는 博泉	洛江酬唱帖序	博泉集, 補遺권1
			自天臺	博泉集, 補遺권2
13	鄭象履 (1774~ 1848)	본관 晉陽. 자 仲素, 호 制庵.	登自天臺 蔡處士雩潭築	制庵集권1
14	趙天經 (1695~ 1776)	본관 豊壤. 자 君一. 호 易安堂.	次地主李侯【埉】自天臺韻	易安堂集 권1
			酬李掌令伯宗 齊華 遊自天臺韻 李謫居本州	
			次李夢瑞【獻慶】自天臺韻【夢瑞卽伯宗之子 時爲金泉察訪】	
			追次自天臺韻寄李伯宗	
15	韓章錫 (1832~ 1894)	본관 淸州. 자 稺綏, 稺由, 호 眉山, 經香, 시호는 孝文이었으나, 1910년 文簡으로 改諡	擎天臺辭 幷序	眉山集권1

1. 자천대自天臺 — 李沃[63]

纔出城闉卽別寰　성문을 나서자마자 별환에 나아가고

遨頭選暇辦優閒　날을 택한 오두[고을 수령]는[64] 넉넉히 한가로움에 힘쓰네.

63 李沃(1641~1698) : 이옥의 자는 文若, 호는 박천이며, 본관은 연안이다. 1660년(현종1)에 등과하여 1677년(숙종3)에 부제학이 되었다. 이듬해 서인의 영수 송시열의 처벌 문제로 남인이 淸南・濁南으로 분열되자, 청남에 속하여 송시열의 처분을 종묘에 고하고 극형에 처하자고 주장하다가 탁남의 영수 許積 등의 반대로 削職되고 北靑에 유배되었다. 그 후 기사환국으로 풀려나 1692년에 예조 참판에 이르렀다. 『박천집』은 33권 5책의 목판본으로 1720년에 아들 李萬維가 龍城通判으로 있을 때 편찬하고 간행하였다. 권5 「壽春便宜疏 關東便宜 5조」의 첫 번째 조목에서 춘천에 行都를 설치하자고 주장하였다.

64 遨頭 : 촉중(蜀中)의 풍속에 太守가 놀이하러 나가면 여자들이 길 옆에서 나무 평상에서 구경하는데, 그것을 오상(遨牀 노는 평상)이라 하므로 태수를 遨頭라 한다. 정월에서부터 나가 놀기를 시작하여 4월이 되면 그만둔다.

蜿蟺自作層三矗 완선이[65] 자연스레 층 셋을 곧게 만들어
題品爭稱第一山 품평하니 다투어 제 일의 산이라 칭찬하네.
敢許全家超世外 감히 허여한 온 집은 세상 밖에서 뛰어나고
偶携同志拔塵間 우연히 함께한 동지는 풍진에서 빼어나네.
相隨步屧來沙渚 나막신 걸음으로 서로 따라 모래밭에 오고
短棹澄江待月還 맑은 강물에 짧은 노 저어 달이 돌아오길 기다리네.

2. 題自天臺酬唱帖 — 孫萬雄[66]

자천대 수창첩에 짓다.

諸公標致出塵寰 여러 공의 풍격은 티끌 세상에서 빼어나고
暇日淸遊特地閑 여가 날의 청류는 땅의 한가로움에서 유다르다.
道院巍巍臨洛水 도원[서원]은 높고 높이 낙수[낙동강]에 임해 있고
天臺矗矗擅商山 천대는 우뚝 솟아 상산[상주]에 으뜸이네.
佳篇迭唱雲霞裏 좋은 시편은 운하 속에서 주고받으며
勝蹟流傳翰墨間 명승 고적은 필묵 사이에서 떠돌아 전해지네.
自恨踈慵違盛會 스스로 성글고 게을러 성대한 모임과 멀어짐이 한스러운
夢魂時逐渚鷗還 꿈속의 넋은 때때로 갈매기 따라 돌아오네.

65 蜿蟺 : 환형동물 貧毛類에 속한 동물을 통틀어 이르는 말. 몸은 가늘고 긴 원통 모양이며, 반지 같은 마디로 나누어져 있다. 보거나 들을 수는 없으나 빛과 진동에 민감하다. 부패한 생물체를 먹는데 이때, 많은 양의 흙과 모래, 작은 자갈 따위도 함께 섭취하였다가 내보낸다. 같은 개체에 암컷과 수컷의 생식 기관이 함께 존재하는 雌雄同體의 생물이지만, 한 개체의 알은 다른 개체의 정자에 의하여 수정된다. 전 세계에 걸쳐 습기와 유기물이 충분한 흙 속에서 산다.

66 孫萬雄(1643~1712) : 본관은 慶州, 자는 敵萬, 호는 野村이다. 조부 椿이 본재 정국성의 사위가 되어 상주 율리로 이거해옴으로써 야촌도 이곳에서 태어났다. 1669년 생원이 되고 이어 문과에 급제하여 벼슬은 부윤, 목사에 이르렀다. 無添齋 鄭道應의 문하에서 수업하였으며 당시 博泉 李沃과 瓶窩 李衡祥등과 교유하였다.

3. 冒雨登自天臺 — 權相一[67]

비를 무릅쓰고 자천대에 오르다.

名區多在洛江隈 이름난 곳이 낙강 굽이에 많이 있고
翠壁蒼巖面面開 푸른 벼랑, 바위가 면면이 펼쳐 있다네.
匹馬行尋道院路 필마로 도원을 찾아 가던 길인데
雨中先訪自天臺 빗속에도 먼저 자천대를 찾는다.

4. 與吳致重, 姜壽甫, 棄小舟往遊自天臺.【石面, 刻大明天地, 崇禎日月八字】— 權相一

吳致重, 姜壽甫와 작은 배를 타고 자천대에 가서 노닐다.

野艇受人恰兩三 거룻배는 마음 내어 두서너 명을 태우고
從容泝上洛江潯 조용히 낙강가를 거슬러 올라가네.
奇巖隱見黿鼉窟 기암에는 자라와 악어의 소굴이 숨었다 나오고
幽徑逶迤花竹林 오솔길에는 꽃과 대나무 숲이 구불구불 이어졌네.
天下盡含周顗淚 하늘 아래에 주의의[68] 눈물을 가득 머금고
石間猶帶魯連心 바위사이에 노중연의[69] 마음을 지니고 있는 듯하다.

67 權相一(1679~1759) : 자는 태중, 부친은 증 이조판서 심이다. 1710년 증관문과에 급제하여 대사헌에 이르렀다. 당시에 식산 아래에는 식산 이만부가 있고 산양에는 청대 권상일이 있었는데 식산은 처사이며 청대는 상주뿐만 아니라 영남 남인계를 대변하는 선비라 해도 과언이 아닐 것이다. 청대는 창석 이준의 『상산지』를 보수하였다. 청대는 벼슬의 여가에 향리에 머물며 제자를 교육하고 유학의 도를 지키는 것을 자신의 임무로 여겼으며 특히 당대의 이만부, 오치중, 황익재, 이국춘, 홍상조, 조천경 등과 교유하면서 많은 가작을 남겼다.

68 周顗 : 삼국 시대 晉나라 사람으로 자는 伯仁이다. 王敦과 溫嶠 등의 擧兵을 反亂으로 간주하여 그들의 제의를 거절하고 바른말을 하다가 결국 그들에 의해 살해되었다. 역사가는 그를 신하로서의 忠節을 다한 자로 평가하였다. 『晉書』 卷69 「周顗列傳」

69 魯連 : 魯仲連으로, 전국 시대의 제나라 사람이다. 그가 秦나라를 황제로 섬기는 것을 부끄럽게 여겼던 일을 말한다. 그가 趙나라에 가 있을 때 진나라 군대가 조나

移舟更入水中穴　배를 옮겨 다시 물 복판 굴속으로 들어가서
欲聽神龍時一吟　신룡이[70] 때때로 읊조리는 소리를 듣고자 하네.

5. 謹次地主李侯 埉 自天臺韻二首－權相一
지주 이협의 자천대 운을 공경히 차운하다. 2수

洛江澄濶白鷗飛　낙강이 맑고 넓으니 갈매기가 날고
夜雨西岡長綠薇　밤비에 서쪽 능성의에는 푸른 고사리 자라네.
誰爲人間扶大義　누가 인간을 위하여 대의를 부양하는지
翁於心裏見眞非　늙은이 마음에는 참인지 아닌지를 보이네.
松壇忽起丹靑閣　송단에 갑자기 단청각이 세워지고
石面如生日月輝　석면이 생시처럼 일월에 반짝이네.
表節遺墟應有意　드러난 절개, 남겨진 터에는 응당 뜻이 있을테니
匪風千古咏而歸　비풍시를[71] 천고토록 읊조리며 돌아가리라.

攜家鹿門子　녹문자가[72] 가족을 이끌고

라의 서울인 邯鄲을 포위했는데, 이때 魏나라가 장군 新垣衍을 보내 진나라 임금을 천자로 섬기면 포위를 풀 것이라고 하였다. 이에 노중련이 "진나라가 방자하게 천자를 僭稱한다면 나는 동해를 밟고 빠져 죽겠다." 하니, 진나라 장군이 이 말을 듣고 군사를 후퇴시켰다 한다. 『史記』 卷18 「魯仲連列傳」

70 神龍 : 賢者가 은거하여 자중하는 것을 의미하는 말이다. 한나라 賈誼의 「吊屈原賦」에, "깊은 못의 신룡이여, 깊이 숨어서 스스로 보전하도다. …(중략)…봉황은 천길 높이 날아서, 빛난 덕을 보고 내려오도다.[襲九淵之神龍兮, 沕淵潛以自珍.…(중략)…鳳凰翔于千仞兮, 覽德輝而下之]"라는 말이 있다.

71 匪風 : 『시경』「檜風」의 편명으로 周나라 왕실이 쇠미해가는 것을 서글퍼하는 시이다.

72 鹿門子 : 세상을 피해 숨어 지내는 사람을 말한다. 후한 말엽의 高士 龐德公은 아내와 함께 농사 지으며 서로 손님을 대하듯 공경하였다. 그는 벼슬길에 나오라는 荊州刺史 劉表의 청을 거절하고 훗날 처자식을 거느리고 鹿門山에 들어가 약초를 캐며 일생을 마쳤다

避地浣花堂　피한 곳이 완화당[73]이라네.
石面三綱重　석면에는 삼강을 중히 여기고
商顔一士光　상산의[74] 한 선비는 빛나네.
賡詩瀉忠憤　시로 화답하니 충과 분노를 쏟아내고
辭爵謝塵忙　작록을 사양하니 어지럽고 바쁜 세상 멀리하네.
願發幽潛德　그윽하고 깊은 덕성 일으키길
諗諸太史郎　태사랑에게 간곡히 고하여 바라노라.

6. 雩潭十詠- 天臺異石－權相一
우담십영 천대이석

經始應煩鬼斧裁　첨 만들 땐 귀신 도끼 수고롭혀 다듬었고
美名仍借自天臺　아름다운 이름은 또 자천대에서 빌려 왔네.
仙翁一去無人掃　신선 한번 떠나간 뒤 쓸어 주는 사람 없어
風雨年年長綠苔　풍우 속에 매년 오래토록 푸른 이끼 끼어 있네.

7. 金正字懋叔【履常】[75] 來訪 因憶開湖形勝 有二詩－權相一
정자 김무숙【이상】이 내방하니 개호을 추억하면서 형세와 승경을 2수 읊었다.

君自開湖湖上廬　그대, 개호로부터 호수 가에 여막 지었는데

73 완화당 : 成都 浣花溪 옆에 있던 두보의 草堂을 가리킨다.
74 商顔 : 尙州를 말하는데 상산사호 같은 덕 높은 은사가 살만한 선비의 고장이라는 뜻이다. 진나라 말기에 어지러운 세상을 피하여, 東園公, 綺里季, 夏黃公, 甪里先生 등 네 명의 은자가 은거하였던 산을 말하는데, 일반적으로 商山이라고 한다. 그리고 이들을 '商山四皓'라고 부른다. 『史記』 卷55 「留侯世家」
75 金履常(1718~?) : 자는 懋叔이며 호는 睡窩로 開巖 金宇宏의 후손이며 아버지는 생원 金國采이다. 영조 을해 문과에 급제하여 내외 현직을 거쳐 사헌부 지평을 지냈다. 김국채의 호가 開湖이다.

秋來光景問何如　가을 오니 풍광이 어떠한지 묻네.
巖巒寂寂雲惟淡　바위 산은 괴괴한데 구름만이 담담하고
蘆荻蕭蕭風自徐　갈대 밭은 쓸쓸한데 바람은 그대로 평온하네.
檜渡輕舟依岸小　회목 나룻가의 조각배는 언덕에 의지하기 작고
龍菴淸磬出林踈　용암의 맑은 풍경소리는 숲 밖으로 멀어지네.
此間眞樂應無限　이곳에서 참 즐거움은 응당 끝이 없고
好箇江山人讀書　좋구나. 강과 산에서 사람들 책 읽는 소리

湖上遊笻幾往回　호수 가에 유람 지팡이 얼마나 왕래했던가
舞雩亭畔自天臺　무우정[76] 곁에는 자천대가 있구나.
峯如玉柱撑空立　봉우리는 옥기둥이 하늘을 떠받쳐 서 있는 듯하고
巖似金盆向水開　바위는 금동이가 물을 향해 열려 있는 듯하네.
入戶沙禽聲斷續　집으로 들어서니 물새 소리는 끊어졌다가 이어지고
照簷江月影徘徊　처마가 강 위에 비추고 달 그림자는 배회 하는구나.
蒼然上下龜龍石　창연히 위와 아래에는 귀암석이 있고
河洛圖書恍此來　하도와 낙서가 아마도 여기에서 온 것이라네.[77]

8. 渡尙山峽津, 望自天臺－姜樸[78]

상산의 협진을 건너며 자천대를 바라보다.

自天臺下水如天　자천대 아래 물은 하늘과 같고

76 舞雩亭 : 蔡得沂가 거처하는 곳이다. 본관은 仁川, 자는 영이이며, 호는 雩潭・鶴汀이다.

77 낙강 : 홍범의 원리가 된 신귀가 출현한 낙수와 연관되어 유도의 정통맥이 끊이지 않는 강이라 상징하고 있다.

78 姜樸(1690~1742) : 본관은 진주, 자는 子淳, 호는 국포이다. 1715년(숙종41) 소년 문과에 급제하여 홍문관 정자가 되었으나, 戚臣 閔鎭遠・魚有龜 등을 탄핵하다가 安州에 유배되었다. 1727년(영조3) 經筵에서 尹志述을 탄핵하다가 파직되었고, 그해 정미환국으로 소론이 집권하자 기용되어 홍문관의 여러 관직 및 咸從府

臺上丹楓映水鮮　대 옆에 단풍이 물에 비쳐 아름답구나.
一曲平沙鷗鷺靜　한 구비 평평한 백사장에 갈매기와 백로는 고요하고
夕陽歸客上漁船　석양지니 돌아가는 나그네는 고깃배에 오르네.

9. 次地主李侯 埉 自天臺韻－趙天經[79]
지주 이협이[80] 지은 자천대에[81] 차운하다.

人間回首刦灰飛　인간세상 머리 돌리니 오랜 세월 재가 날리고[82]

使 등을 역임하였다. 문장으로 이름이 높았고, 특히 吳尙濂・蔡彭胤 등의 詩脈을 계승한 것으로 알려져 있다. 번암의 부친 蔡膺一, 처삼촌인 吳光運과 깊이 교유하였으며, 번암이 그를 스승으로 섬겼다.

79 趙天經(1695~1776) : 검간 趙靖(1555-1636)의 5세손이다. 조덕윤의 손자 趙自愼의 아들이다. 息山 李萬敷의 문하에서 공부하였고 26세에 사마시에 합격하였으나 벼슬길에 나서지 않고 학문과 문학으로 일관하여 사림의 존경을 받았다.

80 李埉(1696~1769) : 본관은 德水, 자는 大防이다. 증조부는 이조판서 眉江 李景曾, 조부는 대사간 李稐, 부는 통덕랑 李喜楠이다. 1723년(경종 3)에 식년시에 합격하여 생원 진사가 되어 여러 관직을 거쳐 상주 목사를 역임하고, 이조참판에 증직되었다. 아들 넷을 두었으며, 재임기간(1746.10~1750.3)에 선정을 베풀고, 문학적 업적을 남기기도 하였다.

81 1746년에 洛江에 있는 自天臺의 舞雩亭을 중수하고, 잔치를 베풀어 시회를 가졌는데, 목사를 비롯하여 權相一 등의 상주 선비들이 참석하였다. 목사 이협이 「雩亭重修落成韻」시에서 "八字碑書勢若飛 至今淸節長殷薇 臺前日月王正是 山外滄桑世事非 滿地雲陰嗟歲暮 虛庭梅蕚自春輝 最憐嗚咽寒江水 猶復朝宗滾滾歸[여덟 자 비석 글씨 날을 듯 기운찬데, 지금도 맑은 절개는 은의 고사리로 자라네. 자천대의 세월은 문왕의 명대 통일에 바르고, 산 밖의 변한 세상일 마다 그르네. 온 세상 뒤덮은 구름에 또 한 해 저묾을 탄식하는데, 빈 뜰의 매화 봉오리 절로 봄빛 띠었네. 지극한 슬픔에 흐느끼는 찬 강물은 오히려 쉼 없이 흘러 바다로 모이네]"라고 한 시이다.

82 刦火: 재라는 뜻으로, 재앙을 뜻하는 불교 용어이다. 하나의 세계가 끝날 즈음에 겁화가 일어나서 온 세상을 다 불태운다고 하는데, 漢 武帝 때 昆明池 밑바닥에서 나온 검은 재에 대하여, 인도 승려 竺法蘭이 "바로 그것이 겁화를 당한 재[刦灰]"라고 대답했다는 고사가 전한다. 『高僧傳』 卷1 「竺法蘭」

春色依然采采薇 봄빛은 의연히 고사리를 뜯고 뜯네.
別起樓臺明府至 따로 누대를 세워 명부(지방관)가 이르렀는데
獨留碑碣主人非 오직 비문에 머무른 것은 주인이 아니구나.
空添志士山河淚 뜻있는 선비는 부질없이 더하여 산하에서 눈물 흐르고
若見皇朝日月輝 황조를[83] 봄 것 같으니 해와 달이 빛나구나.
江上客來猶弔古 강가에 나그네가 와서 옛일을 위로하는 것 같고
好音誰復慰西歸 좋은 소식으로 누가 서로 돌아감을 다시 위로 하리오.[84]

10. 酬李掌令伯宗【齊華】遊自天臺韻【李謫居本州】－趙天經
장령 이재화에게 자천대를 유람한 시에 화답하다.【이재화는 본주에서 적거중이다.】

憶踏天臺上上頂 자천대 위, 정상을 오를 때를 생각하면서
仍留宿債綠陰時 이에 녹음이 짙은 날을 빌려 유숙하였네.
風光人去猶無盡 풍광은 사람과의 거리가 여전히 끝이 없고
遊賞吾衰亦復爲 유상은 나의 쇠락함도 회복하게 하였네.
佳水佳山渾似畫 아름다운 물이며 산이며 온전히 그림과 같고
春前春後總宜詩 봄날의 앞이며 뒤며 모두 시가 마땅하다.
蘇仚赤壁眞緣在 소선의 적벽유와[85] 진실로 인연이 있으니
明月扁舟與客隨 밝은 달 뜬 조각배는 객과 함께 따르네.

83 황조(皇朝): 명나라를 말한다.

84 서귀(西歸) : 『시경』 「匪風」에 “누가 고기를 요리하는가, 작은 가마솥과 큰 가마솥을 씻어 주리라. 누가 장차 서쪽으로 돌아갈까, 그를 좋은 목소리로 위로하리라.[誰能亨魚, 漑之釜鬵. 誰將西歸, 懷之好音.]”라고 하여, 주나라 왕실이 쇠미해진 뒤에 賢人이 옛 주나라의 훌륭했던 정사를 흠모하면서 지은 시이다.

85 소선의 적벽유 : 중국 송나라 유명한 문인 蘇東坡가 황주의 양자강 변 적벽지역에 거주할 때 7월 16일 뱃놀이 한 내용을 근거로 赤壁賦란 명문장을 지은 것이 여러 문인들에게 알려져 재현된 것을 말한다.

11. 次李夢瑞【獻慶】自天臺韻【夢瑞卽伯宗之子, 時爲金泉察訪】- 趙天經

이몽서【헌경】이[86] 지은 자천대에 처운하다.【몽서는 이백종의 아들인데 당시 김천 찰방이었다.】

夜夜冬青哭杜鵑 밤마다 동청에는[87] 두견의 곡소리요[88]
新亭高處憶前賢 새로 지은 정자 높은 곳에서 선현을 생각하네.
滄桑獨有孤臺石 상전벽해에도[89] 오직 외로운 대에는 돌만이 있고
天地難忘萬曆年 천지세상 일중에 만력연간을 잊기 어렵네.
依舊雲煙生一壑 예전의 운하는 온 골짜기에 피어나고
至今風雨戰三川 지금의 풍우는 삼천을[90] 흔든다.
芳薇采采吾將祭 향기로운 고사리 꺾어서 나는 장차 제사지내고

86 李獻慶(1719~1791) : 본관은 全州, 초명은 星慶, 자는 몽서, 호는 艮翁이다. 1743년(영조19) 번암과 함께 정시 문과에 병과로 급제하였다. 1751년 정언이 된 뒤 사헌부와 사간원, 홍문관의 직책을 두루 맡았다. 그 뒤 동부승지, 대사간, 한성부 판윤 등을 역임하고 1790년(정조14) 耆老所에 들어갔다. 저서로는 『艮翁集』이 있다.

87 冬青 : 일명 女貞으로 지조를 상징하는 나무인데, 일찍이 송나라가 망하자, 元나라 사람이 紹興에 있는 송나라 王陵들을 모두 발굴하여 遺骸를 없애 버리려고 할 적에 송나라 義士 唐珏이 몰래 그 유해들을 수습하여 蘭亭山에 장사 지내고 또 송나라 고궁에 있던 冬青樹들을 그 묘 위에 옮겨 심었던 데서 온 말이다.

88 杜鵑 : 옛날에 蜀의 望帝 杜宇가 만년에 자기 재상에게 제위를 선양하고 스스로 도망가 원통하게 죽었는데, 그의 넋이 杜鵑으로 화하여 늦은 봄, 초여름 무렵이면 항상 밤낮으로 애절하게 울어 피를 토하고서야 그친다는 전설에서 온 말이다.

89 상전벽해 : 원문은 '滄桑'이며 '滄海桑田'의 줄인 말로 桑田碧海란 말과 같은데 커다란 변고를 이른다.

90 三川 : 岐山에서 발원하는 涇水, 渭水, 汭水를 말한다. 周나라 幽王 3년에 지진으로 인해 삼천이 흔들리는 변고가 생기자 伯陽父가 음양이 제자리를 잃어 이런 변고가 생긴 것이며, 夏나라가 망할 때도 伊水와 洛水가 말랐다고 말하였다. 삼천은 西周의 涇水, 渭水, 洛水로, 『국어』 주어 상에, "幽王 2년에 서주의 삼천이 모두 진동하였다." 하였다.

欲向東溟配魯連　동쪽 바다로 향해 노중련과[91] 짝이 되고 싶네.

12. 追次自天臺韻, 寄李伯宗 – 趙天經

자천대 운에 뒤따라 차운하여 이백종에게 부치다.

故人消息近如何　옛 사람 소식은 근래 어떠한지요
鴻鴈秋來尙不過　기러기는 가을이 오니 여전히 지나치지 않는다네.
暇日仚區耽勝去　여가 날에 선구의 승경을 찾아 떠나고
滿山詩料憶君多　온 산에 시 짓는 재료이니 그대 생각이 많다네.
夢回滄海團團月　꿈에 창해의 둥근 달을 돌아보니
思入長江滾滾波　생각은 장강에서 밀려오는 파도 속으로 들어가네.
想像秋風遊衍地　가을 바람이 넓은 땅에 노닌 것을 그려보니
心如鷂子念新羅　마음은 매가 되어 신라를[92] 생각하네.

13. 登自天臺【蔡處士雩潭築】– 鄭象履[93]

자천대에 오르다. 【채처사 우담[채득기]이 지었다.】

落日來尋處士臺　해질 녘 처사의 누대를 찾아오니

91 魯連 : 魯仲連으로 전국 시대 제나라 政客으로 높은 지조를 지녔던 인물로 유명하였다. 그의 유세로 秦나라 군대에 포위되었던 趙나라가 위기를 넘기자, 조나라의 평원군이 봉작을 내리려 하였으나 끝내 거절하고 바닷가에 은거한 것으로 전한다.

92 新羅 : 어떤 상황이 신속하고 민첩하게 전개되거나, 혹은 한 생각이 엉뚱하게 다른 곳으로 빠져들 때 쓰는 표현으로, 원래 禪家에서 나온 말이다. 한 승려가 '金剛一隻箭'에 대해서 묻자, 祖師가 "그 화살이 벌써 신라를 지나갔다.[過新羅國去]"그 대답했다는 이야기가 『景德傳燈錄』을 비롯해 많은 禪書에 등장한다. 蘇軾의 시에도 "나의 삶 역시 자연의 변화 따라 밤낮으로 물처럼 흘러가나니, 찰나의 한 생각이 신라를 이미 지나간 것을 앉아서 깨닫겠노라.[我生乘化日夜逝 坐覺一念逾新羅]"라는 표현이 있다. 『蘇東坡詩集』 卷17 「百步洪」

93 鄭象履(1774~1848) : 자는 중소, 우복 정경세의 7세손으로 증조는 주원이며, 부친은 익노이다. 우복이래에 경학과 문학을 전수하며 산림처사로 살았다. 당대 석학

大明年號此中嵬　대명 연호가 이 속에 우뚝하구나.
太歲又丁涒灘暮　태세가[94] 또다시 군탄으로[95] 저물어가고
江流東下使人哀　강물이 동쪽으로 흘러 사람을 슬프게 하네.

14. 自天臺懷古－高聖謙[96]
자천대를 회고하다.

往事追惟一惘然　지난 일을 생각하니 온통 망연하고
蒼崖留護大明年　푸른 벼랑은 대명연간을 호위하고 있네.
臺全野草荒烟界　대에는 들풀이 덮혔으니 연계에서 황량하고
人在秋霜烈日天　사람은 가을 서리에 있으면 해가 하늘에서 뜨겁네.[97]
從古笙簫王子浦　예로부터 왕자가 물가에서 생소 불고[98]
至今書畵米家船　지금은 미가선에[99] 서화가 가득하네.

이었던 입재 정종로와 쌍벽을 이루던 손재 남한조를 비롯하여 임하 이경유 세백 강호린 등이 나이가 많았으나 교유하였고 백하 황석로 극재 강세규 수계 이승배 등과 벗하여 학문을 논하고 문학을 창작하였다.

94 太歲 : 歲星으로 12년에 하늘을 한 바퀴 도는 木星의 異名으로 곧 해[歲]를 이르는 말이다.

95 涒灘 : 申의 고갑자로, 여기에서 군탄의 해는 명나라가 망한 해인 갑신년을 말한다. 朱子가, 宋 太祖가 개국한 해인 경신년을 맞아 "내년의 태세가 또다시 군탄이구나.[明年太歲又涒灘]"라고 읊어 상심을 나타낸 시에서 유래한다. 옛날 甲子의 十二支의 하나로, 申과 같다. 『爾雅』에 "태세가 신(申)에 있음을 군탄(涒灘)이라 한다.[大歲在申日涒灘]." 하였다. 명나라 毅宗이 자결한 갑신년(1644 인조 22년)이라는 뜻이다.

96 高聖謙(1810~1886) : 본관은 開城, 자는 穉希, 호는 甪里. 월봉 고인계의 후손이다. 아버지는 高夢贊이며, 어머니는 청주정씨로 鄭來成의 딸이다. 1844년 진사사 되었으나 벼슬길을 포기하고 학문에 전념하였으며, 문학에도 특출하여 시명을 얻었다. 아우 文謙과 致謙도 당대에 문명이 높았단 선비이다.

97 秋霜烈日天 : 가을 서리와 여름 햇볕인데, 두려운 위엄을 비유하는 말로 쓰인다. "가을 서리처럼 매섭고 여름 햇볕처럼 따갑다.〔秋霜烈日〕"

98 笙簫 : 생소를 분다는 것은 곧 仙境에서 노니는 것을 의미한다.

離汀立馬重回首 진흙에 벗어나 말을 세우고 거듭 머리를 돌리니
永曆青山夕照懸 영력,[100] 푸른 산에 때마침 비추며 달려있네.

15. 抵道南書院 會葛庵李先生請伸事也. 時江月正中, 挐舟沿洄於詠歸青龍之間, 泊自天臺下, 風作過涼不可上, 遂悵然而罷 – 柳鼎文[101]
도남서원에 이르러 모여 갈암 이현일 선생에 대해 거듭 일을 청하였다. 당시 강의 달은 한 가운데 있고 배를 이끌고 읊고 돌아가며 청룡 사이에서 오르내렸다. 자천대 아래에 배를 대고 바람이 일어나니 너무 사늘해서 오를 수 없었기에 끝내 창연해하며 마쳤다.

幽鬱今來得暫痊 답답하여 지금 오니 잠시 병이 낫게 되고
滄洲秋事夜無邊 창주의[102] 가을은 가없는 밤이로다.

---

99 米家 : 송나라 때 米芾이 항상 배에 書畫를 가득 싣고 강호를 유람하였으므로, 후세에 미불의 서화를 가리켜 米家船이라고 한 데서 온 말이다.

100 永曆 : 永曆帝(1623~1662)를 가리킨다. 중국 남명의 제4대 황제인 昭宗으로, 이름은 朱由榔이다. 연호는 永曆이며, 재위 기간은 1646~1662년이다. 명나라의 13대 황제인 만력제의 손자로 桂王이라고도 불렸다. 왕위에 오른 후 광서성의 계림에 진지를 두고 서구의 대포를 사용하여 청나라 군대에 맞서 싸웠다. 처음에는 전과를 올렸으나 군사력을 보충한 청나라 군대에 거듭 패배하면서 점점 남서쪽으로 밀려나 1659년에 미얀마까지 도망쳤다. 그러나 미얀마까지 따라온 청나라 군대에 포로로 붙잡혀 결국 중국으로 압송된 뒤 처형당하였다.

101 柳鼎文(1782~1839) : 본관은 全州. 초명은 齊文, 자는 耳仲, 호는 壽靜齋. 공조참의 柳升鉉의 증손이다. 아버지는 안변부사 柳範休이며, 어머니는 의성김씨로 金江漢의 딸이다. 1805년(순조 5) 과거에 응시하였으나 낙방하자 이후 과거를 단념하고 학문에 주력하여 1834년(헌종 4)에는 문학과 덕망으로 惠陵參奉에 천거되었으나 병으로 부임하지는 못하였다. 아버지가 서울로 벼슬살이를 위해 떠나자 종조할아버지 柳長源에게 나아가 학업을 익혔다. 1796년 여름에는 아버지를 고성(高城) 임지에서 시종하며 柳晦文 · 南漢朝와 함께 금강산 유람에 동행하였다.

102 滄洲 : 원래 물가의 경치 좋은 곳을 뜻하지만 신선이 사는 섬을 의미하기도 한다. 남조시대 齊나라의 시인 謝朓가 宣城太守로 나가서 창주의 정취를 마음껏 누렸던 고사와 삼국 시대 위나라 阮籍의 「爲鄭沖勸晉王箋」에 나오는 "창주를 굽어보

靑龍祠下楓千樹	청룡 사당[103]아래에는 단풍나무 천 그루이고
白鷺灘頭月一船	백로 여울머리에는 달빛 가득한 실은 배라네.
談笑衣冠江左右	이야기하며 웃는 선비들은[104] 강의 좌와 우에 있고
沿洄咫尺界凡仙	물길 따라 오르락내리락 지척 간에 범인과 신선의 경계라네.
不妨留待自天勝	머물며 기다린 자천의 승경에 개의치 마오
有隕明年頌自天	내년에 자천을 노래할 일이 떨어짐이 있을 것이라네.

16. 경천대사 병서擎天臺辭 幷序[105] – 韓章錫[106]

商之山兮巉岏	상산 우뚝한 곳에

며 지백에게 사례하고, 기산에 올라가 허유에게 읍한다.〔臨滄洲而謝支伯 登箕山而揖許由〕"라는 말로 보아, 주로 경치가 좋은 은자의 거처를 의미하는 것으로 보인다.

103 청룡사당 : 경북 상주시 중동면 오상리 비봉산 중턱에 있는 청룡사가 아닌가 한다. 1674년(현종14)에 창건되었다고 전해지며, 중창과 관련된 기록이 인근 도남서원에 보관되어 있다고 한다. 뛰어난 풍광 때문에 예로부터 불자뿐 아니라 시인묵객들이 많이 찾았다 한다. 낙동강 물줄기 중 경치가 가장 아름답다는 경천대국민관광지가 인근에 있으며, 청룡사에서 굽어보는 낙동강의 풍광을 제일로 친다.

104 의관(衣冠) : 옷과 갓을 단정하게 차린 사람이라는 뜻으로, 사대부를 말한다. 『漢書』 60권 「杜欽傳」에 "의관들이 두흠을 일러 盲杜子夏라고 하였다.〔衣冠謂欽爲盲杜子夏〕"라고 하였는데, 안사고(顔師古)의 주(注)에 "의관(衣冠)은 사대부를 이른다.〔衣冠謂士大夫也〕"라고 하였음.

105 「병서」는 다음과 같다. "李壺翁景南, 當崇禎運訖, 悲神州陸沉, 皇靈不祀, 獨上商山擎天臺, 焚香慟哭. 胤子枝元遵父遺志, 墠于臺, 以高皇帝顯皇帝烈皇帝諱辰, 用家藏遊擊將軍吳惟忠所贈成化萬曆二尊, 崇玄酒以奠之. 子孫世守是禮, 迄于今不替. 嗚呼. 苟以義起一間茅屋, 可祭先王, 享之以誠, 則澗谿沼沚之毛, 可薦於上帝. 況我邦之於皇明, 家尸戶祝, 聖人已許之矣, 於禮爲不汰乎. 遺民韓某, 聞而義之, 作歌以遺之, 俾作迎神之侑. 其辭曰(호옹 이경남은 숭정의 운세가 끝난 때를 당하자 신주가 몰락해 황제의 영령에 제사 지내지 못하게 된 것이 슬퍼 홀로 상산(상주)의 경천대에 올라가 향을 사르고 통곡하였다. 맏아들 지원이 아버지의 유지를 따라 경천대에 제터를 마련하고 고황제(명 태조) · 현황제(명 신

掃一邱兮淨光　언덕 하나 깨끗하게 쓸었으니
數抔兮九天　드높은 구천에 몇 움큼이요.
十笏兮八荒　드넓은 팔황에 열 자 정도지만
羌不騫兮萬世　아, 만세 동안 훼손되지 않으리니
近帝居兮雲鄉　천제의 거소인 운향에[107] 가깝다네.
山有橘兮澗有蘋　산에는 귤이 있고 시내에는 마름풀 있어[108]
穆將愉兮三皇　공경히 장차 세 분 황제를 기쁘게 한다네.[109]
潔齋俟兮虔求　청결히 재계하고 기다려 정성스럽게 구하나니
神所遊兮無方　신령이 노니는 곳은 일정한 방향이 없다네.
睠九土兮腥羶　중국 땅을 돌아보면 오랑캐의 노린내 나지만
獨一隅兮扶桑　유독 한 구석에 부상이[110] 있어

종)・열황제(명 의종)의 기일에 집안에 보관하고 있던 유격장군 오유충이 준 성화・만력의 두 술잔을 사용하여 현주를 올려 제사를 지냈다. 자손이 대대로 이 예를 지켜 지금까지 그치지 않고 있다. 아아! 참으로 의로써 일어난다던 한 칸 초가집에서도 선왕께 제사할 수 있고, 정성으로 제향을 올린다면 계곡 시내와 늪가의 풀도 상제께 제사 음식으로 올릴 수 있다. 하물며 우리나라가 황명에 대해 집집마다 제사 지내는 것을 성인께서 이미 허락하셨으니, 예에 지나치지는 않으리라. 유민인 나 한 아무개는 이 얘기를 듣고 의롭게 여겨 노래를 지어 주어 신을 맞이할 때의 도움으로 삼도록 한다. 그 가사는 다음과 같다)"

106 韓章錫(1832~1894) : 조선 말기의 문신으로 자는 稺綏, 호는 眉山, 시호는 文簡이다. 1872년(고종9) 정시 문과에 급제하고 여러 벼슬을 거쳐 1888년 대제학이 되었고 그 후 함경도 관찰사를 지냈다. 金允植, 閔台鎬와 함께 당대의 문장가로 이름이 높았다. 저서에 『眉山集』이 있다.

107 雲鄉 : 白雲鄉의 준말로 仙鄉을 가리킨다. 『莊子』「天地」에 '저 흰 구름을 타고 천제가 사는 곳에 이르리.〔乘彼白雲, 至於帝鄉〕"라고 한 데서 유래하였다.

108 귤이 있고 시내에는 마름풀 : 귤과 마름은 모두 제사에 올리는 음식의 뜻으로 쓰였다. 귤은 전통적으로 귀한 祭需이며, 마름은 『시경』「召南 采蘋」에 "이에 마름을 뜯기를 남쪽 시내에서 하도다. 이에 마름을 뜯기를 저 흘러가는 도랑에서 하도다.〔于以采蘋, 南澗之濱. 于以采藻, 于彼行潦〕"라고 한 데서 온 말로, 이는 부인이 사당에 제사 지내면서 제수를 장만하기 위해 나물을 캐는 것이다.

109 세 분 황제 : 경천대에서 제사를 지내는 명 태조, 명 신종, 명 의종을 가리킨다.

濯東海兮滔滔　도도한 동해가 깨끗이 씻어 주고
照日月兮煌煌　빛나는 일월이 비추어 주네.
霓爲旌兮雲爲車　무지개를 깃발 삼고 구름을 수레 삼아
靈之來兮洋洋　신령이 오심이 성대하다네.
風飄兮泉冽　바람은 가벼이 불고 샘물은 차가우니
地久兮天長　하늘과 땅처럼 영원하리라.
天長兮地久　하늘과 땅처럼 영원하리니
懷美人兮不能忘　아름다운 이 그리워하며 잊지 못하네.

3. 예천읍지 『축산승람竺山勝覽』에 소재한 한시漢詩와 그 성격

1) 들어가며

이 글은 예천의 용궁지역[111] 사찬읍지인 『축산승람竺山勝覽』[112]을 대상으로 수록된 한시 현황을 파악하고, 이를 통해 읍지에 수록된 한시의 성격을 고찰해보고자 한다. 용궁은 일찍부터 웅주雄州인 상주에 인접해 있으면서 문화적인 교감을 계속하였으며, 안동 등 경북 북부

110 扶桑 : 해 뜨는 동쪽 바다에 있다는 전설의 神木으로 여기에서는 동쪽에 있는 조선을 가리킨다.

111 역사적으로 용궁은 '竺山', '園山', '龍州' 라는 이름으로도 불렀다. 신라 때는 축산 · 원산으로 불렀고, 고려 成宗 14년(995)에는 용주라고 높여서 불렀다. 용궁이라는 명칭은 고려 현종 3년인 임자년(1012)에 비로소 사용하기 시작하였다. 『新增東國輿地勝覽』卷25, 「慶尙道-龍宮縣」; 한국고전종합DB.

112 『축산승람』은 한국국학진흥원에서 2018년 번역작업이 이루어져 많은 도움이 되었다. 본고의 한시, 인용문은 기존 번역을 수용하였다. 『축산승람』, 권경열 · 최연숙 역, 한국국학진흥원, 영남사, 2018.

지역의 인사들이 도성을 오갈 때 반드시 거쳐야 하는 길목에 있던 중요한 고을이었다. 고려와 조선에 이제현李齊賢, 이규보李奎報, 권근權近, 서거정徐居正, 이황李滉 등 주요 인물들과 전원발全元發, 정탁鄭琢, 조려趙旅, 홍여하洪汝河 등 용궁 출신 인물들이 용궁지역을 배경으로 시문을 지은 것을 보면, 인재의 고장으로서 매우 중시되던 지역임을 확인할 수 있다.

용궁의 경우 역사적으로 주州, 군郡, 현縣으로 위상의 변동이 있기는 하였지만, 한 번도 독립적인 고을로서의 지위를 상실한 적이 없었다. 그러다가 일제 강점기인 1914년에 행정구역을 통폐합하면서 마침내 동등한 위상의 이웃 고을인 예천군으로 편입되었다. 그 과정에서 관내의 일부 지역들이 문경군, 의성군 소속으로 편입되어 옛 용궁의 규모조차 온전히 유지하지 못하게 되었다. 용궁에서 세거世居하면서 높은 문화적 자부심을 가지고 살던 지역의 유림들로서는 엄청난 충격과 상실감을 느꼈을 것이다.

더구나 국권을 상실한 뒤로 새로운 문화가 밀려들게 되면서 이들의 위기의식은 점차 커질 수밖에 없었다. 유교적인 교화는 세상의 격변 속에서 점차 기능을 상실하고 있었고, 문헌의 고장이던 용궁의 화려했던 지난날을 증언해 줄 읍지는 그 내용이 소략하기 짝이 없었다. 자칫하면 후대 사람들은 독립적이던 용궁의 지난 역사를 잊어버린 채, 예천군의 역사 속에 부분적으로 남아 있는 편린들만 접하게 될 수도 있는 상황이었다. 이런 우려가 점차 커져 가던 중, 1933년 고영찬[113]

113 高永贊(1868~1943)은 자가 叔淵, 호는 二山이며, 본관은 開城이다. 泰菴 高彦亨의 아들이며, 西山 金興洛의 문인이다. 1901년 蔭仕로 穆陵參奉을 지냈다. 글씨로 명성이 높았다.

의 선도로 비로소 고을의 역사를 정리하자는 의론이 돌았다. 바로 역할을 분담하여 편찬 사업에 착수하여 불과 1년 만인 1934년에 마침내 용궁의 역사가 오롯이 담긴 4권 2책의 성과물을 출간하게 되었다. 그것이 바로 용궁과 관련된 전통 방식의 읍지들 가운데 가장 완경판이라고 할 수 있는 『축산승람』이다.

『축산승람』은 용궁만을 대상으로 한 전통 시대의 자료들 가운데 가장 최후의 자료이다. 『축산승람』은 용궁의 기존 읍지에 비해 분량이 거의 4배에 달할 정도로 풍부해졌다. 본고에서 주목하는 한시 역시 기존의 용궁 읍지보다 5배나 많이 수록되어 있다. 모두 60명의 작가, 63수의 한시가 실려있다. 이는 『축산승람』을 대상으로 지역 문인들의 시작품과 이를 지켜보며 언급한 타 지역 문인들의 시작품을 통해 한시의 성격을 고찰할 수 있을 것이다. 조선시대 예천지역 및 관련 인물들의 학계 내 중요도뿐만 아니라, 예천 사찬읍지로서의 『축산승람』의 문헌적 가치에도 불구하고 관련 연구가 본격적으로 이루어지지 않은 점은 학계의 관심을 가지는 것이 충분하다고 판단된다. 덧붙여 본 연구를 통해 읍지에 수록된 한시를 대상으로 한 지역 한문학 연구의 가능성을 안겨줄 수 있으리라 전망한다.

2) 『축산승람』의 간행과 구성

(1) 『축산승람』 이전 편찬된 용궁 사찬읍지

『축산승람』 이전에 편찬된 용궁 관련 사찬 읍지는 현재 약 6종정도가 확인되었다. 우선 경상도 전체를 대상으로 하는 지리지 속에 포함된 경우는 3종으로, 『경상도읍지慶尙道邑誌』(奎666), 『영남읍지嶺南邑

誌』(奎12173), 『영남읍지嶺南邑誌』(奎12174)에 수록되어 있다.[114] 단독 서책 형태는 『용궁읍지龍宮邑誌』(奎17450), 『용궁현읍지龍宮縣邑誌』(想白古915.15-Y8), 『용궁군신증읍지龍宮郡新增邑誌』(奎10847) 등 3종이다. 본 장에서는 단독 읍지 3종의 항목을 확인하고 아울러 한시 수록 현황도 함께 살펴보고자 한다.

① 『용궁읍지』(奎17450)는 1785년 무렵 편찬된 것으로 추정된다. 구성은 건치연혁建置沿革, 군명郡名, 형승形勝, 성지城池, 관직官職, 방리坊里, 원호元戶, 도로道路, 산천山川, 성씨姓氏, 풍속風俗, 능침陵寢, 단묘壇廟, 공해公廨, 제언堤堰, 창고倉庫, 물산物產, 교량橋梁, 역원驛院, 목장牧場, 관액關阨, 봉수烽燧, 누정제영樓亭題詠, 사찰寺刹, 고적古蹟, 진보鎭堡, 인물人物, 한전旱田, 수전水田, 진공進貢, 조적糶糴, 전세田稅, 대동大同, 균세均稅, 봉름俸廩, 군병軍兵, 책판冊板 등의 순서로 되어 있다. 구성에서 여타 읍지와 많은 차이를 보이는 부분은 각종 세금 및 군병 항목이 두드러지게 추가되었다는 점이다.

시문詩文의 수록 현황은 기문記文, 발문跋文 등 4 작품과 한시 13수가 수록되어 있으며. 작가는 모두 15명이다. 한시는 누정제영 항목에 집중되어 있는데 수월루水月樓, 부취루浮翠樓, 백화사白華寺 등에 대해 지은 것이다. 수월루는 김수온, 서거정 각각 1수, 이언적 2수, 청원정淸遠亭은 이황의 한시 2수가 있다. 부취루는 홍귀달의 기문, 김과일의 부벽루중수기浮翠樓重修記가 있으며, 강혼姜渾, 이규보李奎報, 권근權近, 이황의 한시가 있다. 백화사는 이제현의 관공루기觀空樓記, 전원발

114 『慶尙道邑誌』(奎666), 『嶺南邑誌』(奎12173), 『嶺南邑誌』(奎12174)은 고영찬 외 저, 권경열 · 최연숙 역, 앞의 책, 2018, 13~14면; 이재두, 「조선후기 경상도 읍지 편찬 사업 재검토」, 『대구사학』 138, 대구사학회, 2020, 4면.

全元發 발문과 이제현, 권사복, 염흥방 등의 한시가 있다. 이제현의 시와 문에 백화사와 함께 존재했던 누각 관공루觀空樓에 얽힌 이야기가 자세히 기록되어 있다. 현전하는 최초의 용궁 단독읍지로서 제영題詠, 기문 등 지역과 관련된 글귀들을 모아 놓아 지역의 문화적 전통을 보여주고 있다. 아래 그림자료는 『용궁읍지』(奎17450)의 일부이다.

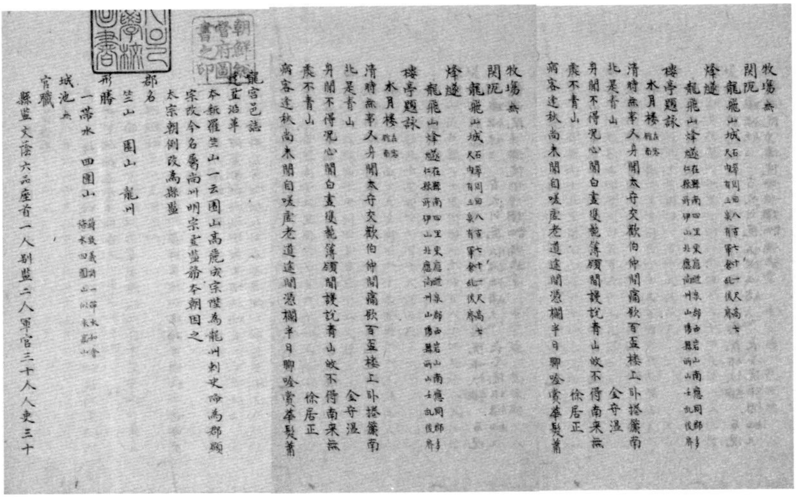

〈그림 1〉 『용궁읍지』(奎17450)[115]

② 『용궁현읍지』(想白古915.15-Y8)는 1874년경에 편찬된 읍지로, 건치연혁, 군명, 관직, 성씨, 산천, 방리, 호구, 전부田賦, 군액軍額, 군기軍器, 관애關隘, 단묘, 불우佛宇, 공해, 도로, 제언, 장시, 역원, 형승, 고적, 진공進貢, 봉름俸廩, 환적宦蹟, 과거, 기문 등의 순서로 되어 있다. 기본적으로 『영남읍지』(奎12174) 소재 용궁현 읍지의 구성과 완전

115 〈그림1〉~〈그림3〉. 서울대학교 규장각한국학연구원(kyujanggak.snu.ac.kr).

히 동일하며, 『영남읍지』의 읍사례 항목 대신 기문 항목이 수록되어 있는 것만 다르다. 세부적으로는 토성에 열거된 성씨가 『영남읍지』에 수록된 성씨와 같고 산천 항목에서는 금산琴山이 추가되어 있는 것도 같다는 것이 특징이다.

시문을 살펴보면 기문 3작품과 한시 3수가 수록되어 있으며, 작가는 모두 6명이다. 한시는 제영 항목에 집중되어 있다. 기문은 홍귀달의 「부취루기문」, 홍여하의 「명륜당기明倫堂記」, 류교목柳敎睦의 「일근당기一勤堂記」가 있다. 이규보, 권근, 박효룡朴孝龍 등의 한시가 있다. 한시가 『용궁읍지』(奎17450)에 비해 다소 축소되었다. 다음자료는 『용궁현읍지』(想白古915.15-Y8)의 일부이다.

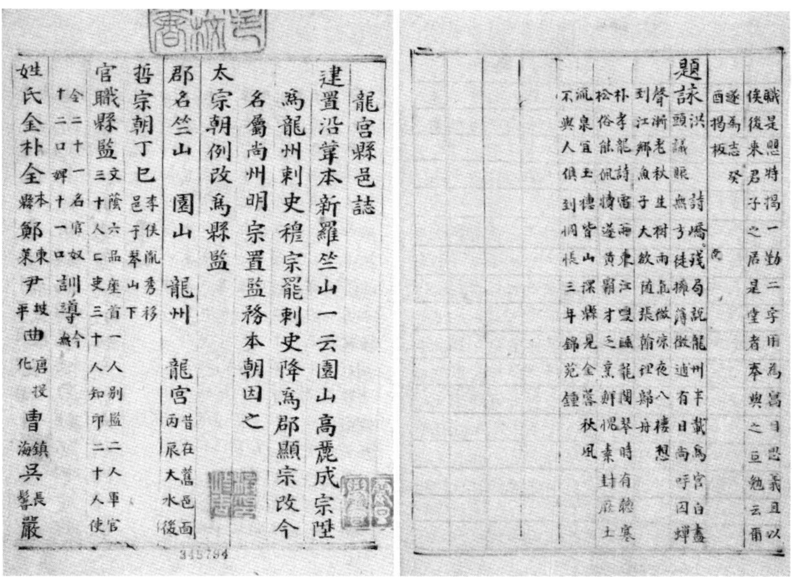
龍宮縣邑誌
建置沿革 本新羅竺山一云園山 高麗成宗陞
爲龍州刺史 穆宗罷刺史降爲郡 顯宗改今
名屬尙州 明宗置監務 本朝因之
太宗朝例改爲縣監
郡名 竺山 園山 龍州 龍宮

〈그림 2〉『용궁현읍지』(想白古915.15－Y8)

③ 『용궁군신증읍지』(奎10847)는 규장각 해제에서는 1899년경에 편찬된 것으로 추정하고 있으나, 제목에서 용궁군이라고 명시된 것을 감안하면 이는 잘못된 것으로 보인다.[116] 용궁이 군郡으로 존속한 기간은 1910년부터 1914년까지이므로, 용궁군이라는 제목을 붙일 수 있는 기간은 이 시기를 벗어날 수 없다. 구성은 지도, 건치연혁, 진관鎭管, 군명, 방곡坊谷, 성씨, 풍속, 형승, 산천, 토산, 성곽, 봉수, 궁실, 누정, 학교, 역원, 교량, 제언, 불우, 사묘, 총묘, 고적, 명환, 인물, 효자, 열녀, 제영 등의 순서로 되어 있다. 세부적으로는 토성 항목에서 열거된 성씨들은 여타 읍지에 비해 대폭 축소된 것이 특징이다. 풍속 항목에는 용궁군의 기존 읍지에 수록된 "화목함을 숭상한다."라는 구절 외에 "검소하고 질박하다."라는 문구가 추가로 기재되어 있다. 이 표현은 이 책과 『축산승람』에만 보이고 있다.

시문을 살펴보면 기문, 서문 등 3작품과 한시 12수가 수록되어 있으며, 작가는 모두 15명이다. 시문은 누정, 불우, 제영 항목에 골고루 보인다. 누정 항목에는 부취루, 수월루, 임청각臨淸閣을 대상으로 지은 작품이 있다. 부취루는 「홍귀달기문」, 김태일의 기문이 있으며, 이황의 시가 있다. 수월루는 김수온, 서거정의 시가 있다. 임청각은 심금헌申金憲의 서문과 송가상宋可相, 권진응權震應, 정당鄭棠, 이민보李敏輔 등의 시가 수록되어 있다. 불우 항목에는 백화사에 대해 이제현, 권사복, 염홍방 등의 한시가 있으며, 제영 항목은 부취루를 지은 이규보, 권근의 한시가 있다. 기존 읍지에 비해 항목이 세분화되어 누정, 불우, 제영 등 항목은 늘어났으나 한시 작품은 『용궁읍지』(奎17450)와 비슷

116 고영찬외 저, 권경열 · 최연숙 역, 앞의 책, 2018, 14~15면.

한 규모였다. 아래 자료는 『용궁군신증읍지』(奎10847)의 일부이다.

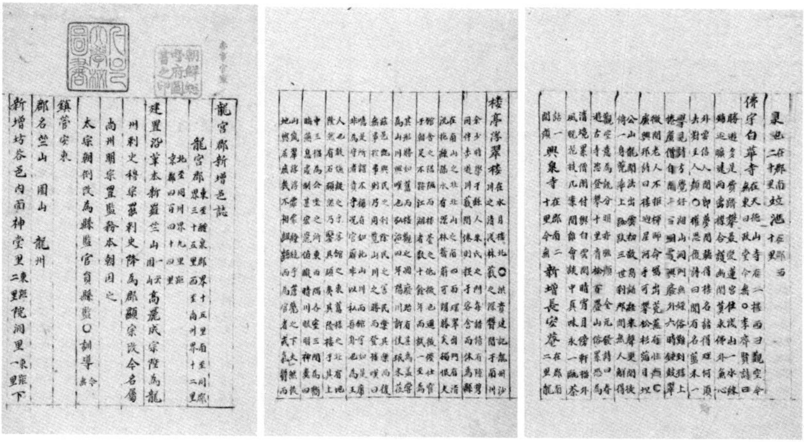

〈그림 3〉 『용궁군신증읍지』(奎10847)

3) 『축산승람』의 구성 및 내용

『축산승람』의 구성은 크게 서문, 범례, 본문, 발문, 관련자 명단[117]으로 되어 있다. 본문은 다시 크게 여지輿地, 토산, 학궁, 질사秩祀, 관제官制, 공서公署, 고적, 명환, 인물, 제영 등 총 10개 항목으로 구성되어 있다. 기존 읍지의 항목들을 가지고 같은 성격을 지닌 것끼리 대분류한 다음, 다시 그 하부 층위의 항목을 기술하는 방식이다. 이는 기

117 『축산승람』 편찬시 일정부분 참여했을 것으로 보이는 명단이 부록에 수록되어 있다. 文廟直員: 鄭武燮, 金益洛, 鄭雲豹, 李守弘, 李道衡, 安在永, 鄭元朝. 高運海, 全相朝, 尹仁赫, 高永鎭, 蔡漢祚/ 修整時任員錄: 都監參奉高永贊, 直員鄭元朝, 校正幼學鄭用洛, 直員李守弘, 安在永, 幼學尹祀赫, 句管參奉高永鎭, 掌財幼學全炳胤, 書寫 李芝晟, 張性德, 李世濬. 고영찬외 저, 권경열 · 최연숙 역, 위의책, 2018, 244~245면.

존 읍지의 분류 체계와 다른 방식이다. 아래 그림은 『축산승람』의 일부이다.

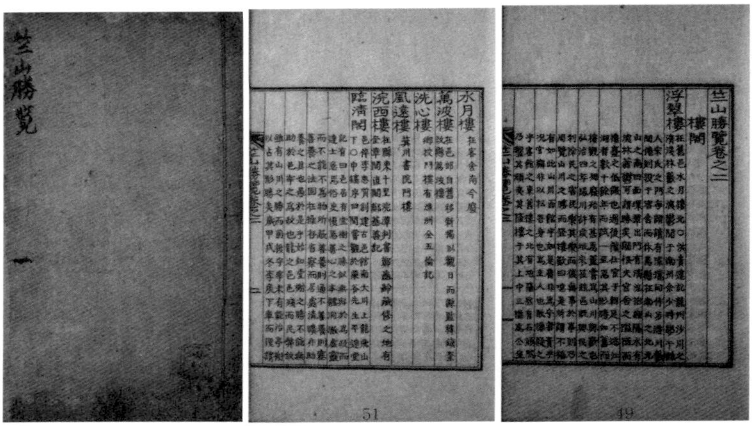

〈그림 4〉 축산승람[118]

여지 항목은 건치, 연혁, 이합移合, 강역거리疆域距離, 방곡, 면동리폐합面洞里廢合, 풍속, 성씨, 조선편祖先編, 산천, 교량, 성지, 도로, 역원, 시장, 제언, 봉수, 도서島嶼 등 18개 소항목으로 구성하였다. 용궁지역의 변천사를 개괄하면서 시대별 이칭, 지명을 나열한 뒤 이곳에 위치하는 산천 · 성지 · 역원 · 교량 · 봉수 도로등의 위치와 종류, 지역별 거주민들의 성씨와 이들의 풍속 등을 소개하고 있다. 토산 항목에서는 주로 국가 재정에 필요하여 수취하던 세금이나 인구수에 관련된 공부貢賦, 전부田賦, 호구戶口 등 3개 소항목으로 구성하고 있다. 학궁에서는 교육 기능을 담당하였던 향교, 서원, 서당 등 3개 소항목을 수

118 국립중앙도서관(https://www.nl.go.kr).

록하였다. 질사秩祀는 여러 신神을 함께 제향하던 시설에 대한 사항들을 기술한 것으로, 사직단社稷壇, 성황사城隍祠, 여제단厲祭壇, 사우祠宇 등 4개 소항목으로 구성되었다. 관제는 고을의 정사와 관련된 관명을 소개하는 것인데, 다른 설명 없이 현감, 군수, 좌수, 별감 등의 순서로 나열하였다. 공서公署는 관청에 소속된 각종 공공건물을 소개하는 내용으로, 객사, 동헌, 유향소, 육방청六房廳, 창고 등 5개 소항목으로 구성하였다. 고적은 고물古物, 누대, 정각, 사찰, 서숙, 총묘塚墓, 부곡部曲 등을 수록하였다. 명환은 이름난 벼슬아치라는 뜻인데, 전임 수령을 일컫는 말로 쓰이는 읍선생邑先生이라는 하나의 소항목만 설정되어 있다. 도를 관장했던 관찰사의 경우에는 도선생道先生, 군을 관장했던 군수의 경우에는 군선생郡先生이라고 구별하여 칭하기도 하였다. 인물은 봉시封諡, 문과, 무과, 음사, 증직, 수직壽職, 생진生進, 충, 효, 열로 구성되어 있다. 제영은 누대 등 용궁의 명승을 기록한 각종 시문을 수록하였다. 『축산승람』은 조선시대보다 내용이 매우 다양해져 항목 수가 크게 증가되었다. 각 항목별 내용을 제시하면 다음과 같다.

〈표 1〉『축산승람』 구성

번호	읍지	대항목	소항목
1	권1	輿地	建置, 沿革, 移合, 疆域距離, 坊谷, 面洞里廢合, 風俗, 姓氏, 祖先編, 山川, 橋梁, 城池, 道路, 驛院, 市場, 堤堰, 烽燧, 島嶼
2		土產	貢賦, 田賦, 戶口
3		學宮	鄕校, 書院, 書堂
4		秩祀	社稷壇, 城隍祠, 厲壇, 祠宇
5		官制	縣監, 郡守, 座首, 別監
6		公署	客舍, 東軒, 留鄕所, 六房廳, 倉庫

7	권2	古蹟	古物, 樓臺, 亭閣, 寺刹, 書塾 塚墓, 部曲
8		名宦	邑先生
9	권3 권4	人物	封諡, 文科, 武科, 蔭仕, 贈職, 壽職, 生進, 忠, 孝, 烈
10		題詠	
11		부록	文廟直員, 修整時任員錄

책의 편집 원칙인 범례를 통해 『축산승람』의 특징을 살펴보자. 『축산승람』의 범례는 모두 6개 조항이다. 앞 3개 조항[119]의 대체적인 내용은 일단 기존 읍지의 체례體例를 따르고, 새로운 내용은 추가하기로 한다는 것이다. 즉, 각 항목의 명칭이나 항목 수, 기술 순서를 기존 읍지와 비슷하게 구성하였다는 것이다. 그렇다면 어떤 읍지를 모본母本으로 삼았을까. 앞에서 살펴본 것처럼 『축산승람』 이전에도 용궁을 대상으로 하는 지리지는 여러 종이 있었다. 이들 읍지 중에서 『축산승람』의 편찬 때 적극적으로 참조했을 것으로 여겨지는 유사 체례가 없는 것으로 보인다. 폐합되기 이전 지역에서 지니고 있는 구지舊誌 모두를 저본으로 변동 수정 사항을 증보하여 편찬한 것으로 추측된다.

『축산승람』만의 특징 중 하나는 바로 범례의 다섯번째 조항인 "누대, 정각에는 원운 각 1수씩을 기재한다."[120]는 원칙이다. 원운은 건물을 처음 축조할 때 읊어서 걸어 두었던 시를 말한다. 이는 책의 후반부에 수록된 제영 항목과는 별도이다. 제영 항목에 실린 시문이 공적으로 용궁을 대표하는 건물을 대상으로 하는 것이라면, 누대 · 정각에

119 『축산승람』. "一, 編次條例, 一從舊誌, 誤記處證正, 疏略處添補詳, 爲記載事. 一, 山川疆域戶口, 仍舊本謄載, 郡廢合後沿革,取次記載事, 一, 科宦中文武蔭及恩賜忠孝烈舊誌以後, 增益多, 詳攷列錄事"

120 『축산승람』. "樓臺亭閣, 原韻各一首, 式記載事"

서 수록한 시들은 사적인 영역의 건물들을 소개하는 의미가 있다고 할 수 있다. 용궁의 기존 읍지들에서 발견하기 어려운 기준이다.

여섯 번째 원칙은 인물 조항에 수록할 대상에 대한 기준이다. "학생으로서 덕행이 있는 자는 구지舊誌에 수록하지 않은 데다 번다하게 될 소지가 있을까 두렵다."[121]라는 이유로 배제한다는 것이다. 24개 문중이 편찬에 참여하기 때문에 선정 인물의 수를 제한할 일정한 기준이 없을 경우, 분량을 감당하기 어려운 것은 물론, 각 문중 사이의 알력으로 인해 자칫 사업 추진에 장애가 생길 수도 있다. 이런 문제를 예방하기 위해 기준을 설정한 것으로 보인다. 인물 항목을 두고 인물 선정에 상당히 고심했던 부분이다. 다른 용궁읍지에서 볼 수 없는 『축산승람』만의 특징이다. 그리고 인물 항목에는 소개한 인물이 직접 지은 한시나 주변에서 지어 준 한시가 수록되어 있다. 한시의 분량이 『축산승람』 전체 한시의 3/1을 차지할 만큼 적지 않은 수이다. 다음 장에서 각 항목별 한시 수록 현황을 자세히 살펴보기로 하자.

4) 『축산승람』의 한시 수록 현황

〈표 2〉 『축산승람』 내 한시 수록 현황

번호	항목		작자	장소 인물	형식	비고
1	권1. 輿地		李奎報(1168-1241)	河豊津	7언율시	
2	권1. 書堂		鄭允穆(1571-1629)	武夷書堂	7언고시	
3	권 2. 古蹟	樓閣	洪貴達(1438-1504)	浮翠樓	記	
4			申金憲	臨淸閣	序	

121 『축산승람』. "人物中學生有德行者, 舊誌不錄, 而且恐有煩濫之端"

5		寺刹	李齊賢(1287-1367)	白華寺	觀空樓記	
6			全元發(?-1424)		跋	
7		亭閣	李滉(1501-1570)	淸遠亭	7언절구/ 2수	
8			高命世(1618-1671)	萬樹亭	7언절구	
9			高必遠(1664-1732)	三宜亭	7언율시	
10			鄭允穆(1571-1629)	梅塢新亭	5언율시	
11			高徽世(1635-1708)	蘇洲亭	7언율시	
12			安夢徵(1611-1654)	松坡亭	7언율시	
13			高希允(1477-1548)	退睡亭	7언절구	
14			金在憲(1835-1886)	晩竹亭	7언율시	
15		書塾	洪汝河(1621-1678)	點离窩	4언48구(銘)	
16			鄭琢(1526-1605)	觀物堂	7언절구/ 2수	
17			權時憲(1609-1684)	自復堂	5언절구	
18			李滉(1501-1570)	暎蓮堂	7언절구	
19			洪汝河(1621-1678)	梅竹軒	7언율시	
20			全相武	守拙軒	7언율시	
21			金興洛(1827-1899)	洗心軒	기문	
22	권3. 人物	封謚	金得培(1312-1362)	全元發	5언절구	
23			鄭玉(1694-1760)	鄭琢	4언8구	
24			李穡(1328-1396)	權季容	7언2구	
25			洪相民(1654-1727)	安俊	4언4구	
26		文科	徐居正(1420-1488)	鄭宗周	7언2구	
27			洪貴達(1438-1504)	李文興	7언절구	
28			孫舜孝(1427-1497)		7언2구	
29			洪貴達(1438-1504)	文傑	제문2구	
30			金淨(1486-1521)	文瑾	5언1구	
31			趙光祖(1482-1519)	文瓘	5언절구	
32			張漢輔(1503-1568)	張漢輔	7언절구	

33			高尙顔(1553-1623)	高尙顔	7언절구	
34			高仁繼(1564-1647)	高仁繼	5언율시	
35			金應祖(1587-1667)	全以性	5언율시	
36			具鳳齡(1526-1586)	安敬賓	5언2구	
37			張翎(1543-?)	張翎	5언1구	
38			姜翰(1721-?)	姜翰	7언2구	
39		蔭仕	玄玉亮(?-?)	玄玉亮	7언절구	
40			李滉(1501-1570)		7언절구	
41			尹師哲(?-?)	尹師哲	5언율시	
42			全仁(1502-1557)	全仁	7언2구	
43			李構(1484-1536)	安璜	7언절구	
44			姜應淸(1497-1569)	姜震	7언2구	
45		忠	金興洛	安鳳慶	7언2구	
46			柳芝榮(1828-1896)		7언절구	
47			趙旅(1420-1489)	趙旅	7언6구	
48			鄭維地(1601-1682)	黃逸立	辭	
49		孝	鄭經世(1563-1633)	姜靄	7언절구	
50			權相一(1679-1759)	李輝觀	銘	
51	권4, 題詠		李奎報(1168-1241)	浮翠樓	5언율시	
52			權近(1352-1409)		7언절구	
53			姜渾(1464-1519)		7언절구	
54			李滉(1501-1570)		7언절구	
55			金守溫(1410-1481)	水月樓	7언절구	
56			徐居正(1420-1488)		7언절구	
57			鄭羽相(?-?)		7언절구	
58			李思質(?-?)	臨淸閣	5언율시 / 7언절구	
59			宋可相(?-?)		7언절구	
60			權震應(1711-1775)		7언절구	
61			鄭寀(1701-1776)		7언절구	

62		李敏輔(1717-1799)		7언절구	
63		沈潮(1694-1756)		7언절구	
64		李齊賢(1287-1367)	白華寺	7언율시	
65		權思復(?-?)		7언율시	
66		廉興邦(?-1388)		7언율시	
67		全元發(?-?)		7언율시	
68		崔潤敬(?-?)	晩歸汀	5언2구	
69		蘇鎭夏(1889-?)	萬波樓	7언절구	

위 표는 정리하면 『축산승람』는 60명의 한시 작가가 등장하며 모두 63수의 한시가 수록되어 있다.[122] 한시의 형식은 5언/7언, 4구/8구 등으로 주로 구성되어 있다. 작가는 고려 이규보, 이제현에서부터 소진하蘇鎭夏(1889~?)까지 분포되어 있으며, 작품의 분량에 따라 나열하면 이황(4), 홍귀달(3), 이규보(2), 이제현(2), 전원발(2), 서거정(2), 홍여하(2), 김홍락(2) 등의 순서이다. 이황의 한시 작품이 가장 많이 수록된 것은 일찍부터 영남학파의 영향에 있었으며,[123] 그 영향력에 여전했음을 알 수 있다.

한시 작품은 인물, 제영, 고적 항목에 주로 수록되어 있으며 세 항목에 고르게 분포되어 있다. 제영 항목에 실린 시는 공적으로 용궁을 대표하는 건물을 대상으로 한 것이며 기존 읍지보다 많은 분량을 수록하였다. 부취루, 수월루, 임청각, 만파루, 만귀정, 백화사 등에 대한 한시가 수록되어 있는데 작품 분량에 따라 배열하면 임청각, 백화

122 『축산승람』에 실린 '詩' 와 '文'의 작가는 모두 69명이다. 그 가운데 한시를 창작한 작가의 수는 60명이다.

123 황위주, 「예천지역의 퇴계학맥」, 『퇴계학과 유교문화』 28, 경북대학교 퇴계학연구소, 2000, 23-24면.

사・취벽루, 수월루, 만귀정・만파루 순서이다.

고적 항목에는 누대, 사찰, 장각, 서숙 소항목에 시와 문이 수록되어 있는데, 시가 수록된 소항목은 정각과 서숙이다. 정각은 청원정, 만수정, 삼의정 등을 포함해 모두 8곳에 대한 한시를 수록하고 있으며 작품은 9수이다. 서숙은 점리와, 관물당, 매죽헌 등을 포함해 모두 6곳에 대한 한시를 수록하고 있으며 작품은 5수이다. 사적인 영역의 건물들을 소개하는 것으로 기존의 용궁 읍지들에서 발견하기 어려운 기준이다.

인물 항목은 봉시, 문과, 음사, 충, 효 등 5개의 소항목에 수록되어 있으며, 작품 분량에 따라 나열하면 문과, 음사, 봉시・충, 효 순서이다. 문과 소항목에 가장 많은 한시 작품이 수록되어 있으며, 작가는 서거정, 홍귀달 등을 포함한 12명의 작가, 12수의 작품이 수록되어 있다. 음사 소항목은 현옥량, 이황 등을 포함한 6명의 작가, 6수의 작품이 수록되어 있다. 봉시 소항목은 김득배, 이색 등을 포함한 4명의 작가, 각각 1수씩 작품이 수록되어 있다. 지역의 인물을 소개하고 소개한 인물의 원운을 수록하기도 하고 타인이 지어 준 시를 수록하기도 했다. 인물 항목의 시는 『축산승람』에서 가장 많은 부분을 차지하고 있으며, 3종의 단독 읍지와 비교해 보면 『축산승람』에만 나타난다.

읍지는 기본적으로 해당 지역에 대한 정보를 총집 한 뒤 이를 기록으로 남겨 후대로 전승하는 것이 간행의 주요 목적이다. 때문에 한시는 단연 용궁지역을 가장 잘 드러낸다고 판단되는 작품이 수록되었는데, 앞장에서 제시된 바 실제 한시 목록을 살펴보면 용궁를 대표할만한 다양한 공간과 인물을 위주로 선별되어 있음을 확인할 수 있다. 이는 읍지라는 사료적 성격에 기인하는 것으로, 용궁 거주민을 위한 것일 뿐만 아니라 타 지역민에게 용궁를 소개하기 위한 책자라는 성격이 강하기 때문이다. 특히 먼저 간행된 읍지에 비해 지역의 역사적 문화유산, 문화재, 인물 등에 관한 내용이 상세하며 한시 또한 분량이 5배로 늘어났다. 이는 국권침탈 속에서 당시 읍지 편찬을 담당했던 지방의 유림들이 지역의 역사, 문화, 특히 인물을 현양하고자 하는 의도와 이를 전승하려는 의지가 강했음을 알 수 있다.

5) 『축산승람』 소재한 한시의 성격

앞에서 살펴보았듯이 『축산승람』에 수록된 한시는 인물, 제영, 고적 등 세 항목에 골고루 분포되어 있었다. 본 장에서는 항목별로 나누어 편찬 당시 한시 수록의 의도와 그 성격을 살펴보고자 한다.

(1) 제영題詠-예천을 대표하는 공간을 소개

제영 항목은 공적인 공간을 위주로 작품군이 설정되어 있다. 그중에서도 용궁의 역사와 문화가 녹아 깃든 공간이 주를 이루며, 특히 용궁를 거쳐 간 역대 지방관이 드나들었던 부취루, 수월루, 임청각, 만파루, 만귀정 등 그곳에 바라본 용궁의 모습을 담아낸 작품이 많은 분량을 차지한다. 또한 용궁의 대표적인 사찰인 백화사에 대한 한시 작품도 빠지지 않고 있다. 아래 그림 자료에서 용궁의 위치와 제영 공간의 일부 확인할 수 있다.

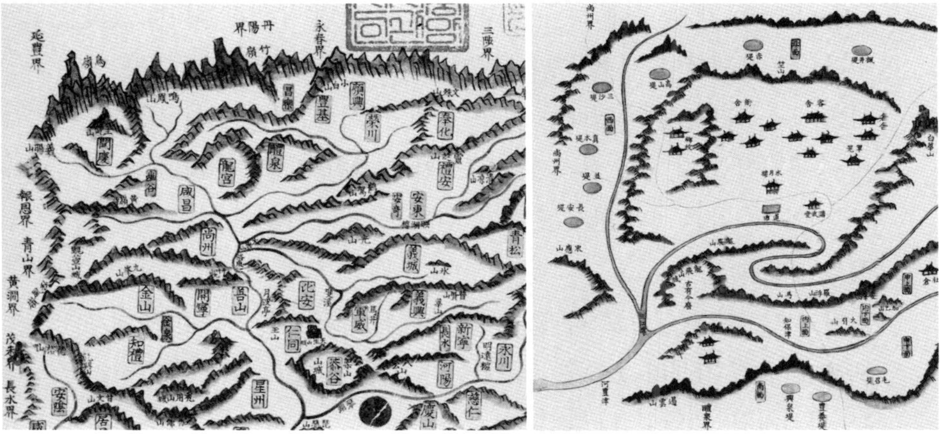

〈그림 5〉 용궁지도[124]

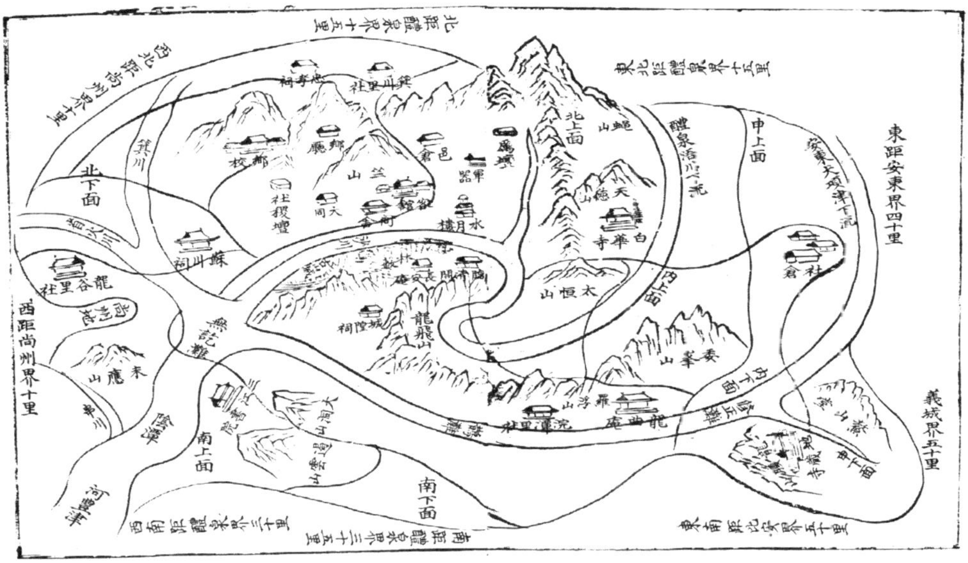

〈그림 6〉 용궁지도 경상도읍지[125]

124 『고지도를 통해 본 경상지명연구(2)』, 국립중앙도서관, 2018, 13면, 36면.

125 장정수, 「「竺山別曲」의 성격과 작가 의식」, 『어문론총』 37, 한국문학언어학회

① 용궁의 객관 중에 하나인 부취루는 1491년 부임한 허민許珉의 부탁으로 홍귀달이 '부취'[126]라 이름한 누정으로 『축산승람』 편찬 당시에는 소실되었다. 제영에는 이규보, 권근, 이황, 강혼 등의 시가 함께 수록되어 있다. 5언 율시의 이규보가 창작한 작품을 제외하면 권근, 이황[127], 강혼[128]의 한시는 '한閒, 간間, 산山'의 운자를 쓴 7언 절구 형식이다.

이규보는 "용궁군으로 막 들어서자, 숲 끝으로 솟은 화려한 누대가 보이네. 관청 기생의 웃음은 소용돌이가 맴돌 듯하고, 고을 아전 허리는 경쇠처럼 꺾였네.[初入龍宮郡, 林端出麗醮. 渦圓官妓笑, 磬折縣胥腰][129]"라고 하였다. 권근은 "온 고을의 풍광이 십 리에 걸쳤는데, 정사 맑고 형벌 줄어 아전과 백성들 한가롭네. 문 앞의 곧은길은 담대의 길

(구 경북어문학회), 2021. 11면 재인용.

126 洪貴達, 「龍宮浮翠樓記」, 『虛白亭集』권2; 『한국문집총간』 14, 45~46면. "弘治四年, 陽川許侯珉, 來莅玆邑, 旣興民之利, 除民之害, 民樂其樂, 而復無事於事, 則乃周覽山川之勝, 而登樓嘆曰, 噫, 是所謂不稱. 有如此山川, 而館宇如是, 庸非爲守者責乎. 況官廨, 非以私吾身也, 爲王人也, 敢嫌疑之乎. 客館之東舊樓之北, 有地隆然, 有石頑然, 乃鑿其頑, 夷其隆, 樓于其上, 中三楹, 爲公坐之所, 東西隅各室三間, 爲嚮晦燕息處, 制甚宏麗, 俯瞰晴川, 眼明神爽, 四山嵐翠, 浮浮霏霏, 繚繞乎簷甍之下. 夫然後, 地與居庶幾不相齟齬. 而爲官者, 或氣鬱而政滯, 登斯樓也, 則有豁然而霽, 悅然而悟者矣, 尙亦有利哉. 旣成, 有以許侯之言, 來告余者曰, 樓新而未有名."

127 李滉, 「龍宮浮翠樓」, 『退溪集別集』권1; 『한국문집총간』 31, 23면. "高樓花事撩人間, 最愛山茶映竹間. 好鳥豈無春晩恨, 如何終日不歸山."

128 姜渾, 「龍宮浮翠軒」, 『木溪逸稿』권1; 『한국문집총간』 17, 163면. "高樓一宿覺淸閒, 身在煙霞翠積間. 夜雨正佳晴亦好, 朝來雲捲出靑山."

129 李奎報, 「初入龍宮郡」, 『東國李相國集』권6; 『한국문집총간』 1, 354면. "初入龍宮郡, 林端出麗譙. 渦圓官妓笑, 磬折縣胥腰. 激水寒搖岸, 垂楊綠映橋. 居民皆地着, 斥鷃亦逍遙"

이요, 창밖의 여러 봉우리는 사조의 산일세.[一郡風煙十里間, 政淸刑簡吏民閒. 門前直道澹臺路, 牕外羣峯謝眺山]"[130]라고 하였다. 부취루가 용궁을 오가는 객들이 머무는 공간인 만큼 이곳에 드나드는 이들이 바라본 용궁의 전경과 그에 따른 자신의 소회가 담겨있다. 부취루가 읍찬 편찬 당시에는 소실되었으나 여러 작자의 기記와 시를 수록함으로써 공간에 대한 자세한 연혁을 밝히고 소개하는 역할을 하고 있었다.

② 수월루는 용궁의 중심부에 자리하고 있었으며, 『축산승람』 편찬 당시에는 소실되었다. 김수온, 서거정[131], 정우상鄭羽相의 작품이 보이는데 '한閒, 간間, 산山'의 운자를 쓴 7언절구 형식이다. 김수홍의 시는 "맑은 시절 일 없고 몸도 한가로운데, 태수의 우정은 한 형제와 다름없네. 백 잔의 술 폭음하고 누대 위에 누워, 발 걷으니 남북으로 청산이 있네.[淸時無事又身閒, 太守交歡伯仲間. 痛飮百栝樓上臥, 捲簾南北是靑山.]"[132] 라고 하였다. 정우상은 "이름난 누대에 사또의 여유 넉넉하니, 공무 사이에 오를 수 있어 좋기도 하네. 어느새 석양은 물가 나무에 저물고, 끼룩끼룩 새소리가 청산으로 내려앉네.[名樓賸得使君閒, 勝事登臨簿牒間. 而已夕陽汀樹暮, 故敎禽語下靑山]"라고 지었다. 수월루에 대한 시는 관리들이 공무 또는 휴가를 얻어 가다가 이곳을 경유할 때 묵으면서 누각에 올라 그 느낌을 노래하고 있음을 알 수 있다. 수월루 역시 부취루와 같이 소실된 공간이지만 차운시를 수록하여 후인

130 權近, 「次龍宮客舍板上詩韻」, 『陽村集』권7; 『한국문집총간』 7, 78면. "一郡風煙十里間, 政淸刑簡吏民閑. 門前直道澹臺路, 窓外群峯謝眺山. 幸與故人相會合, 可憐逐客得生還. 從今欲遂爲農志, 窪海由來最險艱."

131 徐居正, 「龍宮水月樓」, 『사가시집보유』권3; 『한국문집총간』 11, 27면. "身閑不得況心閑, 白盡雙髭簿領間. 謾說靑山歸不得, 南采無處不靑山."

132 金守溫, 「次龍宮水月樓韻」, 『拭疣集』권4; 『한국문집총간』 9, 116면.

들에게 소개하고자 한 것이다.

③ 임청각은 이사질李思質이 창건하였다. 이사질(1705~?)의 자는 자야子野, 호는 흡재翕齋, 본관은 한산韓山이다. 1738년 식년시에 생원에 합격하였다. 1753년에 오릉영건청릉관五陵營建廳陵官을 지냈고, 1759년에는 고양군수高陽郡守를 지냈다. 1754년 용궁현감으로 부임해 온 뒤, 임청각을 세웠다. 옛 읍관邑館의 남쪽 대천大川의 위, 용비산龍飛山의 아래에 있었다. 임청각이라 명명한 것을 신헌의 서문에 밝히고 있다. "갑술년[1754] 겨울에 이후李侯[이사질]가 부임하고 나서 문득 말하기를 '이런 지역에 정자가 없어서는 안 된다.'라고 하고, 그 다음 해 봄에 마침내 읍 소재지의 남쪽 월천越川의 북쪽에 땅을 고르게 하고 대를 쌓아서 작은 정자를 만들었는데, 관청의 재물을 허비하거나 백성들을 수고롭게 하지 않고 개인의 힘으로 규획하여 완성을 하였다. 이름은 '임청각'이라고 지었다.[133]"라고 하였는데, 임청각이라 한 것이 마음을 길러 정사에 종사하려는 관리로서 뜻을 드러내고 있다.

임청각을 읊은 인물은 이사질, 송가상,[134] 권진응權震應,[135] 정포鄭寀, 이민보李敏輔, 심조沈潮 등이다. 이사질이 지은 '동同, 공空, 중中'의 운자를 쓴 7언 절구 형식을 이후 문인들이 차운한 것이다. 이사질의 시는 "상하가 고락을 함께하는지는 모르겠지만, 거친 계곡이 백 년

133 『축산승람』. "甲戌冬, 李侯下車, 而便謂, 此地不可無亭. 卽以翌年春乃於邑居之南, 越川之北闕, 地築臺作小亭, 而不曾費官, 財勞民力, 私自規劃, 而成之. 名之曰臨淸閣"

134 『축산승람』. "古柏淸川意味同, 翼然亭起壑塵空. 簿閒琴嘯引佳客, 政事風流談笑中"

135 『축산승람』. "休說公評同不同, 龍州風物未云空. 歐翁昔日滁亭樂, 魚鳥忘形一化中"

만에 비로소 열렸네. 훗날 응당 공정한 평가가 있으리니, 용궁 백성들 지적해도 감내할 수밖에.[苦樂不知上下同, 始開荒谷百年空. 佗時應有公評品, 一任龍民指點中]"라고 하여 임청각을 짓고 난 뒤 감회를 적고 이 장소에 대한 평가는 뒷날로 미루다는 말로서 자신의 공적을 겸손히 표현하고 있다. 정포鄭宲는 "관사는 쓸쓸하여 들판의 암자와 한가진데, 쉬는 날 난간에 기대니 온갖 시름이 사라지네. 물가에서 읊조리는 한가로운 정취여, 굳이 율리로 돌아갈 것 없겠네.[官齋蕭灑野菴同, 暇日憑欄萬慮空. 臨流賦詠閑閑趣, 不待歸來栗里中]"라고 하여 공무 중에 겪는 힘든 일을 잊을 수 있는 곳이라 밝히고 있다. 이와같이 원운과 함께 차운시를 수록해서 공간에 대한 역사적 사실을 읽을 수 있게 한 편찬의 의도를 읽을 수 있다.

④ 만파루는 천여 년 전 관청의 일부 건물이었다. 고려 성종1년(982)에 향석1리 낙동강 동안東岸에 용주정각龍州政閣으로 창건되어 관일루觀日樓라 하여 내려오다가 고종21년(1884)에 현감 한진규가 만파루로 개칭하였다. 철종7년(1856) 대 홍수로 침수된 것을 철종8년(1857)에 읍부리의 객사 곁으로 이건하였으나, 1945년 붕괴되어 오다가 1988년 다시 세웠다.[136] 축산승람 편찬 당시에는 허물어져 가는 옛 건물 중에 하나였던 듯하다.

만파루에는 소진하蘇鎭夏의 시가 수록되어 있는데 시는 "용궁 고을의 경치 좋은 만파루, 현가하던 그때가 언제 적인가. 저문 길에서 공연히 성쇠의 감회 일어, 올라서 슬프게 한 번 돌아보네.[龍州形勝萬波樓, 當日歌絃度幾秋. 暮道空將興廢感, 登臨悄悵一回頭]"이다. 시에서 오

136 『예천누정록』, 예천문화원, 예일출판사, 2010, 261~263면.

랜 세월 용궁의 역사를 고스란히 담고 있던 곳으로 지난 날 성쇠가 그림처럼 지나가면서 느끼는 복잡한 감회를 적고 있다. 지금은 용궁이 사라지는 안타까운 현실 앞에 오랜 전통을 지닌 공간이 역사속으로 사라지는 위기에 있음을 드러내고 있다.

⑤ 백화사는 천덕산에 있었는데 『축산승람』 편찬 당시에는 소실되었다. 전원발의 발문에 "묵암默菴 단공坦公이 불가의 영수로서 천덕산天德山에다 백화사를 창건하였다. 절에는 두 개의 누대가 있는데, 서쪽에 있는 것은 관공루觀空樓라고 하고, 동쪽에 있는 것은 정당루政堂樓라고 하였다. 이어서 동쪽과 서쪽에 두 누대를 세워 그 이름을 크게 하고자 하여 상국相國 이익제李益齋에게 기와 시를 부탁하였다."[137]라고 되어 있다. 뒤에 전원발은 이제현의 기문과 한시가 소멸되는 것을 막기 위해 판에 새겨 두었다고 한다. 백화사는 이제현,[138] 권사복權思復,[139] 염흥방廉興邦,[140] 전원발全元發[141] 등이 차운하였다.

137 『축산승람』. "全元發追跋曰: 高默菴坦公釋門領袖, 乘宿願力, 刱白華寺於天德山. 因起東西二樓, 欲光火其名, 請于相國李益齋作記與詩. 記則上板, 詩未及書, 師乃永逝. 由是失其本. 余於丁酉秋, 承命赴朝. 一日, 詣相國私第置酒從容之際, 語及山中. 曰: 余曾作觀空樓詩, 子見之乎. 余曰: 未見. 公因誦是詩. 余聞而銘諸心, 恐其淪沒無聞及還, 卽命書板以壽其傳. 不獨斯樓之價, 更增坦公之願備矣."

138 李齊賢, 「寄題白花禪院觀空樓次韻」, 『益齋亂稿』 권3; 『한국문집총간』 2; 528면. "勝遊多是費躋攀, 最愛蓮坊住淺山. 一水帶鋪延曠遠, 兩巒襟合貯幽閑. 莫求佛外兼心外, 須着人間比夢間. 一聽樓名如有契, 便堪千里笑開顔."

139 『축산승람』. "聞有名藍未一攀, 見詩方覺好湖山. 洞門無鏁俗難到, 樓上捲簾僧自閒. 千古煙霞興廢外, 六時鐘鼓翠微間. 老人不拒禪師命, 寫出荒蕪有忸顔."

140 『축산승람』. "樓迥星河手可攀, 松杉滿目坦公山. 龍聞法出雲初散, 鳥誦經來聲更閒. 徙倚一身兜率上, 跏趺三世刹那間. 無人解得觀空意, 爲說分明亦强顔."

이제현은 "좋은 유람은 대부분 힘들게 올라야 하는데, 이 절은 얕은 산에 있어 제일 좋다네. 한 줄기 물 비단처럼 펼쳐 져 멀리까지 이어지고, 두 봉우리 옷깃처럼 겹쳐져 그윽하게 보호하네.[勝遊多是費躋攀, 最愛蓮宮住淺山. 一水練鋪延曠遠, 兩巒衿合護幽閒.]"라고 하여 사찰의 위치를 밝히고 산수자연을 매체로 하여 청정 공간으로 묘사하고 있다. 백화사가 소실되고 없는 공간이지만 시와 문을 동원하여 역사 속의 공간을 입체적으로 드러내고 있다.

이와같이 제영 항목의 공적 공간에 대한 이미지를 주로 7언으로 제시하고 있으며, 공간을 대상으로 한 한시를 수록함으로써 해당 공간을 보다 생동감 있게 소개하는 효과를 거둘 수 있었다. 특히 소실된 공간 즉 역사 속에만 남았던 공간을 역대 시들을 수록하여 하나의 공간에 대한 여러 이야기가 펼쳐지는 효과를 누릴 수 있다.[142] 읍지가 해당 지역의 소개 책자라는 성격에 부합하듯 『축산승람』 내 한시는 용궁의 공간을 소개하기 위한 기록의 한 방식이라고 할 수 있다. 또한 각각의 누각에 대한 차운은 누각에 대한 소개뿐 아니라 이곳에 부임한 이들의 방명록의 성격을 지님으로써, 예천의 역대 지방관의 이력과 예천 전경을 소개하는 기능을 아우를 수 있었던 것이다.

141 『축산승람』. "春遊古寺恣登攀, 十里青山百疊山. 俗累恐爲淸境累, 僧閒付與白雲閒. 晴宵月傍軒楹外, 風晩花枝几案間. 誰會談中眞味永, 一甌茶話一開顏."

142 이미진, 「상주 읍지 『商山誌』에 수록된 漢詩의 기능과 의미」, 『大東漢文學』 64, 대동한문학회, 2020.

(2) 고적古蹟-사적인 영역의 소개와 유산遺産

『축산승람』의 고적 항목에서 정각과 서숙 소항목에 한시가 수록되어 있다. 정각 소항목에는 모두 29곳을 소개하였으나 한시를 소개한 곳은 청원정, 만수정[143], 삼의정三宜亭, 매오신정梅塢新亭, 소주정蘇洲亭,[144] 송파정松坡亭, 퇴수정退睡亭,[145] 만죽정晩竹亭[146] 등 8곳이다. 서숙 소항목에는 16곳이 소개되었으나 관물당觀物堂[147], 자복당自復堂[148], 영련당暎蓮堂[149], 매죽헌梅竹軒[150], 수졸헌守拙軒[151] 등 5곳에 대한 한시가 수록되어 있다. 읍지 편찬 당시 정각, 서숙의 현전 여부도 함께 수록하고 있으며 대부분 정각, 서숙을 창건한 인물의 한시이다. 지면 관계상 몇 가지만 살펴보자.

① 청원정은[152] 정원발이 거처하던 곳이다. 그는 고려 충숙왕 때인

143 용궁현에서 서쪽으로 10리 거리인 旺泰洞에 있다. 高命世가 휴식하던 곳이다.

144 용궁현에서 서쪽으로 10리 거리인 東山 아래에 있다. 高徽世가 터를 잡은 곳이다.

145 용궁현에서 서쪽으로 10리 거리인 錦水가에 있다. 高希允이 은거하던 곳이다.

146 용궁현에서 동쪽으로 40리 거리에 있다. 金在憲이 축조한 것이다.

147 용궁현에서 북쪽으로 10리 거리인 達溪里에 있다. 潘冲이 축조하였다.

148 용궁현에서 남쪽으로 40리 거리인 松蘿洞에 있었다. 權時憲이 축조한 것이다.

149 용궁현에서 북쪽으로 5리 거리인 佳野里에 있다. 全夢井이 축조하였다.

150 용궁현에서 동쪽으로 40리 거리인 大竹里에 있었다. 蔡文徵이 축조한 것이다.

151 용궁현에서 북쪽으로 3리 거리인 佳野里에 있다. 全相武의 독서방이다.

152 퇴계의 청원정 관련 한시를 2편 싣고 있는데, 이 시에 대해서는 시비가 있다. 전라도 광주에 청원정이 있었는데, 金彦琚의 『漆溪遺集』에 퇴계의 동일한 한시가 실려져 있다. 그리고 안동의 순흥안씨 집안에서도 청원정이라는 정자가 있었는데 『죽계연방집』에 퇴계가 安繼宗에게 준 시라고 하면서 해당 한시를 실어 서로 자기 문중의 정자를 두고 퇴계가 지은 시라고 주장하고 있다. 필자가 선행 연구를 살펴본 결과 『도산급문제현록』에서 퇴계의 청원정 관련 한시에 대한 기록을 찾을 수 있었다. 『도산급문제현록』에서 전찬에 대한 기록을 보면 '퇴계에게서 청원정

1315년에 과거에 장원급제하였고 또한 원나라에서 고려의 인재를 선발하는 데에 발탁되어 벼슬이 금자광록대부, 병부상서겸 집현전 태학사에 이르렀다. 전원발이 조선 태조 때 축산부원군에 봉해지면서 그 후손들이 예천에 세거하게 되었다. 청원정은 전원발이 만년에 건립하여 유유자적하던 곳인데 1918년 향론에 따라 다시 세웠다. 정자 내부에는 이황의 시가 걸려있다.

시는 "고사를 마주하여 제광을 비춰 주네. 광제같이 높은 심금은 백세의 청풍이요, 말쑥하고 속이 빈 고운 꽃은 못 안에 가득하네. 눈과 마음 씻고 와서 본다면, 완연히 옛날 무극옹을 보는 듯하리.[曾對高人映霽光. 光霽高懷百世風, 淸通嘉植一塘中. 洗心洗眼看來處, 宛見當時無極翁.]"[153]이다. 이황은 전원발의 인품이 고결하고 흉금이 탁 트인 것이라 하여 송나라 학자인 주돈이를 인용해 극찬하고 있다. 이황은 「청원정」이라는 제목으로 시를 지었으나 전원발에 대한 존경심을 드러내고 있다. 이것는 창건한 사람과 공간을 동일시하고 있음을 알 수 있다. 이와 같이 청원정이라는 공간이 창건한 사람을 대신하는 공간으로 인식되고 있으니 한시는 사적인 공간을 소개하는 동시에 주인공을 함께 드러내는 역할을 하고 있다고 할 수 있다.

② 삼의정三宜亭은 용궁현에서 서쪽으로 10리 거리인 이산동里山洞

시를 받고 暎蓮堂의 화답한 시편과 편액의 글씨는 모두 퇴계에게서 받은 것이다'라고 되어 있으니, 퇴계가 전원발이 건립한 청원정에 대해 지은 시라고 추측할 수 있다. 全纘(1546~1612)의 자는 景先, 호는 四友堂으로 퇴계에게 수학하였던 인물이다. 황위주, 「예천지역의 퇴계학맥」, 『퇴계학과 유교문화』 28, 경북대학교 퇴계학연구소, 2000, 23-24면.

153 李滉, 「寄題淸遠亭 二首」, 『退溪集』 권4; 『한국문집총간』 29, 138~139면. "聞道幽居作小塘, 花中君子發天香. 可憐植物淸如許, 曾對高人映霽光. 光霽高懷百世風, 淸通嘉植一塘中. 洗心洗眼看來處, 宛見當時無極翁."

에 있다. 고필원高必遠이 터를 잡은 곳으로, 읍지 편찬 당시에 중건하였다. 권상일, 권구權榘가 수창한 시가 있다는 내용만 있을 뿐 읍지에 수록하지 않았다. 고필원은 "백발 긴 어떤 외로운 노인네가, 대동 천지에서 스스로 호방하다네. 마음은 태극도 쌍간에 노닐고, 족적은 한바탕 한단몽을 피하였네. 다정한 밝은 달은 채까지 나를 따라올 듯하고, 헌함을 스치는 청풍은 나를 일으킨 상과 같네. 한가함 속 이런 홍취를 이해할 이 없으니, 나를 우마牛馬라 한들 또한 무슨 문제이랴. [何物畸翁白髮長, 大東天地自疏狂. 心遊太極圖雙榦, 迹謝邯鄲夢一場. 明月多情從我蔡, 淸風拂檻起予商. 無人會得閒中趣, 呼馬呼牛也不妨]"라고 하였다. 고원필은 삼의정에서 자연을 관조하며 한가로움 속에서 심신이 안정된 느낌을 보이며, 자신이 머물고 있는 공간에 대한 홍취를 드러내고 있다. 이와 같이 자연 속의 누정에서 아름다운 산수를 벗 삼아 향유하는 것은 지극히 자연스러운 일이다. 이러한 멋스러운 공간이 지역 문화의 한 자리를 차지하게 되었다는 사실을 전달하려는 것임을 알 수 있다.

③ 매오신정梅塢新亭은 용궁현에서 남쪽으로 20리 거리인 포내리浦內里에 있으며, 정영후鄭榮後가 축조한 것이다. 정영후가 만년에 별당을 짓고 대나무와 매화를 심어 스스로 매오거사梅塢居士라고 했다. 김성일과 정구의 문하에서 수학하여 참봉에 제수되었으나 오직 학문에만 열중하고 벼슬에 오르지 않았고, 일찍 편모슬하에서 효성이 지극하였다. 정영후의 동생인 정영방은 정경세의 문인으로 류성룡의 아들 류진, 이현일의 부친 이시명 등과 교유한 인물이다. 1930년 후손들이 정영후의 유덕을 추모하기 위해 새로 중건하였다.[154]

정영후는 "내가 심히 노쇠한 지 오래되다 보니, 이름난 정자에 감히

제를 못하네. 산천은 참으로 수려하고, 경물은 은거하기에 적합하네. 처마 끝 달은 매화 핀 언덕으로 옮겨가고, 못의 바람은 연꽃 핀 못 둑을 건너가네. 솔숲이 그중에서 가장 즐길 만하니, 하나의 띠처럼 가지런히 당을 둘렀네.[久矣吾衰甚, 名亭不敢題. 山川信明麗, 雲物合幽棲. 檐月移梅塢, 池風度荷堤. 松林最可玩, 一帶遶堂齊]"[155]라고 지었다. 정영후는 수려한 자연 가운데 은일을 즐기고 있음을 적고 있는데 이는 벼슬에 나갈 기회를 버리고 평생학문에만 몰두한 주인공의 뜻을 읽을 수 있다. 이러한 주인공의 행적과 공간을 시를 통해 기록에 남기고 후세에 전달하려는 것이 엿보인다.

④ 송파정은 용궁현에서 동쪽으로 10리 거리인 월오촌月梧村에 있다. 안몽징安夢徵이 휴식하던 곳으로, 자손들이 건축하였다. 그 후 오래되어 퇴락한 것을 1901년 중건하였고 1923년 중수하여 현재에 이르렀다.[156] 안몽징은 10세에 경사자집經史子集을 통달하였고, 홍호洪鎬, 정윤목鄭允穆, 이환李煥 등에게 학문을 배웠다. 초시에 장원을 하였으며, 생원 진사시에서도 장원을 하여 아우 안두징과 함께 학자로서의 명망이 당시를 떠들썩하게 하였다.

시는 다음과 같다. "새로 지은 초가는 처마도 자르지 않고, 작은 뜰에는 조그만 티끌조차 없다네. 자욱한 안개 속 버들은 가지마다 야들하고, 비에 씻긴 기이한 봉우리는 몇 점이 솟아 있네. 형편없는 생활

154 『예천누정록』, 예천문화원, 예일출판사, 2010, 374~376면.

155 鄭允穆, 「題梅塢新亭 二首」, 『淸風子集』권2; 『한국문집총간』 17, 230~231면. "天地藏遺處, 登臨寬且閒. 江山助仁智, 風景立懶頑. 淨几通宵對, 明窗盡日關. 主翁何所樂, 客宿卻忘還"

156 『예천누정록』, 예천문화원, 예일출판사, 2010, 264~267면.

력은 스스로도 알거니와, 경치엔 욕심 많다고 다들 말하네. 때때로 취하여 달밤 꽃 숲에 누우니, 확 트인 마음에 흥취까지 겸하였네.[茅屋新成不翦檐, 小庭塵穢絶埃纖. 煙濃細柳千絲輭, 雨洗奇峯數點尖. 自信謀生爲至拙, 皆言探景未全廉. 時時醉臥花林月, 蕭灑中間爛熳兼.]"[157] 정각를 짓는 것은 휴게 공간, 곧 쉼터로 삼겠다는 것이다. 이것은 기실 정각이라는 공간을 지을 당시에 가장 크게 작용하는 동기였다. 그런데 유자들은 단순히 쉼터뿐만 아니라 자연을 감상하면서 우러난 감흥을 전제로 정각주변의 산수 자연을 매체로 하여 수양하는 일상 속에서 진락眞樂의 경지에 이를 수 있음을 보여주고자 하였다. 한시 수록은 점점 쇠퇴해 지고 있는 이러한 정신적 유산을 전달하고자 한 것으로 보인다.

이와 같이 정각, 서숙은 자연과 어우러지게 조성하고 자연 속의 한 부분으로서 즐기면서 자연과 대화하는 문화 공간이자 창건한 사람을 대신하는 공간으로 인식되고 있었다. 후대 사람들이 이곳을 찾으면 주변의 풍광은 물론 지은 사람이나 정각과 서숙에 얽힌 일에 대해 생각을 가질 수밖에 없었다. 이러한 생각은 선조들의 풍류와 정서를 느끼기에 충분하다. 이처럼 한시를 통해 용궁의 사적인 공간에 묻어있는 가치를 고스란히 드러내고 있었다. 이 공간의 한시는 타지역에서 느낄 수 없는 용궁만의 역사적 흔적, 문화유산을 드러내는 역할을 하고 있다.

157 安夢徵,『송파유고』. "茅屋新成不翦簷, 小庭塵靜絶埃纖. 煙濃細柳千絲楸, 雨洗奇峯數點尖. 自信謀生爲至拙, 皆言探景未全廉. 時時醉臥花林月, 蕭灑中間爛熳兼."

(3) 인물人物- 지역 유풍 진작과 현양

인물 항목의 한시는 공간보다는 해당 지역을 대표할 만한 인물을 중심으로 작품이 선별된 것이다. 아래 고영찬이 쓴 『축산승람』의 서문으로 인물 선별에 대한 생각을 읽을 수 있다.

> "고을의 풍속이 날마다 어지러워지고 선비들이 지향하는 바가 날마다 요란해져서 성대盛代의 유풍遺風이나 여운餘韻을 만분의 일도 닮지 못하게 되었으니, 탄식을 금할 수 있겠는가 …(중략)… 이 책을 읽는 자들이 현인을 존모하고 조상을 공경하는 마음을 홍기하고, 선善을 드러내고 의義에 감동하는 기풍을 고취할 수 있다면 어찌 다만 한 고을의 승람이 되고 말 뿐이겠는가."[158]

위의 글은 당시의 유풍이 쇠퇴하여 선인의 유풍을 잇지 못할 것에 대한 우려를 드러내고 있다. 간행 당시 지역 사림들의 읍지 편찬 과정에 주목하는 부분을 엿볼 수 있다. 지면 관계상 소항목별로 한 인물씩 선별하여 살펴보고자 한다.

① 문과 소항목 가운데 이문흥李文興(1423~1503)을 살펴보자. 이문흥의 본관은 성주이다. 고려 문열공文烈公 이조년李兆年의 8대손이다. 문과에 급제한 뒤, 성균관에 전속되어 인재들을 길러내니 유림에서 추앙하였다. 그 공으로 성종 연간에 특별히 당상의 품계를 더해 주고, 대사성으로 승진시켰다. 이문흥은 1462년(세조8) 진사에 합격하고, 1469년(예종1) 교수로서 문과에 병과로 급제하였다. 1472년(성종3)에 『예종실록』을 수찬하는 데 참여하였으며, 1482년 성균관사성으로 전임

158 『축산승람』, 권경열 · 최연숙 역, 한국국학진흥원, 영남사, 2018, 25~28면.

되어 유생교육에 몰두하였다. 타직으로 전임한다는 말이 있을 때마다 여러 관아에서 유생교육에 최적임자라며 전임을 반대하여 20년간 그 자리를 지켰다. 1493년 성균관유생 박광영朴光榮 등이 유생의 스승으로 가장 존경할 만한 인물이며 많은 인재를 길러내었으니, 그 문하에서 조정의 대부들과 임금께 경서를 가르치는 경연관이 많이 있음을 들어, 포상할 것을 상소하기에 이르렀다. 이에 왕의 특명으로 한 품계 올려 포상을 받았다. 79세에 유해라도 고향에 묻히기를 빌어서 조정을 떠났다. 뒤에 용궁의 기천서원箕川書院[159]에 향사되었다.

이문흥이 치사致仕하고 전원으로 돌아오는 날, 홍귀달이 시를 주었는데 수록하고 있다. 시의 내용은 "만수가 하나의 이치임을 빠짐없이 말해 주니 삼사의 제생들이 귀를 씻고 들었네.[萬殊一理從頭說, 三舍諸生洗耳聽]"[160]이다. 손순효孫舜孝[161]의 시에는 "열여섯 해 동안 오로지 성균관을 맡아 제생들이 진심으로 감복하였네.[專任成均十六年, 諸生心服出於天]"라고 하였다. 두 작품 모두 이문흥이 성균관에서 활동과 그의 이력을 드러낸 내용이다. 이와같은 한시를 수록함으로써 선인에

159 현재의 경상북도 예천군 용궁면 月梧里에 있다. 이 서원은 安俊, 李文興, 文瑾, 文瓘, 李構 등 이 고을 출신 다섯 사람의 위패를 봉안하였다. 『箕川書院誌』, 箕川書院, 2006.

160 洪貴達, 「送李司成文興歸龍宮」, 『虛白亭集』권1; 『한국문집총간』 14, 4면. "國子先生腹五經, 從來心法自惺惺. 萬殊一理從頭說, 三舍諸生洗耳聽. 四壁圖書雙鬢白, 十年魂夢舊山靑. 秋風長路歸根葉, 人指天南一老星."

161 孫舜孝(1427~1497)의 자는 敬甫, 호는 勿齋·七休居士, 본관은 平海이다. 1451년 사마시에 진사로 합격하였고, 1453년 증광시 문과에 급제하였으며, 1457년에는 重試에 급제하였다. 도승지, 병조판서, 우찬성 등을 역임하였으며, 1480년에 正朝使가 되어 명나라에 다녀왔다. 성리학에 조예가 깊고 문장과 그림에도 능하였다. 시호는 文貞이다.

대한 경모와 현양의 의지를 읽을 수 있다.

② 음사의 소항목 가운데 현옥량玄玉亮을 살펴보자. 현옥량의 본관은 성주이다. 조선조에 이조판서에 이르렀다. 영의정 석규碩圭의 아들이며, 조용趙庸의 사위 겸 제자이다. 윤상尹祥, 조말생趙末生, 배환裵桓과 더불어 조용趙庸을 스승으로 모시고 후학을 가르침으로써 명현들을 많이 배출하였다.

1374년(공민왕23) 전시 문과에 급제하여 공민왕 때에 사관, 판전의시사判典儀寺事가 되고, 조선에 와서는 이성계가 정권을 잡자 나라가 망한 것을 통탄하고, 이성계가 높은 벼슬로 부르는 데도 응하지 않고 처가가 있던 예천으로 와 있으면서 후학들을 가르치기에 열중하였다. 이때 장인 조용히 예천으로 귀양살이 중이었다. 현옥량이 살던 동네 이름을 사월동沙月洞이라 하였는데 이곳이 현씨의 영남 입향조가 되었다.

이성계가 조정에 부르기 위해 파견한 신하에게 현옥량이 화답한 시와 이황이 지은 시를 수록하고 있다. 그의 시는 "월사등 안에 무엇이 그리 좋냐고 물으면, 화음 고개 위의 구름이라 수줍게 답하리. 푸른 버들 무성한 오동 바람에 흩어지지 않고, 오히려 마음껏 꾸미고 있더라 아뢰어 주오.[月沙洞裏問何有, 媿答華陰嶺上雲. 碧柳萋梧風不散, 猶能裝得十分云]"라고 하였다. 이황도 시로써 이르기를, "성리의 연원은 밝히기 쉽지 않나니, 양양에선 두 공의 이름 일컫는다네. 어떻게 저술이 후세에 전하지 않나, 높은 산처럼 우러르며 홀로 마음 상하네.[性理淵源不易明, 襄陽稱道二公名. 如何傳述無傳後, 仰止高山獨感情][162]"라고 하

162 李滉, 「郡人尹祥, 趙庸二公, 皆明經授徒, 惜無著述, 後來無徵爾」, 『退溪集』 권4; 『한국문집총간』 29, 135면.

였다. 이황의 시에서 주인공과 장인인 조용의 학문적 성취가 있음에도 불구하고 전승되지 못한 안타까운 마음을 드러내고 있다. 두 편의 시를 수록하여 현옥량의 강직한 성품과 학문에 힘쓴 부분을 담고자 한 것이다.

③ 효의 소항목 가운데 '강우姜霱'을 살펴보자. 강우는 강응청의 아들이다. 강응청은 조선 중기의 문신으로 본관은 진주, 자는 경원景遠이며 호는 삼산三山이다. 정당문학政堂文學을 지낸 회백淮伯의 5세손이며 세경世卿의 유복자로 태어났다. 음직으로 통례원인의通禮院引儀에 제수되었으나 나아가지 않았다. 강응철은 아들 아홉을 두었으니, 모두 명망이 있어서 세상에서 '용궁구우龍宮九雨'라고 하였다. 강응청의 막내 아들인 강우는 효행으로 명성이 높았다. 15세 때 잇달아 부모상을 당하여 6년 동안 시묘살이를 하였으며, 80여 세가 되도록 아침과 저녁 성묘를 폐하지 않았다. 선조 연간에 효행으로 현감에 이르렀다.

정경세의 만시輓詩는 다음과 같다. "누런 머리 붉은 얼굴 복 많은 현인인데, 어떻게 오늘 홀연 깊은 잠에 빠지셨나. 염하던 날 이불이 오히려 짧았다고 하네, 평소에 시루 안에 먼지 낀 건 진작에 알았지만. [黃髮朱顏是嘏仁, 如何今日忽長淪. 還聞殯日衾猶短, 久識平居甑有塵]"[163] 정경세는 강우가 평생 청빈하게 살았음을 춘추시대 제나라 사람인 검루黔婁와 한나라 때 범염范冉에 비유하여 높이고 있다.

④ 충忠의 소항목 가운데 조려趙旅를 살펴보자. 조려는 본관이 함

163 鄭經世, 「挽姜報恩 霱」, 『愚伏集』 권2; 『한국문집총간』 68, 35면. "黃髮丹顏是嘏仁, 如何厭世忽長淪. 還聞斂日衾猶短,【治今喪者來言衣衿不備云, 故用黔婁事. 久識平居甑有塵,【公曾爲二縣而貧益甚, 故用范丹事, 二句皆實錄也】泉下會尋同被樂,【公兄弟凡九人, 皆以友愛稱, 公最後歿】人間虛負釣璜春,【公享年八十一】二句皆因姓用事. 他年忍過江頭路, 白石蒼蒼不見人."

안, 자는 주옹主翁, 호는 어계漁溪이다. 계유에 진사에 합격하였다. 김종직의 방하榜下이며 시호는 정절공貞節公이다. 세조가 선위를 받았을 때 태학에 있다가 제생들에게 읍揖을 하고 돌아가 낙동강 상류에서 은거하면서 죽을 때까지 나오지 않았다. 세상에서 생육신이라고 하였다. 정조 연간에 서산서원西山書院으로 사액하고 제문을 내렸다. 「9일에 높은 곳에 올라[九日登高]」라는 시를 지었는데, "머리 돌려 바라보니 산하가 저무는데, 땅은 넓고 하늘은 높아 생각이 유유하네. 희헌은 아득하니 슬픔이 어찌 다할 손 가, 화훈을 뵐 수 없으니 마음 절로 상하네. 아아, 늘그막에 삶이 정녕 고달프니, 미인이 그리워 잊을 수 없네.[回頭擧目山河暮, 地闊天高思渺茫. 羲軒遠矣悲何極, 華勳不見心自傷. 嗟哉潦倒生苦晩, 懷佳人兮不能忘]"[164] 라고 하였다. 조려의 우국에 대한 마음을 읽을 수 있다. 이 시를 수록함으로써 선현의 충절 정신을 기리는 동시에 후손들이 이러한 정신을 잇고자 하는 의도가 읽힌다.

인물 항목은 인물을 위주로 작품이 선별하여 용궁지역에서 영향력이 컸었던 용궁의 대표적 인물군을 현양하고자 하는 의도가 한시 선별에 드러나고 있음을 알 수 있다. 또한 용궁의 후손들로서 선현들의 모습에서 자부심을 가지고 자기들의 위상을 드러내고자 한 것이다. 그리고 서문에서 밝혔듯이 읍지 편찬 당시 지역이 사라지는 혼란한

164 趙旅, 「九日登高」, 『漁溪集』 권1; 『한국문집총간』 11, 325~326면. "九月九日是重九, 欲酬佳節登高岡. 白雲飛兮雁南賓, 蘭有秀兮菊有芳. 山明水碧煙慘淡, 風高日晶氣淒凉. 荻花吐雪江之滸, 楓粧紅錦山之陽. 杜牧旣上翠微岫, 陶潛悵望白衣郎. 千載風流如昨日, 至今豪氣凜秋霜. 回頭擧目江山暮, 地闊天高思渺茫. 羲軒遠矣悲何極, 華勳不見心自傷. 沈吟筆下乾坤闊, 爛醉樽前日月長. 嗟哉潦倒生苦晩, 懷佳人兮不能忘"

상황에서 유풍마저 쇠락해지는 것을 겪어야 했던 지역 유림들은 선현들에게서 그 해답을 찾으려 한 것이다.

6) 나가며

이 글은 예천의 용궁 읍지 『축산승람』을 대상으로 한시 수록 현황을 살펴보고 읍지 내 한시의 성격 고찰한 것이다.

용궁은 1914년 행정구역 폐합과 관련된 지방 제도의 개편으로 사라진 지역이다. 이후 1934년 그 지역의 역사가 인멸되는 것을 염려하여 이전 사실을 기록한 『축산승람』이라는 읍지 편찬이 이루어졌다. 이는 전통문화를 총정리하고자 하였던 의도를 파악할 수 있었다. 더구나 이 글에서 집중하는 한시가 기존의 용궁 읍지보다 5배나 많이 수록되어 있었다. 모두 60명의 작가, 63수의 한시 작품이 수록되어 있다. 한시 작품은 인물, 제영, 고적 항목에 주로 수록되어 있으며 세 항목에 고르게 분포되어 있다. 세 항목을 살펴본 결과는 다음과 같다.

첫째, 제영 조항에 수록된 시는 해당 공간의 모습을 역동적이고도 압축적으로 제시하면서도, 한 공간에 대한 여러 이야기가 펼쳐지는 효과를 주고 있었다. 즉, 읍지가 해당 지역의 소개 책자라는 성격에 부합하듯 『축산승람』 내 한시는 용궁의 공간을 소개하기 위한 기록의 한 방식이라고 할 수 있다. 또한 각각의 누각에 대한 차운은 누각에 대한 소개뿐 아니라 이곳에 부임한 이들의 방명록의 성격을 지님으로써, 예천의 역대 지방관의 이력과 예천 전경을 소개하는 기능을 아우를 수 있었던 것이다.

둘째, 고적 항목에 수록된 한시는 개인의 필요에 의해 지어진 곳으로 사적인 건설 배경이 있기 마련이다. 후대 사람들이 그 공간에 오르면 주변의 풍광은 물론 이곳을 지은 사람들이나 누정에 얽힌 일에 대해 생각을 가질 수밖에 없었다. 이러한 생각은 선조들의 풍류와 정서가 느끼기에 충분하다. 이처럼 한시를 통하여 용궁의 정각, 사숙에 묻어있는 가치가 고스란히 드러내고 있었다. 이 공간의 한시는 타지역에서 느낄 수 없는 용궁만의 역사적 흔적, 문화유산을 드러내는 역할을 하고 있다.

셋째, 인물 항목에 수록된 한시는 선대에 대한 존경심에 주목하여 과거 선현들을 현양하고자 하는 편찬 태도가 확인되었다. 또한 용궁의 후손들로서 선현들의 모습에서 자부심을 가지고 자기들의 위상을 드러내고자 한 것이다. 그리고 읍지 편찬 당시 지역이 사라지는 혼란한 상황에서 유풍마저 쇠락해지는 것을 겪어야 했던 지역 유림들은 선현들에게서 그 해답을 찾으려 한 것이다.

이상과 같이 『축산승람』 내 한시는 예천의 공간을 소개하기 위한 기능, 그리고 특정 공간을 중심으로 하여 장소뿐만 아니라 관련 인물을 부각시키고자 하는 기능, 인물 자체를 소개하고 현양하는 기능이 있다는 사실을 파악하였다. 즉, 『축산승람』에서 한시는 문학성을 검증하고 작품을 감상하기 위한 문학 장르로 편제되기보다, 읍지라는 문헌적 성격에 맞게 해당 지역을 보다 생동감 있게 소개하기 위한 도구이자, 간행 당시 지역 사족들을 드러내는 방편으로 기능하고 있는 것이다.

본 연구를 통해 지역의 대표 사료인 읍지를 한시 연구 영역으로 끌어들인 점, 읍지 속 한시를 통해 한 시대의 지역사회의 이면을 들여다본 점은 필자의 작은 성과라 할 수 있다. 그러나 이러한 연구 의의에도 불구하고 남은 과제가 적지 않다. 본고에서 미흡했던 문학적 검증도 앞으로 과제로 남긴다. 또한 확대해서 앞으로 용궁지역을 배경으로 한 역대 시문들을 보다 정밀하게 고찰하면 용궁 지역상이 드러날 것이다.

4. 가암可庵 전익구全翼耈의 삶과 시세계

1) 들어가며

이 글은 가암可庵 전익구全翼耈(1615~1683)의 한시를 통해 그의 삶의 모습을 고찰하고자 한다. 그는 17세기 중·후반 예천지역에서[165] 활동한 인물로 본관은 용궁龍宮, 자는 명수明叟, 호는 가암可庵이다. 부친 전이성全以性이 정경세의 문인으로 가학의 연원이 깊으며 노수신의 증손서이다. 그의 행역에 대해 정종로가 묘지명을 썼으며, 당시의 명유인 정경세의 손자 정도응과 홍귀달의 5세손 홍여하와 교분이 깊었다. 평생 관직에 진출하지 않고 정경세가 우거하던 상주 우산愚山 근처로 이주하여 가암을 건립하고 독서와 강학으로 보냈다. 관직보다는 학행으로 이름이 알려졌다.

그의 문집인 『가암유고』는[166] 1818년에 전익구의 5대손인 전희일全

165 전익구가 활동하던 당시 지명은 용궁이다. 용궁은 역사적으로 주, 군, 현으로 위상의 변동이 있기는 하였지만, 한 번도 독립적인 고을로서의 지위를 상실한 적이 없었다. 그러다가 일제강점기인 1914년에 행정구역을 통폐합하면서 예천군의 예하면으로 편입되었다. 그 과정에서 관내의 일부 지역들이 문경군, 의성군, 예천군 소속으로 편입되는 바람에 옛 용궁의 규모조차 온전히 유지하지 못하게 되었다. 조선시대는 독립된 현이었으므로 현재와는 차이가 있다. 그러나 예천이라 하면 현재의 행정구역을 떠올리게 되므로 그대로 예천이라 한다.

熙一과 종현손인 전경채全景采 등이 편집하고 간행했다. 권두에는 정종로의 서문과 권말에 정필규의 발문, 전경채와 전희일의 지識가 있다. 문집은 2권 1책으로 권1에 시 69제 81수, 서書 43편, 권2에 소 1편, 서序 4편, 제문 5편이 있고, 부록으로 만사, 묘갈, 기記 각 1편, 증시贈詩 10수 등이 수록되어 있다. 전익구는 평소 사서집주의 글들을 준칙으로 삼고 정이程頤와 장재張載의 글을 중시하면서 공부하였다. 상당한 유학적 소양을 갖추었으나 안타깝게 학문적 성취라고 할 수 있는 것은 남기지 않았다. 그러나 그는 숙종조에 포의로서 소를 올려 지역 사족으로서의 역할을 발휘하기도 했다.

지금까지 전익구에 대한 개별 연구는 없다. 다만 권태을 교수의 『상주한문학연구』에서[167] 언급하고 있을 뿐이다. 이 글은 그의 선행 연구로 한시를 통해 삶을 조명해보고자 한다. 한시 작품은 산수와 더불어 은거하면서 자신을 검속하기도 하고, 주변을 소요하면서 벗들과 시작詩作활동을 하는 등 81수가 남아있다. 글의 진행은 다음과 같이 하려 한다. 첫째, 전익구의 가계와 생애에 대해 『용궁전씨유사록』, 『용궁전씨세보』, 묘갈명을 통해 거칠게나마 서술하고자 한다. 둘째, 한시를 통해 전익구의 삶과 사유을 살피는데 수신, 소통, 전승이라는 키워드를 가지고 고찰해보고자 한다. 이를 통해 당시 지역 사족의 삶의

166 전익구의 문집인 『가암유고』는 본인이 소장하고 있는 것이다. 겉면에는 『可庵集單』로 적혀있으나 원제목은 『가암유고』이다. 규장각에 있는 목판본 『가암유고』와 같은 본이다.

167 권태을, 『상주한문학연구』, 상주문화연구원 2001, 273-275면. ; 황위주는 전익구의 종파인 箕溪公全仁派의 인물인 全纘에 대한 소개가 있었다. 황위주, 「예천지역의 퇴계학맥」, 퇴계학과 유교문화 28, 경북대학교 퇴계학연구소, 2000, 23-24면.

모습과 17세기 중후반 예천지역 내에서 퇴계학의 전승을 일정부분 살필 수 있을 것이다.

2) 전익구의 가계와 생애

전익구의 본관은 용궁이다. 용궁 전씨가 예천에 세거한 것은 고려시대와 조선시대, 양대에 입조한 인물인 국파菊坡 전원발全元發 때부터이다.[168] 전원발은 용궁 전씨 시조 용성부원군 전방숙의 5대 자손으로, 전법총랑 충경忠敬의 증손이며, 판도총랑 대년大年의 손자, 응양군 민부전서 진璡의 아들이다. 전원발이 고려 말 공민왕 때 원나라에 가서 문과에 장원으로 급제하여, 집현전 태학사를 지내다가 귀국하여 조선 태조 때 축산부원군竺山府院君에 봉해졌다.[169] 이후 후손들이 그곳에서 살면서 관향을 용궁으로[170] 삼아 세계를 계승하고 있다. 전익구의 세계世系를 정리하면 다음과 같다.

〈전익구의 세계世系〉

1세	全邦淑
2세	正敏
3세	忠敬
4세	大年
5세	璡

168 1692년(숙종 18) 蘇川書院에 지방유림의 공의로 全元發의 학문과 덕행을 추모하기 위해 정사를 설립하여 위패를 모셨다. 蘇川書院은 경상북도 예천군 용궁면 무이리 소천동에 위치하고 있다.

169 용궁전씨대종회, 『용궁전씨유사록』, 대보사, 1995, 19-28면.

170 竺山은 용궁의 옛 지명이며, 용궁은 지금의 경북 예천군 용궁면이다.

6세	**元發**		
7세	僩		
8세	謹(郡事全謹派)		
9세	仲權		
10세	永孚		
11세	懷瑾		
12세	仁(箕溪公全仁派)		
13세	夢井	夢奎	
14세	**纘**	綍	
15세		**以性**	
16세		尙耈	厚耈	**翼耈**
17세		五徽	五彩[171]	

8세 전근全謹는 과거에 급제하여 봉상시정겸奉常寺正兼 사헌부집의司憲府執義에 이르렀고 10세 영부永孚는 진사이고 11세 회근懷瑾은 음직으로 충무위부사직忠武衛副司直에 보직되었다. 12세 전인全仁에 이르러 분파하여 기계공전인파箕溪公全仁派가 된다. 전익구의 종조인 전찬全纘(1546~1612)은 자는 경선景先, 호는 사우당四友堂으로 퇴계에게 수학하였던 인물이다. 『도산급문제현록』에 "명종 1년(1546)에 태어나 일찍이 시로 세상에 알려졌다. 선생의 문하에 올라 『심경』, 『근사록』 등의 책을 배웠으며, 친자하기를 열심히 하니, 선생께서 항상 칭찬하기를 '어진 이를 좋아하고 착한 일 하기를 즐기는 것이 천성에서 나왔다.'라고 하였다. 청원정淸遠亭에 제목을 붙인 것이나 영연당暎蓮堂의 화답한 시편과 편액의 글씨는 모두 퇴계에게서 받은 것이다. 학

171 全雲采 編, 『용궁전씨세보』, 1765, 규장각(kyu.snu.ac.kr)

문과 행실로써 참봉에 천수薦授되었지만 나아가지 않았다. 뒤에 공조 정랑에 추증되었으며, 67세에 세상을 떠났다."라고 하였고, 영연당운暎蓮堂韻 2편을 급문록에 동시에 수록되어 있다.[172] 전익구는 선조 대부터 퇴계학파의 연원이 깊다.

전익구의 증조는 훈도訓導를 지낸 몽규夢奎이며 조부는 호조참판에 증직된 행綷이다. 부친은 이성以性으로 자가 성지性之, 호는 운계雲溪이다. 어려서 추월당秋月堂 한산두韓山斗에게 수업하였고 장성한 뒤에 정구鄭逑와 정경세에게 배웠다. 1606년 문과에 급제하여 각 조의 낭관을 거쳐 2도의 도사와 신령·영천·고성·부평·합천 등 5군의 수령을 지냈다. 광해군 조에 영창대군이 강화부사 정항에 의해서 피살되자, 정항의 처벌과 폐모론의 부당함을 주장하던 정온을 옹호하다가 배척을 당해[173] 고향으로 돌아오게 된다. 다시 1623년 인조반정으로 벼슬에 올라 춘추관편수관을 겸직하면서 『광해군 일기』의 편찬에 참가하였다. 이후 고향으로 돌아와 학문 연구와 후진 양성에 힘썼다. 뒤에 종박시정宗簿寺正으로 승차되었으나, 1645년 69세로 세상을 떠났다. 월봉 고인계, 월간 이전, 무주 홍호, 창석 이준, 이수광의 아들 이민구 등 당대의 석학들과 상당히 깊이 교유하였다.

전익구의 세계世系는 고려조에 대대로 벼슬이 끊이지 않았으며, 『축

172 황위주, 「예천지역의 퇴계학맥」, 퇴계학과 유교문화 28, 경북대학교 퇴계학연구소, 2000, 23-24면.

173 『光海君日記』 권31, 7년(1615) 1월 辛未(1), "司憲府啓曰: '(禮曹佐郎全以性, 名稱未著, 不合南宮之選 請命遞差) 上年秋間, 嶺南怪鬼之輩, 爲申救鄭蘊之地, 至於拜疏上洛, 欲爲投呈, 自知其計之不售, 旋卽散歸矣. 其時疏會, 定於宜寧, 而縣監李文蘭稱以義擧, 餉以酒饌, 親自監嘗捧觴, 聞者莫不駭異. 請命罷職不敍, 王從之.'"

산승람』의 기록이 의하면 조선시대 문과에 급제한 인물이 17명으로 적지 않았으며 수직壽職이나 생원, 진사에도 많은 이름을 올리고 있는 것으로 보아 지역 내에서도 상당히 명망 높은 가문이었음을 알 수 있다.[174]

전익구의 성장 과정에 대한 기록은 아직 찾을 수 없었다. 정종로가 지은 묘갈명을 통해 전익구의 삶을 살펴보도록 하자.

> 처음에 공의 아버지 운계공雲溪公이 나의 선조에게 배워 공을 가르쳤고 공이 또 우리 외고조 홍목재공洪木齋公과 도의로 사귀었고 우리 선조를 경모함이 매우 깊었다. 여가 날에는 문득 서로 초대하고 강원에 나아가기도 하였다. 공이 우산의 장구소를 노닐면서 경사經史를 토론하고 몸과 마음을 규제하고 경계하는데 혹 열흘이나 한 달이 걸려도 싫어하지 않았다. 대개 시는 이 때에 지어진 것이 대부분인데 모두 구속됨이 없어 취미趣味가 있고 글 또한 감동에 근거를 두어서 조탁을 일삼지 않았다. 무릇 식견이 치밀하고 명확하며, 지절志節이 고량함은 필경 그 가운데 볼 수 있다. 아! 그 글을 읽고 그 행사를 보니 더욱 묻지 않아도 알 수 있지만, 공의 집이 중도에 쇠해지고 또한 여러 차례 답답한 일을 겪어서 아울러 전하지 못하니 아깝다. 명銘에 이르길 '대개 단정하지 않으면서 능히 단정한 자를 벗함은 있지 않고 또한 어질지 않으면서 능히 어진자를 생각함도 있지 않다. 그런데 임천에서 궁노窮老하게 마쳐서 세상에 큰일을 하지 못하였으니, 하늘인들 어찌하리오.'[175]

174 고영찬외저·한국국학진흥원 역, 『축산승람』 국역총서 19, 한국국학진흥원, 2018, (www.koreastudy.or.kr) 인물조목은 封君, 諡號, 文科, 武科, 蔭仕, 贈職, 壽職, 生員, 進士, 忠, 孝, 烈로 구성되어 있는데, 용궁 전씨의 기록을 보면 봉군과 시호 전원발 1명, 문과 17명, 무과 3명, 수직 19명, 생원과 진사 8명, 효 3명이 있다. 총 51명으로 수록 된 인물도 적지 않으며 문과에 급제한 인물 또한 적지 않다. 참고로 가암의 뒤로 기록된 인물 19명이다.

전익구의 부친이 정경세에게 배운 사실을 언급하고 있는데 이는 그의 학문적 연원을 알 수 있다. 앞서 언급했듯이 전익구는 정경세가 우거하던 상주 우산 근처로 이주하여 생활하면서 그를 추존하였다. 원문의 '우산의 장구소'는 정경세의 거처를 말한다. 선인의 자취, 학문을 잠시라도 잊지 않으려는 그의 간곡한 마음이다. 그러면서 항상 경전과 역사책 등 학문에 전념하고 시와 문장에 힘을 썼다. 그의 시문에 대해서 시는 자연스럽고 구속됨이 없으며 문, 또한 꾸미지 않았다고 평가하고 있다. 이러한 평가는 그가 평생 수양의 자세를 독실하게 실천하였으므로 시문에 여실히 드러난 것으로 보인다.

3) 전익구의 시세계

전익구는 총 81수의 한시 작품을 남겼는데 한시 분류의 기준을 근거로 해서[176] 그중 작품의 형식, 중심적인 제재, 창작의 방식 등 세 부분 나누어 한시 창작양상을 살펴보고자 한다. 한시 분류는 아래의 표와 같이 정리할 수 있다.

175 全翼耉,「墓碣」『可庵遺稿』, "初公考雲溪公學於吾先祖以教公, 公又與吾外高祖洪木齋公, 爲道義交, 而景慕吾先祖最深. 暇日輒相招邀, 從講院, 公遊於愚山杖屨所, 討論經史規警身心, 或彌旬月不厭. 蓋其詩作於此時者居多, 而皆蕭散有趣味, 文亦動有根據, 不事雕琢. 凡識解精明, 志節之高亮, 筆見於其中. 噫讀其書, 其見於行事, 又不問可知, 而公家中替, 又累經鬱, 攸並無傳焉, 惜哉. 銘曰, 蓋未有不端, 而能友端者也, 亦未有不賢, 而能慕賢者也. 然而卒窮老於林泉, 不得有爲於世, 奈何乎天"

176 황위주,『한시란 무엇인가』, 지성人, 2018, 61-68면.

〈표 1〉 형식, 제재, 창작방식에 의한 분류

구분	형식	현황
형식	古詩	1題 1首
	5言絶句	5題 5首
	7言絶句	17題 18首
	5言律詩	7題 8首
	7言律詩	24題 34首
	5言排律	12題13首
	7言排律	2題 2首
제재	寄贈詩	35題 39首
	田園詩	15題 18首
	遊覽詩	6題 6首
	詠物詩	5題 5首
	述懷詩	3題 3首
	題詠詩	1題 8首
	送別詩	1題 2首
창작방식	次韻詩	29題 33首
	聯作詩	6題 18首
	雜體詩	1題1首

첫째, 형식에 의한 분류를 살펴보면 정형화된 근체시 창작방법을 추구했음을 알 수 있다. 『가암집』에 수록된 한시 81수 중 고시와 배율을 제외한 근체시는 65수에 해당이 된다. 보통 근체시는 시의 의미전달에 앞서 운자와 평측, 대우 등 형식적 조건을 우선으로 한다. 이런 형식적 제약 때문에 근체시는 장단구를 자유롭게 사용하는 악부시나 평측과 대우를 고려하지 않는 고시보다 시 짓기가 까다롭다. 이런 제약에도 불구하고 근체시 창작을 지향한 것은 앞에서 살펴보았듯이 그는 일생을 출사하지 않고 자신의 삶에 대해 끝없이 성찰하고 고민했다. 그런 그의 삶에 대한 지향이 한시의 창작에도 영향을 미친 것이다.

둘째, 제재별 분류를 통한 창작양상을 살펴보면 전익구는 사람 간의 교류를 통해 발생한 제재로 창작을 한 경우가 많다는 것을 확인할 수 있다. 증답시와 송별시는 총 41수로 전익구가 사람 간의 관계를 대단히 중요하게 생각했다는 것을 알 수 있다. 그 관계는 학연이나 인척으로 맺어진 관계, 지역의 유력한 가문들과 교유하였는데 이들과 지역에서 시를 통해 활발하게 활동했음을 알 수 있다.

셋째, 창작방식에 의한 분류를 살펴보면 차운시가 33수로 적지 않은 작품이다. 그는 중국의 소동파의 시를 차운한 두 편을 제외하고는 모두 평소 흠모했던 이황, 정경세 등의 시를 차운하였거나 가까이에서 지낸 인물들의 시를 차운하기도 하고 지어주기도 했다. 그는 차운시를 통해 시를 창작하기 위한 동기를 부여받았을 것이고, 다른 사람이 지은 시와 자신이 지은 시의 비교를 통해 더 좋은 시를 창작하고 싶은 욕구에 자극을 받았을 것이다.

본고에서는 제재에 의한 분류를 활용하여 수신, 소통, 전승이라는 중심이 되는 절을 구성하였다. 제재에 의한 분류를 활용한 것은 가장 활용이 높은 분류이며, 전익구 한시의 선행 연구에 적합하다고 판단했기 때문이다. 그의 한시는 주변 인물들과 교유, 전원에서 보내면서 일어난 감회, 특정한 장소를 찾거나 그 곳을 읊은 시 등 다양한 소재를 가지고 작품을 창작했음을 알 수 있다. 특히 근원적 삶을 찾으며 수신하는 자세를 추구하고, 지역의 선후배, 동류들과 소통하고, 더 나아가서는 도학, 즉 퇴계학의 전승을 자신의 역할로 인지하고 있는 점은 읽을 수 있었다. 여기에 집중해서 그의 시세계를 살펴보고자 한다.

(1) 수신 : 진원眞源적 삶에 대한 의지

松窗夜色近三更　　솔창에 밤기운은 삼경이 가까운데
碧落無雲片月明　　하늘은 구름 한 점 없고 달만 밝구나.

默坐靜中看氣像	묵묵히 앉아 고요한 가운데 기상을 보다가
靈源喜得一般淸	마음이 온통 맑아짐에 기쁘다오.

문집에 두 번째 수록된 작품으로 정확한 창작 시기는 알 수 없으나 이른 시기에 작품으로 보인다. 늦은 밤 시간, 솔창에는 밝은 달이 눈에 들어온다. 제2구의 '명明'은 맑고 신선한 세계의 확인에서 얻어지는 것이다. 실제로 눈이 밝아지는 것이 아니라 심안이 새로운 경계를 보게 된 것이다. 바로 4구의 '일반청一般淸'과 맥락이 닿는다. 마음이 깨끗하여 조금의 사욕도 없이 조용히 도에 합치됨을 말한다. 이는 전익구가 찾아낸 정신적 편안함으로 읽힌다. 고요함이 최고조인 시간적 배경과 달이 밝게 비추는 공간적 배경이 묵좌하기에 최상의 배경이다. 낮 동안 성인의 학문을 공부하고 저녁이 되어 묵좌하며 터득한 결과물이 '일반청'이다. 전익구는 깊은 학문적 성찰을 통해 사물의 이치를 궁구하고 자신의 내면세계의 근원을 점검하고 있는 것이다. 또한 이는 내면적인 성찰을 동해서 새로운 성취의 단계를 보여주는 것이다. 다음 시에서 진원眞源을 찾고 있다.

悽悽半世怨難平	허둥지둥 반평생을 평안하지 못하다고 원망했는데
茅屋三間萬慮輕	세 칸 초가집에서 온갖 생각이 홀가분해져라.
牕有光華堯舜日	창문에 환한 빛이 나니, 요순시대의 해요
心專潔靜孔朱經	마음을 정결하게 오롯하게 하니 공자·주자의 경서로세.
匪因積累山皆秀	포개어 쌓지 않아도 산은 모두 빼어나고
不費陶鎔水自淸	다듬어 녹여내지 않아도 물은 그대로 맑다네.
仁智眞源却在是	인과 지의 참된 근원이 문득 여기에 있나니
故教耽玩外功名	일부러 탐내 완롱玩弄하며 공명을 도외시하노라.[177]

상주의 수회동에[178] 있는 취벽당 주변의 경치를 읊은 8수 중에 두 번째 작품이다. 취벽당에 대한 자료는 찾을 수 없으며 창작 시기 또한 정확하지 않다. 세속과 떨어진 소박한 공간인 모옥에서 자연을 완상하면서 '진원'을 찾고 있다. 전익구는 관직에 나가지 않고 처사의 신분으로 살기를 결심했지만 편치 않은 마음이었던 듯하다. 이유는 마지막 구절의 '공명功名'이 문제였다. 그러기에 자연히 허둥대며 세월을 보냈고, 겉치레를 좇는 과정에 좌절을 경험하기도 하고 세상을 원망하기도 했다. 그러나 수신의 자세로 돌아오니 세속의 무겁고 힘든 생각들에서 벗어나 홀가분해진다. 제3, 4구의 '광화光華', '결정潔靜'이 그가 찾은 마음의 자유로움이다. 그리고 창문과 마음으로 들어 온 것은 '요순堯舜', '공주孔朱'이다. 전익구와 같은 은사들에게 삶의 표준이 되고, 그들의 행적이 흠모의 대상이다. 전익구 또한 성현의 행적, 글을 통해 그들의 발자취를 좇아가려는 모습이다. 그런데 이러한 경지에 이르기 위해서는 끝없는 자기수련과 성찰이 필요하다. 그래서 전익구는 산수의 감상을 통해 인仁과 지智의 근원을 찾게 된다. 인간이 원래 가지고 있던 본성을 찾고 있는 것이며, 바로 도의 근원을 찾고 있는 것이다. 곧 인과 지를 이루는 즐거움으로 인해 자연히 세상의 부귀공명을 도외시하게 된 것이다. 인仁과 지智는 공자의 말에 "지혜로운 자는 물을 좋아하고, 인한 자는 산을 좋아하다."[179]라고 한 데서 온 말이

177 全翼耉, 「翠壁堂 八詠【堂在水回洞】-洛城」 『可庵遺稿』

178 수회동은 내서면 서만리와 외서면 우산리 경계에 있다. 지역에서는 노루목이라 한다.

179 『論語集註』 「雍也」, "智者樂水, 仁者樂山; 智者動, 仁者靜; 智者樂, 仁者壽", 동양고전종합DB.

다. 이 작품은 세속에서 벗어나 자연 속에서 마음의 근원을 찾고 말겠다는 자신의 의지를 표현한 것이다. 아래 시에서 좀 더 구체적으로 수신의 방법을 말하고 있다.

天理良由問學明　천리는 참으로 묻고 배우는 것으로 말미암아 밝아지고
工夫元似琢磨成　공부는 원래 옥을 쪼고 가는 듯이 하여 이뤄지네.
養心莫善偏私去　양심養心은 치우친 사심을 없애는 것보다 나은 게 없고
尊性當從夜氣淸　존덕성尊德性은 응당 밤기운을 좇아 맑아지리라.
要得修身喚做本　요컨대 수신修身을 근본이라고 부를 수 있어야 하고
須知謹獨是爲誠　모름지기 근독謹獨이 성誠이라는 것을 알아야 하네.
心通富貴浮雲處　마음으로 부귀가 뜬 구름이라는 지점을 통달하고
然後眞能外物輕　그런 뒤에야 진실로 외물을 가볍게 여길 수 있으리라.[180]

권자도에게 보낸 시이다. 권자도는 권윤權鈗(1628~1690)을 가리키며 본관은 안동, 호는 제곡霽谷이며 예천에서 태어났다. 그는 평생 출사하지 않고 지역에서 학행으로 알려졌던 인물이다. 이 작품의 창작 시기는 정확히 알 수 없다. 제1-4구는 수신을 위한 방법들을 나열하고 있다. 즉, '유문학由問學', '공부工夫', '양심養心', '존성尊性' 등이다. 제1구의 '유문학'에 대해 주희는 지식을 지극히 하여 도의 본령의 세세함을 다하는 학문 공부를 말했다. 전익구 역시 하늘의 이치를 깨닫는 것 또한 '문학問學'에서 시작됨을 말하고, 배우고 묻고 공부하는 것을 강조하고 있다. 그리고 마음을 수양하는데[養心] 있어서 가장 좋은 방법은 사욕을 제거하는 것임을 말하고 있다. '양심'은 『맹자』에서[181] "마

180 全翼耉, 「次贈權子韜【甲萬】」, 『可庵遺稿』, "從來富貴非吾願, 風月無邊道亦長"

음을 기르는 데에는 욕심을 적게 가지는 것이 최상이다. 사람이 욕심을 적게 가지면 마음이 보존되지 못하는 것이 있을지라도 적을 것이요, 사람이 욕심을 많이 가지면 마음이 보존되는 것이 있을지라도 적을 것이다"라고 한 대목이다. 또한 전익구는 '존성'은 더렵혀지지 않은 정일한 마음을 맑게 보존됨을 말하고 있는데 바로 야기夜氣를 통해서 인간에게 선천적으로 부여된 선한 덕성을 존숭하여 보존하는 것이다.[182] '야기夜氣'의 출처는 맹자가 수양의 방법으로 제시한 것으로 더렵혀지지 않은 정일한 마음을 야기라 칭하고, 이를 보존 양성하는 것을 그 수양의 한 방법으로 삼았던 것을 말한다.

후반부는 수신을 통해 얻어지는 '성誠', '외물경外物輕'을 표현하고 있다. 전익구는 일상에서 수신을 근본으로 삼되 홀로 있을 때 더욱 수신해야 함을[183] 강조하고 있는데 사실 혼자 있을 때 삼가기란 어려워 사심邪心이 일어나기 쉽고, 자신도 모르는 사이에 많은 생각과 감정변화가 생겨 집중을 하기 어렵다. 그렇기 때문에 마음을 욕망으로부터 해방시키기 위해서는 마음을 길러야 하는 것이다. '성誠'은 '하늘의 도'로서 힘쓰지 않아도 맞으며 생각하지 않아도 체득하여 자연히 천도에 적중하는 성인의 경지를 말한다. 곧 근독謹獨을 통해서 하늘의 도에 이르게 되는 것이다. 이것이 바로 전익구의 수양 과정으로 그는 태어나면서 받은 타고난 본성으로 돌아가는 것을 중요한 과제로 생각

181 『孟子集註』「盡心」, "養心莫善於寡欲 其爲人也寡欲 雖有不存焉者寡矣 其爲人也多欲 雖有存焉者寡矣", 동양고전종합DB.

182 『中庸章句』 제27장, "君子尊德性而道問學, 致廣大而盡精微, 極高明而道中庸, 溫故而知新, 敦厚以崇禮", 동양고전종합DB.

183 『中庸章句』 제1장, "君子戒愼乎其所不睹, 恐懼乎其所不聞, 莫見乎隱 莫顯乎微 故君子愼其獨也", 동양고전종합DB.

했다. 그렇게 되면 자연히 외부의 욕심, 공명, 부귀 등에서 벗어날 수 있다는 것을 표현한 것이다. 전익구는 경전공부를 통해 끊임없이 자신을 경계시키면서 가다듬으려고 하는 모습이다. 은거 중 지식인의 진원적인 삶에 대한 치열한 고민을 간곡하게 표현되고 있다.

有鳥嚶嚶求友鳴　꾀꼬리가 꾀꼴꾀꼴 벗을 찾아 울듯이
鏗然聳聽擲金聲　쟁그렁! 금석을 던지듯 시편을 보내왔네.
若非閒想渾消盡　만일 한가한 생각이 모두 사라진 것이 아니라면
定是眞源澈底清　정녕 참 근원이 바닥까지 맑아지리라.
存養願言常主敬　존양은 항상 경敬을 주로 하리라 말하길 원하며
優遊堪戒老無成　우유는 늙어도 성취가 없음을 경계할 만하네.
須看天理流行妙　모름지기 천리가 유행하는 오묘를 봐야 하니
物物生生本此誠　물物과 물物이 낳고 낳는 것은 이 성誠에 근본한다오.[184]

석문에게 보낸 시이다. 석문은 정영방鄭榮邦(1577~1650)으로 본관은 동래이고, 자는 경보慶輔, 호는 석문石門이다. 정경세의 문하에서 성리학을 수학하였고 29세가 되던 해인 1605년(선조 38)에 진사가 되었는데, 벼슬에 나가려 하지 않고 학문으로 일생을 보냈다. 스승 정경세가 이조판서로 있을 때 벼슬을 다시 권장하였으나 고사하였다. 이 작품의 제목에 "유혜秞惠, 경거瓊琚"은 편지글에 주로 사용하는데 시에 사용한 것을 보면 상당히 상대를 극존칭해서 높이고 있음을 알 수 있다. 아마도 두 사람이 39년의 나이 차이가 나기 때문인 듯하다. 작품의 창작 시기는 적어도 35세 이전에 지은 것으로 짐작된다.

제1, 2구는 꾀꼬리가 지저귀어 벗을 찾듯이 정영방이 전익구에게

184 全翼耈, 「復次前韻, 謝贈石門秞惠瓊琚」, 『可庵遺稿』 권1.

시편을 보내온 사실을 말하고 있다. 제3구의 작은 '한상閒想'이 하나의 가능성이 되어서 '진원眞源'을 맑게 만들 수 있었다. '한閒'은 일종의 노장사상의 무위無爲에 가까운 언어로 정신적 운치로서의 게으름을 나타내고 있다. 그러나 작품에서는 단순히 할 일이 없어서 심심한 그런 상태가 아니라 정신적 경지를 말하고 있다.

제5, 6구의 '존양存養'은 본래의 마음을 보존하고 바른 성품을 기른다는 '존심양성存心養性'의 준말로 심성을 수양하는 말이다. 전익구는 심성 수양을 위해서는 주경主敬을 중요한 요체로 삼아야 함을 말하고, 평생 탐구하여 자기 몸에 배어들면서 완전히 내 몸의 일부가 되게 하는 성취를 못할까 깊이 경계하고 있다. 마지막 구절의 성誠은 만물의 운행원리로서 사시四時가 변하고 밤과 낮이 바뀌듯이 그 본분을 한시라도 멈추거나 게을리해서는 안 된다는 것을 강조한 것이다. 이는 『중용』에서 "성誠은 사물의 시작이며 끝을 이룬다. 또한 정성스럽지 않으면 사물도 없게 된다."[185]는 대목이다. 전익구는 만물이 운행하듯이 끊임없이 내적 성찰을 통해 반듯해지려 하고 또한 성인의 학문을 통해 학문적 성숙이 이루어져 진원眞源적 삶으로 돌아가려는 의지를 드러내고 있다.

臥聽書窓春鳥鳴　누워 듣노라니, 서창에 봄새가 울고
琮琤玉澗又新聲　졸졸졸 옥간玉澗에 다시 새로 물소리 나네.
剩知靜裡天機動　더구나 고요한 가운데 천기가 움직이고 있음을 알겠고
且喜靈源夜氣清　또다시 신령한 근원에서 야기가 맑아짐에 기뻐라.
閒界雖無師友輔　한적한 경계에 비록 사우의 도움은 없을지나

185 『中庸章句』 제25장, "誠者 物之終始, 不誠無物.", 동양고전종합DB.

潛修那廢切磋成 어찌 잠심 수양하여 절차탁마함을 내버려두리오.
千邪可敵惟吾敬 천가지 삿됨을 맞설 수 있는 것은 오직 나의 경敬이요
萬僞都消自一誠 만가지 거짓을 모두 없앰도 하나의 성誠에서 비롯한 다오.[186]

또 다시 정영방에게 보낸 작품으로 제목에 '안하案下' 라는 단어를 써서 경의를 표하고 있다. 정영방은 후인들의 모범이 되는 위치에 있었으니 전익구는 자연히 그의 삶의 행적을 닮고 싶은 마음이 일어났고 시를 지어 보냈을 것이다. 봄날 새벽에 누웠자니 새소리, 물소리가 들린다. 그 소리는 끊임없이 반복하는 것이다. 그 속에서 마음이 고요해지니 천기가 움직임을 알았고, 더 나아가서는 여러 가지 사념에 물들지 않은 깨끗한 정신 상태에 이르게 된다. 퇴계가 "밤기운[夜氣]으로 기를 지어다, 정貞 다음에는 원元으로 돌아가나니 언제나 이렇게 하기를 생각하여 밤낮으로 부지런히 노력할지어다."[187]라고 하여 깨끗한 마음을 기르도록 한 것과 통한다. 야기夜氣를 길러 일상생활에서 일어났던 온갖 사념을 쓸어내는 것이다. 제5, 6구는 번거롭고 소란스럽지 않은 마음의 경지에서 푹 잠겨 자신을 다듬어 가는 것이다. 그리고 '천사千邪'의 마음에서 벗어나게 하는 것은 자신의 경인 것이다. 공자가 "경敬으로써 자신을 닦는다."[188]고 했듯이 가암 역시 자신의 수양의 근본이 '경'임을 말하고 있다. 마지막으로 성, 즉 하늘의 도는 만가지 거짓을 없애는 것에서부터 시작이 된다. 그러므로 자신의 내면

186 全翼耉, 「淸晨口占, 寄呈石門案下」, 『可庵遺稿』 권1.

187 李滉, 「聖學十圖-夙興夜寐箴圖」, 『退溪集』 권7; 한국문집총간 29권 197면, "養以夜氣 貞則復元 念玆在玆 日夕乾乾."

188 『論語集註』 「憲問」, "子路問君子. 子曰, "脩己以敬." 동양고전종합DB.

깊숙이 있는 진원, 본성을 보존하는 것을 첫째로 삼아야 하는 것임을 강조하고 있다.

그는 은사로서 자신의 생각과 말과 행동을 끊임없이 검속하는 모습이었다. 일상 속의 실천을 중요하게 생각하였고 경전을 읽고 터득한 공부는 그의 삶에 그대로 묻어난 도학자였다. 정종로의 서문에 잘 묘사되어 있다.

> 아! 군자는 본디 성분性分이 안정되어 있으니 세상이 자신을 등용해 주지 않는다면 가난하게 초야에 묻혀 자신의 명命을 다하더라도 애초에 털끝만큼의 잃음이 있으리오. 더구나 공公 같은 사람은 위로는 부사父師의 가르침이 있었고 옆으로 현명한 벗들에게 규경規警의 도움을 받아서 평소 생활 속에서 반드시 자락自樂하고 외부의 얽매임을 잊은 채 보존함이 있었다.[189]

(2) 소통 : 그리움, 익우益友로서의 역할

전익구의 한시 작품 중에 차운시[33수], 증시[41]는 전체 한시 작품의 2/1을 차지할 정도로 많이 창작되었다. 그는 사람들에게 편지를 대신해서 시를 지어 주기도 하고, 지방관으로 떠나는 지인에게 보내기도 했다. 그리고 벗을 그리워하는 마음을 담아 보내기도 하고, 벗과 함께 산수를 소요하기도 하는 주변 인물들과 관계를 꾸준히 이어가고 있었다. 평생 벼슬에 나가지 않고 지역에서 활동한 그에게 소통은 절실했을 것이며, 그러기에 인연한 인물들과 교유는 전익구에게 중요한

189 全翼耈, 「可庵全公用布衣上書」, 『可庵遺稿』 권1, "嗟夫君子之素性分定 世旣不我用也則一瓢林泉以畢其命 初無毫髮損焉 況如公者上有父師之敎 傍有賢朋友規警之益 平居日用之間 必有自樂而忘外累者存"

일이었을 것으로 짐작된다.

松篁茅屋自淸幽	송죽을 두른 띠풀집이라 절로 맑고 그윽하나니
不覺年光靜裏遒	어느새 세월은 고요한 가운데 훌쩍 지나네.
半夜碧空驅宿雨	한밤에 푸른 하늘은 밤비를 몰아치더니
一區雲物釀新秋	이 지경地境 구름빛이 새 가을을 빚어내네.
曾聞好事多魔障	언젠가 듣기에, 좋은 일에 마구니가 많다고 했지만
豈意良朋負勝遊	어이 좋은 벗이 승경 유람을 등질 줄 생각했던가.
想得竝山肥遯士	산에 함께 살며 둔사遁士를 살찌우리라 생각하며
孤琴蘿逕幾擡頭	외로이 금을 안고 여뀌길에서 몇 번이나 고개를 내밀었던가.[190]

홍적을 생각하면서 지은 작품으로 그에 대한 기록은 찾을 수 없다. 작품은 세속과 단절된 상황에 외부에서 벗이 찾아온다는 기대감, 만남이 이루어지지 않은 아쉬움을 잘 묘사하고 있다. 송죽을 두른 띠풀집은 작자가 은거하는 공간이다. 이곳에 지낸 지 세월이 꽤 흘렀다. 그러던 어느 날, 벗이 찾아온다는 소식을 들었다. 날씨마저도 가을빛이 새롭게 펼쳐지는 광경을 드러내고 있으니 더욱 벗이 찾아오는 기대감에 차 있다. 그런데 벗과 함께 승경을 누리려는 계획은 '마장魔障'이 가로 막았다. 마지막 구절에 몇 번이고 금을 안고 고개를 내밀며 아쉬워하는 마음을 표현하고 있다. '고금라경孤琴蘿逕'은 정다운 벗을 기다린다는 표현으로 맹호연孟浩然의 시에 "그대가 와서 잔다고 기약하기에, 외로이 거문고 안고 덩굴 오솔길에서 기다리노라."라고[191] 한

190 全翼耉, 「曉起口占 寄洪季良【覿】求和」, 『可庵遺稿』 권1.

191 孟浩然, 「宿業師山房待丁大不至」, 『孟浩然集』 권1, "之子期宿來, 孤琴候蘿

데서 가져온 말이다.

石泉瑤佩耳偏醒　석천의 아름다운 패옥, 귀를 유독 일깨우니
靜裏看山養性靈　고요하게 산을 바라보며 성령을 기르도다.
勝景招邀須勝友　승경이라 모름지기 좋은 벗님을 불러야하니
一來揮筆動文星　단번에 붓을 휘둘러 문성을 움직이도다.[192]

홍목재에게 부친 작품이다. 홍목재는 홍여하洪汝河(1620~1674)를 가리키며 본관은 부계缶溪, 자는 백원百源이고, 목재木齋는 호이다. 홍여하는 35살에 대과에 급제한 뒤 예문관 검열·봉교, 사헌부 장령·감찰 등의 내직을 두루 역임하였으며, 41세가 되던 해에 올린 상소가 송시열을 배척했다는 오해를 받아 경성부 판관으로 좌천되었다. 그 이듬해에 충청도 황간으로 유배되었다가 곧바로 풀려났는데, 이후론 관직에 나가지 않고 고향에서 은거하며 독서에 전념하였다.

자연에서 수양하면서 승경을 보고 벗을 생각하게 된다. 시어 '문성文星'은 문재文才를 주관하는 별이다. 여기서는 문재에 뛰어난 홍여하를 가리킨다. 전익구는 1658년에 경성판관으로 가는 홍여하를 전송하면서 서문을 지어 주었고 홍여하의 죽음을 애도하는 제문을 짓기도 했다.[193] 홍여하는 가암이 거처하던 곳인 가암의 팔경을 지어 주었는데 그 중 8번째 「원통제월圓通霽月」에서 맑은 바람과 비 갠 날 달[光風霽月]에서 친구의 모습을 떠올리고 있었으며 마지막 구절에 전익구를 도학자의 모습으로 높여서 표현하고 있었다.[194] 그리고 두 사람의

徑" (搜韻-詩詞門戶網站)

192 全翼耈, 「寄贈洪木齋【伯源】」, 『可庵遺稿』 권1.

193 全翼耈, 「送洪木齋之任鏡城序」, 「祭洪木齋文」, 『可庵遺稿』 권2.

문집에 학문에 대해 질정하는 대목이 자주 보이는데 학문적으로 상당히 신뢰하고 있었던 것으로 보인다. 두 사람이 친밀한 교유를 이어갈 수 있었던 것은 전익구의 부친 전이성과 홍여하의 부친인 홍호가 모두 정경세의 문하에 수학하면서 친분이 있었기 때문이다.

美人千里滯城中 그대는 천 리 너머 성 안에 머무니
思入江雲浩不窮 그리움은 강 구름에 스미며 하염없이 뭉클거리네.
獨對陳編尋舊恭 홀로 묵은 책을 마주해 옛날 공용을 찾건만
惟將明鏡照衰容 그저 맑은 거울 가져다 시든 모습만 비추누나.
林間好作忘機客 수풀 사이에서 잘도 기미 잊은 나그네가 되고
谷口頻從遯世翁 골짝 어귀에서 자주 세상 피한 늙은이를 좇노라.
好向沙庵棲息處 좋히 사암의 깃들어 지낸 곳을 향할 사
心期都付歲寒松 마음의 기약은 모두 세한의 소나무에 부쳤다네.[195]

노경명盧景命(1609~1667)을 생각하면서 지은 작품이다. 노경명은 본관은 광산이며 봉화현감을 역임하였다. 노수신의 증손이며 노준명(1606~1652)의 동생이다. 전익구의 부인이 노수신의 증손이므로 처가 형제이다. 이 작품의 창작 시기는 노경명이 봉화 현감이 된 1662년(현종3) 12월 이후로 보인다. 제 2구의 '그리움은 강 구름에 스미며 하염없이 뭉클거리네' 는 도잠이 지은 "어둑어둑 멈춘 구름, 부슬부슬 내리는 비"의[196] 자서自序에 "정운은 친우親友를 그리워하는 시이다."라고

194 洪汝河, 「可庵八景-圓通霽月」, 『목재집』, 한국문집총간 124권, 352면. "牓喜光風來, 旋看霽月上. 疇解善形容, 有道者氣象"

195 全翼耉, 「次盧龍湖韻【景命】」, 『可庵遺稿』 권1.

196 陶潛, 「停雲」, 『陶淵明集』 권1, "靄靄停雲 濛濛時雨", (搜韻-詩詞門戶網站)

한 구절과 통한다. 곧 전익구는 친구를 그리워하는 마음을 '강운江雲'에 담고 있다. 제3-4구에서 늙어지니 지난 세월동안 학문의 과정에서 회의가 일어나고 있다. 공부한 과정에서 이뤄진 것은 없고 늙음이 눈앞에 와 있다. 심하게 내면의 갈등을 겪고 있다. 그러나 거울 앞 내 모습은 현재 나를 알게 해 둔 상황이다. 전익구는 그로부터 나를 성찰하는 기회로 삼게 된다. 그래서 더더욱 친구를 찾은 것인지도 모르겠다. 한없이 부정적인 생각에 몰입되어 있을 때 나를 인도해 준 이가 노경명이다. '망기객忘機客'는 기회를 보아 움직이려는 마음인 기심을 잊은 경지로서 자연에서 세상일을 모두 잊고 은퇴하여 담박한 생활을 즐기는 사람을 말하는데 전익구 자신이 추구하는 삶이다. 전익구는 세속에 미련을 두지 않고 자연과 어울리며 살겠다는 의지를 강하게 드러내고 있으며 친구에게 자신의 의지를 전하고 있다.

太白淸凉擅海東　태백산과 청량산은 해동에서 뜨르르할 사
佩符名勝亦豪雄　명승에 고을살이 하는 이도 호걸이라네.
蘇殘有術先乎愛　쇠잔한 백성 소생에 방법 있으니 우선 사랑할 것이요
聽訟無他必也公　송사를 처리하는 데 다른 것 없나니 반드시 공정할지라.
世號神君由此道　세상사람 신군으로 부르는 이들, 이 도로 말미암았고
民呼召父用其中　백성들이 소부라고 부르는 사람은 그 중도를 사용했지.
乘閒遍踏烟霞窟　한가한 틈을 타고 연하의 굴을 두루 밟을지니
然後何嫌詩滿筒　그런 뒤에 시가 시통에 가득할 것을 어이 저어하리오.[197]

봉화 군수로 간 노경명에게 부친 작품이다. 태백산과 청량산의 빼어난 경치만큼 노경명의 풍모를 견주어 높이고 있다. 전익구는 지방

197 全翼耈, 「次贈奉化倅盧龍湖」, 『可庵遺稿』 권1.

관에게 중요한 덕목은 '애愛'와 '공公'에 있으며 선정을 베푼 '신군神君', '소보召父'를 끌어들였다. 신군은 순숙荀淑을 일컫는데 젊어서부터 학덕이 높아 당세의 명현인 이고李固, 이응李膺 등으로부터 스승 받들었다. 당시에 조정에서 귀행貴幸을 배척하며 직언하여, 당시에 태후의 오빠로서 전권을 행사하던 양기梁冀의 시기를 받았던 인물이다. 소부는 전한 때 어진 정사를 폈던 소신신召信臣의 별칭으로, 소신신이 고을을 다스리면서 백성들을 자식처럼 돌보았다. 남양태수가 되었을 적에는 교화가 크게 행해져서 백성들이 모두 농사짓기에 힘썼으며, 호구가 날로 증가되고 도적과 옥송이 그쳤다. 이에 아전과 백성들이 소신신을 친애하여 '소부'라고 불렀다. 노경명이 지방관으로 삼아야하는 본보기를 알려주는 대목이다. 전익구가 자신의 역할, 즉 친구로서 역할을 인식하고 조언해준 것이다. 그리고 끝으로 명승지를 찾을 것을 권유한다. 사족 중 많은 사람들은 명승지를 찾는 것을 평생의 원망願望으로 삼기도 한다. 교통이 발달하지 않았던 때라 명승지를 찾는 일은 쉽지 않았기 때문이다. 지방관으로 가거나 특별한 연고가 있을 때 조금 더 유리하다. 지금 노경명에게 좋은 기회가 생겼으니 공두를 마친 뒤 봉화의 명승지를 꼭 찾기를 권유한 것이다.

早年投紱謝塵紛　젊은 나이에 벼슬을 버리고 속세를 떠났고
滿室圖書獨閉門　책을 방에 가득 채우고 홀로 문을 닫았노라.
物外煙霞心有賞　세상 밖의 연하를 마음으로 완상하며
世間榮利口無言　세간의 영리일랑 입으로도 말하지 않네.
浮空嶽勢排雲秀　하늘에 뜬 산세는 구름을 밀치며 빼어나고
隔岸灘聲得雨喧　건너편 강안의 여울소리는 비를 맞아 요란하더라.
君有二樂吾亦樂　자네가 지닌 두 가지 좋아함을 나도 또한 좋아하니

水南山北願平分 강물의 남쪽에서 산의 북쪽에서 부디 고루 나누세.[198]

정무첨에게 보낸 작품이다. 정무첨은 정도응鄭道應(1618~1667)으로 본관은 진주, 자는 봉휘鳳輝, 무첨無忝이 호이다. 조부가 정경세이며, 류성룡의 셋째 아들 류진의 사위이며, 이언적의 외증손이며, 서인의 영수인 송준길이 고모부이다. 그는 과시에 응시하지 않고 인조 26년(1648)에 유일로 천거되어 내시부 교관, 대군사부, 세자시강원설서 등 수차례 내·외직에 천거되었지만 실지로 환로에 나아간 적은 몇 해에 지나지 않는다. 환로에 나아갈 수 있는 기회가 있을 때마다 사직소를 올려 세상에 나아가기보다 대부분 은자적 삶을 택한 인물이다.

제1~4구에서는 전익구가 은일자중하면서 지내는 삶의 변함없는 모습을 읊조렸다. 세속 밖의 경치, 즉 산수에서 살아가는 즐거움을 말하고 있는데 이미 자연과 동화되어 있는 전익구의 모습이다. 은자로서 세속과 단절되어 있지만, 자신의 지향점을 향해 나아가고자 하는 의지이다. 제7, 8구의 '이요二樂'는 산과 물을 좋아하는 것으로 산수에 묻혀 사는 것을 말한다. 수남과 산북은 각각 처한 지세를 말하는 듯하며 친구와 서로 떨어져 있지만, 산과 물을 같이 나누며 지내자는 우정 어린 내용이다. 곧 벗과 함께 자연을 통해 심신을 수양하면서 보내고 싶은 마음을 전하고 있다.

공자가 "유익한 벗이 셋이고, 해로운 벗이 셋이다. 정직한 사람과 벗하고 성실한 사람과 벗하고 박학다식한 사람과 벗하면 유익하다." 라고[199] 세 사람의 유익한 벗을 말하였다. 좋은 벗을 많이 사귄 것은

198 全翼耈, 「次贈鄭無忝」, 『可庵遺稿』 권1.

199 『論語集註』, 「季氏」, "益者三友 損者三友. 友直 友諒 友多聞 益矣. 友便辟

그들을 거울삼아 자신의 성장을 도모하는 것이다. 그는 항상 자연 속에서 수신의 자세를 유지, 노력하는 모습을 시를 통해 벗에게 편지를 썼다. 또한 지방관으로 떠나는 벗에게 보탬이 되도록 자신의 역할을 잊지 않았다. 시에 보인 인물들과 친하게 지낸 사이인 듯한데 보통은 친하게 지내면 거리낌 없이 자신의 불편한 심정을 전할만도 하다. 그러나 자신의 은거에 대해 부정적인 모습은 보이지 않았으며, 수신하는 진정한 모습을 볼 수 있었다. 또한 벗과 서로 익우로서의 역할을 하고 있음을 알 수 있었다.

(3) 전승傳承: 선현 계승, 성세盛世의 염원

山接先賢遺躅芳 산은 선현의 향기로운 자취와 닿아 있고
天慳名勝幾空藏 하늘은 명승으로 갈무리하여 몇몇 곳을 아껴두었네.
潭邊蒼壁排雲錦 못 가의 검푸른 벼랑은 비단구름을 밀치고
巖下寒流瀉鏡光 바위 밑으로 차가운 물은 반짝이는 빛을 쏟누나.
樂得寬閒歌帝力 즐겁게 유유하게 살며 요임금의 공력을 노래하고
神遊宇宙夢羲皇 정신은 우주를 노닐며 희황의 세상을 꿈꾸노라.
從來富貴非吾願 원래 부귀일랑 내가 바라던 게 아니거니와
風月無邊道亦長 가없는 바람과 달빛 속에 도심道心이 또한 자라도다.[200]

상주의 수회동에 있는 취벽당을 읊은 8수중에 첫 번째 작품이다. 제1~4구는 선현의 자취가 묻어 있는 곳의 아름다운 풍경을 읊고 있다. 제5~8구는 태평성세를 그리워하며 도학자로서의 모습을 견지하고 있다. 경련의 '관한寬閒'는 은자들의 유유자적한 삶인데 전익구는

友善柔 友便佞 損矣", 동양고전종합DB.
200 全翼耈, 「卜居」, 『可庵遺稿』 권1.

요임금을 끌어온다. 요임금은 사람들에게 가장 모범적인 성군이다. 요임금이 천하를 다스린 지 50년이 되었을 때, 천하가 잘 다스려지는지와 백성들이 자기를 우러러 받들기를 원하는지를 알 수가 없어, 친히 미복 차림으로 강구에 나가서 들어보니, 백성들의 모두 태평을 노래했다하는 고사로 태평성대를 의미한다. '희황羲皇' 역시 복희씨가 다스렸던 태고의 성세를 동경한다는 의미이다. 전익구는 세속을 벗어나 하루하루를 요임금, 복희시대 백성처럼 편안하고 한가함을 꿈꾸는 것이다. 곧 태평성세를 염원하고 있는 것이다. 실제로 전익구는 1675년에 국왕에게 올린 소에 성학에 힘쓸 것을 청했다. 당시 정치 쟁점 중의 하나였던 붕당의 폐해를 지적하고 군주에게 성학을 강조하여 경연에 힘쓸 것을 주장했다. 지역의 사족으로서 적극적으로 정사에 참여하여 자신의 목소리를 내고 평소 생각을 적극적으로 실천에 옮긴 것이다.

마지막 구절, 바람과 달에서 도심이 일어남을 표현하고 있다. 부귀, 욕심, 공명 등과 멀어져 있기 때문에 도심이 저절로 생긴 것이다. 그에게 이 공간이 갖는 의미는 단순히 자연의 풍광을 즐기는 곳이 아니라 도심의 발원처이다. 수신을 잠시도 잊지 않으려는 전익구에게는 성현의 공부와 성세에 대한 염원 또한 떠나지 않았을 것이다.

依舊松關絶俗喧　의구할사 소나무 문이 세속의 소란을 끊어주니
可專灝養澹忘言　담담히 망언하여 지키고 보존을 오롯할 수 있어라.
牕前老石觀天器　창 앞의 오랜 바위는 하늘을 살피는 그릇이요
床上遺經入德門　탑상 위의 남은 경전은 덕으로 들어가는 문이라오.
認得靜中眞樂在　고요 속에 참된 즐거움이 있는 줄 알겠으니
任他身上固窮存　내 몸에 고궁이야 있건 없건 아랑곳 않노라.

朝聞夕死丁寧意 아침에 도를 들으면 저녁에 죽어도 좋다는 간곡한 뜻을
永揭庵楣詔子孫 암자 문미에 영원히 걸어두어 자손에게 전해주리라.[201]

산속에 집을 짓고 성현의 학문에 침잠하는 시인의 생활을 읊었다. 세속과 단절되어 오가는 사람조차 없는 곳이니 마음을 지키고 보존할 수 있다. '노석老石'은 천리를 담고 있으니 이치를 깨닫게 해주며, 경전은 성현의 가르침이 담겨 있으니 덕으로 들어갈 수 있다. 그런 뒤에 마음으로 성찰하는 즐거움, 즉 고요한 가운데에서 깨닫는 것이 있으니 곤궁에도 개의치 않는 것이다. 안회가 가난에도 그 마음이 얽매이지 않고 그 즐거움을 변하게 하지 않는 경지이다. 전익구의 이러한 삶은 단순히 자연에 묻혀 사는 은자의 생활이 아니라 세속의 번거로움과 이욕을 벗어난 경지에서 성현의 학문을 공부하는 생활이며, '진락眞樂'을 깨달아 자신도 이러한 생활을 따르리라는 다짐인 것이다. 마지막으로 전익구는 도를 들으면 곧 죽어도 유감이 없다는[202] 공자의 뜻을 생각하게 된다. 이는 자신을 성찰하여 진정한 깨달음이 있기를 염원한 것이며, 깨닫는 즐거움이 후대에 영원히 전해지기를 간곡히 바라는 마음이다. 앞의 시의 성군인 복희, 요임금에 이어서 공자로 이어지는 도통이 후대에까지 이어지기를 바라는 것이다. 또한 영남의 사족이라면 이러한 도통을 이은 인물을 퇴계로 인식하고 있다. 전익구 역시 퇴계의 가르침을 평생 함께 하였다. 아래 시에서 잘 나타난다.

「도산잡영」 44절구를 써서 벽에 걸어두고 앉거나 누었거나 눈으로 바

201 全翼耈, 「返廬」, 『可庵遺稿』 권1.
202 『論語集註』 「里仁」, "朝聞道 夕死可矣", 동양고전종합DB.

라보면서 아침저녁으로 외웠더니, 아득할 사 오색구름이 눈앞으로 옮아오더니 마치 친히 아름다운 산수 사이에서 선생을 모시는 듯, 상하로 동류하는 기상을 보았다. 나도 모르는 사이 발로 뛰고 손으로 춤추며 감히 한 구절을 읊고 마음으로 즐거워할 따름이다.

瓊琚滿壁起雲烟　주옥편이 벽에 가득하여 구름안개가 일어나니
盡是先生玩樂篇　모두 선생이 즐겨하셨던 시편이라네.
萬疊陶山如在目　만만겹겹의 도산이 눈앞에 있는 듯하니
丹靑何必倩龍眠　어이 구태여 단청을 용면거사에게 구하리오?[203]

퇴계의 「도산잡영陶山雜詠」을 걸어두고 감회를 적은 작품이다. 「도산잡영」은 퇴계가 만년에 먼저 십팔 수를 짓고 다시 사언과 오언으로 된 이십육절을 지어 도산서당 주변의 풍광을 노래한 작품이다. 이외에도 「도산기陶山記」를 지었으며 「도산십이곡陶山十二曲」을 지었다.[204] 후대의 문인들은 그의 정신을 계승하기 위해 그대로 모방하여 시를 짓고 기문을 쓰기도 했다. 가암 역시 직접 베껴 쓰고서 가르침을

203 全翼耉, 「書陶山雜詠四十四絶, 揭諸壁上 坐臥而目擊 朝暮焉諷誦 怳然一區雲物移在眼前, 有若親承杖屨於佳山勝水之間, 而見得上下同流之氣像矣. 不知足之蹈之手之舞之 敢吟一絶, 以道其所樂於心云爾」, 『可庵遺稿』 권1.

204 「陶山雜詠」에 대해서는 이가원 교수는 「도산잡영」의 요체는 '山林之樂'에 있었고, '산림지락'은 종말에는 '山水之樂'으로 귀결된다고 하였으며, 또 '산수지락'을 멀리 주자와 孔·孟의 仁智의 樂에 연원을 두었다고 하였다.(李家源, 「陶山雜詠과 山水之樂」, 『퇴계학보』 46, 퇴계학연구원, 1985, 17면) 그리고 송재소 교수는 「도산잡영」에 대한 새로운 분석을 통해 퇴계는 도산서당 일대를 修道의 공간으로 조성하려는 의도가 있었고, 서당 주변의 명칭들은 다 일정한 道學的 含意를 지니고 있었으며, 따라서 도산은 퇴계에 있어서 신성하고 절대적인 道義 세계 즉 道學的 小宇宙였다고 하였다. (宋載卲, 「퇴계의 은거와 도산잡영」, 『퇴계학보』 110, 퇴계학연구원, 2002, 334·336면)

받고자 하였는데 이는 퇴계를 계승하려는 의지의 표현이다.

가암은 자신이 직접 베껴 쓴 시구를 보면서 느낀 감정을 '부지족지도지수지무지不知足之蹈之手之舞之'로 표현하며 기뻐하고 있다. 작품의 제목에 보이는 '운물雲物'과 작품의 '운연雲烟'은 상징적으로 함축된 단어이다. 구름은 깨끗함과 순수함, 그리고 오염이 없고, 가고 오고 머물고 구속받지 않는 자유자재함을 가지고 있다. 여기서 구름은 초월적 대상에 대응하고 있으니 구름 속에 있는 「도산잡영」과 퇴계를 동일시하고 있다. 용면거사에게 부탁해서 구태여 꾸미지 않아도 퇴계의 시에서 승경이 펼쳐져 있다고 퇴계에 대한 존숭의 뜻을 표현하고 있다. '용면龍眠'은 송나라 때의 유명한 화가 이공린李公麟의 호인데 송대 화단에 일인자로 꼽히며 특히 산수화와 불상화에 뛰어난 인물이다. 전익구는 시대를 초월한 가르침이 가슴속에 젖어드는 기쁨을 느끼며 가르침이 자신에게 전승되기를 바라는 것이다.

衝泥踰嶺訪幽棲	진흙길 뚫고 고개 넘어와 그윽한 거처를 방문하니
三逕逶迤五柳堤	길을 세 갈래로 구불하고, 둑에는 버드나무 다섯 그루 있네.
池作天光雲影鏡	못은 하늘빛과 구름그림자 드리운 거울이요
園粧竹色菊香畦	동산은 대빛과 국화향기로 단장한 밭이라오.
功程直內兼方外	공부는 안으로 곧고도 밖을 반듯하게 했으며
道體非高亦不低	도체는 높진 않아도 낮지도 않아라.
家學淵源何處見	가학의 연원을 어드메서 보리요
潺湲燕水接陶溪	잔잔히 흐르는 연수는 도산 퇴계와 닿았다네.[205]

205 全翼耉, 「敬次諸老先生韻 寄鄭無忝」, 『可庵遺稿』 권1.

정무첨에게 보낸 작품이다. 제1-4구는 정도응이 거처하는 경치를 노래하면서 도잠의 일을 인용해 정도응이 벼슬하지 않고 은거하면서 살아가는 모습을 표현하고 있다. 제2구는 도잠이 팽택령을 팽개치고 고향으로 내려가 소박하게 살고 있는 모습을 묘사하고 있는데 이것 또한 정도응을 말한 것이다. 정도응은 실지로 환로에 나아간 적은 몇 해에 지나지 않는다. 환로에 나아갈 수 있는 기회가 있을 때마다 사직소를 올려 세상에 나아가기보다 대부분 은자적 삶을 택한 인물이다.

제5-6구는 학문적 전승의 염원을 담고 있다. '직내방외直內方外'는 『주역』에 "군자는 경으로 내면을 곧게 하고 의로써 외면을 바르게 한다."라고[206] 하였는데, '경'은 마음을 바르게 하는 것이고, '의'는 행실을 바르게 하는 것이다. 이 두 가지는 학자들의 중요한 수행 방법에 속하는 것으로 내외가 결합하고 동정動靜이 유기적으로 함양되어야 도덕을 완전하게 수양할 수 있다는 것이다. 정도응이 '경이직내敬以直內, 의이방외義以方外'의 공부를 통하여 내면의 곧음과 외면의 방정함을 항상 유지했다는 말이다. 마지막구의 '연수燕水'는 상주 율리(현 문경) 앞으로 흐르는 시냇물로 정도응이 거처하던 곳을 말하고 있다. '연수'는 정도응을, '도계'는 퇴계 선생을 말하는 것이다. 전익구는 정도응을 퇴계로 이어지는 학문적 사승에 위치 짓고 있다. 이는 정도응의 조부 정경세가 퇴계 – 서애 류성룡 – 우복 정경세으로 이어지는 학문적 사승을 잇고 있기 때문이다.[207] 그는 정도응의 고모부인 송준길에

206 『周易傳義』「坤卦-文言」, "君子, 敬以直內, 義以方外"

207 17세기 영남의 모습은 퇴계학파 내의 직전제자들은 거의 세상을 떠난 후 류성룡의 제다 류진과 정경세, 그리고 김성일, 류성룡, 정구 등에 두루 나아간 장흥효 등 재전제자들이 자리했다. 그리고 이휘일, 이현일, 류주목 등 삼전제자로 이어지고 있었다.(추제협, 「17세기 영남 퇴계학파의 등장과 목재 홍여하」, 『동아인문학』

게 1669년 정경세가 지냈던 우산이 황폐해지려고 하니, 상주목사에게 완문完文을 보내 우산이 황폐해지는 것을 막아달라는 편지를 보내기도 했다.[208] 그리고 자신의 아들을 직접 정도응의 아들인 정석교에게 수학하게 한다. 두 아들에게 배움을 독실하게 할 것을 당부하는 편지가 여러 편이 있다.[209] 아마도 전익구는 선친 전이성으로부터 계승된 가학의 전통을 잇고자 하고 퇴계학 전승이 무엇보다도 중요한 과제로 여기고 있을 것이다.

4) 나가며

지금까지 17세기 중후반 예천지역에서 활동한 전익구의 한시를 통해 그의 삶의 모습을 살펴보았다. 지금까지 논의를 정리하는 것으로 결론을 맺고자 한다.

그는 평생 관직에 진출하지 않고 정경세가 우거하던 상주 우산 근처로 이주하여 가암을 건립하고 독서와 강학으로 보냈다. 지역에서 활동하면서 그는 81수의 작품을 남겼는데 본고에서는 수신, 소통, 전승이라는 키워드를 두고 살펴보았다. 그 결과 첫째, 그는 은사로서 자신을 검속하는데 일상 속의 실천을 중요하게 생각하는 도학자의 삶을

27, 동아인문학회, 2014) 상주지역 류성룡 문인들이 지역사회를 선도하고 있었으며, 특히 정경세와 류성룡의 셋째 아들 류진(1582~1635)이다. 류진은 정경세와 학문적 교류의 편의성 등으로 1620년 상주로 옮겨 살았다. 그리하여 안동과 상주의 벗들과 왕래하며 학문 교류를 돈독히 하는 한편 퇴계학풍을 진작시키고자 하였다. 류성룡 가학은 조카 류원지에게 전수되어 학문적 깊이를 더해가게 된다.(송석현, 「17세기 상주지역 사족의 동향」, 『영남학』 27, 경북대학교 영남문화연구원, 2015)

208 全翼耇, 「答宋同春」, 『可庵遺稿』 권1.

209 全翼耇, 「寄長兒五徽」, 「寄五徽」, 「寄仲兒五彩」, 「寄五彩」, 『可庵遺稿』 권1.

살고 있었다. 둘째, 벗과 서로 익우의 역할을 하고 있었다. 기증시寄贈詩와 송별시送別詩가 모두 41수로 절반을 차지하고 있었는데 이는 사람과의 관계를 대단히 중요하게 생각했음을 알 수 있다. 좋은 벗을 많이 사귄 것은 그들을 거울삼아 자신의 성장을 도모하는 것이기 때문이다. 전익구는 자신이 수신의 자세를 유지하기 어려울 때 벗을 찾았고, 지방관으로 떠나는 벗에게 선정을 베풀기를 당부해주기도 하며, 벗에 대한 그리움을 전하기도 하는 등 시를 통해 주변과 소통하고 있었다. 셋째, 전익구는 선대로부터 내려오는 퇴계－류성룡－정경세－전이성－전익구로 이어지는 학파에 위치하고 있었다. 특히 선친 전이성으로부터 계승된 가학의 전통을 잇고자 하고, 더 나아가서는 퇴계학 전승이 무엇보다도 중요한 과제였다. 이를 위해 도통을 밝히고, 후세에 학문의 전승을 염원하고 있었을을 알 수 있었다.

본 연구는 예천지역에서 대대로 살아온 가문을 일정부분 밝히고 주된 인물인 전익구를 학계에 드러낸 것에 큰 의의가 있다. 또한 예천지역 내에 퇴계학맥의 파악에 일조하리라 생각한다. 예천지역은 퇴계의 학문적 근거지였던 예안과 지리적으로 대단히 가깝기 때문에 퇴계학맥의 학문적 영향력이 가장 강하고도 직접적으로 작용할 수 있는 곳이다. 그래서 대부분 예안－안동지역이나 상주지역으로 귀속시켜 보는 경향이 강했다. 특히 17세기 류성룡－정경세로 이어지는 학맥이 상주지역을 중심으로 이루어지다 보니 상주지역에 편입되는 경향이 있었다. 그래서 본 연구에서는 예천지역에 활동한 문인을 통해 퇴계학의 전승을 일정부분 살펴보았다. 이후 전익구의 교유에서 보인 인물들을 비롯해서 지역 문인 가운데 저서를 남기거나 일정한 성과가 있는 문인들을 선정해서 그들의 학문적 성과나 역할 등에 대해 계속해서 진행할 계획이다. 다만 본 연구가 전익구에 대해 누가 되지 않을까 걱정이며 이후 계속해서 수정 보완하겠다.

‖ 참고문헌 ‖

▎원전자료 原典資料

權渠, 『屛谷集』: 『韓國文集叢刊』 188.

權尙夏, 『寒水齋集』: 『韓國文集叢刊』 150.

金啓光, 『鳩齋集』: 유교넷.

金誠一, 『鶴峰集』: 『韓國文集叢刊』 48.

金應祖, 『鶴沙集』: 『韓國文集叢刊』 91.

金長生, 『沙溪全書』: 『韓國文集叢刊』 238.

柳袗, 『修巖集』: 『韓國文集叢刊』 19.

朴世采, 『南溪集』: 『韓國文集叢刊』 140.

宋時烈, 『宋子大全』: 『韓國文集叢刊』 14, 113.

安道徵, 『點离窩集』: 개인소장.

安夢徵, 『松坡遺稿』: 개인소장.

尹根壽, 『月汀集』: 『韓國文集叢刊』 47.

李圭景, 『五洲衍文長箋散稿』: 한국고전종합DB.

李植, 『澤堂集』: 『韓國文集叢刊』 6.

李裕元, 『林下筆記』: 한국고전종합DB.

李瀷, 『星湖僿說』: 『韓國文集叢刊』 11.

李宗周, 『北亭集』: 국립중앙도서관.

李埈, 『蒼石集』: 『韓國文集叢刊』 64.

李滉, 『退溪集』: 『韓國文集叢刊』 29.

李玄逸, 『葛庵集』: 『韓國文集叢刊』 128.

李徽逸, 『存齋集』: 『韓國文集叢刊』 124.

張應一, 『聽天堂集』: 『韓國文集叢刊』 28.

趙絅, 『龍洲遺稿』: 『韓國文集叢刊』 90.
趙天經, 『易安堂文集』: 『韓國文集叢刊』 74.
崔孝述, 『止軒集』: 『韓國文集叢刊』속119.
洪貴達, 『虛白亭集續集』, 『韓國文集叢刊』 14.
洪汝河, 『木齋集』: 『韓國文集叢刊』 124.
洪鎬, 『無住逸稿』: 『韓國文集叢刊』 22.
『退溪先生文集考證』: 『韓國文集叢刊』 28.
『司馬榜目』: 국립중앙도서관.
『缶林洪氏世譜』: 국립중앙도서관.
「三淸洞道會圖帖」: 계명대학교 동산도서관.
『燃藜室記述』: 한국고전종합DB.

『太宗實錄』
『燕山君日記』
『明宗實錄』
『光海君日記(중초본)』
『仁祖實錄』
『孝宗實錄』
『顯宗實錄』
『顯宗改修實錄』
『肅宗實錄』
『承政院日記』

韓愈, 『昌黎集』: 四庫全書.
張廷玉, 『明史』: 四庫全書.
程敏政, 『心經附註』: 동양고전종합DB.
『孟子』: 동양고전종합DB.
杜甫, 『杜少陵詩集』.

魏泰, 『東軒筆錄』, 四庫全書.
『論語』: 동양고전종합DB.
『詩經』: 동양고전종합DB.
司馬遷, 『史記』: 四庫全書.
老子, 『道德經』: 동양고전종합DB.
『山西通志』: 四庫全書.
方孝孺, 『巾山草堂記』.

유교넷, 'www.ugyo.net'
한국국학진흥원 웹사이트, 'www.koreastudy.or.kr'
한국고전번역원 웹사이트, 'www.itkc.or.kr'
국립중앙도서관 웹사이트, 'www.dlibrary.go.kr'

‖ 저서 著書

姜周鎭 · 李鍾奎 · 李奭求 譯, 『嶺南人物考』, 탐구당, 1967.
權相一저 · 신상목역, 『청대일기』, 한국국학진흥원, 2015.
柳世哲저 · 張在釬역, 『悔堂先生文集』, 하회양진당, 2014.
李建昌저 · 이덕일 · 이준영역, 『黨議通略』, 자유문고, 1998.
李克誠저 · 장유승외 역, 『螢雪記聞』, 성균관대학교 출판부, 2016.
李滉저 · 이광호역, 『퇴계의 사람공부』, 홍익출판사, 2019.
李滉저 · 이익 · 안정복엮 · 이광호 옮김, 『李子粹語』, 예문서원, 2010.
鄭道應저 · 이지락역, 『無忝齋集』, 성심, 2012.
장학저 · 장재한역, 『국역 남파선생문집』, 대보사, 2011.
홍여하저 · 전재동 · 김영옥역, 『목재집』 1~3, 경북대학교 영남문화연구원, 동방출판사, 2013~2015.
洪汝河저 · 김현영외3역, 『국역 휘찬여사5』, 군위문화원, 2012.
홍귀달저 · 김남이외5역, 『허백정집』, 점필재연구소, 2013.

강명관, 『안쪽과 바깥쪽』, 소명출판, 2007.
권오영, 『류성룡의 학술과 경륜』, 태학사, 2008.
권태을, 『상주한문학』, 문창사, 2002.
권태을 역주, 『역주 낙강범월시』, 아세아문화사, 2007.
국학진흥원 소장 『문집해제』 권11~18, 한국국학진흥원, 2011.
금장태, 『한국유학의 心說』, 서울대학교출판부, 2001.
김성우, 『조선후기사 연구의 현황과 과제』, 창작과 비평사, 2000.
______, 『조선중기 국가와 사족』, 역사비평사, 2001.
김세정, 「한국 성리학 속의 심학」, 예문서원, 2015.
김용곤 외역, 「조선시대 선비들의 금강산 답사기」, 혜안, 1998.
신동원 『조선사람의 생로병사』, 한겨레신문사 ,1999.
안대회, 『18세기 한국한시가 연구』, 소명출판, 1999.
연세대학교 서애학술연구단, 『서애학맥의 역사와 공간』, 선인, 2017.
유권종, 『愚伏鄭經世先生硏究』, 우복선생기념사업회편, 태학사, 1996.
유봉학, 「燕巖一派 北學思想 硏究」, 一志社. 1995.
윤호진 역, 『금강산 유람록』 권1~10, 경남문화연구원, 민속원, 2016~2019.
李樹健, 『嶺南士林派의 形成』, 영남대학교 출판부, 1979,
이우성, 『한국고전의 발견』, 한길사, 2000.
이민희, 『조선을 훔친 위험한 책들』, 글항아리, 2008.
이종묵, 『한국한시의 전통과 문예』, 태학사, 2002.
장일규, 『최치원의 사화사상 연구』, 신서원, 2008.
정만조, 『조선시대 서원연구』, 집문당, 1997.
정　민, 『목릉문단과 석주권필』, 태학사, 1999.
정석태, 『퇴계선생연표월일조록 1』, 퇴계학연구원, 2001.
정옥자, 「조선후기 조선중화사상연구」, 일지사. 1998.
주승택, 『선비정신과 안동문학』, 이회, 2002.
『중국역대인명사전』, 이회문화사, 2010.
『한국통계발전사』, 통계청, 1992.

허권수, 『한국의 경학과 한문학』, 태학사 1996.
홍원식 역편, 『양산서원지』, 예문서원, 2016.
홍원식, 『양대 문형과 직신의 가문, 문경 허백정 홍귀달 종가』, 예문서원, 2012.
황위주, 『한시란 무엇인가』, 도서출판 지성人, 2018.

▍학위논문 學位論文

권석환, 「조선시대 안동지역 계의 존재 양상과 역할」, 안동대학교 석사학위논문, 2014.
권시용, 「퇴계 문인의 서원 건립활동」, 영남대 석사 학위논문, 2009.
김선화, 「홍여하의 역사인식」, 한양대학교 석사학위논문, 1987.
김순한, 「朝鮮後期 尙州 玉洞書院의 賜額과 運營」, 영남대학교 대학원 박사학위논문, 2022.
김시내, 「조선시대 양명학 관련 문헌의 유입과 확산에 대한 연구」, 부산대학교 석사학위논문, 2012.
김영택, 「목재 홍여하의 역사의식과 문학관 연구」, 안동대학교 석사학위논문, 2004.
김종구, 「17세기 영남지역 산수유기 연구－청량산 · 지리산 · 가야산을 중심으로」, 경북대학교 국어국문학과 박사학위논문, 2019.
김학수, 「17세기 영남학파 연구」, 한국학중앙연구원 한국학대학원 박사학위논문, 2007.
김 혁, 「서애 류성룡의 성리설에 관한 연구」, 계명대학교 철학과 석사학위논문, 2012.
박주열, 「17世紀 朝鮮의 脫朱子學的 文藝批評意識 硏究 : 許穆, 尹鑴, 朴世堂을 中心으로」, 성균관대학교 박사학위논문, 2017.
안장리, 「韓國八景詩 硏究 : 淵源과 展開를 중심으로」, 韓國精神文化硏究院 박사논문, 1996.
양승호, 「木齋 洪汝河 한시 연구」, 경북대학교 박사논문, 2023.

유영옥, 「校正廳本 四書諺解의 經學的 研究」, 부산대학교 박사학위논문, 2010.

이권재, 「霽峯 高敬命의 文學 研究」, 朝鮮大學校 大學院 박사학위논문, 2002.

임근실, 『16세기 영남지역의 서원연구』, 단국대학교 대학원 박사학위논문, 2020.

장윤석, 「17세기 영남 남인 오운과 홍여하의 역사인식」, 경북더학교 교육대학원 석사학위논문, 2007.

윤혜민, 「17세기 후반 국왕의 정국운영과 척신의 역할 – 효종 · 현종 · 숙종을 중심으로」, 건국대학교 대학원 박사학위논문, 2020.

정우택, 「광해군대 정치론의 분화와 개혁 정책」, 경희대학교 사학과 박사학위논문, 2009.

정해출, 「龍洲 趙絅 詩文學 研究」, 高麗大學校 大學院 박사학위논문, 2014.

최금자, 「木齋 洪汝河의 漢詩 研究」, 동국대학교 석사학위논문, 2017.

일반논문 一般論文

강명관, 「16세기 말 17세기 초 擬古文派의 수용과 秦漢古文派의 성립」, 『한국한문학연구』 18, 한국한문학회, 1995.

______, 「16세기 17세기 초 진한고문파와 산문비평론」, 『대동문화연구』 41, 성균관대학교 대동문화연구원, 2002.

강정화, 「智異山 遊山記에 나타난 조선조 지식인의 山水認識」, 『남명학연구』 26, 경상국립대학교 경남문화연구원, 2008.

______, 「松臺 河璿의 현실인식과 문중활동」, 『남명학연구』 62, 경상국립대학교 경남문화연구원, 2019.

______, 「누정기에 나타난 하동 누정의 공간 인식」, 『남명학연구』 34, 경상국립대학교 경남문화연구원, 2012.

______, 「后溪 金範의 學問性向과 士意識」, 『남명학연구』 10, 경상대학교 남명학연구소, 2000.

고재석, 「朱陸論爭의 시작, 鵝湖모임에 관한 硏究」, 『유교사상문화연구』 40, 한국유교학회, 2010.

권정원 「이덕무의 경릉파 인식과 수용」, 『퇴계학논집』 20, 영남퇴계학연구원, 2017.

______, 「李德懋의 家系와 交遊關係」, 「漢文學報17」, 우리한문학회, 2007.

______, 「字號를 통해 살펴본 李德懋의 삶의 지향」, 『동양한문학연구』 26, 동양한문학회, 2008.

______, 「李德懋 초기산문에서 공안파 수용의 실천양상-서술기법의 특징적 면모를 중심으로-」, 漢文學報13, 우리한문학회, 2005.

권진옥, 「木齋 洪汝河의 散文批評 一考」, 『Journal of Korean Culture』 17, 한국어문학국제학술포럼,

권태을, 「낙강시회연수- 상주권 낙강동 중심으로」, 『상주문화연구』 2, 상주산업대학 상주문화연구소, 1992.

______, 「도남서원 관련 詩文의 機能考」, 도남서원의 사적과 도학정신, 제1회 상주 문화사적과 역사인물 학술대회 자료집, 2011.

김남이, 「17세기 사대부의 예에 대한 인식과 일상에서의 예 실천 : 우암 송시열의 경우를 중심으로」, 한국학특성화기반조성사업단 학술대회4, 이화여자대학교 한국문화연구원, 2006.

______, 「조선 전기 지성사의 관점에서 본 佔畢齋와 그 門人들의 관계-초기 士林의 형성과 관련하여-」, 동방학23, 한서대학교 동양고전연구소, 2012.

______, 「조선전기 유생상소와 조정공론-15세기 유생상소를 중심으로-」, 『漢文古典硏究』 45, 한국한문고전학회, 2022.

______, 「춘정 변계량의 삶의 자세와 학문의 목표－한시를 통해 본 여말선초 지식인의 학적 지향과 내면 행로」, 동방학45, 한서대학교 동양고전연구소, 2021.

______, 「尼山 南廷瓚의 삶과 지향－의령 사족으로서의 위상과 관련하여-」, 『溫知論叢』 66, 온지학회, 2021.

金 澔, 「朝鮮後期 痘疹 硏究－麻科會通을 중심으로」, 『한국문화』 17, 1996.

김덕수, 「『大家意選批評』 연구」, 『정신문화연구』 33, 한국학중앙연구원, 2010.

김대중, 「조선중기 지성사 연구의 새로운 방향 모색을 위하여－『澤堂遺稿刊餘』 해제, 『澤堂遺稿刊餘』」, 서울대학교 규장각 한국학연구원, 2014.

김동협, 「유학자의 자연이해의 한 국면－주세붕의 『유청량산록』과 이황의 『청량산록』에 대하여」, 『대동한문학』 15, 대동한문학회, 2001.

김보경, 「寓菴 洪彦忠의 시에 나타난 巨濟島의 표상과 유배체험의 형상화」, 『한국고전연구』 26, 한국고전연구학회, 2012.

김성윤, 「영남의 유교문화권과 지역학파의 전개－안동권・상주권・성주권을 통해 본 영남학파 사유체계의 지역적 특징과 그 전승과정에 나타난 문화양상을 중심으로」, 『朝鮮時代史學報』 37, 조선시대사학회, 2006.

김소희, 「17세기 『史纂』 출판의 문화사적 의미－중국본의 유입과 변용을 중심으로」, 『서지학연구』 81, 한국서지학회, 2020.

김승룡, 「豫菴 河友賢의 삶과 시세계의 일국면」, 『남명학연구』 69, 경상대 남명학연구소, 2021.

______, 「晦峰 河謙鎭의 현실인식을 위한 시론」, 『남명학연구』 76, 경상대 남명학연구소, 2022.

______, 「反求堂 林汝栢의 學的 지향과 시세계의 일 국면」, 『남명학연구』 62, 경상국립대학교 경남문화연구원, 2019.

______, 「後倉 金澤述 한시를 이해하기 위한 시론－擬古詩를 중심으로」, 『韓國文學論叢』 95, 한국문학회, 2023.

______, 「고전지식인의 眼疾과 그 의미에 대하여－눈의 발견, 修養의 방식」, 『韓國文學論叢』 82, 한국문학회, 2019.

______, 「容軒李原의 한시에 나타난 몇 가지 마음에 대하여」, 『동양한문학연구』 42, 동양한문학회, 2015.

김승룡・최금자, 「尙州 擎天臺와 시적 공간으로서의 의미」, 『영남학』 81, 경북대학교 영남문화연구원, 2022.

김영환, 「史記 本紀에 나타난 "百姓" 考釋－五帝本紀, 夏本紀, 殷本紀, 周本

紀를 중심으로」, 『中國學研究』 65, 중국학연구회, 2013.
김옥주, 「조선 말기 두창의 유행과 민간의 대응」, 『醫史學』 2, 대한의사학회, 1993.
김용곤 외역, 「조선시대 선비들의 금강산 답사기」, 혜안, 1998.
김필동, 「조선시대 계의 조직 구조적 성격과 그 변화」, 『인문학연구』 15, 충남대학교 인문과학연구소, 1988.
김학수, 「상주 진주정씨 우복종택 山水軒 소장 전적류의 내용과 성격」, 장서각5, 한국정신문화연구원, 2001.
김형수, 「17·18세기 상주·선산권 지역사회와 서원·사우의 동향」, 『영남학』 7, 경북대학교 영남문화연구원, 2005.
김 호, 「16세기 말 17세기 初 '疫病' 발생의 추이와 대책」, 『韓國學報』 71, 일지사, 1991.
김호종, 「서애 류성룡과 안동·상주 지역의 퇴계학맥」, 『퇴계학과 유교문화』 28, 경북대학교 퇴계학연구소, 2000.
김희영, 「목재 홍여하의 양명학 비판 양상 일고」, 『漢文古典研究』 39, 한국한문고전학회 2019.
도현철, 「목재 홍여하의 역사서 편찬과 고려사 인식」, 『한국사상사학』 43, 한국사상사학회, 2013.
박동욱, 「천연두, 그 아픔과 상실의 기억－張混의 「記慽」을 중심으로」, 『우리어문연구』 52, 우리어문학회, 2015.
박영빈, 「18세기 청량산 유산기」, 『한자한문연구』 창간호, 고려대한자한문연구소, 2005.
안동대학교 안동문화연구소, 「청량산 문화유적 학술조사 보고서」, 2000.
박인호, 「『동국통감제강』에 나타난 홍여하의 역사인식」, 『퇴계학과 유교문화』 54, 경북대학교 퇴계연구소, 2014.
______, 「『휘찬여사』 「열전」에 나타난 홍여하의 역사인식」, 『장서각』 31, 한국학중앙연구원, 2014.
박학래, 「南坡 張㙐의 生涯와 學問 活動」, 『동양고전학회』 33, 동양고전학회, 2008.
설석규, 「활재 이구의 이기심성론 변설과 정치적 입장 : 17세기 근계학파 이기심성론의 정치적 변용」, 『朝鮮時代史學報』 4, 조선시대사학회, 1998.
송미영, 「한국인의 주요 전염병과 그 명칭에 대한 통시적 고찰–'장티푸스, 말라리아, 한센병' 등을 중심으로」, 『어문논집』, 중앙어문학회, 2020.
송석현, 「17세기 후반~18세기 초반 도남서원 운영과 상주 사족의 동향」, 『조선시대사학보』 79, 조선시대사학회, 2016.
______, 「17세기 상주지역 사족의 동향」, 『嶺南學』 27, 경북대학교 영남문화연구원, 2015.
신승훈, 「龍洲 趙絅 散文論 一考–문학관의 재검토를 겸하여」, 『고전과 해석』 9, 고전문학한문학연구학회, 2010.
______, 「龍洲 趙絅 散文의 美學」, 『인문학논총』 25, 경성대학교 인문과학연구소, 2011.
신항수, 「17세기 중반 洪汝河의 田制認識」, 『韓國思想史學』 8, 한국사상사학회, 1997.
심경호, 「이름과 호의 한자문화」, 『語文硏究』 46, 한국어문교육연구회, 2018.
양승호, 「木齋 洪汝河의 저술과 문예의식」, 『嶺南學』 82, 경북대학교 영남문화연구원, 2022.
______, 「木齋 洪汝河의 田園詩에 나타난 정서지향과 표현양상」, 『국학연구』 46, 한국국학진흥원, 2021.
______, 「목재 홍여하의 한시 창작양상」, 『東方漢文學』 83, 동방한문학회, 2020.
______, 「木齋 洪汝河의 和次韻詩 연구」, 『大東漢文學』 77, 대동한문학회, 2023
여운필, 「창석 이준의 교류시의 한 양상」, 『한국한시작가연구』 8, 한국한시학회, 2003.
국사편찬위원회, 『朝鮮時代嶺南書院資料』, 「道南書院創設稧案」, 1999.
오수열 · 황태섭, 「의병장 高敬命 선생의 생애에 관한 小考」, 『군사발전연구』

9, 조선대학교 군사학연구소, 2015.
우인수,「목재 홍여하의 현실인식과 대응」,『한국사상사학』43, 한국사상사학회, 2013.
이경록,「조선 중종 19~20년의 전염병 창궐과 그 대응」,『중앙사론』39, 중앙대학교 중앙사학연구소, 2014.
이규필,「尹愭의 仕宦期 시의 특징과 세계」,『大東漢文學40』, 대동한문학회, 2014.
______,「澹軒 河禹善의 생애와 시세계」,『남명학연구』58, 경상국립대학교 경남문화연구원, 2018.
______,「18세기 영남 남인 관료의 삶과 문학」,『한국학논집』71, 계명대학교 한국학연구원, 2018.
이병훈「16~18세기 문경 근암서원의 변천 조선후기 서원 변천의 한 사례」,『영남학』71, 경북대학교 영남문화연구원, 2019.
이영숙,「端磎 金麟燮의 金剛山詩 연구」,『남명학연구』75, 경상대학교 남명학연구소, 2022.
이우성,「퇴계선생과 서원 창설운동」,『퇴계학보』28, 퇴계학 연구원, 1980.
李在鎰,「梅花詩에 나타난 李滉의 意識指向」,『동양한문학연구』27, 동양한문학회, 2008.
이준규,「芝峯 李睟光의 王世貞 수용에 대한 일고찰」,『동양한문학연구』40, 동양한문학회, 2015.
______,「沈遠悅 산문의 公安派 受容樣相 연구」,『漢字 漢文敎育』24, 한국한자한문교육학회, 2010.
______,「沈遠悅 문학에 나타난 民衆的 情緖와 해체적 양상 고찰－長篇古詩를 중심으로」,『한문교육논집24』, 한국한문교육학회, 2005.
이종호,「우탁의 형상과 예안의 퇴계학단」,『退溪學』4, 안동대학교 퇴계학연구소, 1992.
이종묵,「퇴계학파와 청량산」,『한국학』24, 한국학중앙연구원, 2001.
이준호,「조선시대 기후변동이 전염병 발생에 미친 영향」,『한국지역지리학회지』 102, 한국지역지리학회, 2019.

전재동,「讀書詩를 통해 본 洪汝河의 經書 解釋」,『大東漢文學』 35, 대동한문학회, 2011.

______,「洪汝河의 詩世界 硏究 : 文學論과 作詩 樣相 分析을 중심으로」,『大東漢文學』 37, 대동한문학회, 2012.

정경훈,「龍洲 趙絅의 文學觀에 관한 연구」,『한국한문학연구』 34, 한극한문학회, 2004.

정덕희,「양명학의 성격과 조선적 전개」,『대동한문학』 40, 대동한문학회, 2001.

정만조,「17세기 중반 한당의 정치활동과 국정운영론」,『한국믄화』 23, 서울대학교 규장각한국학연구원, 1999.

정명수,「기해 예송과 1666년 영남남인의 상소－류원지・홍여하・류세철, 이현일의 상소문을 중심으로」,『퇴계학논집』 21, 영남퇴계학연구원, 2017.

정우봉,「조선후기 산문이론의 전개와 그 성격(1)－16세기말~17세기 초 중반을 중심으로」,『한국문학연구』창간호, 2000.

권은나,「광해군대 척신의 세력화와 상호갈등」,『대구사학』 141, 대구 사학회, 2020.

정출헌,「추강 남효온과 遊山 : 한 젊은 이상주의자의 상처와 지리산의 慰撫」,『韓國漢文學硏究』 47, 한국한문학회, 2011.

______,「『小學』을 통해 읽는 유교문명의 완성과 해체－『小學集註』,『海東續小學』, 그리고『小學讀本』을 중심으로」,『율곡학연구』 33, (사)율곡학회, 2016.

______,「어느 한미한 사족의 倡義活動에 대한 기억과 그 추숭과정－金有富 가문의『漁樵窩兩世三綱錄』과 古文書를 중심으로」,『국학연구론총』 23, 택민국학연구원, 2019.

정치영,「유산기로 본 조선시대 사대부의 청량산 여행」,『한국지역지리학회지』 11, 한국지역지리학회, 2006.

정호훈,「미암 유희춘의 학문활동과『치현수지』」,『한국사상학』 29, 한국사상학회, 2007.

趙湲來,「明軍의 出兵과 壬辰戰局의 推移」,『韓國史論』22, 국사편찬위원회, 1992.

최금자,「목재 홍여하의「述懷」시에 반영된 사회현실」,『嶺南學』73, 경북대학교 영남문화연구원, 2020.

______,「목재 홍여하의 교유 양상 연구-교유시를 중심으로」, 동양한문학연구』59, 동양한문학회, 2021.

______,「조선시대 시화집 소재 퇴계 시 비평 연구」,『韓國漢文學研究』74, 한국한문학회, 2019.

최석기,「조선 전기의 경서 해석과 퇴계의「詩釋義」」『퇴계학보』92, 퇴계학연구원, 1996.

崔韶子,「壬辰亂時 明의 派兵에 대한 論考」,『東洋史學研究』11, 1997;「壬辰倭禍와 明朝」,『아시아문화』8, 한림대 아시아문화연구소, 1992.

최　식,「「句讀解法」, 漢文의 句讀와 懸吐, 口訣」,『민족문화』32, 한국고전번역원, 2008.

______,「漢文讀法의 韓國的 特殊性-句讀, 懸吐, 口訣-」,『한자한문교육』27, 2011.

추제협,「17세기 영남 퇴계학파의 등장과 목재 홍여하」,『동아인문학』27, 동아인문학회, 2014.

한명기,「임진왜란 시기 '재조지은'의 형성과 그 의미」,『東洋學』29, 단국대학교 동양학연구원, 1999.

______,「壬辰倭亂 시기 明君 참전의 社會·文化的 영향」,『軍史』35, 국방군사연구소, 1998.

허권수,「용주 조경과 영남 남인과의 교유에 관한 연구」,『한국의 경학과 한문학』, 태학사, 1996.

홍원식,「목재 홍여하의 생애와 성리설」,『한국사상사학』43, 한국사상사학회, 2013.

______,『양대 문형과 직신의 가문, 문경 허백정 홍귀달 종가』, 예문서원,

2012.
_____, 「이황과 그의 직전제자들의 『심경부주』 연구」, 『퇴계학보』 121, 사단법인 퇴계학연구원, 2007.
_____, 「서애 류성룡의 양명학에 대한 관심과 퇴계 심학의 전개」, 『양명학』 31, 한국양명학회, 2012.
S. O. Kurbanov, 「『木齋家塾彙纂麗史』의 儒學傳」, 『규장각』 32, 규장각한국학연구소, 2008.

▎조선시대 시화집 소재 퇴계 시 비평 연구

1. 원전자료

權斗經, 『退溪言行錄』, 한국고전종합DB, 한국고전번역원.
成　涉, 『筆苑散語』, 蔡美花·趙季, 『韓國詩話全編校注』, 人民文學出版社, 2012.
安宅重, 『東詩叢話』, 蔡美花·趙季, 『韓國詩話全編校注』, 人民文學出版社, 2012.
李　瀷, 『星湖僿說』, 한국고전종합DB, 한국고전번역원.
李　滉, 『退溪先生文集』, 한국고전종합DB, 한국고전번역원.
鄭惟一, 『閑中筆錄』, 蔡美花·趙季, 『韓國詩話全編校注』, 人民文學出版社, 2012.
趙德常, 『樗湖隨錄』, 蔡美花·趙季, 『韓國詩話全編校注』, 人民文學出版社, 2012.
曺　植, 『南冥集』, 한국고전종합 DB, 한국고전번역원.
河謙鎭, 『東詩話』, 蔡美花·趙季, 『韓國詩話全編校注』, 人民文學出版社, 2012.
조종업, 『한국시화총편』, 태학사, 1996.
林川趙氏宗親會, 『林川趙氏大同世譜』, 1988.

朱　熹,『朱子大全』, 사고전서.

______,『晦庵集』, 사고전서.

蔡美花・趙季,『韓國詩話全編校注』, 人民文學出版社, 2012.

2. 저서

박수천,『한국한시비평의 연구』, 태학사, 2003.

안대회,『궁극의 시학』, 문학동네, 2013.

3. 학위논문

이재일,「李滉의 自然詩 硏究」, 부산대학교 박사학위논문, 2009.

이종남,「퇴계이황의 매화시에 관한 연구」, 영남대학교 박사학위논문, 2015.

오　경,「이퇴계「화도음주시」20수 연구」, 건국대학교 석사학위논문, 2018.

장염교,「이황 매화시의 소재 연구」, 가천대학교 석사학위논문, 2014.

4. 일반논문

金榮淑,「退溪詩에 나타난 道學的性格과 形象」,『퇴계학논집』5, 영남퇴계학연구원, 2009.

신두환,「退溪의 시가에 나타난 "楚辭" 受容의 미의식」,『韓國漢文學硏究』60, 한국한문학회, 2015.

______,「퇴계의 매화시 재조명」,『漢文學報』37, 우리한문학회, 2017.

이상하,「退溪, 南冥의 시와 대조적인 학문성향」,『嶺南學』26, 경북대학교 영남문화연구원, 2014.

이정화,「퇴계 이황 시에 나타난 杜詩 수용 양상」,『韓國思想과 文化』55, 한국사상문화학회, 2010.

_____ ,「退溪 李滉의 敎學精神과 詩世界,『퇴계학논집』17, 영남퇴계학연구원, 2015.

______,「퇴계 이황의 述懷詩硏究」,『退溪學論叢』31, 퇴계학부산연구원, 2018.

이종묵, 「退溪와 星湖의 詩學」, 『국학연구』 23, 한국국학진흥원, 2013.
장도규, 「退溪詩에 나타난 思惟一考」, 『퇴계학논집』 7, 영남퇴계학연구원, 2010.
정석태, 「퇴계 이황의 한시작품 개고와 그 의미」, 『퇴계학논집』 19, 영남퇴계학연구원, 2016.
정우락, 「주자시의 문학적 수용과 문화적 응용-「觀書有感」을 중심으로」, 『퇴계학과 유교문화』 57, 경북대학교 퇴계연구소, 2015.
조유영, 「『南行錄』 소재 퇴계 기행시의 특징과 의미」, 『東方學』 32, 한서대학교 동양고전연구소, 2015.

尙州 擎天臺와 시적 공간으로서의 의미

1. 원전자료

蔡得沂, 『君臣言志錄』, 규장각 장서.
李植, 『澤堂集』, 『한국문집총간』 88.
金商憲, 『淸陰集』, 『한국문집총간』 299.
柳袗, 『修巖集』, 『한국문집총간』 19.
李滿敷, 『息山集』, 『한국문집총간』 178.
孫萬雄, 『野村集』, 『한국문집총간』 46.
柳鼎文, 『壽靜齋集』, 『한국문집총간』 117.
權相一, 『淸臺集』, 『한국문집총간』 61.
趙天經, 『易安堂集』, 『한국문집총간』 115.
鄭象履, 『制庵集』, 『한국문집총간』 115.

2. 저서

권태을, 『尙州漢文學』, 文昌社, 2002.
권태을, 『낙동강범월시』, 아세아문화사, 2007.
권태을 외7, 『낙동강을 품은 상주문화』, 민속원, 2012.

3. 학위논문

이유진, 「상주 경천대 일원의 명승지정을 위한 자연, 문화 경관 해석」, 고려대 석사논문, 2011.

손유진, 「『壬戌泛月錄』에 나타난 空間 認識의 樣相과 意味」, 경북대 석사논문, 2011.

4. 일반논문

洪在烋, 「雩潭 蔡得沂와 鳳山曲 硏究 : 丙子胡亂을 背景한 歌辭의 新資料」, 『語文學』, 韓國語文學會, 1959.

洪在烋, 「雩潭 蔡得沂와 〈天臺別曲〉(〈鳳山曲〉)에 對하여: 丙子胡亂을 背景한 歌辭의 新資料」, 『국어국문학』, 국어국문학회, 1960.

권태을, 「낙강범월시회의 사적고찰」, 『상주산업대논문집』 32, 상주산업대, 1990.

김기탁. 「우담 채득기의 누정시가 연구」, 상주대학교 상주문화연구 1, 1991.

권태을. 「낙강시회연수- 상주권낙강동 중신으로」, 『상주문화연구』 2, 상주산업대 상주문화연구소, 1992.

강구율, 「雩潭 蔡得沂의 生涯와 詩世界 硏究」, 『東漢文學』 20, 대동한문학회, 2004.

이재근, 「명승지정 평가지표 설정에 관한 연구－상주 경천대를 중심으로」, 『産業科學硏究』, 상명대 산업과학연구소, 2004.

권태을, 「자천동산수록고」, 『상주문화』 18, 2008.

권태을, 「우담 채득기의 군신언지록고」, 『상주문화연구』 18, 2008.

황위주, 「낙동강 연안의 유람과 창작 공간」, 『漢文學報』 18, 우리한문학회, 2008

이유진 · 김수진 · 심우경, 「우담 채득기의 경천대 경영에 나타난 문화경관 요소의 해석」, 『한국전통조경학회지』 28, 한국전통조경학회, 2010.

박영주, 「백의 처사의 은일을 노래한 우담 채득기」, 『오늘의 가사문학』, 고요아침, 2020.

송재연, 「가사〈天臺別曲〉에 구현된 자연의 형상과 의미」, 『문학과 환경』 20, 문학과환경학회, 2021.

▌예천읍지 『竺山勝覽』에 소재한 漢詩와 그 성격

1. 원전자료

姜渾, 『木溪逸稿』 권1; 『한국문집총간』 17.
權近, 『陽村集』 권7; 『한국문집총간』 7.
金守溫, 『拭疣集』 권4; 『한국문집총간』 9.
徐居正, 『사가시집보유』 권3; 『한국문집총간』 11.
安夢徵, 『송파유고』, 개인소장본.
李奎報, 『동국이상국집』 권6; 『한국문집총간』 1.
李齊賢, 『益齋亂稿』 권3; 『한국문집총간』 2.
李滉, 『退溪集』 권4; 『한국문집총간』 29.
鄭經世, 『愚伏集』 권2; 『한국문집총간』 6.
鄭允穆, 『淸風子集』 권2; 『한국문집총간』 17.
趙旅, 『漁溪集』 권1; 『한국문집총간』 11.
洪貴達, 『虛白亭集』 권1; 『한국문집총간』 14.
『慶尙道邑誌』(奎666).
『嶺南邑誌』(奎12173).
『嶺南邑誌』(奎12174).
『箕川書院誌』, 箕川書院, 2006.
『新增東國輿地勝覽』 권25, 한국고전종합DB.
『축산승람』, 권경열 · 최연숙 역, 한국국학진흥원, 영남사, 2018.
『예천누정록』, 예천문화원, 예일출판사, 2010.
서울대학교 규장각한국학연구원(kyujanggak.snu.ac.kr)
『고지도를 통해 본 경상지명연구(2)』, 국립중앙도서관, 2018, 국립중앙도서관(https://www.nl.go.kr)

2. 일반논문

김보경, 「詩歌 창작에 있어서 次韻의 효과의 의의에 대하여-蘇軾의 詩歌를 중심으로」, 『중국어문논총』 45, 중국어문연구회, 2010.

양보경 · 김경란, 「일제 식민지 강점기 邑誌의 편찬과 그 특징」, 『應用地理』 22, 성신여자대학교 한국지리연구소, 2001.

이재두, 「조선후기 경상도 읍지 편찬 사업 재검토」, 『대구사학』 138, 대구사학회, 2020.

이미진, 「상주 읍지 『商山誌』에 수록된 漢詩의 기능과 의미」, 『大東漢文學』 64, 대동한문학회, 2020.

황위주, 「예천지역의 퇴계학맥」, 『퇴계학과 유교문화』 28, 경북대학교 퇴계학연구소, 2000.

▌可庵 全翼耈의 삶과 시세계

1. 원전자료

『周易傳義』 동양고전종합DB.

『論語集註』 동양고전종합DB.

『孟子集註』 동양고전종합DB.

『中庸章句』 동양고전종합DB.

『光海君日記』(중초본), 조선왕조실록, 한국고전종합DB.

李滉, 『退溪集』, 한국문집총간 29권, 한국고전종합DB.

全翼耈, 『可庵遺稿』.

洪汝河, 『木齋集』, 한국문집총간 124권, 한국고전종합DB.

全雲采 編, 『용궁전씨세보』, 1765, 규장각(kyu.snu.ac.kr).

고영찬 외 저·한국국학진흥원 역, 『축산승람』 국역총서16, 한국국학진흥원, 2018, 한국국학진흥원(www.koreastudy.or.kr).

陶潛, 『陶淵明集』 , 搜韻-詩詞門戶網站.

孟浩然, 『孟浩然集』, 搜韻-詩詞門戶網站.

2. 저서

권태을, 『상주한문학연구』, 상주문화연구원, 2001.
황위주, 『한시란 무엇인가』, 지성人, 2018.
용궁전씨대종회, 『용궁전씨유사록』, 대보사, 1995.

3. 단위논문

李家源, 「陶山雜詠과 山水之樂」, 『퇴계학보』 46, 퇴계학연구원, 1985.
송석현, 「17세기 상주지역 사족의 동향」, 『영남학』 27, 경북대학교 영남문화연구원, 2015.
宋載卲, 「퇴계의 은거와 도산잡영」, 『퇴계학보』 110, 퇴계학연구원, 2002.
추제협, 「17세기 영남 퇴계학파의 등장과 목재 홍여하」, 『동아인문학』 27, 동아인문학회, 2014.
황위주, 「예천지역의 퇴계학맥」, 퇴계학과 유교문화 28, 경북대학교 퇴계학연구소, 2000, 23-24면.

최금자

동국대학교 한문학과 및 석사학위를 마치고 부산대학교 박사학위를 받았다. 현재는 부산대학교 한문학과 강사로 있다. 주로 지역 고전에 관심을 가지고 공부하고 있다.
논문으로는 〈木齋 洪汝河의 한시연구〉(2017), 〈조선시대 시화집 소재 퇴계 시 비평 연구〉(2019), 〈木齋 洪汝河의 교유 양상 연구 : 교유시를 중심으로〉(2021), 〈可庵 亼翼翥의 삶과 시세계〉(2022). 〈예천읍지 『竺山勝覽』에 소재한 漢詩와 그 성격〉(2023), 〈木齋 洪汝河의 시세계 연구〉(2024) 등이 있다. 역서로는 〈木齋詩選〉(2022), 〈無忝齋詩選〉(2024), 〈可庵詩集〉(공역, 2022) 이 있다.

선학재총서 ❹

목재木齋 홍여하洪汝河의 창작공간과 서정

2025년 6월 20일 초판 1쇄 발행

지은이 : 최금자
펴낸이 : 김병환
펴낸곳 : 학자원
주　소 : 서울시 강동구 천호대로 1121
전　화 : 02) 6403-1000
팩　스 : 02) 6338-1001
E-mail : hakjaone@daum.net
등　록 : 2011년 3월 24일 제2011-14호

ISBN 979-11-6247-345-0 94810
979-11-6247-277-4 (세트)
값 32,000원